Daniele Ganser

**Illegale Kriege**

*Dieses Buch widme ich meiner*
*Mutter Jeannette und meinem Vater Gottfried*
*sowie allen Menschen, die sich mutig, achtsam*
*und gewaltfrei für den Frieden engagieren.*

*»Alle Mitglieder unterlassen in ihren internationalen Beziehungen jede gegen die territoriale Unversehrtheit oder die politische Unabhängigkeit eines Staates gerichtete oder sonst mit den Zielen der Vereinten Nationen unvereinbare Androhung oder Anwendung von Gewalt.«*

Gewaltverbot, UNO-Charta 1945 (Kapitel 1, Artikel 2, Absatz 4)

Daniele Ganser

# Illegale Kriege

Wie die NATO-Länder die UNO sabotieren
Eine Chronik von Kuba bis Syrien

WESTEND

Die Deutsche Nationalbibliothek verzeichnet diese Publikation in der Deutschen Nationalbibliografie; detaillierte bibliografische Daten sind im Internet über http://dnb.d-nb.de abrufbar.



MIX
Papier | Fördert gute Waldnutzung
FSC® C083411
www.fsc.org

2. Auflage 2025
ISBN: 978-3-86489-412-1

Umschlaggestaltung und Motiv: Hauptmann & Kompanie Werbeagentur, Zürich
Druck und Bindung: CPI - Clausen & Bosse, Leck
Printed in Germany

## Inhaltsverzeichnis

# Dank

Jeder Forscher wird von vielen Menschen unterstützt, ohne die er seinen Weg nicht gehen könnte. Mein Dank geht an Professor Rainer Hoffmann, der am Historischen Seminar der Universität Basel lehrte. Während meiner Studienzeit hat er mir auf wundervollen inspirierenden Wanderungen durch den Schwarzwald die Verantwortung des Wissenschaftlers gegenüber der Gesellschaft aufgezeigt.

Achtung und Dank gilt auch meinen langjährigen Freunden Sherpa Hänggi, Tobi Portmann, Marcel Schwendener, Däne Aebischer, Yves Pierre Wirz, Philipp Schweighauser, Laurenz Bolliger, Nick Beglinger, Raymond Schärer und Dani Morf für viele spannende Gespräche über das Zeitgeschehen, die internationale Politik und das, was wirklich zählt im Leben. Echte Freunde sagen einem immer ehrlich ihre Meinung und helfen einem dadurch, die eigenen blinden Flecken zu erkennen und sich weiterzuentwickeln. Danken möchte ich zudem Andreas Zimmermann, Tobi Sutter und Urs Beyeler für die tolle Zeit im Walzwerk sowie Alexandre Robaulx de Beaurieux, meinem geschätzten Mitarbeiter am Swiss Institute for Peace and Energy Research in Basel, für seine wertvolle Hilfe bei der Recherche für dieses Buch. Meinem Lektor Alwin Letzkus gebührt mein Dank für die sorgfältige Durchsicht des Manuskripts und meinem Verleger Stephan Meyer vom Orell Füssli Verlag in Zürich danke ich für die langjährige und gute Zusammenarbeit.

Ein besonderer Dank gilt schließlich meiner Mutter Jeannette Ganser, meiner Schwester Tea Ganser und meinem 2014 in Lugano verstorbenen Vater Gottfried Ganser. Ich bin Schweizer, und meine Eltern sind beide Schweizer, das prägt meine Perspektive. Aber die Eltern von meinem Vater stammen aus Deutschland und sind zu Beginn des 20. Jahrhunderts in die Schweiz eingewandert, wo mein Vater 1922 in La Chaux de Fonds geboren wurde. Die Schweizer Staatsbürgerschaft erhielt er nicht sofort. Während des Zweiten Weltkriegs studierte er Theologie an der Universität Basel. Weil seine Eltern Deutsche waren, wurde er 1943 vom deutschen Generalkonsul in Zürich zum Wehrdienst einberufen. Mein Vater war damals 21 Jahre jung und wollte nicht an Hitlers Krieg teilnehmen.

Diese Entscheidung meines Vaters gegen den Krieg hat mich als Sohn und Historiker bewegt. Ich bin fest davon überzeugt, dass jeder Wissenschaftler durch seine

Nationalität und Familiengeschichte beeinflusst wird. Auch aus diesem Grunde habe ich nicht nur die internationale Politik, sondern auch Teile meiner Familiengeschichte erforscht. Im Nachlass meines Vaters habe ich eine handschriftliche Notiz vom Oktober 1943 gefunden, in der er seine Beweggründe für die Kriegsdienstverweigerung in einem ersten Entwurf des Briefes an den Generalkonsul darlegte. »Der Grund meines Hierbleibens ist eben die Weltanschauung des neuen deutschen Reichs, die den deutschen Bürger in der ganzen Welt verhasst gemacht hat. Möge Gott Ihnen einmal die Erkenntnis geben, dass die Völker als Brüder nebeneinandergestellt sind, und dies nicht, damit eines dem anderen durch Gewalt seine Weltanschauung aufdränge. Ich kann es heute noch nicht verstehen, dass unser hochchristliches Deutschland jedes Verantwortungsgefühl vor Gott verloren haben sollte.« Diese klare Ablehnung des Faschismus und des Nationalsozialismus durch meinen Vater hat meine Friedensforschung geprägt.

Meine Mutter war Kinderkrankenschwester und hat sich immer bemüht, Leid zu mildern und Heilung zu unterstützen. Ich danke meiner Mutter und meinem Vater, meiner Schwester und ihrem Mann Thomas Weiss, dass sie mich immer in meiner Arbeit unterstützt haben, auch dann, als ich entschied, mich auf das doch etwas ungewohnte Fachgebiet der internationalen verdeckten Kriegsführung zu spezialisieren.

Danken möchte ich aber vor allem auch meiner Frau Bea. Wenn man sich mit der NATO auseinandersetzt und illegale Kriege in Büchern und öffentlichen Vorträgen kritisiert, macht man sich nicht nur Freunde. Die Kriegstreiber sind mächtig und einflussreich. Immer wieder wurde ich in den letzten Jahren in verschiedenen Zeitungen angegriffen. Doch meine Frau hat mich stets darin bestärkt, weiter nach bestem Wissen und Gewissen meine unabhängige historische Forschung fortzuführen. Dafür gebührt ihr mein innigster Dank. Ohne sie wäre dieses Buch in der nun vorliegenden Form nie möglich gewesen.

Dr. Daniele Ganser
Swiss Institute for Peace and Energy Research (SIPER)
Basel, 1. Juli 2016

# Einleitung

In einer Zeit, in der immer mehr Flüchtlinge nach Europa kommen, fordern Politiker und Bürger zu Recht, dass man die Ursachen der Flüchtlingskrisen bekämpfen müsse. Doch was sind die Ursachen? Neben Bevölkerungswachstum, Armut, Umweltzerstörung und Arbeitslosigkeit sind es ohne Frage die Kriege, welche die Herkunftsländer der Flüchtlinge verwüsten. Krieg und Terror dominieren seit Jahren die täglichen Schlagzeilen in den Massenmedien. Doch viel zu selten wird in Europa und Nordamerika in denselben Massenmedien betont, dass Kriege illegal sind.

Seit dem Ende des Zweiten Weltkrieges und der Gründung der UNO-Friedensorganisation gilt ein weltweites Kriegsverbot. Zu diesem Verbot gibt es nur zwei Ausnahmen: Erstens gilt das Recht auf Selbstverteidigung, das heißt ein Land, das angegriffen wird, darf sich verteidigen. Zweitens darf Krieg gegen ein Land geführt werden, wenn ein ausdrückliches Mandat des UNO-Sicherheitsrates vorliegt. Abgesehen von diesen zwei Ausnahmen ist Krieg verboten, seit mehr als 70 Jahren.

Wenn jemand eine Waffe nimmt, auf die Straße geht und dort einen anderen Menschen erschießt, ist das illegal. Mord ist verboten. Das wissen alle Menschen. In einem funktionierenden Rechtsstaat wird der Mörder von der Polizei gesucht, gefunden, erhält vor erfahrenen und gerechten Richtern einen fairen Prozess und muss für mehrere Jahre ins Gefängnis. Viele Menschen wissen, dass auch Krieg genau wie Mord illegal ist. Wenn ein Land ein anderes Land mit Waffen angreift, ist das verboten. Die Politiker des Landes, das den Angriff durchführt, also in aller Regel Präsidenten oder Premierminister, machen sich des schweren Verbrechens der Aggression schuldig und müssten angeklagt und bestraft werden, viele müssten ins Gefängnis.

Doch genau dies geschieht nie oder selten, weil erstens die verantwortlichen Politiker im Gegensatz zu Straßenmördern zu mächtig sind, als dass sie jemand festnehmen und bestrafen könnte. Und weil zweitens die Massenmedien es nicht wagen, die Politiker, die ohne UNO-Mandat Angriffskriege führen, klar und deutlich als Verbrecher zu bezeichnen. Das hat weitreichende Folgen. Denn was nicht im Fernsehen kommt und nicht in der Zeitung steht, wird auch selten gedacht und diskutiert, weshalb das breite Publikum selten auf die Idee kommt, dass Kriegsverbrecher aus den NATO-Staaten mitschuldig an der Flüchtlingskrise sind, weil es stets nur von kriminellen Schleppern hört, die zwar auch Verantwortung tragen, aber viel weiter unten in der Hierarchie stehen.

Ich bin Schweizer Historiker und Friedensforscher und habe mich auf die internationale Zeitgeschichte seit 1945 spezialisiert und leite in Basel das Swiss Institute for Peace and Energy Research (SIPER). Über viele Jahre hinweg habe ich verschiedene Kriege aus der Distanz beobachtet und mit Erschrecken Folgendes festgestellt: Es sind die Länder der NATO, der größten Militärallianz der Welt, welche angeführt von den USA in den letzten 70 Jahren am meisten illegale Kriege vom Zaun gebrochen haben, aber immer völlig straflos davongekommen sind. Die USA und die NATO sind eine Gefahr für den Weltfrieden, sie haben das Kriegsverbot wiederholt missachtet.

In diesem Buch lege ich an konkreten Beispielen aus verschiedenen Ländern und Jahren dar, wie illegale Kriege geführt werden. Ich zeige auf, wie die Regeln der Friedensorganisation UNO gezielt und absichtlich sabotiert wurden. Meine Recherchen zum Thema illegale Kriege haben sich über viele Jahre hingezogen, weshalb ich die Entstehungsgeschichte dieses Buches kurz darlegen möchte.

Begonnen hat diese Forschung im Jahre 1997. Ich war damals 24 Jahre alt und Student der Geschichte an der Philosophisch-Historischen Fakultät der Universität Basel. Im Rahmen der Abschlussprüfungen musste ich während sechs Monaten ein Themenfeld genau untersuchen und danach eine rund 150 Seiten lange Lizentiatsarbeit (heute Masterarbeit) vorlegen. Ich wusste, dass Kriege illegal sind, und beschloss am Beispiel der Kubakrise von 1962 zu prüfen, ob damals die Regeln der UNO eingehalten wurden oder nicht. Im Archiv studierte ich die schriftlichen Protokolle des UNO-Sicherheitsrates und der UNO-Generalversammlung und las Fachliteratur. Die UNO-Quellen sind öffentlich zugänglich. Jeder kann nachlesen, was die Vertreter der verschiedenen Länder in den UNO-Sitzungen sagten. Damals war noch alles auf Papier. Heute findet man viele wertvolle UNO-Dokumente auch digital in der United Nations Dag Hammarskjöld Library.

Nachdem ich viel gelesen hatte, kam ich zu einem für mich persönlich erschütternden Resultat: Die Regeln der UNO werden systematisch missachtet, ohne dass dies in den Massenmedien bekannt gemacht wird. Immer wieder wird im UNO-Sicherheitsrat gelogen. Zudem werden verdeckte Kriege geführt, wie die Invasion der Schweinebucht 1961, gegen die die UNO machtlos ist. Ich verfasste meine Recherche auf Englisch und legte meine Forschungsresultate unter dem Titel »The Role of the United Nations in the Cuban Missile Crisis 1962« im Juli 1997 der Universität Basel vor. Ich bestand die Prüfungen. Die begleitenden Geschichtsprofessoren Rainer

Hoffmann und Georg Kreis benoteten die Arbeit mit summa cum laude und ermunterten mich, meine Forschungsresultate zu publizieren.

Im Jahre 2000 erschien meine Lizentiatsarbeit beim kleinen Verlag University Press of the South in den USA unter dem Titel: »Reckless Gamble. The Sabotage of the United Nations in the Cuban Conflict and the Missile Crisis of 1962«. Noam Chomsky, ein von mir sehr geschätzter Professor am MIT in den USA, der sich wiederholt sehr kritisch zu den illegalen Kriegen seines Heimatlandes geäußert hatte, lobte meine Publikation, was mich als frischgebackenen Historiker freute. Chomsky erklärte auf dem Umschlag, das Buch sei eine »erhellende Studie, die nicht nur sehr zum besseren Verständnis der Kubakrise beiträgt, sondern auch deutlich macht, wie sich die mächtigsten Mitgliedsländer in der UNO verhalten.«

Mittlerweile war ich derart fasziniert von der internationalen Politik, dass ich die Universität Basel nach meinem Lizentiat nicht verließ, sondern mich im Rahmen einer Dissertation ab 1998 weiter in die internationale Zeitgeschichte vertiefte. In meinem neuen Forschungsprojekt untersuchte ich die Geheimarmeen der NATO im Kalten Krieg und erlangte im September 2001 meinen Doktortitel im Fachbereich Geschichte. Einen Teil meiner Forschung zu den Geheimarmeen hatte ich an der London School of Economics and Political Science (LSE) in London durchgeführt und dort mit Wissenschaftlern aus Finnland, Norwegen, USA, Großbritannien und anderen Ländern wiederholt über die NATO und die UNO diskutiert. Das Thema war brandaktuell, weil damals im Jahre 1999 die NATO ohne UNO-Mandat Serbien bombardierte. Als junger Doktorand wurde mir immer deutlicher, dass die NATO die Regeln der UNO missachtet.

Jetzt bin ich 44 Jahre alt und merke, dass ich schon seit 20 Jahren zur NATO und zur UNO forsche. Über all die Jahre habe ich Daten, Zitate und Fakten für dieses Buch gesammelt. Im Februar 2003, kurz bevor die USA und Großbritannien in einem illegalen Krieg ohne UNO-Mandat den Irak angriffen – woraus später die Terrormiliz IS entstand, die derzeit Syrien destabilisiert –, habe ich mit meiner Frau und Freunden in der Schweizer Hauptstadt Bern gegen den Irakkrieg demonstriert. Mit rund 40.000 Menschen war es eine der größten Demonstrationen, welche die Schweiz seit 1945 gesehen hatte. Auch in anderen Hauptstädten in Europa und Nordamerika gingen Tausende auf die Straßen. Den amerikanischen Präsidenten George Bush und den britischen Premierminister Tony Blair kümmerte es nicht. Trotz der Proteste griffen sie im März 2003 den Irak an, stürzten den Nahen Osten ins Chaos und erzeugten viel Leid und große Flüchtlingsströme. Was für die Hippies der Vietnamkrieg war, ist für mich der Irakkrieg: ein Ereignis, das die Welt erschüttert und Millionen von Menschen politisch bewegt hat, unter ihnen auch mich.

Weil nach dem Irakkrieg für immer mehr Menschen deutlich wurde, dass illegale Kriege den Weltfrieden gefährden, stieg auch das Interesse an der Friedensforschung und der historischen Untersuchung der Gewaltspirale. Daher fragte der Kai Homilius Verlag aus Berlin bei mir an, ob er meine Forschungsresultate zum Kubakonflikt, die ja nur auf Englisch vorlagen, auf Deutsch übersetzen und in seiner Edition Zeitgeschichte publizieren dürfe. Ich war damit einverstanden. Klaus Eichner übersetzte den Text und das Buch erschien 2007 unter dem Titel »Die Kubakrise – UNO ohne Chance. Verdeckte Kriegsführung und das Scheitern der Weltgemeinschaft 1959–1962.« Das Buch wurde während einigen Jahren verkauft, ist jetzt aber vergriffen und wird nicht mehr nachgedruckt. Die relevanten Daten zu Kuba sind in einem längeren Kapitel in diesem Buch enthalten.

Mit diesem Werk lege ich nun meine über die Jahre gesammelten Analysen zum Thema illegale Kriege vor. Natürlich ist es keine umfassende Darstellung aller illegalen Kriege seit 1945, denn es sind derart viele, dass nicht alle hier erwähnt werden können. Ich habe mich darauf beschränkt, nur illegale Kriege zu behandeln, an denen NATO-Länder beteiligt waren, aber natürlich gibt es auch illegale Kriege, an denen keine NATO-Länder beteiligt waren. Dies bedeutet: Viele illegale Kriege bleiben in diesem Buch unerwähnt, und es ist ein weites Forschungsfeld, auf dem noch viel Arbeit geleistet werden muss.

Das Buch ist in Länderkapitel unterteilt und chronologisch aufgebaut. Jedes Kapitel steht für sich. Der Leser kann also, nachdem er die einführenden Kapitel zur UNO, zur NATO, zu den USA und zum Strafgerichtshof durchgelesen hat, frei zwischen den Länderkapiteln springen und das lesen, was ihn am meisten interessiert. Am Ende des Buches erlaubt die Chronologie einen schnellen Überblick über die wichtigsten Daten und Ereignisse.

Es ist meine Hoffnung, dass eine junge Studentin oder ein junger Student dieses Buch lesen wird, und dass es ihr oder ihm genau gleich ergehen möge wie mir damals, als ich als 24-jähriger Geschichtsstudent in der Bibliothek der Universität Basel saß: Dass nämlich ein waches und bleibendes Interesse an der Welt, den Menschen und am Frieden entsteht. Zudem hoffe ich, dass dieses Buch auch all jene Menschen außerhalb der Universität und in allen Altersgruppen stärkt, die sich für das Weltgeschehen und die Friedensbewegung interessieren und engagieren. Denn ich bin fest davon überzeugt, dass wir illegale Kriege vermeiden müssen und die UNO-Charta achten sollten.

# 1. Gründung der UNO 1945

Die Weltfriedensorganisation United Nations Organisation (UNO) wurde am 26. Juni 1945 in San Francisco in den USA gegründet. Der Hauptsitz der UNO befindet sich in New York, der Zweitsitz im Palais des Nations in Genf in der Schweiz. Viele Gründerväter der UNO waren erschüttert von dem Leid und den Grausamkeiten, die sich die Menschen im Zweiten Weltkrieg gegenseitig zugefügt hatten. Dieser größte und grässlichste aller Kriege, der bisher auf dem blauen Planeten gefochten wurde, hatte 60 Millionen Menschenleben gefordert, was der gesamten heutigen Bevölkerung von Frankreich entspricht.

## Nie wieder Krieg

Schon nach dem Ersten Weltkrieg waren kleine Friedensbewegungen entstanden. Deutsche Soldaten, die im Ersten Weltkrieg gekämpft hatten, gründeten 1919 den »Friedensbund der Kriegsteilnehmer« und engagierten sich aktiv gegen neue Kriege. »Der Weltkrieg ist vorbei. Wenn er einen Sinn gehabt haben soll, kann es nur der gewesen sein, die Völker über den Aberwitz bewaffneter Auseinandersetzungen zu belehren«, erkannten die Soldaten weise. »Auch solche gigantischen Lehren werden jedoch rasch vergessen. Es gilt, die Erinnerung an die Leiden, das Blut, den Schmerz, das unterdrückte Menschentum wachzuhalten. Vor allem müssen sich die Kriegsteilnehmer hierfür einsetzen. Sie wissen, was Krieg heißt. Sie müssen daher mit allen Mitteln gegen den Krieg und für den Frieden kämpfen.« Der Friedensbund wollte eine Friedenserziehung in den Schulen einführen und die Armeen auflösen und prägte die Parole »Nie wieder Krieg!«[1]

Die Friedensbewegung konnte sich bekanntlich nicht durchsetzen. Auf den Ersten Weltkrieg folgte der Zweite Weltkrieg, der mit Konzentrationslagern wie Auschwitz und den Atombomben von Hiroshima und Nagasaki gänzlich neue und früher unvorstellbare Dimensionen des Tötens aufgezeigt hat. Viele, die den Zweiten Weltkrieg erlebt und überlebt hatten, wollten, dass sich dieser Wahnsinn nicht mehr wiederholt, und suchten erneut Wege, um Kriege gänzlich zu verbieten oder aber nur noch in Ausnahmefällen zuzulassen.

Die Überlebenden des Zweiten Weltkrieges waren auch über sich selbst als Menschen zutiefst erschrocken. Denn sie sahen die Möglichkeiten der fast unvorstellbaren Selbstzerstörung, die es zu bändigen galt. Die Gier nach Macht und Geld kombiniert mit Lügen, Täuschung und Rücksichtslosigkeit hatten großes Leid verursacht. Sophie Scholl, die während des Zweiten Weltkriegs als Mitglied der Widerstandsgruppe »Weiße Rose« mutig zum Ungehorsam gegen die nationalsozialistische Diktatur von Adolf Hitler aufgerufen hatte, kritisierte in deutlichen Worten diese Abgründe der internationalen Politik: »Wenn ich auch nicht viel von Politik verstehe, und auch nicht den Ehrgeiz habe, es zu tun, so habe ich doch ein bisschen ein Gefühl, was Recht und Unrecht ist«, so die Neunzehnjährige in einem Brief an ihren Verlobten Fritz Hartnagel während des Krieges. »Und ich könnte heulen, wie gemein die Menschen auch in der großen Politik sind, wie sie ihren Bruder verraten um eines Vorteils willen ... Wir haben alle unsere Maßstäbe in uns selbst, nur werden sie zu wenig gesucht. Vielleicht auch, weil es die härtesten Maßstäbe sind.« Sophie Scholl wurde 1943 zusammen mit ihrem Bruder Hans beim Austeilen von Flugblättern in der Münchener Universität verhaftet, wegen »Hochverrat« und »Wehrkraftzersetzung« verurteilt und mit der Guillotine enthauptet.[2]

Bis heute stehen die Geschwister Scholl als Beispiel dafür, dass es auch in den dunkelsten Stunden der Weltgeschichte Friedenskämpferinnen und Friedenskämpfer gegeben hat, die sich gegen Massenmord, Gewalt und Unrecht unter Einsatz ihres Lebens gewehrt haben. Diese Grundhaltung haben die Gründer der UNO aufgenommen. Ihr ehrlicher Wunsch war es, zukünftige Generationen von der Geißel des Krieges zu befreien und eine neue und bessere Welt zu erschaffen. Viele Mitarbeiter der UNO haben sich diesen Zielen verschrieben. Zu ihnen zählt zum Beispiel der Schwede Dag Hammarskjöld, der zweite UNO-Generalsekretär, der stark im christlichen Glauben verwurzelt war. Auf seinem Grabstein in Uppsala in Schweden steht: »Nicht ich, sondern Gott in mir«. Hammarskjöld verstand sich als ein Mensch, der seinen täglichen Gottesdienst in der Weise begeht, dass er sich für den Frieden in der Welt einsetzt. Dafür brauchte er keine Kirche, sondern den Kontakt mit den Menschen. Nach seiner Wahl im April 1953 erklärte er vor dem UNO-Hauptgebäude in New York gegenüber einem Reporter: »Väterlicherseits habe ich den Glauben geerbt, dass kein Leben befriedigender sei als jenes, das im selbstlosen Dienst für das eigene Land – oder die Menschheit – gelebt wurde. Dieser Dienst verlangt das Opfer aller persönlichen Interessen, aber ebenso den Mut, unbeugsam für seine Überzeugung einzustehen.« Hammarskjöld starb am 18. September 1961 bei einem ungeklärten Flugzeugabsturz in Afrika, wo er in der Kongo-Krise vermittelte. Vermutlich wurde der UNO-Generalsekretär ermordet. Kurz nach seinem Tod erhielt er den Friedensnobelpreis.[3]

## Die 193 Mitgliedsstaaten der UNO

Die UNO ist die einzige internationale Organisation, in der praktisch alle Länder der Welt Mitglied sind, derzeit sind es 193. Dies erlaubt den Regierungen über ihre Botschafter bei der UNO in New York und in Genf in ständigem Kontakt und Austausch zu sein, was gerade in Krisenzeiten sehr wertvoll ist. In den letzten 70 Jahren ist die UNO stark angewachsen, immer mehr Staaten wollen als Ausdruck ihrer Unabhängigkeit und Souveränität Vollmitglied in der UNO werden. Als die UNO 1945 in San Francisco gegründet wurde, zählte sie nur 50 Staaten, darunter die USA, Frankreich, Großbritannien, Russland, Mexiko, Kuba, Brasilien, Kanada, Indien, Iran, Irak, Dänemark und Norwegen. Die Republik China auf Taiwan war auch Gründungsmitglied und hatte den offiziellen Sitz Chinas inne. Erst 1971 wurde der Sitz von China auf die kommunistische Volksrepublik China mit Hauptstadt Peking übertragen. Österreich trat der UNO 1955 bei. Die Bundesrepublik Deutschland (BRD) und die Deutsche Demokratische Republik (DDR) traten 1973 als zwei selbständige Mitglieder der UNO bei, seit 1990 ist das vereinte Deutschland Mitglied der UNO. Weil die Schweizerinnen und Schweizer grundsätzlich misstrauisch gegenüber internationalen Organisationen sind, da sie diese als Einschränkung ihrer Souveränität betrachten, hat das Schweizer Stimmvolk lange mit dem Beitritt zur UNO gezögert. Erst 2002 ist auch die Schweiz nach einer Volksabstimmung der UNO beigetreten. Als Stimmbürger habe ich für den UNO-Beitritt der Schweiz gestimmt und zudem mit einem längeren Artikel in der *Neuen Zürcher Zeitung* für den UNO-Beitritt geworben.[4]

Die jüngsten drei UNO-Mitglieder sind Osttimor, Montenegro und Südsudan. Osttimor wurde 2002 Mitglied der UNO, nachdem es seine Unabhängigkeit von Indonesien erklärt hatte. Montenegro wurde 2006 UNO-Mitglied, nachdem es sich von Serbien abgespalten hatte. Der Südsudan, der sich vom Sudan abspaltete, wurde 2011 das 193. UNO-Mitglied. Es ist davon auszugehen, dass die Zahl der UNO-Mitgliedsländer weiter ansteigen wird. Der Vatikan und Palästina sind derzeit nicht vollwertige UNO-Mitglieder, aber beide haben den Status eines permanenten Beobachters ohne Stimmrecht in der UNO-Generalversammlung. Die Republik Kosovo, rechtlich eine autonome serbische Provinz, hat sich 2008 einseitig für unabhängig erklärt. Diese Unabhängigkeit wurde von 110 der 193 UNO-Mitgliedsstaaten anerkannt. Aber Kosovo hat derzeit keinen Sitz in der UNO-Generalversammlung und ist daher nicht UNO-Mitglied.

Der Völkerbund, eine zwischenstaatliche Organisation, welche nach dem Ersten Weltkrieg 1920 gegründet worden war, um den Frieden auf der Welt zu sichern, war kläglich gescheitert, denn er konnte den Zweiten Weltkrieg nicht verhindern. Daraus jedoch den Schluss zu ziehen, dass alle internationalen Organisationen unfähig und zum Scheitern verurteilt sind, wäre falsch. Natürlich besteht die Gefahr, dass auch die UNO im 21. Jahrhundert scheitern wird, dass sie durch einen grässlichen Dritten Weltkrieg hinweggefegt wird wie damals der Völkerbund. Doch noch ist es nicht so weit. Und daher ist es sinnvoll und wichtig, für die UNO Sorge zu tragen und sich auf ihre Grundgedanken zu besinnen.

## Das in der UNO-Charta verankerte Gewaltverbot

Der Grundgedanke der UNO ist einfach und klar: Kriege sind illegal. Dieser Grundgedanke gilt noch heute, auch wenn er viel zu selten im Fernsehen erklärt oder über die Zeitungen und das Internet vermittelt wird. Im Artikel 2 der UNO-Charta wird das Gewaltverbot klug und klar formuliert: »Alle Mitglieder legen ihre internationalen Streitigkeiten durch friedliche Mittel so bei, dass der Weltfriede, die internationale Sicherheit und die Gerechtigkeit nicht gefährdet werden. Alle Mitglieder unterlassen in ihren internationalen Beziehungen jede gegen die territoriale Unversehrtheit oder die politische Unabhängigkeit eines Staates gerichtete oder sonst mit den Zielen der Vereinten Nationen unvereinbare Androhung oder Anwendung von Gewalt.«

Seit dem Ende des Zweiten Weltkrieges und der Gründung der UNO-Friedensorganisation gilt dieses weltweite Kriegsverbot. Zu diesem Verbot gibt es nur zwei Ausnahmen: Erstens gilt das Recht auf Selbstverteidigung, d. h., wenn ein Land also angegriffen wird, darf es sich verteidigen. Zweitens darf Krieg gegen ein Land geführt werden, wenn ein ausdrückliches Mandat des UNO-Sicherheitsrates vorliegt. Nur wenn der Sicherheitsrat ein solches UNO-Mandat verabschiedet, kann ein Krieg als legal angesehen werden. Alle anderen Kriege sind illegal.

Die UNO ist wichtig, weil wir »eine Reihe von Problemen haben, die wirklich globaler Natur sind und auch nur gemeinsam, global – wenn überhaupt – bewältigt werden können«, betont der UNO-Experte Andreas Zumach zu Recht.[5] Aber die Generalversammlung, der Sicherheitsrat und auch der Generalsekretär haben kein »unabhängiges Leben«. Sie bilden nur das Verhalten ihrer mächtigsten Mitglieder ab. Oder wie es UNO-Generalsekretär Sithu U Thant formulierte: »Die Vereinten Nationen können nur das tun, was ihre Mitgliedsstaaten zulassen.«[6] Über den Einsatz von Gewalt darf nur der UNO-Sicherheitsrat entscheiden. Bedenklicherweise ist die Militärallianz NATO im UNO-Sicherheitsrat überproportional stark vertreten. Der UNO-Sicherheitsrat besteht aus fünf ständigen Mitgliedern mit Vetorecht und zehn nicht ständigen Mitgliedern, die jeweils für zwei Jahre gewählt werden und kein Vetorecht haben. Die Beschlüsse des Sicherheitsrates sind für alle 193 UNO-Mitglieder verbindlich, wenn mindestens 9 der 15 Mitglieder der Resolution zustimmen, und wenn kein ständiges Mitglied ein Veto einlegt. Die dominanten fünf ständigen Mitglieder im UNO-Sicherheitsrat sind das NATO-Land USA, das NATO-Land Großbritannien, das NATO-Land Frankreich sowie Russland und China. Aus dieser einfachen Übersicht geht hervor, dass es praktisch unmöglich ist, dass der UNO-Sicherheitsrat je eine Resolution verabschieden wird, die einen Krieg gegen ein NATO-Land legitimiert, da dies die drei NATO-Mitglieder mit ihrem Veto verhindern würden. Die Interessen der NATO-Länder sind in der UNO überproportional vertreten.

Natürlich haben die anderen Länder der Welt gemerkt, dass diese Machtverteilung nicht fair und ausgewogen ist. Deutschland zum Beispiel oder auch Indien, Japan oder Brasilien haben keinen permanenten Sitz im Sicherheitsrat und auch kein Vetorecht. Die deutsche Presse spricht daher richtig von einer »Zweiklassengesellschaft«. Diese besteht aus den fünf Ländern mit Vetorecht und dem Rest der 188 UNO-Länder ohne Vetorecht. Natürlich hat »der Rest der Welt« auch eine Stimme, nämlich in der UNO-Generalversammlung. Dort hat niemand ein Vetorecht. Doch die Resolutionen der Generalversammlung haben nur Empfehlungscharakter und sind nicht bindend.[7]

Auch kleinere Länder wie Libyen haben diese Zweiklassengesellschaft kritisiert. Die UNO-Charta sagt, »dass alle Länder, groß oder klein, gleichberechtigt sind«, erklärte Muammar Gaddafi, der Präsident von Libyen, vor der UNO-Generalversammlung im Oktober 2009. »Besteht diese Gleichberechtigung, wenn es um die permanenten Sitze im Sicherheitsrat geht? Nein, wir sind nicht gleichberechtigt.« Der Sicherheitsrat und die Mitglieder mit Vetorecht seien zu Unrecht privilegiert. »Wie können wir zufrieden sein mit dem Weltfrieden und globaler Sicherheit, wenn die ganze Welt von 15 Ländern kontrolliert wird? Wir sind 192 Länder und wir sind wie Speakers' Corner in Londons Hyde Park. Wir sprechen einfach und niemand kümmert sich darum, was gesagt wird.«

Der Einfluss der UNO-Generalversammlung sei viel zu klein, die Dominanz des UNO-Sicherheitsrates abstoßend, protestierte der libysche Präsident. »Zurzeit ist der

Sicherheitsrat ein Sicherheitsfeudalismus, ein politischer Feudalismus für diejenigen, die im Genuss eines permanenten Sitzes sind. Sie schützen sich gegenseitig und nutzen alle anderen aus. Man sollte es den Terrorrat und nicht den Sicherheitsrat nennen.« Die Kritik von Muammar Gaddafi, der zwei Jahre später von den NATO-Ländern Frankreich, Großbritannien und USA angegriffen und im Verlauf des Krieges getötet wurde, war scharf, aber durch die Fakten wohlbegründet. Mit Verweis auf das Kapitel VII der UNO-Charta, welches den Einsatz von militärischer Gewalt durch den Sicherheitsrat regelt, erklärte er treffend, wie die Zweiklassengesellschaft funktioniert: »Im politischen Alltag benutzen die Privilegierten den Sicherheitsrat gegen uns, wenn es ihnen von Nutzen ist. Ansonsten wird er ignoriert. Wenn sie ein Projekt vorantreiben wollen oder ein persönliches Anliegen haben, dann wird die UNO respektiert, verherrlicht und Kapitel VII wird gegen die armen Länder angewandt. Wenn sie aber die Regeln der UNO brechen wollen, wird die ganze Institution einfach ignoriert... Seit seiner Gründung 1945 hat der Sicherheitsrat versagt, Sicherheit zu gewährleisten. Wir werden alle Sicherheitsresolutionen ignorieren, weil diese Resolutionen ausschließlich gegen uns gerichtet sind und nicht gegen die Supermächte, welche permanente Sitze und das Vetorecht haben.«[8]

Leider bestätigen die historischen Fakten die Kritik von Libyen an der UNO. Das wichtige und wertvolle Kriegsverbot ist derart oft missachtet worden, dass es bei vielen Menschen völlig in Vergessenheit geraten ist. Einige glauben gar, das Kriegsverbot sei heute nicht mehr aktuell oder relevant, und auch die UNO könne man abschaffen, da sie ausgedient habe und nicht funktioniere. Doch was wäre die Alternative, wenn das Kriegsverbot fällt und die UNO abgeschafft würde? Vermutlich hätten wir dann eine Welt, in der die stärksten Mächte, darunter das US-Imperium, in Kooperation mit der größten Militärallianz der Welt, der NATO, ständig zum Mittel der Gewalt griffen, um ihre Interessen durchzusetzen. Eine Welt, in der sich die Armen und Schwachen mit Terror wehrten und im Sinne der asymmetrischen Kriegsführung Angst und Schrecken in die NATO-Länder trügen. Kurzum, wir hätten eine unüberblickbare Reihe von Kriegen und Terroranschlägen, sodass niemand mehr genau wüsste, wo und warum ein Krieg angefangen hat, wer hinter dem jüngsten Terroranschlag steckt und wie man wieder aus der Gewaltspirale aussteigen könnte. Es wäre nur eine Frage der Zeit, bis in einem solchen Chaos auch atomare, biologische und chemische Waffen eingesetzt würden. Eine solch traurige Entwicklung kann niemand für seine Kinder und Enkel wollen.

Daher scheint es mir wichtig und richtig, das Gewaltverbot der UNO zu achten und zu stärken. Dort, wo es missachtet wurde, wo illegale Kriege geführt wurden, müssen diese illegalen Kriege benannt und die konkreten Umstände analysiert werden. Genau das tut dieses Buch an einer Reihe von Beispielen. Vor allem aber möchte es daran erinnern, dass es ein unglaublich wichtiger und weitreichender Schritt in der Geschichte der Menschheit war, als 1945 die UNO von 50 Staaten gegründet wurde. Dieser Schritt gab zu großen Hoffnungen Anlass, denn er bezeugte einen neuen Bewusstseinszustand. Nie zuvor in den letzten 2000 Jahren hatten die Staatenführer der Welt beschlossen, den Krieg zu verbieten. Diese völlig neue Idee bleibt edel und richtig, auch wenn die letzten 70 Jahre zeigen, dass die Umsetzung noch nicht gelungen ist.

## Die UNO wird durch Lügen sabotiert

Nach dem Zweiten Weltkrieg haben die USA die Gründung der UNO explizit unterstützt. Präsident Harry Truman, der über Japan zwei Atombomben abwerfen ließ, erklärte, die UNO sei wichtig, aber nicht vollkommen: »In einer Welt ohne einen solchen Mechanismus wären wir zu ständiger Angst vor unserer eigenen Vernichtung verdammt. Es wäre also wichtig, dass wir einen Anfang machten, und sei er noch so unvollkommen.« Und Henry Cabot Lodge, der spätere US-Botschafter bei der UNO, meinte, die Weltfriedensorganisation könne der Welt zwar »nicht den Himmel bringen, aber uns vielleicht vor der Hölle bewahren«.[9]

Da die Weltfriedensorganisation bis heute von Menschen und ihrer mitunter ausgeprägten Gier nach Macht und Reichtum geleitet wird, ist klar, dass die UNO ein Abbild der Menschen und ihres jeweiligen Bewusstseinszustandes sein muss, unvollkommen und dennoch unersetzlich. Der deutsche Politologe Klaus Dieter Wolf, der als Professor an der Universität Darmstadt lehrt, beschreibt die Organisationen des UNO-Systems daher treffend als »eine Inselgruppe der Zivilisation in einem Meer von Anarchie«, die den »regellosen Naturzustand zwischen den Staaten zwar nicht grundsätzlich« überwindet, aber »einen wichtigen Beitrag« dazu leistet, »dass immer mehr Spielregeln eingeführt werden, die auch die Logik der Machtpolitik auf längere Sicht verändern.«[10]

Die UNO ist ein großes Theater. Der irische Politiker Conor Cruise O'Brien bezeichnete die UNO einst treffend als »das heilige Drama«, der eindrucksvolle Raum des Sicherheitsrates und auch die große Halle der Generalversammlung seien in erster Linie imposante Kulissen, obschon man nicht immer wisse, ob eine Komödie oder Tragödie gespielt werde. »Die Szene bleibt gewaltig, selbst wenn die Akteure es nicht sind ... ein Theater der Absurditäten. Überströmt von Schreckgespenstern in seiner Form und in seinen Inhalten. Auf der gemeinsamen Ebene ist es eine hoffnungslos ernsthafte Farce, von deren Fortgang unser Leben abhängig sein könnte.«[11]

Angesichts einer Vielzahl von Kriegen sind wir heute gezwungen zu analysieren, warum und wo die UNO sabotiert wurde und versagt hat. Dieses Buch zeigt, dass die Ineffizienz der UNO nicht in ihrem System begründet liegt, sondern dem individuellen Versagen ihrer Mitglieder geschuldet ist, die zeitweilig unfair agierten und die UNO mit Lügen im Sicherheitsrat und in der Generalversammlung sabotierten. Das ist, konsequenterweise, der Punkt für die Lösung des Problems der »Ineffektivität«. Jede Reform der UNO, die das dominante Problem der Lügen nicht einbezieht, muss längerfristig scheitern.

## 2. Gründung der NATO 1949

Die North Atlantic Treaty Organisation (NATO) ist die größte und am stärksten bewaffnete Militärallianz, die es auf der Welt je gegeben hat. Ihre Mitgliedsländer befinden sich in Nordamerika und Europa. Die Rüstungsausgaben der NATO-Mitgliedsländer übersteigen jene aller anderen Länder um das Vielfache. Zu Beginn hat die NATO sich auf die Verteidigung ihrer Mitgliedsländer konzentriert und nur selten illegale Angriffskriege geführt. Nach dem Fall der Berliner Mauer haben die illegalen Angriffskriege der NATO dann zugenommen. Zu diesen zählen der Angriff auf Serbien 1999, der Angriff auf Afghanistan 2001, der Angriff auf Irak 2003, der Sturz von Präsident Gaddafi in Libyen 2011 und die Bombardierung von Syrien.

### Die 28 Mitgliedsstaaten der NATO

Gegründet wurde die NATO am 4. April 1949 in Washington. Die zwölf Gründungsmitglieder waren die USA, Belgien, Dänemark, Frankreich, Island, Italien, Kanada, Luxemburg, Holland, Norwegen, Portugal und Großbritannien. Erst 1952 kamen Griechenland und die Türkei zum NATO-Militärbündnis dazu. Der NATO-Beitritt von Spanien erfolgte 1982. Als die Berliner Mauer fiel und der Kalte Krieg endete, zählte die NATO somit 16 Mitgliedsländer. Innerhalb der UNO stimmten diese Länder oft so, wie es Washington vorgab, denn die Europäer profitierten vom Schutz der USA. Im Rahmen der NATO-Osterweiterung wurde die NATO nach dem Ende des Kalten Krieges zum Missfallen der Russen stark ausgedehnt. Heute zählt die NATO 28 Mitgliedsländer.

Nachdem im Mai 1955 in Deutschland die Bundeswehr gegründet worden war, trat am 9. Mai 1955 auch die Bundesrepublik Deutschland (BRD) als 15. Mitgliedsland der NATO bei. Fünf Tage danach gründeten die Ostblockstaaten unter der Führung der UdSSR den Warschauer Pakt als Gegenstück zur NATO. Im geteilten Deutschland kamen sich die kapitalistische NATO und der kommunistische Warschauer Pakt sehr nahe. Am Checkpoint Charlie, dem bekanntesten Berliner Grenzübergang durch die Berliner Mauer, berührten sich der sowjetische und der amerikanische Sektor, und es gab Momente wie 1961, als sich dort sowjetische und amerikanische Panzer direkt gegenüberstanden. Die Deutsche Demokratische Republik (DDR) war seit ihrem Gründungsjahr 1955 Mitglied im Warschauer Pakt, zusammen mit der UdSSR, Polen, Rumänien, Bulgarien, Ungarn, der Tschechoslowakei und Albanien. Innerhalb der UNO stimmten diese acht Mitglieder des Warschauer Paktes oft so, wie es Moskau verlangte.

Die USA sind ohne Frage das mächtigste Mitgliedsland innerhalb der NATO. Sie kontrollieren die NATO seit ihrer Gründung 1949. »Die einzige internationale Organisation, die jemals funktioniert hat, ist die NATO, und zwar deshalb, weil es eine militärische Allianz ist und wir die Führung innehaben«, erklärte einst der amerikanische Präsident Richard Nixon vielsagend.[12] Die Europäer wollen die Dominanz der USA innerhalb der NATO nicht eingestehen, weil diese Tatsache sie als Vasallen herabsetzt. Den Europäern ist es erlaubt, stets den höchsten zivilen NATO-Beamten, den Generalsekretär, zu stellen. Dieser tritt oft im Fernsehen auf und gibt viele Zeitungsinterviews, womit die NATO ein »europäisches Gesicht« erhält. Derzeit amtiert der Norweger Jens Stoltenberg als NATO-Generalsekretär, vor ihm hatten der Däne Anders Fogh Rasmussen, der Holländer Jaap de Hoop Scheffer und der Brite George Robertson das Amt inne.

Um die amerikanische Dominanz in der NATO abzusichern, ist aber nicht das Amt des Generalsekretärs entscheidend, der sozusagen für die Öffentlichkeitsarbeit wichtig ist, sondern das Amt des höchsten militärischen Kommandanten für das europäische Territorium. Und dieser Rang des »Supreme Allied Commander Europe« (SACEUR) hat immer ein amerikanischer General inne, der im Supreme Headquaters Allied Powers Europe (SHAPE) in der belgischen Stadt Casteau seinen Hauptsitz hat. Seit 2013 amtiert US-General Philip Breedlove als SACEUR. Er ist viel weniger in den Massenmedien und daher deutlich weniger bekannt als der Generalsekretär Jens Stoltenberg, aber weitaus mächtiger, denn der SACEUR ist verantwortlich für die Planung, Vorbereitung und Führung aller NATO-Kriege. Der erste SACEUR war Dwight Eisenhower, der spätere US-Präsident, der 1953 die Regierung im Iran stürzte. Ein weiterer bekannter SACEUR war Lyman Lemnitzer, der 1962 im Rahmen der Operation Northwoods vorschlug, amerikanische Schiffe vor Kuba in die Luft zu sprengen und dieses Verbrechen dann den Kubanern in die Schuhe zu schieben, um damit gegenüber der Weltöffentlichkeit eine US-Invasion der Karibikinsel zu rechtfertigen.

Die NATO ist auch im Bereich verdeckte Kriegsführung aktiv, obschon in den Massenmedien darüber kaum berichtet wird. Im Jahre 1990 wurde bekannt, dass die NATO Stay-behind-Geheimarmeen in Europa aufgebaut hatte. Diese hatten im Kalten Krieg den Auftrag, im Falle einer sowjetischen Invasion des NATO-Territoriums hinter den feindlichen Linien zu kämpfen und auch während Friedenszeiten gegen Kommunisten und Sozialisten in den NATO-Ländern aktiv zu werden, falls diese zu stark würden und die NATO sozusagen »von innen« gefährden sollten. In Italien liefen diese Geheimarmeen unter dem Namen »Operation Gladio«. In Deutschland wurden rechte Offiziere mit einer SS-Vergangenheit von den Amerikanern in die Stay-behind-Armeen rekrutiert, um eine antikommunistische Haltung zu garantieren. Die Geheimarmeen trainierten mit den britischen und amerikanischen Special Forces, verfügten über Sprengstoff und geheime Waffenlager und waren in aller Regel im militärischen Geheimdienst des jeweiligen NATO-Landes angesiedelt. Die Bevölkerung und auch viele Parlamentarier wussten nichts über diese geheime Seite der NATO. Einige der NATO-Geheimarmeen waren in Verbrechen wie Staatsstreiche, Terroranschläge und Folter verwickelt, weshalb das Parlament der Europäischen Union 1990 eine genaue Untersuchung der Stay-behind-Geheimarmeen in allen NATO-Ländern verlangte, was aber von der NATO blockiert wurde und nie stattfand. Ich habe selber während meiner jahrelangen Recherche zu den NATO-Geheimarmeen festgestellt, dass die NATO keinen Einblick in diese dunklen Seiten ihrer eigenen Geschichte erlaubt. Trotz wiederholten Nachfragen wurden mir keine Akten zu den Stay-behind-Armeen zur Verfügung gestellt. Die NATO ist weder transparent noch demokratisch organisiert, sondern funktioniert wie ein Militärbündnis hierarchisch und nach dem Prinzip der Verschwiegenheit, auch und gerade, wenn es um schwere Verbrechen geht.[13]

## Die Partnership for Peace

Die Schweiz und Österreich sind neutrale Länder und nicht Mitglied des NATO-Militärbündnisses, aber völlig von NATO-Ländern umgeben und damit stark in die NATO-Sicherheitsarchitektur eingebunden. In diesem Sinne wohne auch ich in der Schweiz im erweiterten »NATO-Raum«. Seit 1996 nimmt die Schweiz an der sogenannten »Partnerschaft für den Frieden« (PfP) teil. Die PfP ist eine politische Initiative der NATO, um die sicherheitspolitische Kooperation mit Nichtmitgliedsländern zu fördern. Auch Österreich ist seit 1995 Mitglied in der PfP und österreichische Soldaten haben seither wiederholt an NATO-Übungen teilgenommen.

In der Schweiz ist die PfP nicht sonderlich beliebt. Viele Schweizerinnen und Schweizer wissen nicht einmal, dass ihr Land Mitglied der NATO nahestehenden PfP ist. Nationalrat Luzi Stamm reichte im September 2014 eine Motion ein, in der er den ehemaligen US-Verteidigungsminister William Perry zitierte, der erklärt hatte: »Der Unterschied zwischen einer NATO-Mitgliedschaft und einer Beteiligung an der NATO-Initiative ›Partnership for Peace‹ muss dünner gemacht werden als ein Blatt Papier.« Nationalrat Stamm kritisierte, dass das Programm PfP »zur schleichenden Anbindung an die NATO weiterentwickelt wird, um eine NATO-Mitgliedschaft vorzubereiten«. Die Schweiz befinde sich bereits »im machtpolitischen Schlepptau« der NATO, was aber die dauernde, bewaffnete und umfassende Neutralität der Schweiz untergrabe. »Die Schweiz muss deshalb aus dem Nato-Programm PfP austreten«, so die klare Forderung des Schweizer Parlamentariers.

Auf der Basis meiner Forschung komme ich zum selben Resultat. Ich denke, die Schweizer Bevölkerung sollte angesichts der vielen illegalen Kriege, in welche die NATO verwickelt ist, über einen Austritt aus der sogenannten Partnership for Peace abstimmen, da es sich hier faktisch um eine Partnership for War handelt, der die Schweiz nicht angehören sollte. Doch der Schweizer Bundesrat sieht dies anders und hält an der PfP-Mitgliedschaft fest. In seiner Stellungnahme vom November 2014 erklärte der Bundesrat, ein Austritt aus der PfP sei unsinnig, und behauptete: »Von einer schleichenden Anbindung an die NATO oder gar von einer Vorbereitung einer NATO-Mitgliedschaft der Schweiz kann nicht die Rede sein.«[14]

Auch in Deutschland hat es immer wieder kritische Stimmen gegeben, die einen Austritt von Deutschland aus der NATO wie auch die Schließung von Ramstein und allen anderen US-Militärstützpunkten forderten. Zu diesen mutigen Stimmen, welche keine Mehrheit repräsentieren und auch in der deutschen Regierung oder im Parlament nur schwach vertreten sind, gehört der prominente deutsche Theologe Eugen Drewermann. Entsprechend dem Adorno-Wort »Es gibt kein richtiges Leben im falschen« sei die NATO das Falsche, in der nichts Richtiges geschehen könne, so Drewermann. Daher müsse Deutschland aus der NATO austreten. Die NATO sei »eine kriminelle Vereinigung, eine mafiöse Organisation«. Auch Dieter Deiseroth, Richter am Bundesverwaltungsgericht, sieht die NATO kritisch und fasste in einem öffentlichen Vortrag an der Universität Bremen die Bewertung und Charakterisierung der NATO, wie sie sich heute präsentiere, mit einem Zitat des früheren Bundeskanzlers Helmut Schmidt zusammen: »In Wirklichkeit ist diese Organisation nicht notwendig. Objektiv gesehen handelt es sich heute um ein Instrument der amerikanischen Außenpolitik, der amerikanischen Weltstrategie.«[15]

# 3. Imperium USA

In der Geschichte der Menschheit hat es immer wieder Staaten gegeben, die eine beschränkte Zeit lang mächtiger und einflussreicher waren als andere. Diese Staaten werden als Imperium bezeichnet. Zu ihnen zählt das römische Imperium, das vor rund 2000 Jahren seine Machtbasis in Rom und Italien hatte und dessen Einflussbereich damals den ganzen Mittelmeerraum und die heutigen Länder Spanien, Frankreich, Griechenland, Türkei, Syrien und in Nordafrika Teile von Ägypten, Tunesien und Algerien umfasste. Das spanische Imperium hatte seine Machtbasis in Madrid und umfasste im 16. Jahrhundert die heutigen Staaten Mexiko, Guatemala, Honduras, Costa Rica, Nicaragua, Panama, Kolumbien, Peru, Philippinen, die Sahara und Teile der USA. Auch das britische Imperium war mächtig und verfügte im 19. Jahrhundert über die stärkste Handels- und Kriegsflotte der Welt. Das britische Imperium hatte seine Machtbasis in London und Vertreter des Imperiums prahlten, dass in ihrem Reich die Sonne nie untergehe. Das britische Imperium umfasste Australien, Indien, Südafrika, Kanada und die Ostküste der USA. Die globale Dominanz der Briten trug mit dazu bei, dass die englische Sprache und Kultur sich auf der ganzen Welt verbreiteten.

Imperien haben oft versucht, ihre Position der Stärke zu nutzen, um noch mehr Einfluss und Macht zu erlangen, indem sie Rohstoffe und Handelsrouten kontrollierten und ihre Kriegstechnik verbesserten. In ihrer Geschichtsschreibung haben Imperien immer darauf geachtet, dass ihre Handlungen und sogar ihre Kriege von den eigenen Hofhistorikern als klug, notwendig und gerecht dargestellt wurden. Der britische Historiker Paul Kennedy hat indes zu Recht darauf hingewiesen, dass eine solche Geschichtsschreibung die Dekadenz von Imperien verschleiert. Imperien kommen und gehen. Kein Imperium besteht für immer. Die »imperiale Überdehnung«, wie Kennedy sie nennt, führt stets dazu, dass mächtige Staaten ihre moralische Führung durch Machtmissbrauch verlieren, die materiellen und personellen Ressourcen an einer Vielzahl von Einsatzorten gleichzeitig einsetzen und damit ihre Kräfte überfordern, was schlussendlich zum Zusammenbruch eines Imperiums führt.[16]

## Wie erkennt man ein Imperium?

Das mächtigste Land heute sind ohne Zweifel die USA. Ich werde daher in diesem Buch die Bezeichnung »Imperium USA« verwenden, was für einige Leser ungewohnt ist, da in den Massenmedien in Deutschland, Österreich und der Schweiz diese Bezeichnung vermieden wird, weil ansonsten Spannungen mit den USA entstehen könnten, was wiederum zu wirtschaftlichen Nachteilen führen kann. Die Bezeichnung Imperium USA ist aber historisch korrekt und schärft den Blick auf die realen Machtverhältnisse seit 1945, was gerade mit Bezug auf die Funktionsweise der UNO sehr wichtig ist. Ein Imperium zu erkennen ist nicht schwierig. Das Imperium ist in aller Regel die größte wirtschaftliche und militärische Macht innerhalb einer bestimmten geschichtlichen Epoche. Wenn man das Bruttoinlandprodukt (BIP) der US-Wirtschaft misst, so wird sofort klar, dass die USA noch vor China derzeit die größte Wirtschaftsmacht der Welt sind. Zudem verfügen die USA mit dem Dollar über die Weltreservewährung und können diese selber drucken.

Auch militärisch ist die Überlegenheit der USA groß. Sie verfügen über zehn atomar angetriebene Flugzeugträger, während die anderen ständigen Mitglieder des UNO-Sicherheitsrates, also Großbritannien, Frankreich, Russland und China jeweils nur einen Flugzeugträger betreiben. Vor allem bei den Militärausgaben sieht man die dominante Stellung des US-Imperiums deutlich. Im Jahre 2015 hat dieses Imperium 600 Milliarden Dollar fürs Militär ausgegeben. China folgte auf Platz zwei deutlich abgeschlagen mit rund 200 Milliarden, vor Russland (80 Milliarden), Saudi-Arabien (80 Milliarden), Frankreich (60 Milliarden), Großbritannien (60 Milliarden), Indien (50 Milliarden) und Deutschland (50 Milliarden).[17]

Das US-Imperium ist mit einem Marktanteil von mehr als 30 Prozent auch der größte Waffenexporteur, vor Russland, China, Frankreich und Großbritannien. Es ist beunruhigend, dass gemäß den Untersuchungen des Stockholmer Institutes für Friedensforschung (SIPRI) die fünf ständigen Mitglieder des UNO-Sicherheitsrats, eigentlich zuständig für den Weltfrieden, zugleich die fünf größten Waffenexporteure sind. Die ständigen Mitglieder des UNO-Sicherheitsrates profitieren davon, wenn ein Krieg ausbricht, weil dann auch ihre Waffenexporte in die Konfliktregion zunehmen. Neben den fünf Vetomächten im UNO-Sicherheitsrat gehören die NATO-Länder Deutschland, Spanien, Italien und die Niederlande gemäß SIPRI zu den zehn größten Waffenexporteuren der Welt.[18]

Neben den höchsten Militärausgaben hat das US-Imperium mehr als 700 Militärstützpunkte auf der ganzen Welt verteilt, darunter auch Stützpunkte in Deutschland wie Ramstein, gegen den die deutsche Bevölkerung immer wieder demonstriert, weil über Ramstein der Einsatz von US-Drohnen koordiniert wird. Der Amerikaner Chalmers Johnson, Professor für Politikwissenschaften in Kalifornien, hat die imperiale Entwicklung der USA genau studiert. »Es gab einmal eine Zeit, da konnte man den Imperialismus messen, indem man die Anzahl der Kolonien zählte. Die amerikanische Version der Kolonie ist die Militärbasis«, so die kluge Beobachtung von Johnson. »Indem man die weltweite Verteilung unserer Militärbasen verfolgt, kann man viel über unseren stets anwachsenden imperialen Fußabdruck lernen, wie auch über die Militarisierung der Politik, welche damit einhergeht.« Die Militärbasen dienen der Marine für die Stationierung ihrer Schiffe, der Luftwaffe als Landeplatz für ihre Flugzeuge und Helikopter und der Armee als Basis für Truppen und Material. »In anderen Ländern gab es im Jahre 2005 insgesamt 737 US-Militärbasen«, so Johnson.[19]

In den USA wird der Begriff Imperium fast nie oder nur selten verwendet, weil das Wort Ausbeutung und Unterdrückung anderer Länder impliziert. »Wir sind ein sehr junges Imperium. Wir möchten nicht einmal daran denken, dass wir ein Imperium sind«, räumte der Amerikaner George Friedman von Stratfor 2015 ein.[20] Auch in Europa bezeichnen nur wenige Menschen die USA als Imperium, und viele hätten Mühe zu sagen, wie viele Menschen in etwa in den Kriegen des Imperiums seit 1945 getötet wurden, weil diese Zahlen kaum je in den Zeitungen stehen. »Wir müssen wissen, dass wir in einem Manipulationskontext sind«, erklärte der deutsche Psychologe Rainer Mausfeld 2015 in einem Vortrag an der Universität Kiel. »Insgesamt ergeben sich aus offiziellen Dokumenten, dass die USA seit dem Zweiten Weltkrieg für den Tod von 20 bis 30 Millionen Menschen verantwortlich sind. Das sind Dimensionen, dass man sich fragt: Wie kann es eigentlich gelingen, solch monströse Dimensionen für die Bevölkerung praktisch vollständig unsichtbar zu machen? … Die Fakten sind bekannt. Sie sind nur für die Bevölkerung durch Fragmentierung und Dekontextualisierung unsichtbar gemacht worden. Das heißt, es ist einfach nicht passiert. Und wenn es passiert ist, spielt es keine Rolle. Es interessiert niemanden.«[21]

Mausfeld kritisiert zu Recht, dass die mehr als 20 Millionen Tote, die das US-Imperium seit 1945 zu verantworten hat, in den NATO-Ländern wenig reflektiert werden. Die Opfer bleiben unsichtbar in dem Sinne, dass in den NATO-Ländern selten über sie gesprochen oder geforscht wird. Auch die Amerikaner selber sehen die Opfer ihrer Kriege oft nicht und wollen sie auch nicht sehen. Ich bin aber der Meinung, dass die Zeit gekommen ist, die illegalen Kriege der NATO-Länder direkt anzusprechen und auszuleuchten. In meinen Vorträgen in Berlin, Hamburg, München, Zürich, Bern, Luzern, Wien, Salzburg und anderen Orten habe ich in den letzten Jahren immer wieder den Begriff »US-Imperium« verwendet und historisch erklärt. Gerade jene Menschen, die zu meinen Vorträgen kommen oder sie auf Youtube im Internet anschauen, finden es richtig und wichtig, dass zum US-Imperium und auch zum Machtmissbrauch in anderen Ländern Klartext gesprochen wird.

Die größte Schwierigkeit besteht aber bei aller berechtigten Kritik am US-Imperium immer darin, dass man nicht in einen undifferenzierten Antiamerikanismus abgleitet. Ich bin selber wiederholt in die USA gereist und habe dort wunderbare Menschen getroffen und viel von ihnen gelernt. Zudem bin ich in der Friedensforschung aktiv, und diese betont seit vielen Jahren, dass zwischen den Nationen kein Hass geschürt werden darf, weil sich die Menschen sehr schnell entlang ihrer nationalen Identität gruppieren. Die Kritik am US-Imperium ist meiner Ansicht nach berechtigt, aber sie muss immer auch darlegen, auf wen sie sich bezieht, denn wie in jedem Land gibt es auch in den USA verschiedene Gruppen.

## Die USA sind eine Oligarchie

Im April 2014 berichtete die BBC mit Bezug auf eine Studie der Universität Princeton, dass die USA »eine Oligarchie, keine Demokratie« sind. »Die USA werden durch eine reiche und mächtige Elite dominiert«, erklärte die BBC richtig. Die Autoren der Studie, die Professoren Martin Gilens und Benjamin Page, fanden heraus, dass wenige Superreiche die Politik in den USA steuern, während der durchschnittliche Amerikaner nur wenig Macht hat, die Politik zu beeinflussen. Dies sind die klassischen Merkmale einer Oligarchie, also einer Herrschaft von Wenigen (oligoi). »Unsere Studie kommt zum Schluss, dass die Mehrheit der Amerikaner wenig Einfluss auf die Entscheide hat, welche unsere Regierung fällt. Wir Amerikaner zeichnen uns zwar durch viele Merkmale aus, die für ein demokratisches System kennzeichnend sind, darunter regelmäßige Wahlen, Rede- und Versammlungsfreiheit und eine breite Wahlberechtigung«, so Gilens und Page. »Aber wir glauben, dass wenn die Politik durch mächtige Wirtschaftsorganisationen und eine kleine Zahl von sehr reichen Amerikanern dominiert wird, auch der Anspruch von Amerika, eine Demokratie zu sein, wirklich in Gefahr ist.«[22]

Gemäß dem amerikanischen Historiker Eric Zuesse ist der Befund, »dass die USA eine Oligarchie und gar keine Demokratie« ist, korrekt. »Die amerikanische Demokratie ist nur ein Schwindel und Augenwischerei, egal wie oft die Oligarchen, welche unser Land regieren und auch die Medien kontrollieren, das Gegenteil behaupten«, so Zuesse in der Zeitschrift *Counterpunch*. »Die USA sind, mit anderen

Worten, eigentlich sehr ähnlich wie Russland oder viele andere obskure ›Wahldemokratien‹. Früher waren wir das nicht, aber jetzt sind wir eine Oligarchie.«[23] Der Trendforscher Gerald Celente aus New York fordert daher, dass in den USA die direkte Demokratie eingeführt werden müsse, sodass die Bürger wie in der Schweiz zum Beispiel über die Anschaffung von Kampfflugzeugen abstimmen könnten. »Als Bürger dieser Welt sollten sie verlangen, dass ihre Stimme gehört wird«, so Celente. »Wir sollten es nicht mehr länger einfach hinnehmen, dass die gewählten Abgeordneten Gesetze verabschieden und eine Politik machen, die der Allgemeinheit schadet und nur dem Reichtum und der Macht von ganz wenigen Spezialinteressen dient.«[24]

Ich bin der Meinung, dass die Resultate der Studie von Gilens und Page signifikant sind, und dass die USA tatsächlich zu einer Oligarchie geworden sind. In den USA leben derzeit rund 300 Millionen Menschen. Wer von ihnen zu den Oligarchen gehört, also zur Elite, die das Land und seine Politik lenkt, ist schwer zu beziffern und in der historischen Forschung umstritten. Ich gehe davon aus, dass es nur etwa ein Prozent, also rund drei Millionen Menschen sind. Diese zeichnen sich dadurch aus, dass sie entweder sehr reich oder sehr einflussreich oder beides zusammen sind. Dieses eine Prozent lenkt das US-Imperium. Die Kritik am US-Imperium richtet sich an dieses eine Prozent, und nicht an die 99 Prozent der restlichen Bürger der USA.

Zur amerikanischen Elite, also zu dem einen Prozent, gehören natürlich alle Präsidenten der USA seit 1945. Unter ihnen haben einige selbstkritisch erkannt, dass in der Tat mächtige Wirtschaftsinteressen die US-Politik dominieren. Der frühere amerikanische Präsident Jimmy Carter beklagte im Herbst 2015, dass wenige Reiche die Fäden der Macht in der Hand halten und dass sich die USA daher von einer Demokratie zu einer Oligarchie, einer Regierung von wenigen Reichen verwandelt hat. Über die Vergabe der Gelder bestimmen die Reichen, wer Präsident wird. Zur Auswahl stehen zum Schluss jeweils nur zwei Reiche, also Vertreter des einen Prozentes, im Wahlkampf 2016 waren dies Donald Trump und Hillary Clinton. »Alle US-Präsidentschaftskandidaten müssen mindestens über 200 oder 300 Millionen Dollar verfügen«, kritisierte Carter im Gespräch mit der Fernsehjournalistin Oprah Winfrey. So viel Geld hätte er selber in den 1970er Jahren für seinen Wahlkampf nicht sammeln können und daher könnte er in den heutigen USA auch nicht wieder Präsident werden. »Wir sind jetzt eine Oligarchie geworden statt einer Demokratie«, stellte Carter traurig fest. »Und ich glaube, das ist der größte Schaden an den fundamentalen ethischen und moralischen Standards des amerikanischen politischen Systems, den ich je in meinem Leben gesehen habe.«[25]

Zur Elite, d. h. zu den mächtigen ein Prozent des US-Imperiums gehören neben dem Präsidenten auch alle Mitglieder des einflussreichen National Security Council (NSC), der 1947 gleichzeitig mit dem Auslandsgeheimdienst Central Intelligence Agency (CIA) gegründet wurde. Der Nationale Sicherheitsrat NSC trifft sich in regelmäßigen Abständen im Situation Room im Keller des Weißen Hauses, um die US-Außenpolitik umzusetzen. Da sich das US-Imperium fast ständig im Krieg befindet, muss der Nationale Sicherheitsrat NSC als strategisches Zentrum der amerikanischen Kriegsführung bezeichnet werden. Zum NSC gehören die Spitzen der Exekutive, also der US-Präsident, der Vizepräsident, der Außenminister, der Verteidigungsminister, der Direktor der 16 US-Geheimdienste, der Generalstabschef, der Berater für Nationale Sicherheit und je nach Thema weitere Personen wie der Finanzminister, der Justizminister oder auch der UNO-Botschafter. Zum Kern des Nationalen Sicherheitsrates gehören also insgesamt nur rund zehn Personen. Sie bilden den Kern des US-Imperiums und dienen den Oligarchen, auch wenn sie selbst ihre Rolle nicht so umschreiben würden.

Aus den verfügbaren historischen Dokumenten geht klar hervor, dass alle Mitglieder des NSC stets danach trachten, die Macht des US-Imperiums zu erhalten oder zu vergrößern. Dafür setzen sie auch Lüge und Gewalt ein. Noch nie hat ein NSC-Mitglied vorgeschlagen, alle US-Militärbasen zu räumen und sich bei den Ländern zu entschuldigen, die ohne UNO-Mandat bombardiert wurden. Der amerikanische Historiker John Prados räumt ein, dass der NSC »eine sehr spezielle Institution« sei, welche »dafür bekannt ist, dass sie in der Vergangenheit an der Grenze zur Legalität operiert und diese auch überschritten hat«. Der Nationale Sicherheitsrat NSC vereint die mächtigsten Männer Amerikas und einige mächtige Frauen des Imperiums, sie entscheiden, ob ein Angriffskrieg geführt wird oder nicht und welche Menschen durch US-Drohnen getötet werden. Der NSC ist viel mächtiger als der UNO-Sicherheitsrat und verletzt die UNO-Charta immer wieder. Die Kritik am US-Imperium richtet sich an die amerikanische Elite und die Mitglieder des NSC.[26]

Neben dem National Security Council zählt auch das amerikanische Parlament, das die Handlungen des NSC überwacht und regelmäßig absegnet, zur amerikanischen Elite, also zu den einflussreichen ein Prozent. Das US-Parlament teilt sich in zwei Kammern, den Senat mit 100 Personen und das Repräsentantenhaus mit 435 Personen, zusammen bilden die 535 Personen den Kongress. Eigentlich sollte das Parlament das Volk repräsentieren. Doch der US-Kongress repräsentiert vor allem die reiche Elite und ihre Interessen. »Die hundert Senatoren besitzen einer aktuellen Erhebung zufolge im Durchschnitt ein Privatvermögen von drei Millionen Dollar«, berichten die deutschen Journalisten Mathias Bröckers und Paul Schreyer. Der US-Senat sei nicht ein Rat der Alten oder Weisen, sondern ein »Rat der Reichen«. Im Repräsentantenhaus seien die Abgeordneten etwas ärmer, aber im Kongress insgesamt stellen die Millionäre die Mehrheit.[27]

Neben den drei Millionen, welche die US-Elite bilden, gibt es natürlich 297 Millionen weitere US-Amerikaner, die zur Mittelschicht und Unterschicht gehören. Viele dieser Menschen sind äußerst liebenswürdig, freundlich und großzügig. Aber ein überraschend großer Teil dieser Menschen lebt in materieller Armut: Fast 50 Millionen Menschen beziehen Food Stamps, also Essensmarken vom Staat. Die Food-Stamp-Bezugszahlen sind für Soziologen ein Armutsindikator, vergleichbar mit der Anzahl der Hartz-IV-Empfänger in Deutschland. Meine Kritik am Imperium USA richtet sich nicht an die amerikanische Unterschicht und Mittelschicht.

Ich selber habe die USA wiederholt bereist und habe mit Menschen aus verschiedenen Schichten in New York, Seattle, Washington, Los Angeles, Miami, Boston und Boise gesprochen. Mein Eindruck ist, dass das Wissen der Unter- und Mittelschicht über die Welt sehr beschränkt ist. Die meisten sprechen keine Fremdsprachen und viele konnten zum Beispiel mein Heimatland Schweiz nicht von Schweden unterscheiden, weil beide Länder so ähnlich klingen und – zumindest aus amerikanischer Perspektive – in etwa in derselben Weltregion liegen. Über die amerikanischen Kriege sind die Unterschicht und die Mittelschicht grundsätzlich sehr schlecht unterrichtet. Sie glauben, die vielen US-Kriege seien nicht aus Eigeninteresse geführt worden, sondern um anderen Menschen zu helfen und Freiheit und Demokratie zu fördern, weil genau dies in den von der Elite kontrollierten amerikanischen Medien täglich erzählt wird. Soldaten aus der Unter- und Mittelschicht kämpfen in den US-Kriegen, die Mehrheit glaubt dem Präsidenten blind und kann sich nicht vorstellen, dass er sie anlügen und täuschen würde.

Natürlich gibt es auch Millionen von sehr gut ausgebildeten Amerikanern, die sehr genau über die Welt informiert sind, verschiedene Sprachen sprechen und viele Länder selber bereist haben, aber nicht zur Elite, also den besonders reichen und mächtigen ein Prozent zählen. Die USA haben die höchste Dichte an Eliteuniversitäten und ich habe während meinem Studium an der London School of Economics and Political Science (LSE) in London und auch an verschiedenen wissenschaftlichen Konferenzen in Europa und Nordamerika viele hervorragende amerikanische Wissenschaftler kennen und schätzen gelernt.

Ich schätze den Anteil der sehr gut ausgebildeten Amerikaner, die sehr genau über die Welt informiert sind, verschiedene Sprachen sprechen und viele Länder selber bereist haben, auf rund zehn Prozent der Gesamtbevölkerung, also auf rund 30 Millionen Menschen. Ein Teil von ihnen steht ideologisch stramm hinter dem US-Imperium und hofft in die Elite der ein Prozent aufzusteigen. Diese Intellektuellen verteidigen das Imperium in Büchern und Vorträgen. Wann immer ein amerikanischer Präsident oder Verteidigungsminister ein Land bombardiert, applaudieren diese Verteidiger des US-Imperiums und finden Gründe, warum der Einsatz von Folter und Gewalt in diesem Fall richtig und wichtig war.

Ein anderer Teil dieser 30 Millionen sehr gut ausgebildeten Amerikaner kritisiert das US-Imperium. Es ist völlig falsch zu glauben, dass alle Amerikaner Folter und Angriffskriege ohne UNO-Mandat für richtig halten. Die Kritiker des US-Imperiums lehnen Lüge und Machtmissbrauch dezidiert ab. Zu diesen Kritikern des US-Imperiums zählen zum Beispiel der Sprachwissenschaftler Noam Chomsky, der Filmemacher Michael Moore, der Architekt Richard Gage und die Journalisten Seymour Hersh, Glenn Greenwald und William Blum. Sie alle sind hervorragend ausgebildet und stehen dem US-Imperium, dem Machtmissbrauch, der Folter und dem Überwachungsstaat ablehnend gegenüber. Von den amerikanischen Intellektuellen habe ich in meiner eigenen Forschungslaufbahn viel gelernt, da sie es verstehen, Dinge auf den Punkt zu bringen, und sich nicht in solch vagen und nebulösen Formulierungen verlieren, wie man sie an Universitäten in der Schweiz, Deutschland und Österreich oft antrifft. Ohne jede Frage sind die US-Amerikaner die schärfsten Kritiker des US-Imperiums und der amerikanischen Oligarchie. Daher muss sich die Friedensbewegung in Europa mit der Friedensbewegung in den USA verbinden. Diese »Transatlantiker für den Frieden« lehnen die Angriffskriege des US-Imperiums ab und unterstützen sich gegenseitig.

## Martin Luther King zur Arroganz der Macht

Weil die USA über die wunderbare Redefreiheit verfügen, hat es in Amerika immer auch Friedensaktivisten gegeben, denen völlig klar war, dass die USA das Imperium schlechthin sind. »Amerika ist das reichste und mächtigste Land der Welt geworden«, erklärte der Friedensnobelpreisträger Martin Luther King schon 1967 in Los Angeles. »Aber die Ehrlichkeit verpflichtet mich zuzugeben, dass unsere Macht uns oft arrogant gemacht hat. Wir haben das Gefühl, dass wir mit unserem Geld alles tun können. Wir sind arrogant und glauben, dass wir anderen Ländern Lektionen erteilen müssen, aber nichts von ihnen lernen können. Wir glauben in unserer Arroganz oft, dass wir eine Art göttliche messianische Aufgabe als Polizist der Welt haben«, so die scharfe, aber berechtigte Kritik des Friedensnobelpreisträgers. »Größere Macht beinhaltet größere Gefahr, wenn sie nicht auch durch ein Wachstum der Seele begleitet wird«, mahnte King. »Echte Macht besteht darin, die Kraft gerecht einzusetzen. Wenn wir die Macht unserer Nation nicht verantwortungsvoll und mit Zurückhaltung gebrauchen, wird sie sich so verhalten, wie das Sprichwort von Acton sagt: Macht korrumpiert, und absolute Macht korrumpiert absolut. Unsere Arroganz kann zu unserem Verderben werden.« Ein Jahr nachdem Martin Luther King diese weitsichtige Rede gehalten hatte, wurde er in Memphis, Tennessee erschossen.[28]

# 4. Die Gründung des Internationalen Strafgerichtshofes 1998

Auf Einladung der Vereinten Nationen fand im Sommer 1998 in Rom eine historische Konferenz statt, an der Minister und Diplomaten aus mehr als 150 Mitgliedsstaaten und von mehr als 320 Nichtregierungs-Organisationen teilnahmen, um Wege zur Bestrafung von Aggression, Kriegsverbrechen, Völkermord und Verbrechen gegen die Menschlichkeit zu finden. Nach fünfwöchigen Verhandlungen entschieden sich die Teilnehmer, ein neues internationales Organ, den Internationalen Strafgerichtshof (IStGH, oder auf Englisch International Criminal Court, kurz ICC) zu schaffen.

Der Internationale Strafgerichtshof ist der erste ständige Gerichtshof der Weltgeschichte zur Verfolgung und Anklage von Einzelpersonen, die für Fälle von Aggression, Kriegsverbrechen, Völkermord und Verbrechen gegen die Menschlichkeit verantwortlich sind, unabhängig davon, wo auf dem Globus das Verbrechen stattgefunden hat und ob die Täter zum Zeitpunkt des Verbrechens Präsidenten, Premierminister, Verteidigungsminister, Generäle oder einfache Soldaten waren. Kriegsverbrecher können seit der Gründung des Internationalen Strafgerichtshofes nicht mehr damit rechnen, straflos zu bleiben, nur weil sie mächtig sind.

Die Gründung des Internationalen Strafgerichtshofes ist aus der Sicht der Friedensforschung ein ganz wichtiger und wertvoller Schritt für mehr Frieden und weniger Krieg auf der Welt. Natürlich ist der Strafgerichtshof historisch gesehen noch sehr jung und daher noch nicht so stark, wie er sein sollte. Viele Menschen wissen gar nicht, dass es ihn überhaupt gibt. Aber weil heute der Internationale Strafgerichtshof in Den Haag existiert, muss jeder Politiker, der einen illegalen Krieg führt, und jeder Soldat, der an einem illegalen Krieg teilnimmt, zumindest theoretisch damit rechnen, später vor Gericht gebracht zu werden.

## Was ist das Verbrechen der Aggression?

Der Internationale Strafgerichtshof in Den Haag ist zuständig für das Verbrechen der Aggression. Doch was genau ist das? In der UNO-Charta von 1945 taucht das Wort

»Aggression« nicht auf. Das Verbrechen der Aggression wird aber sehr genau im Artikel 2 Absatz 4 mit dem Gewaltverbot umschrieben: »Alle Mitglieder unterlassen in ihren internationalen Beziehungen jede gegen die territoriale Unversehrtheit oder die politische Unabhängigkeit eines Staates gerichtete oder sonst mit den Zielen der Vereinten Nationen unvereinbare Androhung oder Anwendung von Gewalt.« Kurz gefasst lautet das Gewaltverbot also: »Alle UNO-Mitglieder unterlassen gegenüber anderen Staaten die Anwendung von Gewalt.«

Das Gewaltverbot ist derart wichtig, dass man es an allen Schulen und Universitäten der Welt mit Praxisbeispielen unterrichten müsste. Das Gewaltverbot macht auch in Familien Sinn. Dort würde es heißen: »Alle Familienmitglieder unterlassen in ihren Beziehungen jede Androhung oder Anwendung von Gewalt.« Die Männer sollen die Frauen nicht verprügeln. Die Frauen sollen die Männer nicht vergiften. Die Eltern sollen die Kinder nicht schlagen. Die Kinder sollen sich in der Schule nicht mit Waffen bedrohen oder verletzen. Das Gewaltverbot ist integraler Bestandteil jeder funktionierenden Gemeinschaft.

Zwischen den Staaten wird das Gewaltverbot leider immer wieder missachtet, und dies, obschon die UNO-Generalversammlung 1974 das schwere Verbrechen der Aggression genau definiert hat: »Aggression ist die Anwendung von Waffengewalt durch einen Staat, die gegen die Souveränität, die territoriale Unversehrtheit oder die politische Unabhängigkeit eines anderen Staates gerichtet oder sonst mit der Charta der Vereinten Nationen unvereinbar ist.« Aggression ist also, wenn ein Land ein anderes Land mit Waffen angreift und bombardiert, wie zum Beispiel der Angriff von Adolf Hitler auf Polen im September 1939, die Invasion von Kuwait durch Saddam Hussein im August 1990 oder die Bombardierung von Serbien durch die NATO im März 1999.[29]

Unter allen Verbrechen ist die Aggression das schlimmste Verbrechen. Nicht jede Aggression muss zu Kriegsverbrechen oder Völkermord führen. Aber immer wieder ist es passiert, dass das Verbrechen der Aggression später auch Kriegsverbrechen, Verbrechen gegen die Menschlichkeit oder gar Völkermord nach sich gezogen hat. Unter den vier Verbrechen, die der Internationale Strafgerichtshof behandelt – Aggression, Kriegsverbrechen, Völkermord und Verbrechen gegen die Menschlichkeit –, sticht die Aggression in dem Sinne heraus, dass es oft zuerst zu einer Aggression kommt, und erst danach zu Kriegsverbrechen, Völkermord und Verbrechen gegen die Menschlichkeit.

»Die Gerichtsbarkeit des Gerichtshofs ist auf die schwersten Verbrechen beschränkt, welche die internationale Gemeinschaft als Ganzes berühren«, erklärte das Römische Statut des Internationalen Strafgerichtshofes vom 17. Juli 1998 und bestimmte: »Der Gerichtshof übt die Gerichtsbarkeit über das Verbrechen der Aggression aus«.[30] Am 11. Juni 2010 legte der Internationale Strafgerichtshof in einer Resolution seine Definition des Verbrechens der Aggression vor. Dieses Verbrechen bestehe im »Einsatz bewaffneter Kräfte durch einen Staat, der gegen die Souveränität, die territoriale Unversehrtheit oder die politische Unabhängigkeit eines anderen Staates gerichtet oder sonst mit der Charta der Vereinten Nationen unvereinbar ist.« Der Internationale Strafgerichtshof übernahm also wörtlich die Definition der UNO-Generalversammlung von 1974, welche somit zur Rechtsnorm erhoben wurde.[31]

Die »Aggression ist die schwerste und gefährlichste Form der rechtswidrigen Anwendung von Gewalt«, hielt die UNO-Generalversammlung 1974 richtig fest, wobei viele UNO-Mitglieder auch an die Gefahr der Atombomben dachten, die ja auf keinen Fall eingesetzt werden dürfen. Eine Aggression mit Atomwaffen auf ein friedliches Land ist vermutlich das Schlimmste, das man sich überhaupt vorstellen kann. Die Staaten sollten daher untereinander »freundschaftliche Beziehungen« pflegen, kein Staat dürfe das Hoheitsgebiet eines anderen Staates durch »militärische Besetzung oder sonstiger Gewaltmaßnahmen« verletzen. Als Angriffshandlung und damit als Verbrechen der Aggression gilt »die Invasion oder der Angriff der Streitkräfte eines Staates auf das Hoheitsgebiet eines anderen Staates oder jede, wenn auch vorübergehende, militärische Besetzung, die sich aus einer solchen Invasion oder einem solchen Angriff ergibt, oder jede gewaltsame Annexion des Hoheitsgebiets eines anderen Staates oder eines Teiles desselben«, so die UNO-Generalversammlung. Der Angriff der NATO-Länder Großbritannien und Frankreich zusammen mit Israel auf Ägypten während der Suezkrise im Oktober 1956 war ein solch illegales Verbrechen der Aggression.[32]

Als Verbrechen der Aggression gilt auch »die Beschießung oder Bombardierung des Hoheitsgebietes eines Staates durch die Streitkräfte eines anderen Staates« und »die Blockade der Häfen oder Küsten eines Staates durch die Streitkräfte eines anderen Staates«. Daher war auch die Blockade von Kuba durch amerikanische Kriegsschiffe während der Kubakrise im Oktober 1962 ein Akt der Aggression, genauso wie die Bombardierung von Vietnam durch das NATO-Mitglied USA nach dem erlogenen Tonkin-Zwischenfall im August 1964.[33]

Die UNO-Generalversammlung bezog auch die verdeckte Kriegsführung in ihre Definition mit ein und ächtete als Angriffshandlung »das Entsenden bewaffneter Banden, Gruppen, Freischärler oder Söldner durch einen Staat oder in seinem

Namen, wenn diese mit Waffengewalt Handlungen gegen einen anderen Staat ausführen, die aufgrund ihrer Schwere den oben aufgeführten Handlungen gleichkommen, oder die wesentliche Beteiligung daran.« Dies umfasste zum Beispiel den illegalen Krieg der USA gegen Guatemala im Juni 1954, als von der CIA bewaffnete Banden und Söldner den Präsidenten von Guatemala stürzten, sowie den illegalen Krieg der USA gegen Kuba 1961, als während der Schweinebuchtinvasion von der CIA bewaffnete Gruppen Kuba angriffen. Auch im Libyenkrieg 2011 wurden von der NATO Banden und Rebellen bewaffnet, was illegal war. Und im noch andauernden Syrienkrieg haben die Türkei, Saudi-Arabien und Katar die Banden der Terrormiliz ISIS unterstützt, um in Damaskus einen Regime Change zu erwirken, was auch illegal und ein Verbrechen der Aggression war.[34]

## Was ist ein Kriegsverbrechen?

Der Internationale Strafgerichtshof ist auch zuständig für Kriegsverbrechen. Als Kriegsverbrechen bezeichnet man jene Verbrechen, die während eines Krieges stattfinden. Denn auch wenn ein Krieg ausgebrochen ist, gibt es noch Regeln, die befolgt werden müssen. Die Soldaten und Offiziere können nicht einfach alles tun, was sie wollen. Der Internationale Strafgerichtshof definiert Kriegsverbrechen als »schwere Verstöße« gegen die im internationalen bewaffneten Konflikt anwendbaren Gesetze und Gebräuche, nämlich »vorsätzliche Angriffe auf die Zivilbevölkerung … vorsätzliche Angriffe auf zivile Objekte … Angriff auf unverteidigte Städte, Dörfer, Wohnstätten oder Gebäude, die nichtmilitärische Ziele sind … die Tötung oder Verwundung eines die Waffen streckenden oder wehrlosen Kombattanten … die Verwendung von Gift oder vergifteten Waffen … Vergewaltigung, sexuelle Sklaverei, Nötigung zur Prostitution« und »das vorsätzliche Aushungern von Zivilpersonen.« Diese Handlungen, die in der Geschichte leider sehr oft praktiziert wurden und auch heute noch passieren, sind seit 1998 nicht mehr erlaubt und klar als Kriegsverbrechen geächtet.

## Was ist ein Verbrechen gegen die Menschlichkeit?

Der Internationale Strafgerichtshof ist auch zuständig für Verbrechen gegen die Menschlichkeit. Darunter versteht man ausgedehnte und systematische Angriffe gegen die Zivilbevölkerung. Schon in den Rechtsgrundlagen für die Nürnberger Prozesse von 1945 wurden Verbrechen gegen die Menschlichkeit definiert als »Mord, ethnische Ausrottung, Versklavung, Deportation und andere unmenschliche Akte gegen die Zivilbevölkerung oder: Verfolgung aufgrund von rassistischen, politischen und religiösen Motiven; unabhängig davon, ob einzelstaatliches Recht verletzt wurde.«[35]

Das in Rom verabschiedete Statut des Internationalen Strafgerichtshofes nahm diese Definition auf und listet im Artikel 7 die »Verbrechen gegen die Menschlichkeit« auf. Jede der folgenden Handlungen ist ein Verbrechen gegen die Menschlichkeit, wenn sie im Rahmen eines ausgedehnten oder systematischen Angriffs gegen die Zivilbevölkerung erfolgt: »Vorsätzliche Tötung, Ausrottung, Versklavung, Vertreibung, Vergewaltigung, Folter, Apartheid und das zwangsweise Verschwindenlassen von Personen.«

Im Gegensatz zu Kriegsverbrechen können Verbrechen gegen die Menschlichkeit auch außerhalb bewaffneter Konflikte begangen werden. Es ist wichtig und begrüßenswert, dass Angriffe gegen die eigene Zivilbevölkerung als Verbrechen gegen die Menschlichkeit geächtet werden. Doch manchmal, und dies ist besonders hinterhältig, werden verschiedene schwere Verbrechen gegeneinander ausgespielt, was in der Bevölkerung und in den Medien zu großer Verwirrung führen kann. Dies geschah zum Beispiel im März 2011, als die NATO ihren Angriff auf Libyen damit begründete, dass sie Verbrechen gegen die Menschlichkeit bekämpfen müsse, nämlich den Angriff von Muammar Gaddafi auf seine eigene Zivilbevölkerung. Doch mit dem Angriff auf Libyen und der vorgängigen Bewaffnung der Rebellen hatte sich die NATO selber des schweren Verbrechens der Aggression schuldig gemacht.

## Was ist Völkermord?

Völkermord oder Genozid ist das schlimmste Verbrechen im Völkerstrafrecht. Völkermord verjährt nicht. Völkermord ist gekennzeichnet durch die Absicht, auf indirekte oder direkte Weise »eine nationale, ethnische, rassische oder religiöse Gruppe als solche ganz oder teilweise zu zerstören.« Er richtet sich gegen multikulturelle Gesellschaften und versucht »reinrassige« Staaten zu errichten, die sich nicht mit »Fremden« durchmischen. Bei einem Völkermord sind die Opferzahlen stets sehr hoch, in der Regel über 100.000 Menschen, oft wurden auch mehr als eine Million Menschen getötet, weil sie die »falsche« Religion, Rasse oder Ethnie hatten. Der bekannteste Völkermord ist der schreckliche Holocaust, die Ermordung der Juden in der Zeit des Nationalsozialismus in Deutschland in den Jahren 1941 bis 1945. Während dem Ersten Weltkrieg kam es im Osmanischen Reich zum schlimmen Völkermord an den Armeniern. Bekannt ist auch der brutale Völkermord in Ruanda 1994, als die Hutu-Mehrheit einen großen Teil der Tutsi-Minderheit tötete.

## Wer wird verurteilt?

Die historische Forschung zeigt, dass im vergangenen 20. Jahrhundert sehr viele illegale Kriege stattfanden, und dass auch im noch jungen 21. Jahrhundert illegale Kriege geführt wurden. Bei einem illegalen Krieg liegt stets das Verbrechen der Aggression vor. Gleichzeitig wissen wir auch, dass nur sehr wenige Entscheidungsträger zur Verantwortung gezogen, verurteilt und bestraft wurden. Viele Kriegsverbrecher sind ohne Strafe davongekommen. Viele der Verantwortungsträger sind inzwischen verstorben und können daher nicht mehr zur Rechenschaft gezogen werden. Nur wenige wurden angeklagt und verurteilt. Zu einer Verurteilung von Kriegsverbrechen kam es vor allem dann, wenn die Sieger dies wollten und ihr Urteil gegenüber den Verlierern durchsetzen konnten.

Als der Zweite Weltkrieg 1945 zu Ende war, gaben die Sieger bereitwillig ihre Zustimmung, die Verlierer wegen ihrer während des Krieges begangenen Verbrechen anzuklagen. Deutsche und japanische Kriegsverbrecher, darunter prominent der Oberbefehlshaber der deutschen Luftwaffe Hermann Göring, wurden daraufhin in den zwei Kriegsverbrechertribunalen in Nürnberg und Tokio angeklagt und verurteilt. Göring wurde in den Anklagepunkten Planung, Entfesselung und Durchführung eines Angriffskrieges, Verbrechen gegen das Kriegsrecht und Verbrechen gegen die Menschlichkeit schuldig gesprochen und zum Tod durch Erhängen verurteilt. In der Nacht vor dem Hinrichtungstermin beging Göring Selbstmord mit Zyankali-Giftkapseln. Auch Adolf Hitler, der größte und bekannteste Kriegsverbrecher des 20. Jahrhunderts, und auch Reichspropagandaleiter Joseph Goebbels entzogen sich einem Prozess durch Selbstmord.

Bei den Prozessen in Nürnberg wurde erstmals die individuelle Schuld der Angeklagten untersucht. Niemand konnte seine Verantwortung abstreiten, indem er sich als bloßen Befehlsempfänger darstellte. In der Urteilsbegründung des Nürnberger Kriegsverbrechertribunals wird die Aggression scharf verurteilt: »Die Entfesselung eines Angriffskrieges ist das größte internationale Verbrechen, das sich von anderen Kriegverbrechen nur dadurch unterscheidet, dass es in sich alle Schrecken vereinigt und anhäuft.« Der amerikanische Chefankläger Robert Jackson gab zudem weise zu bedenken: »Nach dem gleichen Maß, mit dem wir heute die Angeklagten messen, werden wir morgen von der Geschichte gemessen werden.«[36]

Der amerikanische Jurist Benjamin Ferencz hat während des Zweiten Weltkriegs Beweismaterial für die Kriegsverbrechen der Deutschen gesammelt, das bei den Nürnberger Prozessen verwendet wurde. Ferencz war in Nürnberg Chefankläger im Prozess gegen SS-General Otto Ohlendorf, der nach der deutschen Invasion in die Sowjetunion in den eroberten Gebieten mit seiner Einsatzgruppe 90.000 Juden, Zigeuner und Mitglieder der Kommunistischen Partei töten ließ. Ohlendorf wurde 1948 wegen Kriegsverbrechen zum Tode verurteilt und 1951 erhängt.

Benjamin Ferencz beschäftigte sich auch nach Nürnberg intensiv mit den Fragen von Krieg und Frieden. Im Alter von 92 Jahren hielt er 2011 eine Rede, in welcher er seine über die Jahre gesammelten Einsichten in einem Plädoyer für den Rechtsstaat bündelte. »Ich habe herausgefunden, dass eine Gesellschaft, die Frieden will ... über drei Voraussetzungen verfügen muss«, so Ferencz. »1. Sie braucht Gesetze, die festlegen, was erlaubt und was nicht erlaubt ist. 2. Sie braucht Gerichte, die über die Einhaltung der Gesetze wachen und in strittigen Fällen eine Entscheidung herbeiführen. 3. Und sie braucht ein System, das die Einhaltung der Gesetze durchsetzt. Wenn diese drei Komponenten ineinandergreifen, herrscht relative Ruhe, tun sie das nicht, gerät alles in Unordnung.«[37]

Natürlich war es Ferencz nicht entgangen, dass auch sein eigenes Land USA in den Jahrzehnten nach Nürnberg in diverse illegale Kriege verstrickt war, darunter der Angriff auf den Irak 2003, also das Verbrechen der Aggression, oder der Angriff auf Afghanistan 2001, bei dem viele Zivilisten getötet wurden und es zu Kriegsverbrechen kam. »Es ist für mich sehr enttäuschend zu sehen«, räumte Ferencz ein, »dass meine Regierung heute bereit ist, etwas zu tun, wofür wir Deutsche als Kriegsverbrecher gehängt haben.«[38]

Nach den Prozessen in Nürnberg und Tokio wurden die Kriegsverbrechertribunale nicht institutionalisiert, um auch zukünftige Kriegsverbrecher aus anderen Ländern zu verurteilen, sondern von den Siegern aufgelöst. Erst nach dem Genozid in Ruanda 1994 und dem Krieg in Jugoslawien entstand in der internationalen Gemeinschaft ein breiter und wertvoller Konsens, dass Aggression, Kriegsverbrechen, Völkermord und Verbrechen gegen die Menschlichkeit verfolgt und bestraft werden müssen. Für diesen Zweck wurden zwei vorläufige Kriegsverbrechertribunale eingerichtet. Der UN-Sicherheitsrat gründete mit seiner Resolution 827 im Mai 1993 einen Internationalen Strafgerichtshof für das ehemalige Jugoslawien mit Sitz in Den Haag in den Niederlanden. Im November 1994 verabschiedete der UNO-Sicherheitsrat die Resolution 955 und gründete damit den Internationalen Strafgerichtshof für Ruanda mit Sitz in Arusha in Tansania.

Die Gerichtshöfe erhielten den Auftrag, sich mit dem Krieg in Jugoslawien beziehungsweise dem Völkermord in Ruanda zu befassen. Ganz wie in Nürnberg und Tokio waren dies keine ständigen Gerichtshöfe und ihre Rechtsprechung war streng auf Ruanda und Jugoslawien beschränkt. Zudem waren beide Gerichtshöfe durch den UNO-Sicherheitsrat gebildet worden, spiegelten also die Dominanz und die Interessen der Vetomächte USA, Großbritannien, Frankreich, Russland und China wider. Vielen Beobachtern war klar, dass diese beiden Gerichtshöfe in verschiedener Hinsicht begrenzt waren. Die Straflosigkeit der Kriegsverbrecher sollte aber weltweit ein Ende haben, nicht nur in ausgewählten Regionen und nicht nur wenn der UNO-Sicherheitsrat dies unterstützte.

## Herrschaft des Rechts statt Machtpolitik

Die Gründung des Internationalen Strafgerichtshof, in Rom am 17. Juli 1998 war ein überwältigender Sieg für das Anliegen, einen ständigen Gerichtshof zu bilden, in dem Individuen wegen Aggression, Kriegsverbrechen, Völkermord und Verbrechen gegen die Menschlichkeit angeklagt werden können. 120 der fast 170 anwesenden Staaten stimmten zu, zwanzig enthielten sich der Stimme und nur sieben Länder verweigerten ihre Zustimmung. Unter den »Nein-Sagern« gegen diese bedeutende Weiterentwicklung des Völkerstrafrechts waren China, Indien, Israel, Libyen, Katar, Jemen und die Vereinigten Staaten. Indien hatte mit »Nein« gestimmt, nachdem es zunächst um die Aufnahme des Einsatzes von Kernwaffen in die Anklagepunkte als Kriegsverbrechen als Vorbedingung für seine Zustimmung gekämpft hatte, und als dieser Punkt dann jedoch fehlte, bezeichnete es den Gerichtshof als bedeutungslos. Israel stimmte wegen seiner Politik im besetzten Gazastreifen und im besetzten Westjordanland mit Nein. Israel hatte beide Gebiete im Krieg 1967 erobert und fürchtete eine Verurteilung durch den Internationalen Strafgerichtshof, weil das Statut des Strafgerichtshofes die Besiedlung von okkupierten Gebieten klar als Kriegsverbrechen definiert.

Das Imperium USA wehrte sich sehr heftig gegen den Aufbau eines Internationalen Strafgerichtshofes, weil die USA mit gutem Grund fürchteten, dass dieser die imperialen Interessen der USA beschneiden könnte. Die kanadische Zeitung *Toronto Star* kommentierte, dass die USA während der Konferenz »defensiv, einfallslos, und am peinlichsten für sie, altmodisch erschienen. Es ist absurd und traurig, dass sich die Vereinigten Staaten bei ihrem Abstimmungsverhalten Seite an Seite mit Libyen, Katar und Jemen finden.«[39]

Absurd war das Verhalten der USA aber keineswegs, es war rational. Als Imperium haben die USA viele illegale Kriege geführt – darunter die Bombardierung von Libyen 1986 durch US-Präsident Ronald Reagan, ein klarer Akt der Aggression – und mussten daher den Internationalen Strafgerichtshof fürchten. Die britische Zeitung *The Independent* kommentierte mit Bezug auf diesen illegalen Krieg korrekt, dass »wenn der IStGH schon während der Bombenangriffe der USA auf Libyen bestanden hätte, was hätte Muammar Gaddafi davon abhalten können, amerikanische Piloten und Politiker wegen einer Aggression anzuklagen?«[40]

Die USA forderten in Rom ein Kriegsverbrecher-Gericht, das durch ein Veto im Sicherheitsrat gestoppt werden konnte. Nur so wären sie als ständige Vetomacht im Sicherheitsrat in der Lage gewesen, amerikanische Militärangehörige oder Präsidenten von der Rechtsprechung des Gerichtes auszuschließen. Die *Washington Post* listete einige ausgewählte Verbrechen der US-Außenpolitik auf und erklärte, dass in diesem Kontext klar sei, dass die USA der Gründung des Internationalen Strafgerichtshofes nicht zustimmen konnten. »Was wäre, wenn solch ein Gericht und solch ein Ankläger … bevollmächtigt gewesen wäre, eine ›Aggression‹ als Kriegsverbrechen zu untersuchen, als US-Truppen 1983 in Grenada oder 1989 in Panama ungebeten einfielen und die Regierung auswechselten?«, fragte die *Washington Post.* Was wäre nach dem Massaker in My Lai in Vietnam passiert? »Was wäre das Schicksal der Besatzung des US-Kriegsschiffes Vincennes gewesen, nachdem sie 1988 eine iranische Passagiermaschine über dem Persischen Golf abgeschossen und damit 290 Zivilisten getötet hatte, wenn ein internationales Kriegsverbrechertribunal gefordert hätte, dass sie angeklagt werden müsste? Letzten Endes veranlassten solche Fragen die Verhandlungsführer der USA, den historischen Vertrag zur Schaffung eines solchen Gerichtshofes und Anklägers, der in diesem Monat in Rom ausgehandelt wurde, abzulehnen.« Das US-Imperium war verärgert und inszenierte sich als unersetzliche Weltpolizei: »Wir sind es, die antworten, wenn die Welt den Notruf 911 wählt, und wenn sie weiterhin wollen, dass wir diese Rolle wahrnehmen, sollten sie unsere Wünsche berücksichtigen«, forderte der amerikanische Journalist Thomas Lippman in der *Washington Post.*[41]

Hinter den Kulissen setzte das Imperium die Daumenschrauben an und drohte armen Ländern mit dem Verlust amerikanischer Finanzhilfen, wenn sie den Vertrag zur Schaffung des Internationalen Strafgerichtshofes billigten. Diese Drohgebärden nützten aber nichts und der US-amerikanische Vorschlag wurde niedergestimmt und die Berechtigung eines unabhängigen Anklägers anerkannt. UNO-Delegierte umarmten und küssten sich und brachen in einen völlig undiplomatischen Tumult aus, als das Resultat bekannt wurde. Sie klatschten, jubelten und drückten ihre Freude sogar mit Pfiffen aus, während »der geschockte Ausdruck im Gesicht des US-Chefdelegierten David Sheffer Bände sprach«, so der *Toronto Star*.[42] Das Imperium war fast völlig isoliert: »Während der Beifall durch den Saal brauste, saß der Chefdelegierte David Sheffer in betäubtem Schweigen da.«[43]

Für die Weltöffentlichkeit war klar, dass sowohl der Vertrag über die Ächtung der Landminen, der von Diana, der Prinzessin von Wales, prominent unterstützt, von den USA jedoch abgelehnt wurde, als auch die Bildung des Internationalen Strafgerichtshofes zur Verfolgung und Bestrafung von Aggression, Völkermord, Kriegsverbrechen und Verbrechen gegen die Menschlichkeit einen Fortschritt für die Welt und ihre Bewohner darstellten. Der *Toronto Star* kommentierte präzise: »Die amerikanische Ausnahmestellung… führt dazu, dass Fortschritt nur ohne US-amerikanische Beteiligung möglich ist. Denn ebenso, wie jeden Tag Dutzende Menschen ihre Gliedmaßen durch Minen verloren, wurden Hunderte Menschen durch Kriegsverbrecher oder Diktatoren getötet, vergewaltigt oder gefoltert. Man kann also einfach nicht auf die Amerikaner warten.«[44]

Nach der Vertragsunterzeichnung in Rom mussten noch mindestens 60 Staaten den IStGH-Vertrag ratifizieren, bevor der Internationale Strafgerichtshof in Den Haag seine Arbeit aufnehmen konnte. Dies wollten die USA verhindern, wie der Sprecher des US-Außenministeriums, James Rubin, nach der Konferenz in Rom klarmachte: »Wir werden die Option einer strikten Ablehnung des Gerichtshofes beibehalten, indem wir versuchen werden, die 60 zur Inkraftsetzung des Vertrages notwendigen Ratifikationen zu verhindern.«[45] Doch auch dies gelang nicht. Nach Hinterlegung der 60. Ratifikationsurkunde trat das Rom-Statut am 1. Juli 2002 in Kraft, worauf dann am 11. März 2003 die feierliche Vereidigung der ersten achtzehn IStGH-Richter in Den Haag erfolgte. Nur neun Tage später, am 20. März 2003, griff das US-Imperium den Irak an und unterstrich mit diesem Angriffskrieg seine Verachtung für den Strafgerichtshof.

Seit mehr als 13 Jahren arbeitet der Internationale Strafgerichtshof mit einer ständigen Besetzung von 18 Richtern aus 18 verschiedenen Ländern und einem ständigen Apparat von Anklägern, Untersuchungsführern und Stabsmitarbeitern. Bis heute sind 123 Staaten, darunter die Schweiz, Deutschland, Österreich, Kanada, Schweden, Norwegen, Dänemark, Australien, Neuseeland, Südafrika, Brasilien, Chile und Peru dem Rom-Statut zum Internationalen Strafgerichtshof beigetreten, was bedeutet, dass diese Mehrheit der Länder die Rechtsprechung des Internationalen Strafgerichtshofes akzeptiert. Eine Gruppe von rund 30 Staaten, welche u. a. die USA, Israel,

Iran, Indien und Kirgisistan umfasst, hat den Vertrag nicht ratifiziert und steht dem IStGH abwartend oder gar ablehnend gegenüber.

Vor allem die Ablehnung des Gerichtshofes durch die USA ist auffallend und störend. 2002 verabschiedete das amerikanische Parlament das sogenannte »Schutzgesetz für amerikanische Dienstangehörige« (American Service-Members' Protection Act), das von US-Präsident George W. Bush im August 2002 in Kraft gesetzt wurde. Das Gesetz verbietet US-Behörden explizit eine Zusammenarbeit mit dem Internationalen Strafgerichtshof und ermächtigt den US-Präsidenten, eine militärische Befreiung von US-Staatsbürgern vorzunehmen, die sich in Den Haag vor dem IStGH verantworten müssten. Damit ist konkret gemeint, dass US-Spezialeinheiten im entsprechenden Fall an den Küsten von Holland landen würden, um mit Helikopter, Schützenpanzer und Waffengewalt im Gericht in Den Haag einen US-Präsidenten oder einen US-Offizier zu befreien, gegebenenfalls mit Unterstützung von Kampfflugzeugen der US-Luftwaffe und Tomahawk-Marschflugkörpern aus amerikanischen U-Booten. Schon allein diese Vorstellung ist absurd, und dass es bis heute nicht zu einem solchen Einsatz gekommen ist, liegt daran, dass auch noch nie ein hoher amerikanischer Offizier oder gar der US-Präsident selbst vom Internationalen Strafgerichtshof in Den Haag angeklagt wurde.

Mag der Widerstand des US-Imperiums gegen den Internationalen Strafgerichtshof auch irritierend sein, so überwiegt das Positive, das mit seiner Gründung erreicht wurde, doch bei weitem. Denn nie zuvor in der Geschichte der Menschheit haben sich derart viele Länder einem Gericht unterworfen, das in den Bereichen Aggression, Völkermord, Kriegsverbrechen und Verbrechen gegen die Menschlichkeit verbindliches Recht sprechen kann. Die Ankläger werden – auf ihre eigene Initiative hin, auf Anforderung eines Staates oder des UN-Sicherheitsrates – die mutmaßlich schuldigen Individuen auf der ganzen Welt ermitteln und sie für ihre Taten verantwortlich machen. »Ohne Zweifel hätten viele von uns lieber einen Gerichtshof mit mehr und weitreichenderen Befugnissen gehabt«, erklärte UNO-Generalsekretär Kofi Annan nach der Unterzeichnung in Rom 1998. »Aber trotzdem ist der Aufbau des Gerichtshofes ein Geschenk der Hoffnung für zukünftige Generationen und ein mächtiger Schritt vorwärts auf dem Marsch in Richtung universeller Menschenrechte und der Herrschaft des Rechts.«[46]

## George Bush und Tony Blair sind Kriegsverbrecher

In einer ehrlichen und gerechten Welt müsste der Internationale Strafgerichtshof die Verantwortlichen für den illegalen Angriff auf den Irak 2003 George Bush, Dick Cheney, Donald Rumsfeld, Colin Powell und Tony Blair wegen des schweren Verbrechens der Aggression anklagen. Doch der Internationale Strafgerichtshof wagt sich derzeit nicht an die NATO-Länder heran, weil sie zu mächtig sind.

Aber der Internationale Strafgerichtshof verfolgt Aggression, Völkermord, Kriegsverbrechen und Verbrechen gegen die Menschlichkeit, wenn diese Verbrechen von weniger mächtigen Lokalherrschern in Afrika verübt werden. Bisher führte der Internationale Strafgerichtshof in acht afrikanischen Staaten offizielle Ermittlungen durch. Vier Situationen wurden durch die betroffenen Staaten (Demokratische Republik Kongo, Uganda, Zentralafrikanische Republik, Mali) selbst überwiesen. In zwei Situationen (Sudan und Libyen) geschah eine Überweisung durch einen Beschluss des UN-Sicherheitsrates. In weiteren zwei Situationen (Kenia und Elfenbeinküste) leitete der Strafgerichtshof selbst eine Vorermittlung ein.

Natürlich darf der Internationale Strafgerichtshof nicht ein Gericht bleiben, das nur in Afrika ermittelt. Das wird aber auch nicht so sein. Das noch junge Gericht wird seinen Aktionsradius in Zukunft ausweiten, auch auf die NATO-Länder. Derzeit laufen Voruntersuchungen zu angeblichen Kriegsverbrechen im Irak durch britische Staatsangehörige. Zudem hat die IStGH-Chefanklägerin Fatou Bom Bensouda, eine Juristin aus Gambia, Vorermittlungen zur Situation in Palästina eingeleitet.

Gleichzeitig ist es aber auch verständlich, dass gut informierte Bürger es als äußerst ungerecht empfinden, dass der Strafgerichtshof das US-Imperium und die NATO-Länder mit Samthandschuhen anfasst, obschon gerade die NATO-Länder mit dem US-Imperium an der Spitze sehr viele illegale Kriege geführt haben. »Man hat ja in Den Haag den Internationalen Strafgerichtshof etabliert, wo diejenigen zur Rechenschaft gezogen werden sollen, die das Völkerrecht missachten und die Kriege führen«, so der erfahrene deutsche Politiker Willy Wimmer, der 33 Jahre für die CDU im Bundestag saß und als Parlamentarischer Staatssekretär beim Bundesminister der Verteidigung diente. Auch Wimmer, ein Jurist, erkannte schnell, dass der Strafgerichtshof seit seiner Gründung die wirklich großen Kriegsverbrecher weder angefasst noch verurteilt hat. »Man hat sich bisher über irgendwelche afrikanischen Potentaten hergemacht und diese in Den Haag vor Gericht gezerrt«, so die korrekte Beobachtung von Wimmer. »Diejenigen aber, die wirklich Kriege geführt haben – wie George

W. Bush, Tony Blair und andere –, die reisen weltweit herum und halten hochbezahlte Vorträge. Das ist doch die Wirklichkeit. Und diese Schizophrenie ist auf dem Rücken der Welt doch eigentlich nicht auszutragen.«[47]

Auch der deutsche Journalist Jürgen Todenhöfer bemängelte dieses Defizit des Internationalen Strafgerichtshofes in Den Haag. »Gelten die rechtlichen Maßstäbe, die wir an Saddam Hussein oder Slobodan Milosevic anlegen, nicht auch für westliche Regierungschefs? Warum wagen die westlichen Eliten nicht einmal die Frage zu stellen, ob George W. Bush und Tony Blair wegen ihres auf Lügen gebauten Irakkriegs nicht auch vor ein internationales Strafgericht gestellt werden müssten?«, fragt Todenhöfer.[48] Ich gehe mit Willy Wimmer und Jürgen Todenhöfer einig, denn sie legen den Finger auf den wunden Punkt: Auch George Bush und Tony Blair sind Kriegsverbrecher. Der wirkliche Test für die Akzeptanz des Internationalen Strafgerichtshofes wird an dem Tag kommen, an dem ein hochrangiger Politiker eines NATO-Landes angeklagt und verurteilt wird.

# 5. Der illegale Krieg gegen Iran 1953

Mit rund 75 Millionen Einwohnern gehört der Iran heute zu den zwanzig bevölkerungsreichsten und größten Staaten der Erde. In der reichen Geschichte von Persien hat das Land verschiedene Höhepunkte und Krisen durchlaufen. Iran zählte 1945 zu den Gründungsstaaten der UNO, doch leider konnte die Weltfriedensorganisation den Iran weder vor einem illegalen Putsch durch den amerikanischen Geheimdienst CIA und den britischen Geheimdienst MI6 im Jahre 1953 noch vor dem illegalen Angriff durch Iraks Diktator Saddam Hussein 1980 schützen. Iran verfügt über viel Erdöl, doch das schwarze Gold brachte der iranischen Bevölkerung wenig Glück. Der Ressourcenfluch führte insgesamt zu viel Leid und noch heute kämpfen der schiitische Iran und das sunnitische Saudi-Arabien um die Vormachtstellung am Persischen Golf. Der Nahe Osten bleibt wegen seiner wertvollen Ressourcen ein international umkämpfter Raum.

## Premierminister Mossadegh spricht vor der UNO 1951

Seit die Briten 1908 in Persien die erste erfolgreiche Erdölbohrung im Nahen Osten realisiert hatten, kontrollierte die Anglo-Iranian Oil Company (AIOC), die spätere British Petroleum (BP), die Erdölförderung im Iran. Die Profite der iranischen Erdölförderung flossen daher mehrheitlich nicht nach Teheran, sondern nach London. »Die AIOC bezahlte viel mehr Geld in Form von Einkommenssteuer an die britische Regierung als in Royalties an die iranische Regierung«, berechnete die amerikanische Historikerin Nikki Keddie.[49]

Nachdem Verhandlungen mit der AIOC über höhere Abgaben gescheitert waren, verabschiedete das iranische Parlament am 15. März 1951 ein Gesetz, welches das iranische Erdöl nationalisierte und damit der Kontrolle der AIOC entzog. Die Briten waren geschockt, denn damit verloren sie ihre Erdölkonzession im Iran. Die britischen Erdöltanker weigerten sich, das nationalisierte iranische Erdöl zu exportieren. Die britische Marine errichtete ohne UNO-Mandat eine illegale Seeblockade vor den iranischen Häfen, und verhinderte dadurch, dass ein anderes Land das iranische Erdöl exportieren konnte.

Um zu unterstreichen, wie ernst es der Iran meinte, wählte das Parlament am 28. April 1951 Mohammad Mossadegh zum neuen Premierminister. Mossadegh war im Parlament die treibende Kraft für die Verstaatlichung des iranischen Erdöls gewesen. »Nachdem Dr. Mossadegh an die Macht gelangt war«, so die BP-Firmengeschichte, habe die AIOC »keine andere Alternativen mehr gehabt, als die Tätigkeit im Iran einzustellen und das eigene Personal zu evakuieren.« Die Briten klagten vor dem Internationalen Gerichtshof (IGH) in Den Haag, hatten damit aber keinen Erfolg.[50]

Mossadegh war der Held des Befreiungskampfes in der Dritten Welt, ein Mann, der es mit den mächtigen Erdölkonzernen und dem zwar absteigenden, aber immer noch sehr einflussreichen britischen Imperium aufgenommen hatte. Um seine Position und die Nationalisierung des Erdöls zu verteidigen, reiste Mossadegh in die USA und traf auch Präsident Truman. »Es gibt derzeit eine unangenehme Situation im Iran aufgrund der ausländischen Einmischung in die inneren Angelegenheiten des Irans und der Ausbeutung unserer Rohstoffe«, erklärte Mossadegh in den USA. Mossadegh glaubte irrigerweise, die USA seien seine Verbündeten im Kampf gegen die Briten, weil auch die Amerikaner sich einst vom britischen Imperium befreit hatten. »Wir teilen mit den USA die Liebe zur Freiheit«, beteuerte Mossadegh, »aber wir waren weniger erfolgreich, unsere Freiheit von jenem Land zu fordern, das ihnen diese Freiheit 1776 zugestehen musste.«[51]

Am 15. Oktober 1951 sprach Mossadegh auf Einladung der Briten in New York vor dem UNO-Sicherheitsrat. Der britische UNO-Botschafter Gladwyn Jebb wollte den Sicherheitsrat dazu bewegen, die Nationalisierung des Erdöls im Iran als eine »Gefahr für den internationalen Frieden und die Sicherheit« einzustufen, was ihm jedoch nicht gelang. Mossadegh erklärte, die Anschuldigung der Briten sei »ohne Basis« und der Sicherheitsrat sei für die Frage des iranischen Erdöls gar nicht zuständig. Aber weil der UNO-Sicherheitsrat »das letzte Refugium für die schwachen und unterdrückten Nationen ist, der letzte Garant für ihre Rechte«, sei er gerne nach New York gekommen, um die Sicht des Irans darzulegen. »Der Sicherheitsrat ist nur dann ein Refugium für schwache Staaten, wenn die mächtigen Staaten die Prinzipien der UNO achten«, mahnte Mossadegh, obschon er damals noch nicht wusste, dass zwei ständige Mitglieder des Sicherheitsrates ihn bald angreifen und stürzen werden. Der Sicherheitsrat dürfe auf keinen Fall »ein Instrument werden, das einem Land erlaubt, sich in die inneren Angelegenheiten eines anderen Landes einzumischen.«[52]

Im Iran fehle es der armen Bevölkerung an fast allem. »Ihr Lebensstandard ist vermutlich einer der niedrigsten in der ganzen Welt«, klagte der iranische Premierminister. »Unser wertvollster Rohstoff ist das Erdöl. Dieses sollte die Quelle für Arbeit und Essen für die Menschen im Iran sein« und den Lebensstandard verbessern, forderte Mossadegh. Doch die Erdölindustrie habe in den letzten 50 Jahren »praktisch gar nichts« zum Wohl der Menschen im Iran noch zur Industrialisierung der iranischen Wirtschaft beigetragen, die Mehrheit der Experten kämen aus dem Ausland und seien keine Iraner.[53]

Vor allem aber werde das Erdölgeld nicht gerecht verteilt, so die Hauptkritik von Mossadegh. Im Jahre 1948 habe die Anglo-Iranian Oil Company gemäß ihren eigenen Angaben 61 Millionen Pfund eingenommen. Davon habe der Iran nur 9 Millionen Pfund erhalten, während das britische Schatzamt 28 Millionen Pfund in Form der Einkommensteuer kassierte. Dies sei völlig ungerecht. Im iranischen Abadan, wo sich die größte Erdölraffinerie der Welt befinde, lebe die Bevölkerung »in absoluter Armut, ohne auch nur die notwendigsten Dinge, die es zum Leben braucht.« Wenn die »ausländischen Ausbeuter praktisch alle Einnahmen für sich behalten, wird unsere iranische Bevölkerung für immer in Armut und Elend verharren.« Daher habe das iranische Parlament die Nationalisierung der Erdölindustrie im ganzen Land beschlossen. Von diesem Entscheid werde man nicht abrücken.[54]

Der britische Botschafter Gladwyn Jebb war nicht erfreut und sah es völlig anders. »Ohne die Anglo-Iranian Oil Company hätte der Iran sein Erdöl gar nicht fördern können«, argumentierte Jebb. Ohne die britischen Erdölexperten wäre »die Bevölkerung des Iran heute nicht reicher, sondern um vieles ärmer«. Der russische UNO-Botschafter erklärte, der Sicherheitsrat sei in der Frage der iranischen Erdölförderung nicht zuständig. Am Ende des Tages half der Sicherheitsrat den Briten nicht, die Kontrolle über das iranische Erdöl wiederzuerlangen.

## Der illegale Sturz der Regierung Mossadegh am 19. August 1953

Die Erdölfirma AIOC und der britische Premier Winston Churchill wollten die Niederlage nicht hinnehmen. Die Briten kontaktierten die USA, doch Präsident Truman wollte von einem Putsch nichts wissen und warnte prophetisch, dies könne zu einem »Desaster für die freie Welt« werden.[55] Erst der Nachfolger von Truman, Präsidenten Dwight Eisenhower, der im Januar 1953 ins Weiße Haus einzog, konnte von den Briten davon überzeugt werden, dass Mossadegh gestürzt werden sollte. Allen Dulles, der Chef des amerikanischen Geheimdienstes CIA, bewilligte eine Million Dollar, die »für alle Aktionen eingesetzt werden sollen, die den Sturz von Mossadegh herbeiführen«. Eine Million Dollar war damals sehr viel Geld.[56] Im CIA war Kermit Roosevelt für die Ausarbeitung der Pläne zuständig, und da er – bevor er in die Erdölindustrie zu Golf Oil wechselte – später ein Buch über den Staatsstreich schrieb, ist die historische Forschung heute sehr gut über diese damals streng geheime Operation unterrichtet.[57]

Natürlich ist es verboten, in einem anderen Land Rebellen und militante Banden zu unterstützen, um Chaos zu schüren und die Regierung zu stürzen. Der Internationale Strafgerichtshof in Den Haag zählt das Verbrechen der Aggression zu den schwersten Verbrechen, die es auf der Welt gibt. Definiert ist Aggression als »die Anwendung von Waffengewalt durch einen Staat, die gegen die Souveränität, die territoriale Unversehrtheit oder die politische Unabhängigkeit eines anderen Staates gerichtet oder sonst mit der Charta der Vereinten Nationen unvereinbar ist.« Die UNO hat auch die verdeckte Kriegsführung in diese Definition miteinbezogen und ächtete als Angriffshandlung »das Entsenden bewaffneter Banden, Gruppen, Freischärler oder Söldner durch einen Staat oder in seinem Namen, wenn diese mit Waffengewalt Handlungen gegen einen anderen Staat ausführen, die aufgrund ihrer Schwere den oben aufgeführten Handlungen gleichkommen, oder die wesentliche Beteiligung daran.« Doch genau dies ist im Iran passiert. Die NATO-Länder USA und Großbritannien missachteten die UNO-Charta und stürzten die demokratisch gewählte iranische Regierung.

Die Vorbereitung für den Putsch, der unter dem Namen »Operation Ajax« lief, begann am 19. April 1953, als vom CIA bezahlte Iraner den Polizeichef von Teheran, General Mahmoud Afshartus, kidnappten. Dieser war ein treuer Unterstützer von Premierminister Mossadegh. Der General wurde in einer Höhle außerhalb von Teheran gefangen gehalten. Als die Polizei anrückte, um ihn zu befreien, erschoss einer der Geiselnehmer den Polizeichef Afshartus. Damit wurde ein Mann eliminiert, der beim späteren Sturz von Mossadegh ein mächtiges Hindernis für die CIA hätte sein können. Der Schwede Dag Hammarskjöld, der im selben Monat in New York zum neuen Generalsekretär der UNO ernannt wurde, wusste von diesen geheimen Vorgängen in Teheran nichts.

CIA-Agent Kermit Roosevelt reiste Anfang Juli 1953 in den Iran ein, um die Gegner von Mossadegh zu treffen und den Widerstand gegen die gewählte Regierung zu organisieren und zu koordinieren. Ein wichtiger Gegenspieler von Mossadegh war der iranische General Fazlollah Zahedi. Roosevelt weihte ihn über den von der CIA geplanten Putsch ein und Zahedi versprach, er werde mit der CIA kooperieren. Am 3. August 1953 traf Roosevelt den iranischen Schah Mohammad Reza Pahlavi und drängte ihn, Premierminister Mossadegh zu entlassen und Zahedi als neuen Premierminister zu installieren. »Wenn der Schah nicht den Vorschlägen der Vertreter der US-Regierung folgt und die entsprechenden Dokumente unterzeichnet, wird General Zahedi davon in Kenntnis gesetzt, dass die Vereinigten Staaten auch ohne die aktive Zusammenarbeit mit dem Schah handeln werden«, lauteten die klaren Direktiven der »Operation Ajax«.[58]

Roosevelt teilte dem Schah mit, dass »wenn er nicht kooperiere, seine Dynastie bald am Ende sein werde. Die Vereinigten Staaten und Großbritannien hätten ihn in der Vergangenheit, trotz einiger Missverständnisse, unterstützt und würden ihn auch in Zukunft unterstützen. Wenn er allerdings jetzt nicht handle, würde diese Unterstützung beendet.« Um seine eigene Machtstellung zu retten, beugte sich der Schah dem amerikanischen und britischen Druck und wurde wie Zahedi einer der Verschwörer für den Putsch. Am 13. August 1953 unterzeichnete der Schah die Entlassungsurkunde von Premierminister Mossadegh und die Ernennungsurkunde von General Zahedi zum neuen Premierminister.[59]

Der gewählte Premierminister Mossadegh protestierte und war nicht bereit, sich einfach so aus dem Amt drängen zu lassen. Nachdem er die vom Schah unterzeichnete Entlassungsurkunde gesehen hatte, wandte er sich ans iranische Volk und erklärte am 16. August 1953 im Radio: »In der vergangenen Nacht wurde ein Staatsstreich gegen die Regierung versucht. Die meisten Verräter sind hinter Gittern. Nur Zahedi und einem kleinen Kern konnte die Flucht gelingen. Ich setze eine Belohnung von 500.000 Ria für die Ergreifung Zahedis aus. Tod allen Verrätern!«[60]

Für einen kurzen Moment glaubten die britische und die amerikanische Regierung, dass der Versuch, Mossadegh zu stürzen, gescheitert war. Doch dann stürzten am 19. August 1953 von der CIA trainierte und finanzierte Banden das Land ins Chaos. In Teheran wurden das Außenministerium, die Polizeizentrale und das Hauptquartier der Armee gestürmt. Die neueste Forschung zum iranischen Staatsstreich zeigt, dass die CIA auch nicht davor zurückschreckte, Terroranschläge gegen Muslime zu inszenieren, um diese, im Rahmen einer Operation unter falscher Flagge, Premierminister Mossadegh und den iranischen Kommunisten in die Schuhe zu schieben, mit dem Ziel, sie zu diskreditieren. »Ein Bombenanschlag wurde von CIA-Agenten, die sich als Kommunisten ausgaben, auf das Haus von mindestens einem prominenten Muslim verübt«, bestätigt ein früher als geheim eingestufter interner CIA-Bericht zu diesem Coup, der von Donald Wilber 1954 verfasst worden war. Natürlich waren der Regierungssturz wie auch die eingesetzte Strategie der Spannung und die False-Flag-Terroranschläge völlig illegal und verletzten das in der UNO-Charta vereinbarte Gewaltverbot, aber all das kümmerte weder den CIA noch den MI6.[61]

Von der CIA bezahlte Schläger versammelten sich am 19. August vor Mossadeghs Haus, der über das Dach fliehen konnte, sich jedoch Tags darauf ergab. Er wurde verhaftet, kam ins Gefängnis und wurde für den Rest seines Lebens unter Hausarrest gestellt. General Zahedi wurde als neuer Premierminister eingesetzt und Schah Reza Pahlavi, der während der Unruhen nach Rom geflüchtet war, kehrte zurück und übernahm in enger Zusammenarbeit mit dem US-Imperium die Zügel der Macht in Teheran. »Dadurch, dass die CIA sich die Gefolgschaft von Soldaten und Straßengesindel gekauft hatte, konnte sie den Gewaltpegel schaffen, der zur Durchführung eines Putsches ausreichte«, so der amerikanische Journalist Tim Weiner in seiner Geschichte der CIA. »Geldsummen wanderten in bestimmte Hände, und diese Hände führten einen Regierungswechsel herbei.«[62]

## Die Medien in den NATO-Ländern verschweigen den Putsch

Die Menschen in den USA und in Europa wussten praktisch nichts über die zentrale Rolle der Geheimdienste CIA und MI6 beim Staatsstreich im Iran. In den Abendnachrichten, im Radio und im Fernsehen wurde 1953 nur über Unruhen im Iran berichtet, welche zu einem Regierungssturz geführt hätten. Wer im Hintergrund die Fäden zog, blieb für die meisten unsichtbar. Nur im CIA-Hauptquartier in Langley war man gut informiert und freute sich über den illegalen Staatsstreich. »Es war ein Tag, der nie hätte enden sollen«, befand die CIA. »Denn er war so mit Aufregung, Erfüllung und Jubel verbunden, dass es zweifelhaft ist, ob dies je wieder möglich sein wird.«[63]

Sofort nach dem Sturz von Mossadegh wurde die Verstaatlichung des iranischen Erdöls rückgängig gemacht. Die Amerikaner forderten für ihre Hilfe beim Staatsstreich einen Teil des iranischen Erdöls, das die Briten zuvor zu 100 Prozent dominiert hatten. 1954 entstand daher ein neues Erdölkonsortium, an dem zum Ärger der Briten nun auch amerikanische Firmen wie Esso und Golf Oil zu insgesamt 40 Prozent beteiligt waren. Der Anteil der Briten wurde auf 40 Prozent reduziert, der Rest ging an andere Erdölkonzerne. Die Briten erhielten vom Schah eine großzügige Kompensation für ihren früheren Besitz und änderten den Namen der verhassten AIOC in »British Petroleum« (BP). Der Erdölkonzern BP ist heute hinter Shell die zweitgrößte Erdölfirma Europas und realisierte 2015 einen Jahresgewinn von 6 Milliarden Dollar. Gemessen am Jahresumsatz gehört BP zu den größten Unternehmen der Welt.

Der gestürzte Premier Mossadegh äußerte in seinen Memoiren verständlicherweise scharfe Kritik an der Politik der Briten und Amerikaner. »Es ist offensichtlich, dass die amerikanische Regierung kein Interesse daran hatte, die Freiheit und Unabhängigkeit des Irans zu verteidigen, sondern unter dem Vorwand der Kommunismusbekämpfung von unserem Erdöl profitieren wollte«, so Mossadegh verbittert. »Genau das haben sie [die USA] gemacht, indem sie die Freiheit eines Landes gegen eine Beteiligung von 40 Prozent an einem Erdölkonsortium eintauschten.« Dies sei »eine unakzeptable Haltung«.[64]

Mit dem Sturz von Mossadegh gelang es den USA, zur dominanten Macht im Iran aufzusteigen, doch der Machtzuwachs führte zu einer tragischen Gewaltspirale. »Die amerikanisch-britische Anmaßung hatte die Anfänge einer erfolgversprechenden, parlamentarischen Demokratie brutal beendet und gegen die Diktatur des Schahs eingetauscht«, so der deutsche Nahostexperte Michael Lüders, der den Putsch in Teheran treffend als »Sündenfall« des Westens bezeichnet. Der Schah wurde aus den NATO-Ländern mit den modernsten Waffen ausgerüstet und galt im Westen als verlässlicher Partner. Doch im Innern, so Lüders, unterdrückte der Schah mit seinem Geheimdienst SAVAK »jeden Ansatz einer zivilgesellschaftlichen Entwicklung«. Der Islam wurde zum Sammelbecken der Unzufriedenen und 1979 wurde der Schah durch den Fundamentalisten Ayatollah Khomeini gestürzt. »Ohne Putsch 1953 keine Islamische Revolution 1979«, kommentierte Lüders knapp, aber korrekt. »Diese Einsicht fällt der amerikanischen Politik noch immer schwer.«[65]

Viele Europäer und Amerikaner verstehen nicht, warum Khomeini im Iran so populär werden konnte. Doch die Iraner wissen dies sehr gut, auch jene, welche den Aufstieg von Khomeini bedauern. Nach dem Putsch hatten die Amerikaner Militärs in den Iran entsandt, um die Streitkräfte des Schahs zu trainieren. Diese US-Streitkräfte durften, nach einer gängigen Selbstdefinition jedes Imperiums, im Falle von Vergehen nicht durch das iranische Gesetz belangt werden, sondern nur durch amerikanische Gesetze. Für Amerikaner ist diese Regelung normal und kein Grund zur Aufregung. Die Iraner erkannten darin jedoch richtig die Handschrift imperialer Macht. Als der Schah 1964 das entsprechende Gesetz mit den Amerikanern unterschrieb, sprach Khomeini von »Kapitulation« und kritisierte sowohl die USA als auch den Schah scharf. »Wenn ein amerikanischer Offizier den Schah des Irans ermordet, können wir ihn nicht vor Gericht bringen«, protestierte Khomeini. »Aber wenn der Schah des Iran einem Amerikaner auch nur ein Haar krümmt, werden sie ihn vor Gericht bringen.« Khomeini wurde mit seiner Kritik am US-Imperium landesweit bekannt und populär. Der Schah verbannte ihn daher im November 1964, woraufhin Khomeini zuerst in die Türkei, dann in den Irak ging, von dort aber seine Kritik am Schah fortsetzte und 1979 in den Iran zurückkehrte und die Macht übernahm.[66]

## Die Entschuldigung für den Putsch

Es dauerte lange, bis die USA ihr verbrecherisches Vorgehen im Iran und den zuvor geheimen Putsch von 1953 öffentlich reflektierten. »Die Regierung Eisenhower glaubte, ihre Handlungen seien aus strategischen Gründen berechtigt gewesen«, versuchte US-Außenministerin Madeleine Albright im Jahre 2000 den illegalen Staatsstreich zu erklären. »Aber der Putsch war klar ein Rückschlag für Irans politische Entwicklung. Und es ist einfach zu sehen, weshalb uns weiterhin viele Iraner diese Einmischung Amerikas in ihre inneren Angelegenheiten übel nehmen.«[67] Präsident Barack Obama räumte 2009 in einer Rede im ägyptischen Kairo ein: »Inmitten des Kalten Krieges hat die USA eine Rolle gespielt beim Sturz einer demokratisch gewählten iranischen Regierung.«[68] Schweizer Zeitungskommentatoren wählten kritischere Worte. Der Coup sei »ein kolossaler Fehler« gewesen, gar »Amerikas Ursünde im Mittleren Osten«, weil er »mithalf, die unselige Herrschaft der Gottesmänner zu gebären«.[69]

Es liegt eine Tragik in der Tatsache, dass die USA und Großbritannien 1953 die UNO-Charta missachteten und die demokratisch gewählte iranische Regierung stürzten, um dort das Erdöl zu kontrollieren. »Die Eliten der Ölstaaten ließen sich die Knebelverträge zur uneingeschränkten Ölausbeutung durch Ölkonzerne abtrotzen, weil sie sich ausschließlich von ihren eigenen Partialinteressen leiten ließen – und weder zum Wohl ihrer Völker noch zu dem künftiger Generationen handelten«, kritisiert der Iraner Mohssen Massarrat, der 1942 in Teheran geboren wurde und später als Professor für Politikwissenschaft an der Universität Osnabrück in Deutschland lehrte. »Demokratisch legitimierte Eliten hätten derartigen Verträgen aller Wahrscheinlichkeit nach nicht zustimmen können«, ist Massarrat überzeugt. »Tatsächlich wurde 1951 die Nationalisierung der Ölindustrie zum Hauptziel der ersten – und bis dato einzigen – demokratisch gewählten Regierung im Iran und im gesamten Mittleren Osten«, so Massarrat. Mit dem Sturz vom Mossadegh hatten London und Washington klargemacht, dass ihre wirtschaftlichen und strategischen Interessen wichtiger waren als das Gewaltverbot und der Respekt vor der UNO-Charta.[70]

# 6. Der illegale Krieg gegen Guatemala 1954

Kleinere Länder wie Guatemala mit einer Bevölkerung von rund 15 Millionen Menschen haben Mühe, sich mit ihrer Armee, ihrem Geheimdienst und ihrer Polizei gegen größere Länder wie das US-Imperium zu wehren. Ihr wichtigster Schutz ist daher das internationale Völkerrecht, also die UNO-Charta und das dort festgelegte Gewaltverbot. Guatemala gehörte 1945 zu den Gründerstaaten der UNO und erhoffte sich in den folgenden Jahren Schutz durch die Weltfriedensorganisation. Doch diese Hoffnung war vergeblich. Die USA, mit Vetomacht im UNO-Sicherheitsrat, missachteten das Gewaltverbot und stürzten 1954 die Regierung von Guatemala, während sie gleichzeitig die UNO durch Lügen sabotierten.

## Die Landreform von Präsident Arbenz

Jacobo Arbenz wurde im Januar 1951 Präsident von Guatemala, nachdem er die demokratischen Wahlen mit großer Mehrheit gewonnen hatte. Genau wie Fidel Castro, der 1959 in Kuba die Macht übernahm, erkannte auch Arbenz, dass die Unterschicht in vielen Ländern der Welt ausgebeutet wird. Eine reiche Oberschicht besaß in Guatemala große Ländereien, kontrollierte die mächtigsten Firmen und schöpfte daraus große Gewinne ab, während ein Heer von armen Menschen weder Firmen noch Land besaß und für einen Hungerlohn arbeitete, der kaum reichte, um die Familie zu ernähren oder im Krankheitsfall Medizin zu kaufen.

Arbenz war ein gebildeter Mann und die Zahlen zu seinem Land waren eindeutig. Guatemala hatte kaum Industrie und auch keinen Dienstleistungssektor, sondern war damals in erster Linie ein Agrarland. Die Verteilung des Landes war ungerecht, zwei Prozent der Landeigner besaßen 70 Prozent des landwirtschaftlich genutzten Bodens. Arbenz, Sohn eines Schweizer Einwanderers, wollte daher eine Landreform durchführen, mit der Ländereien von über 270 Hektar gegen Entschädigung enteignet werden sollten. Er und seine beratenden Minister waren zutiefst davon überzeugt, dass es keine Gerechtigkeit in Guatemala geben könne, solange das Land von Großgrundbesitzern kontrolliert werde, weshalb die Agrarreform der wichtigste Bestandteil seines Reformprogramms für soziale Veränderungen war.[71]

Kurz nach seiner Wahl begann Präsident Arbenz mit der Umsetzung seiner Landreform. Große Flächen, viel davon unkultiviertes Land, verteilte er an rund 100.000 landlose Bauern. Dies machte ihn zum Erzfeind der Großgrundbesitzer und der mächtigen amerikanischen United Fruit Company, der er als Entschädigung nur 525.000 US-Dollar anbot. Das war exakt die gleiche Summe, welche die Firma als Wert des Landes für den Zweck der Besteuerung angegeben hatte. Dieser Wert war natürlich um einiges niedriger als der Marktwert des Landes.

Die United Fruit Company heißt heute Chiquita und ist eine der größten Bananenproduzenten der Welt. Zum Unglück für Präsident Arbenz kontrollierte die United Fruit Company nicht nur Guatemala, sondern hatte auch mächtige Freunde in Washington, die zur amerikanischen Elite gehörten. »CIA-Direktor Allen Dulles war Aktionär der Gesellschaft. Sein Bruder, Außenminister John Foster Dulles, besaß ebenfalls ein großes Aktienpaket und die New Yorker Anwaltsfirma der Gebrüder Dulles, Sullivan & Cromwell war Rechtsberater der United Fruit. General Robert Cutler, Vorsitzender des Nationalen Sicherheitsrates, der die verdeckten Operationen abzusegnen hatte, saß im Direktorium der United Fruit«, enthüllte der amerikanische Journalist Warren Hinckle. Die Aktionäre der United Fruit Company waren also dieselben Männer, die in den entscheidenden Positionen der amerikanischen Regierung saßen. Sie waren nicht erfreut über die Landreform von Arbenz.[72]

Zusammen mit US-Präsident Dwight Eisenhower entschieden der Außenminister und Aktionär John Foster Dulles und der CIA-Direktor und Aktionär Allen Dulles, dass Arbenz gestürzt werden müsse. Das war natürlich illegal und eine Verletzung der UNO-Charta. Aber das kümmerte das NATO-Land USA und CIA-Mitarbeiter wie Richard Bissell nicht. Bissell war ein sehr gebildeter Mensch, der jedoch keinerlei Empathie für die landlose Bevölkerung von Guatemala hatte. Bissell hatte an der Eliteuniversität Yale Geschichte studiert und war später dem Auslandsgeheimdienst CIA beigetreten. Im CIA stieg Bissel in hohe Funktionen auf und leitete die Operation zum Sturz von Arbenz. Ein paar Jahre später war er es auch, der gegenüber Präsident Kennedy versicherte, dass die Invasion in der Schweinebucht in Kuba ein Erfolg sein werde.

Viele Politiker in Washington teilten damals die Welt in Schwarz und Weiß ein. Für Grautöne gab es keinen Platz. Schwarz waren die Kommunisten, sie waren böse Atheisten und mussten bekämpft werden. Weiß waren die Unternehmer, die Investoren und Kapitalisten, die nicht nur ihr eigenes Geld vermehrten, sondern dabei auch die Welt zu einem besseren Ort machten, so die Überzeugung in Washington. Die historische Forschung kann heute zeigen, dass Arbenz weder in die eine noch in die andere Kategorie gehörte, denn er war ein typisches Beispiel für einen Grauton, also etwas zwischen Schwarz und Weiß, da er sowohl kapitalistische unternehmerische Charakterzüge als auch sozialistisch-kommunistische Eigenschaften in seiner Person vereinte. Auf jeden Fall suchte Arbenz keinen Konflikt mit den USA. Er wollte mit seiner Landreform die soziale Lage der Unter- und Mittelschicht verbessern, was sinnvoll und richtig war, weil dadurch die Menschen nicht verarmen und später als Flüchtlinge in die reichen Metropolen des Nordens strömen. Für die Eisenhower-Administration und den CIA-Direktor Allen Dulles gab es diese Grautöne jedoch nicht. Für sie war Arbenz ein Kommunist, der ihre Investitionen gefährdete, und deshalb musste er beseitigt werden.

Guatemala hatte Mühe, Waffen für sein Militär einzukaufen, weil die USA sich weigerten, an die Regierung Arbenz Waffen zu liefern. Den USA gelang es, auch andere NATO-Länder davon zu überzeugen, Guatemala keine Waffen zu verkaufen. Guatemala hatte einen Waffenkauf in Dänemark schon fast abgeschlossen, als das europäische NATO-Land im letzten Moment den Handel platzen ließ. Auch andere NATO-Länder hielten sich an die Richtlinie von Washington. Danach versuchte Guatemala Waffen außerhalb der NATO-Allianz einzukaufen und kontaktierte Firmen in Mexiko, Argentinien und der Schweiz. Die Schweiz lieferte eine Schiffsladung Waffen, doch das Schiff wurde durch die USA im New Yorker Hafen gestoppt und die Waffen kamen nie in Guatemala an. Danach kaufte Guatemala zwei Tonnen leichte Waffen und Munition in der Tschechei ein, die 1954 im polnischen Hafen Szczecin auf das Schiff *Alfhem* verladen wurden und danach tatsächlich Guatemala erreichten. Nachdem Washington alle andern Handelswege blockiert hatte, verwendete das US-Imperium diese Waffenlieferung aus der Tschechei als »Beweis«, dass Guatemala ins kommunistische Lager abzugleiten drohe.[73]

## Präsident Arbenz wird von der CIA gestürzt

Der illegale Krieg der USA gegen Guatemala begann am 18. Juni 1954. Nicht nur die UNO, sondern auch die Charta der Organisation der Amerikanischen Staaten (OAS), welche 1951 in Bogota ratifiziert worden war, verbot einen solchen Krieg: »Kein Staat oder Staatenbündnis hat das Recht, sich direkt oder indirekt, egal aus welchen Gründen, in die internen oder externen Angelegenheiten irgend eines anderen Staates einzumischen«, so die OAS-Charta. Doch die CIA kümmerte sich nicht um die OAS-Charta oder die Charta der Vereinten Nationen. Das Völkerrecht wurde vorsätzlich gebrochen.[74]

Die vom CIA bewaffneten Banden fielen vom Nachbarland Honduras in Guatemala ein, und Flugzeuge bombardierten Häfen, Militäreinrichtungen, eine Schule, den internationalen Flughafen und verschiedene Städte in Guatemala. Entscheidend war, dass CIA-gesteuerte Rundfunksender aktiv Gerüchte verbreiteten, dass Rebellen überall und in wachsender Zahl aufgetaucht seien. Diese Geschichten waren übertrieben, aber der Informationskrieg wirkte und erzeugte bei Präsident Arbenz den falschen Eindruck, dass ihm eine Übermacht gegenüberstand. Die CIA machte ihre Schlagkraft durch Propaganda größer, als sie in Wirklichkeit war.[75]

Die psychologische Kriegsführung per Rundfunk in Guatemala wurde von dem CIA-Mitarbeiter Howard Hunt geleitet. Dieser war spezialisiert auf verdeckte illegale Operationen und organisierte Jahre später in Washington während des Wahlkampfs 1972 den Einbruch in das Hauptquartier der Demokratischen Partei im Watergate-Gebäude, um den politischen Gegner auszuspionieren. Als diese Operation aufgedeckt wurde, führte dies zur bekannten Watergate-Affäre und zum Rücktritt von Präsident Richard Nixon. Hunt wurde zu 33 Monaten Gefängnis wegen Einbruch, Verschwörung und Abhörung verurteilt.

Als Hunt jedoch mit dem Sturz der Regierung von Guatemala noch weit schlimmere Verbrechen durchführte, bei denen Menschen starben, arbeitete er im Auftrag des US-Imperiums und wurde in den USA daher nicht bestraft. Es ist wichtig zu verstehen, dass die USA streng zwischen nationalem und internationalem Recht unterscheiden. Wenn das nationale amerikanische Recht gebrochen wird, wie beim Watergate-Einbruch, werden auch die Hintermänner verhaftet und bestraft. Ganz anders verhält es sich, wenn dieselben oder schlimmere Handlungen im Ausland verübt werden. Dann erhalten die Männer, die das internationale Recht brechen, vom CIA einen Lohn aus der Staatskasse.

Natürlich führen diese Zustände mitunter zu Verwirrung. David Atlee Philipps, der als Neueinsteiger 1950 zur CIA kam und auch am Sturz von Arbenz mitarbeitete, stellte damals seinem CIA-Vorgesetzten Tracey Barnes die sehr vernünftige Frage: »Aber Arbenz wurde durch freie Wahlen Präsident. Welches Recht haben wir, jemandem zu helfen, diese Regierung zu stürzen und ihn aus dem Amt zu jagen?« Die Frage war gut, wurde aber nicht beantwortet, denn natürlich hatten die USA kein Recht auf ihrer Seite, außer das Recht des Stärkeren, das zu tun, was ihm beliebt.[76]

## Der UNO-Sicherheitsrat hilft Guatemala nicht

Während die Invasion lief, wendete sich Guatemala sofort an die UNO und bat um Hilfe. Doch die Zeit war knapp, da führende Offiziere der Armee von Guatemala sich weigerten, den CIA-Angriff zurückzuschlagen, einige drohten gar, auf die andere Seite überzulaufen. Arbenz stand mit dem Rücken zur Wand. Er versuchte, Zivilisten, die ihn unterstützten, zu bewaffnen, aber Armeeoffiziere verhinderten dies. Die CIA überließ nichts dem Zufall. Ein britischer Frachter, der in Guatemala vor Anker lag, um Kaffee und Baumwolle zu laden, wurde versenkt, weil die CIA fälschlicherweise glaubte, er habe Treibstoff für die Armee von Präsident Arbenz an Bord.

Der Sicherheitsrat tagte am 20. Juni 1954 und Botschafter Henry Lodge, der Vertreter der USA in der UNO, beteuerte heuchlerisch die Unschuld seines Landes. Lodge log und erklärte, dass es sich um eine »Revolte von Guatemalteken gegen Guatemalteken« handle. Die Ereignisse würden »große Besorgnis in der Regierung der Vereinigten Staaten« hervorrufen, beteuerte Lodge und versicherte, dass die USA »keinerlei Verbindungen zu diesen Ereignissen« hätten. Für jene, die das nicht überzeugte, lieferte Lodge noch eine Charakterstudie des höchsten Repräsentanten der USA: »Für jeden, der Präsident Eisenhower kennt, und viele in diesem Raum kennen ihn, muss es kristallklar sein, dass er ein Mann ist, der den Prinzipien der Demokratie, den Menschenrechten völlig verschrieben ist, der alle Formen des Imperialismus ablehnt«, so Lodge. »Er ist ein Mann, der … bewiesen hat … seit den Tagen, als er ein kleiner Junge in Kansas war, dass sein Herz immer auf der Seite des kleinen Mannes ist, der versucht, sich durch das Leben zu schlagen.«[77]

Natürlich hatte Lodge recht, dass Eisenhower mal ein kleiner Junge in Kansas gewesen war. Aber es war eine Lüge, dass Eisenhower keine gewählte Regierung stürzen würde, denn genau dies hatte er ja ein Jahr zuvor schon im Iran mit Mossadegh getan. Obschon Guatemala und die Sowjetunion protestierten, gelang es den USA, die Angelegenheit an die OAS zu verweisen. Die Organisation der Amerikanischen Staaten brauchte, was niemanden überraschte, viel Zeit, um zu reagieren. Im Hintergrund zogen derweil die USA die Fäden und schauten, dass möglichst viel Zeit verstrich, bevor das Anliegen von Guatemala behandelt wurde.

Guatemala war fast völlig in der Hand der Aufständischen, als es am 25. Juni 1954 erneut den UNO-Sicherheitsrat anrief. Die Vereinigten Staaten argumentierten, dass sich der Sicherheitsrat jetzt nicht mehr mit dieser Angelegenheit beschäftigen könne, da sie an die Verantwortung der OAS übergeben worden war. Die Sowjetunion protestierte erneut und bestand darauf, dass es die Pflicht des Sicherheitsrates sei, einen angegriffenen Staat zu schützen. Trotzdem wurde diese Frage nicht in die Tagesordnung aufgenommen.

Neben der Sowjetunion unterstützten in der UNO lediglich Dänemark, Neuseeland und der Libanon das kleine Land Guatemala. Diese Länder forderten, dass diese wichtige Angelegenheit behandelt werden müsse. Die NATO-Länder Frankreich und Großbritannien, die gemäß dem amerikanischen Journalisten William Blum von Eisenhower und Dulles »massiv unter Druck gesetzt worden waren«, enthielten sich der Stimme, weil sie wussten, dass damit die Stimmen zur Aufnahme des Falles in die Tagesordnung nicht ausreichten. Weil die drei NATO-Länder mit ständigem Sitz im UNO-Sicherheitsrat USA, Frankreich und Großbritannien in einer Verschwörung kooperierten, konnte die UNO den illegalen Krieg der CIA in Guatemala nicht stoppen.[78]

Die OAS ließ sich viel Zeit. Das OAS-Untersuchungskomitee kam erst am 30. Juni 1954 in Guatemala an, genau drei Tage nachdem Arbenz zurückgetreten war. Es war eine geplante Verspätung. Der schwedische UNO-Generalsekretär Dag Hammarskjöld war so verärgert über die Machenschaften der USA und die Hilflosigkeit der UNO, dass er im vertrauten Kreis erklärte, er müsse »wieder einmal seine Stellung in den Vereinten Nationen überdenken«.[79]

Für die UNO war der Regime Change in Guatemala eine Katastrophe. »Es gab möglicherweise in der Geschichte der UNO keine Episode, die diese Organisation mehr diskreditiert hat«, so das Fazit des UNO-Historikers Evan Luard. »Statt als eine Organisation aktiv zu werden, die eine Aggression abzuwehren hat, agierte sie auf eine Weise, die damit rechnete, den Erfolg einer Aggression zu ermöglichen. Tatsache war, dass die Vereinigten Staaten … es nicht wünschten, dass die UNO in dieser Angelegenheit aktiv werden sollte, um die Aggression aufzuhalten oder eventuell zu verurteilen.«[80]

Nachdem die vom CIA unterstützten Invasionskräfte Präsident Arbenz gestürzt hatten, versuchten sie den früheren Präsidenten als Marionette von Moskau zu diskreditieren. Ausländische Korrespondenten wurden zu einer Besichtigung der früheren Residenz von Arbenz eingeladen. Dort wurden sie in Räume geführt, in denen in der Sowjetunion gedruckte Schulbücher lagerten. Die Idee dieser Operation war, die Medien davon zu überzeugen, dass Arbenz ein gefährlicher Kommunist sei.

## Castillo Armas ergreift die Macht

Der Anführer der vom CIA bezahlten Rebellen hieß Castillo Armas, er sicherte sich seinen Anteil am Putsch, indem er sich am 1. September 1954 mit Unterstützung der

USA zum neuen Präsidenten von Guatemala ernannte. Armas stoppte die Landreform, bereits erfolgte Enteignungen wurden für ungültig erklärt. Die United Fruit Company erhielt nicht nur all ihr Land zurück, die neue Regierung verbot auch sofort die Gewerkschaft der Bananenarbeiter. Sieben besonders aktive Gewerkschafter wurden in Guatemala City ermordet, wer hinter den Morden steckte, wurde nicht aufgeklärt. Die kommunistische Partei wurde verboten, die Alphabetisierungskampagne von Arbenz abgebrochen.

Doch auch der vom CIA eingesetzte Putschist Castillo Armas konnte sich nur wenige Jahre an der Macht halten. Korruption und Gewalt breiteten sich aus und Armas wurde 1957 beim Abendessen in seinem Präsidentenpalast von einem Soldaten seiner eigenen Schutztruppe erschossen. Sein Nachfolger, General Idigoras, herrschte mit harter Hand und schlug verschiedene Aufstände brutal nieder, worauf Guatemala ab 1960 in einen Bürgerkrieg geriet, der erst 1996 formell beendet wurde, nachdem mehr als 200.000 Menschen ums Leben gekommen waren.

Der Putsch im Jahre 1954 war für Guatemala fatal. Die arme Unterschicht, bestehend aus landlosen Bauern, war zwar in der Überzahl, aber sie hatte ihren Kampf gegen den illegalen CIA-Krieg verloren, denn sie war ungebildet, unbewaffnet und schlecht organisiert. Dies erkannte auch ein argentinischer Mediziner, der seit Dezember 1953 in Guatemala lebte und erfolglos versucht hatte, den bewaffneten Widerstand gegen die Invasoren zu organisieren. Sein Name war Ernesto »Che« Guevara.

## Ernesto Che Guevara wird ermordet

Die Erlebnisse in Guatemala prägten Che Guevara sehr. Er hatte erst im März 1953 seinen Doktortitel in Medizin erworben und danach als 25-jähriger Arzt Lateinamerika bereist. Als er in Guatemala den Sturz von Arbenz aus nächster Nähe miterlebte, radikalisierte er sich und glaubte nicht mehr an den gewaltlosen Widerstand gegen Unrecht und den Schutz von kleinen Ländern durch die UNO und das Völkerrecht. Che Guevara spielte wenige Jahre später zusammen mit Fidel Castro eine zentrale Rolle bei der Revolution in Kuba 1959 und stieg danach in Europa zur Ikone des bewaffneten Widerstandes gegen das US-Imperium auf.

Che Guevara hat sich in späteren Reden immer wieder auf seine Erlebnisse in Guatemala bezogen. Am 28. Juli 1960 sprach er als Vertreter der kubanischen Regierung auf dem Jugendkongress Lateinamerika von den »Katastrophen, welche der Imperialismus« anrichtet. »Ich möchte ganz herzlich Jacobo Arbenz, dem früheren Präsident eines lateinamerikanischen Landes danken, weil er seine Stimme furchtlos gegen den Kolonialismus erhoben hat und die wertvollen und wichtigen Wünsche der armen Bauern ernst genommen hat, indem er eine tiefgreifende und mutige Landreform durchführte«, so Che. »Wir möchten ihm und seinem Land danken, weil der Sturz dieser Demokratie uns als Beispiel viel gelehrt hat«.[81]

Wegen seiner Beteiligung an der Revolution in Kuba beobachtete das US-Imperium Che Guevara sehr genau. Als er die Karibikinsel 1965 verließ, um in Bolivien eine Revolution anzuzetteln, beschloss Washington, Che Guevara zu töten. Im Juni 1967 schickten die USA 16 Männer der US-Spezialeinheit Green Berets als Instruktoren nach Bolivien, die in enger Zusammenarbeit mit der bolivianischen Armee aus ausgewählten bolivianischen Soldaten das 2nd Ranger Batallion formten, das den Auftrag erhielt, in Zusammenarbeit mit der CIA Che Guevara zu suchen und zu ermorden.[82]

US-Präsident Lyndon Johnson wurde durch seinen Berater Walt Rostow regelmäßig über die Jagd nach Guevara informiert. Am 11. Oktober 1967 berichtete Rostow an Johnson: »Das CIA sagt, dass gemäß neuesten Informationen Che Guevara lebend gefasst wurde. Nach einer kurzen Befragung, um seine Identität zu überprüfen, ordnete General Ovando, der Chef der Armee Boliviens, seine Erschießung an.« Rostow freute sich über den Erfolg und schrieb an Johnson: »Das zeigt, wie gut unsere ›vorbeugende Medizin‹ als Unterstützung für Länder funktioniert, die vor einem Aufstand stehen. Es war das bolivianische 2nd Ranger Batallion, welches in diesem Jahr von Juni bis September von unseren Green Berets trainiert worden war, das ihn einkreiste und erwischte.«[83] Nach seiner Ermordung wurden dem leblosen Körper von Che Guevara die Hände abgetrennt und nach Washington geschickt, um seine Identität zu bestätigen.[84]

## Eisenhower warnt vor dem Militärisch-Industriellen Komplex

General Eisenhower, der im Zweiten Weltkrieg als Oberkommandierender die Alliierten Streitkräfte in Europa geführt hatte, glaubte natürlich an ein starkes Militär. Als er nach acht Jahren das Weiße Haus verließ, erklärte er in seiner Abschiedsrede am 17. April 1961, dass er stolz auf die amerikanische Sicherheitsarchitektur sei. »Ein lebenswichtiges Element zur Erhaltung des Friedens stellt das Militär dar. Unsere Bewaffnung muss machtvoll sein, bereit für rasche Einsätze, sodass kein möglicher Angreifer versucht sein könnte, seine eigene Zerstörung zu riskieren«, so der abtretende Präsident.

Eisenhower hatte während seiner Amtszeit die Interessen von großen Konzernen wie United Fruit oder BP wichtiger genommen als den Respekt vor der UNO-

Charta. Er hatte sich mit dem Sturz von Arbenz und Mossadegh des schweren Verbrechens der Aggression schuldig gemacht. Wenn er noch leben würde, müsste er vor dem UNO-Strafgerichtshof in Den Haag erscheinen, den es damals aber natürlich noch nicht gab. Daher ist es umso erstaunlicher, dass es gerade Eisenhower war, der in seiner Abschiedsrede warnend auf den sogenannten »Militärisch-Industriellen Komplex« (MIK) hinwies, also das enge Geflecht zwischen Rüstungsindustrie, Pentagon und Politik. Dieses Netzwerk sei seit dem Ende des Zweiten Weltkrieges stark angewachsen und könne zu Machtmissbrauch führen. Weil Eisenhower den Militärisch Industriellen Komplex aus erster Hand kannte, ist seine Einschätzung die eines Insiders.

Die Stärke der US-Armee habe das Land gezwungen, »eine permanente Rüstungsindustrie von gewaltigen Größenordnungen aufzubauen. Zudem sind jetzt dreieinhalb Millionen Menschen im Verteidigungssektor beschäftigt«, so Eisenhower, die jährlichen Ausgaben für die nationale Sicherheit seien enorm. »Diese Verbindung eines gewaltigen Militärapparates mit einer großen Rüstungsindustrie stellt eine neue Erfahrung in den USA dar«, betonte der abtretende Präsident und warnte, dass die Rüstungsindustrie einen dominanten Einfluss auf die Politik gewinnen könnte. »In den Gremien der Regierung müssen wir uns verwahren gegen die Inbesitznahme einer unbefugten Einmischung, ob angefragt oder nicht, durch den Militärisch-Industriellen Komplex. Das Potential für die katastrophale Zunahme deplatzierter Macht existiert und wird weiter bestehen bleiben«, so seine klaren Worte. Abrüstung in gegenseitigem Respekt und Vertrauen sei ein »immer noch gültiges Gebot«, so der frühere General. »Zusammen müssen wir lernen, wie wir Meinungsverschiedenheiten beilegen, nicht mit Waffen, sondern mit Verstand und in ehrlicher Absicht.«[85]

Eisenhower hat die US-Verteidigungsausgaben nicht gesenkt, sie lagen während seiner achtjährigen Amtszeit bei jährlich rund 50 Milliarden Dollar. Dies passt schlecht zu seiner Warnung vor dem Militärisch-Industriellen Komplex und seiner Forderung nach Abrüstung. Wer indes bedenkt, dass in den vergangenen Jahrzehnten amerikanische Rüstungskonzerne wie Boeing, Lockheed Martin und Raytheon ihre Macht stetig ausgeweitet haben und die US-Militärausgaben heute 600 Milliarden Dollar pro Jahr betragen, sieht leicht, dass die Warnung von Eisenhower richtig und weise war, auch wenn sie nicht gehört wurde.

# 7. Der illegale Krieg gegen Ägypten 1956

Ägypten gehörte 1945 in San Francisco zu den Gründerstaaten der UNO. Wer jedoch daraus schließt, dass Ägypten daher durch die UNO geschützt wurde, liegt falsch. 1956 wurde das Land durch einen illegalen Krieg heimgesucht. Weil der Krieg von den NATO-Ländern Frankreich und Großbritannien, beide mit Vetorecht im UNO-Sicherheitsrat, geführt wurde, erhielt Ägypten keinerlei Schutz von der Weltfriedensorganisation.

## Eine Verschwörung mit dem Namen »Operation Musketeer«

Ägypten ist strategisch ein wichtiges Land, weil der 1869 eröffnete und 160 Kilometer lange Suezkanal für die Versorgung von Europa mit Erdöl eine zentrale Rolle spielt. Der Kanal verbindet das Mittelmeer mit dem Roten Meer und erspart den Schiffen vom Persischen Golf nach Europa den Weg um Afrika. Der Kanal wird täglich von Tankern passiert, die Erdöl und verflüssigtes Erdgas auf den europäischen Markt bringen.

Für Gamal Abdel Nasser, der Ägypten seit 1954 als Präsident regierte, war der Suezkanal ein verhasstes Symbol des europäischen Kolonialismus. Denn die lange und schmale Wasserstraße durch die ägyptische Wüste war von den Franzosen erbaut worden und befand sich danach als private Suezkanal-Gesellschaft im gemeinsamen Besitz von Frankreich und der ägyptischen Kolonialmacht Großbritannien.

Nasser verfolgte im Kalten Krieg eine nationalistische Neutralitätspolitik und pflegte die Zusammenarbeit mit Indien und Jugoslawien, deren Blockfreiheit er bewunderte. Um zu verhindern, dass Ägypten in den Einflussbereich der kommunistischen Sowjetunion geriet, versprachen die Amerikaner und die Briten Ende 1955 zusammen mit der Weltbank Ägypten einen Kredit für den Bau des großen Nilstaudammes bei Assuan. Der Staudamm sollte es Nasser erlauben, die Wassermassen des Nils beim jährlichen Hochwasser für die Landwirtschaft zu regulieren und erneuerbaren Strom aus Wasserkraft für die Industrialisierung von Ägypten zu produzieren.

Doch im Juli 1956 änderte der amerikanische Präsident Dwight Eisenhower seine Meinung und erklärte nach Rücksprache mit London und der Weltbank, Ägypten sei nicht kreditwürdig, weil Nasser China anerkannt und zudem öffentlich erklärt habe, er wolle Israel vernichten. Nasser war erbost und entschied, dass die Gebühren für den Erdöltransport durch den Suezkanal nun den Bau des geplanten Assuandamms finanzieren mussten. Daher verstaatlichte er am 26. Juli 1956 die Suezkanal-Gesellschaft, zum Entsetzen von Frankreich und Großbritannien.

Der britische Premierminister Anthony Eden fürchtete, die Sowjets würden ihren Einflussbereich ausdehnen. Eden hatte im April 1956, kurz vor der Verstaatlichung des Suezkanals, den sowjetischen Regierungschef Nikita Chruschtschow mit deutlichen Worten gewarnt: »Was das Öl betrifft, so muss ich Ihnen ganz unverblümt meine Meinung sagen – wir würden dafür kämpfen ... Wir könnten ohne Öl nicht leben und ... wir haben nicht die Absicht, uns strangulieren zu lassen.« Nach der Verstaatlichung insistierte auch US-Außenminister John Foster Dulles gegenüber dem britischen und französischen Außenminister, dass »eine Möglichkeit gefunden werden« müsse, »Nasser zu veranlassen, den Kanal wieder auszuspucken«.[86]

Großbritannien entschied, mit militärischen Mitteln um den Kanal und den Zugang zum Erdöl des Nahen Ostens zu kämpfen. »Wir sind wahrhaftig in ein schreckliches Dilemma geraten«, notierte der britische Schatzkanzler Harold Macmillan in sein Tagebuch. »Wenn wir energisch gegen Ägypten vorgehen und deshalb der Kanal geschlossen wird, die Pipelines in der Levante unterbrochen werden, der Persische Golf revolutioniert und die Ölförderung eingestellt wird – dann sind das Vereinigte Königreich und Westeuropa ›erledigt‹.« Doch »wenn wir eine diplomatische Niederlage erleiden, wenn Nasser ›ungeschoren davonkommt‹ – und die Länder im Nahen Osten sich einigen, das Öl zu verstaatlichen ... sind wir ebenso ›erledigt‹. Was sollen wir also tun? Mir scheint klar zu sein, dass unsere einzige Chance darin liegt, energisch vorzugehen und zu hoffen, dass unsere Freunde im Nahen Osten zu uns halten, unsere Feinde besiegt werden und wir das Öl retten können – aber es ist eine ungeheure Entscheidung.«[87]

Im Rahmen einer Verschwörung – laut Definition eine geheime Absprache zwischen zwei oder mehr Personen, um gemeinsam ein Ziel zu erreichen – trafen sich ranghohe Vertreter Großbritanniens, Frankreichs und Israels vom 22. bis zum 24. Oktober 1956 in einer Villa in Sèvres bei Paris, um die streng geheime »Operation Musketeer« zu planen. Die britische Delegation wurde von Außenminister Selwyn Lloyd, die französische von Premierminister Guy Mollet und die israelische von Ministerpräsident Ben-Gurion geleitet. Die Verschwörer beschlossen, Israel solle Ägypten angreifen und durch die wenig besiedelte Sinai-Halbinsel militärisch auf den Suezkanal vorstoßen. Frankreich und Großbritannien würden danach Nasser ein unannehmbares Ultimatum stellen, wodurch ein Vorwand geschaffen würde, um den Suezkanal militärisch zu besetzen. Ziel der Aktion war es, die Kontrolle über den Suezkanal zu erlangen und, so hoffte Israel, Nasser zu stürzen.

## Israel, Frankreich und Großbritannien greifen an

Natürlich war der geplante Krieg illegal, denn er widersprach dem Gewaltverbot der UNO-Charta, aber die Verschwörer kümmerten sich nicht um das Völkerrecht. Am 29. Oktober 1956 griff die israelische Armee planmäßig Ägypten an und besetzte die Sinai-Halbinsel. Damit machte sich Israel des Verbrechens der Aggression schuldig. Die USA erkannten schnell, dass es sich hierbei um einen illegalen Angriffskrieg handelte, und riefen schon am 30. Oktober den Sicherheitsrat zu einer Sondersitzung zusammen. »Die USA haben diese dringende Sitzung des UNO-Sicherheitsrates einberufen«, so Botschafter Henry Lodge, um den »sofortigen Stopp der militärischen Aktionen von Israel gegen Ägypten« zu erwirken. Die israelische Invasion »sei ein Schock für die USA«, die UNO müsse sofort intervenieren und Israel müsse seine Truppen wieder aus Ägypten abziehen. »Wenn der Sicherheitsrat jetzt nicht reagiert, kommt er seiner Verantwortung zum Erhalt von Frieden und Stabilität nicht nach«, mahnte der US-Botschafter.[88]

Der Botschafter von Ägypten, Loutfi, verurteilte den Angriff von Israel auf sein Land in den schärfsten Tönen. »Israelische Truppen sind an verschiedenen Orten in das ägyptische Territorium eingedrungen«, dies sei ein »äußerst gefährlicher Akt der Aggression.« Der UNO-Botschafter von Jugoslawien, Brilej, unterstützte diese Position und verurteilte den »abscheulichen Akt der Aggression« von Israel. Es gebe keinen Zweifel daran, dass »israelische Truppen tief in das Staatsgebiet von Ägypten vorgedrungen sind und dass die Kämpfe andauern.« Israel müsse den Angriff sofort stoppen und seine Truppen zurückziehen. Der iranische UNO-Botschafter Entezam schloss sich dem an und forderte, dass die »Prinzipien der UNO-Charta respektiert werden, und dass der Sicherheitsrat jene bestraft, welche diese Prinzipien so schamlos missachten.« Auch Chinas Botschafter Tsiang forderte Israel auf, seine Truppen aus Ägypten wieder abzuziehen, der Angriff sei »ein Schock und eine Überraschung«.[89]

Der israelische Botschafter Eban bestritt nicht, dass die israelische Armee Ägypten angegriffen hatte, betonte aber, dies sei ein Akt der Selbstverteidigung gewesen. »Das Ziel unserer Operation war es, die Fedayeen-Lager zu zerstören, aus denen immer wieder bewaffnete ägyptische Einheiten israelisches Territorium angegriffen haben, um zu töten, Sabotage-Aktionen durchzuführen und ein Klima der Unsicherheit zu erzeugen.« Die Fedayeen-Kämpfer hätten immer wieder die Souveränität von Israel missachtet, 364 Israelis verwundet und 101 Israeli getötet. »Die Verantwortung für diese Aktionen und die Schuld trägt Nasser«, so der israelische Botschafter. Weil die UNO nicht in der Lage gewesen sei, Israel zu schützen, habe man das Recht auf Selbstverteidigung wahrgenommen, so Eban.[90]

Der russische Botschafter Sobolev ließ diese Begründung nicht gelten und erklärte, die Fakten seien klar, »Israel hat gegenüber Ägypten einen Akt der Aggression durchgeführt«, und damit eine »extrem gefährliche Situation« geschaffen. Israel müsse den Angriff stoppen und seine Armee zurückziehen. Im Hintergrund seien aber auch Frankreich und Großbritannien involviert, erkannte Sobolev richtig. Aus der Tagespresse sei zu entnehmen, dass Frankreich und Großbritannien Truppen in das Kriegsgebiet entsenden wollen, was aber ohne Mandat der UNO nicht zulässig sei. »Kein Staat hat das Recht, diese ernste Situation auszunutzen, um seine egoistischen Ziele zu befriedigen, das gilt auch für Frankreich und Großbritannien«, mahnte Sobolev.[91]

Der französische UNO-Botschafter beurteilte die Lage natürlich völlig anders und stellte sich auf die Seite von Israel. Der »ägyptische Imperialismus« versuche das Gebiet vom Atlantik bis zum Persischen Golf zu kontrollieren und habe »die Vernichtung von Israel« als Ziel. Entgegen allen rechtlichen Verpflichtungen habe Ägypten zudem einen Kanal beschlagnahmt, der »für das Leben der Nationen sehr wichtig« sei. Daher sei es »unabwendbar« gewesen, dass »Israel ab einem bestimmten Moment an gezwungen war zu reagieren.« Auch der britische Botschafter Sir Pierson Dixon schloss sich dem an und las eine Erklärung des britischen Premierministers Anthony Eden vor, in welcher dieser erklärte, dass die Durchfahrt der Schiffe durch den Suezkanal wegen den laufenden Kampfhandlungen in Gefahr sei. »Mehrere hundert Passagiere und Besatzungsmitglieder auf den Schiffen sind in Gefahr. Der Wert der Schiffe beträgt mehr als 50 Millionen Pfund, den Wert der Ladung nicht eingerechnet.«[92]

Daher hätten Frankreich und Großbritannien beschlossen, dass alles getan werden müsse, um die Kämpfe so schnell wie möglich zu beenden. Die Streitkräfte von Ägypten und Israel »müssen sich bis auf eine Distanz von 10 Meilen vom Kanal zurückziehen« forderte Dixon. Zudem habe man Ägypten und Israel angefragt, »ihre Zustimmung zu geben, dass britische und französische Truppen für beschränkte Zeit – ich betone, nur beschränkte Zeit – strategische Positionen« am Suezkanal kontrollieren. Man warte nur zwölf Stunden auf eine Antwort, danach würden »britische und französische Truppen in der notwendigen Stärke intervenieren.«[93]

Dieses für Ägypten unannehmbare Ultimatum diente den NATO-Ländern Frankreich und Großbritannien als Vorwand, Ägypten anzugreifen. Wie der Angriff von Israel war natürlich auch der Angriff der beiden NATO-Länder illegal, denn sie verfügten nicht über ein Mandat des Sicherheitsrates. Die Verschwörung, die es vor dem Angriff der drei Länder gegeben hatte, stritt Botschafter Dixon ab. Der russische UNO-Botschafter habe angedeutet, dass »gewisse Mächte Israel darin bestärkt hätten, Ägypten anzugreifen. Das Gegenteil ist natürlich wahr«, beteuerte Dixon scheinheilig. »Wir haben alles in unserer Macht Stehende getan, um die Spannungen im Nahen Osten abzubauen. Und wenn nun die Spannungen zugenommen haben, dann daher, weil unglücklicherweise weder Israel noch seine arabischen Nachbarn auf unseren Rat und den unserer Freunde gehört haben.« Botschafter Dixon schloss seine verlogene Rede mit den Worten, dass er »überzeugt sei, dass die Mehrheit der Sicherheitsratsmitglieder mit ihm einig gehen, dass die Taten von Frankreich und Großbritannien im Interesse des Friedens und der Sicherheit sind.«[94]

Sowohl der britische als auch der französische Botschafter erklärten, dass sie angesichts der sich überstürzenden Ereignisse keinen Grund sehen würden, die von den USA eingebrachte Resolution zu unterstützen. Damit war klar, dass der Sicherheitsrat keine Resolution verabschieden konnte. Doch US-Botschafter Lodge bestand auf einer Abstimmung, weil dieser »beachtliches moralisches Gewicht zukomme«. Die Resolution verurteilte den Angriff von Israel auf Ägypten und forderte den sofortigen Rückzug der israelischen Streitkräfte aus Ägypten. Die Veto-Mächte Frankreich und Großbritannien stimmten am 30. Oktober 1956 gegen die Resolution, die daher auch nicht angenommen wurde, obschon China, Kuba, Iran, Peru, die Sowjetunion, die USA und Jugoslawien für die Resolution stimmten, während sich Australien und Belgien enthielten. Der UNO-Sicherheitsrat war völlig blockiert, und zwischen den NATO-Ländern USA einerseits sowie Frankreich und Großbritannien andererseits öffnete sich ein tiefer Graben.[95]

Am nächsten Tag, am 31. Oktober, begannen die Briten und Franzosen mit der Bombardierung ägyptischer Flugplätze. Dabei handelte es sich um einen illegalen Angriffskrieg, der die UNO-Charta verletzte. Die Bewohner von Kairo waren durch die Verschwörung völlig überrascht und empfanden sowohl den israelischen Angriff als auch das Bombardement durch Großbritannien und Frankreich wie »Blitze aus heiterem Himmel«, wie der Schweizer Nahostkorrespondent Arnold Hottinger berichtete.[96]

Präsident Nasser, erbost über die Angriffe, wusste um die gefährliche Abhängigkeit der Industrieländer vom Erdöl. Er selber hatte das Erdöl einst als den »Lebensnerv der Zivilisation« bezeichnet, »ohne das keines ihrer Mittel bestehen kann, weder große Werke für die Produktion noch Verbindungsmittel zu Land, See und Luft, oder Kriegswaffen – ob Schlachtflieger über den Wolken oder U-Boote unter den Wasserwogen. Ohne Petroleum wären diese alle nichts als rostige, unbewegliche, leblose Eisenstücke.« Präsident Nasser war sich zudem völlig im Klaren darüber, »dass die halbe Welt-Petroleum-Reserve noch unter dem Boden der arabischen Länder liegt«, und dass noch für viele Jahre der größte Teil dieses Erdöls auf dem Weg nach Europa und die USA durch den Suezkanal transportiert wird. Ägypten, das wusste Nasser, verfügte zwar nicht über eine relevante Erdölförderung und war auch keine Veto-Macht mit ständigem Sitz im UNO-Sicherheitsrat, blieb aber trotzdem nicht machtlos, denn es war ein sehr wichtiges Transitland.[97]

Zwei Drittel der europäischen Ölversorgung wurden damals durch den Suezkanal transportiert. Nasser entschied, den Zufluss von Erdöl nach Europa zu unterbrechen. Noch am Tag, als die britischen und französischen Bomben auf Ägypten fielen, versenkten ägyptische Kommandoeinheiten Dutzende mit Steinen und Zement gefüllte Schiffe im etwa 300 Meter breiten Suezkanal. Der Kanal war danach für die Schifffahrt blockiert. Weil gleichzeitig syrische Ingenieure auf Anweisung von Nasser die Erdölpipelines durch Syrien sabotierten, kam der Ölfluss aus dem Nahen Osten im November 1956 zum Stillstand, was Westeuropa in größte Sorgen versetzte.

Die von Europa in Richtung Suezkanal ausgelaufenen leeren Erdöltanker kreuzten abwartend im Mittelmeer, während die beladenen Tanker im Roten Meer regungslos im Wasser lagen und warteten. Sofort meldeten sich Stimmen, welche die Erdölsucht Europas kritisierten. Die große Auslandabhängigkeit werde »unter normalen Verhältnissen ohne besondere Überlegungen hingenommen«, notierte der Schweizerische Bankverein, sie »gewinnt aber stets schlagartig dann neues Interesse, wenn infolge einer kritischen Entwicklung der internationalen Lage, wie wir sie kürzlich wieder erlebt haben, diese Zufuhr in höchstem Maße als gefährdet erscheint.«[98]

Niemand wusste, wann Nasser die Blockade des Kanals wieder aufheben würde. Und innerhalb der NATO kam es zu heftigem Streit. Das US-Imperium war erzürnt über das koloniale Abenteuer der Briten, Franzosen und Israeli, weil diese ihre Verschwörung nicht mit Washington abgesprochen hatten. Die USA weigerten sich, Europa mit Erdöllieferungen über den Atlantik zu helfen, obschon sie das gekonnt hätten. »Ich neige zu der Auffassung«, so Eisenhower zu seinem Kabinett, »dass diejenigen, die diese Operation begonnen haben, selbst mit ihren Ölproblemen fertigwerden müssen – lasst sie in ihrem eigenen Öl kochen, sozusagen.«[99] Eisenhower ärgerte sich über das Veto, das die Briten und Franzosen im Sicherheitsrat eingelegt hatten, und setzte daher die beiden Länder unter massiven wirtschaftlichen Druck.

Für die Briten und die Franzosen wurde die Lage immer aussichtsloser. Um die Schmach einer Niederlage zu vermeiden, begannen sie am 5. November mit der Landung von eigenen Truppen in Ägypten, um direkten Zugriff auf die Kanalzone zu erlangen. Doch nicht nur Washington unter Eisenhower, sondern auch Moskau unter Nikita Chruschtschow befahl nun den Franzosen und Briten ultimativ, ihren Angriffskrieg einzustellen. Damit war die Niederlage der Europäer besiegelt. Am 6. November stellten Frankreich und Großbritannien das Feuer ein. Die Europäer waren gedemütigt und verloren ihre ehemals dominierende Stellung in der Region.

Nasser triumphierte, weil es ihm gelungen war, seine militärische Niederlage in einen politischen Sieg über zwei Großmächte umzumünzen und damit zum Führer der arabischen Welt aufzusteigen. Vor Weihnachten 1956 waren alle britischen und französischen Soldaten wieder zu Hause. Die von Nasser versenkten Schiffe blockierten den Suezkanal noch bis im Frühling 1957, danach waren alle Schäden behoben und der Kanal wieder normal befahrbar. Die israelischen Truppen zogen sich aus der Sinai-Halbinsel zurück. Den Assuan-Staudamm baute Nasser in den folgenden Jahren mit der Hilfe von Tausenden sowjetischen Ingenieuren und Architekten, das Prestigeprojekt wurde 1971 eingeweiht.

Die stark erdölabhängigen Europäer waren froh, dass die Suezkrise nicht länger gedauert hatte; die Kampfhandlungen beschränkten sich auf nur neun Tage. Am Tag, als die englischen und französischen Soldaten aufgeben mussten, liefen in den europäischen Häfen immer noch mit Rohöl vollbeladene Tanker ein, da diese vor der Sperrung des Suezkanals ins Mittelmeer eingefahren waren. Deswegen ergaben sich bei den Zufuhren von flüssigen Brenn- und Treibstoffen nach Europa während der Suezkrise keine Störungen.

## Die UNO entsendet eine Friedensmission

Um den Waffenstillstand am Suezkanal zu überwachen, führte die UNO eine sogenannte »Peace Keeping Operation« durch, also eine militärische Operation, um den Frieden zu sichern. Weil der Sicherheitsrat durch die Vetos der beiden europäischen Staaten blockiert war, konnte er keine Resolutionen verabschieden. Daher nahm sich die Generalversammlung des Themas im Rahmen einer Notstandssitzung an. Nur vier Tage nach der israelischen Invasion in Ägypten am 29. Oktober 1956 verabschiedete die Generalversammlung eine Resolution, in der sie die Konfliktparteien zu einem Waffenstillstand wie auch zum Rückzug aller Truppen aus der Suezregion aufrief. Am 4. November 1956 verabschiedete die Generalversammlung auf Vorschlag des Kanadiers Lester Pearson eine weitere Resolution, die UNO-Generalsekretär Dag Hammarskjöld den Auftrag gab, eine internationale Beobachtertruppe in die Region zu entsenden. Diese hatte das Mandat, den Rückzug der israelischen, britischen und französischen Truppen vom ägyptischen Boden zu überwachen und sich dann als Puffer zwischen die israelischen und ägyptischen Truppen zu stellen.

Dass die Generalversammlung und nicht der blockierte Sicherheitsrat während der Suezkrise das Mandat für die Blauhelme gegeben hatte, ist ungewöhnlich und kam nur dadurch zustande, weil sowohl die USA als auch die Sowjetunion dies wollten. Die ersten UNO-Soldaten trafen schon am 14. November in Ägypten ein und erhielten blaue Helme, damit man sie von den anderen Soldaten klar unterscheiden konnte. Diese United Nations Emergency Force (UNEF) bestand aus rund 8000 leicht bewaffneten Soldaten aus ganz verschiedenen Ländern wie Brasilien, Kanada, Kolumbien, Dänemark, Finnland, Indien, Indonesien, Norwegen, Schweden und Jugoslawien. Die UNEF-Blauhelme errichteten in der Hitze des Sinai feste Beobachtungsposten in der Wüste und überwachten mit weißen Jeeps die Grenze zwischen den zerstrittenen Ländern Israel und Ägypten. »Die UNEF-Mission war wertvoll, weil sie einen Puffer zwischen den Arabern und den Israelis bildete«, so das Fazit des indischen Generals Indar Jit Rikhye, der die UNEF-Truppen anführte. Im Mai 1967 verlangte der ägyptische Präsident Nasser dann aber den Abzug der UNEF. UNO-Generalsekretär Sithu U Thant stimmte dem zu, und noch im gleichen Monat zogen sich die UNEF-Blauhelme zurück. General Rikhye kritisierte den Abzug der Blauhelmsoldaten im Rückblick als einen »großen Fehler«. Damit hatte er recht, denn die Situation blieb angespannt und schon am 5. Juni 1967 brach der Sechs-Tage-Krieg zwischen Israel und Ägypten aus.[100]

## Der Volksaufstand in Ungarn 1956

Man kann die Suezkrise nicht ohne einen Hinweis auf den Aufstand in Ungarn behandeln, der gleichzeitig stattfand und während dem der UNO-Sicherheitsrat erneut blockiert wurde, diesmal weil die Sowjetunion ihr Veto einlegte. Seit dem 22. Oktober 1956 demonstrierten in Budapest und anderen Städten in Ungarn Studenten und Bürger und verlangten Demokratie und den Rückzug der sowjetischen Truppen. Es kam zu bewaffneten Auseinandersetzungen und die ungarische Regierung erklärte den Ausnahmezustand.

Am 27. Oktober 1956, zwei Tage vor dem Angriff von Israel auf Ägypten, verlangten die NATO-Länder USA, Frankreich und Großbritannien, dass die Ereignisse in Ungarn im UNO-Sicherheitsrat behandelt würden. Die Vertreter Ungarns und der Sowjetunion lehnten dies ab und behaupteten, die Ereignisse in Ungarn beträfen nur die ungarische Innenpolitik und seien damit gemäß UN-Charta kein Thema für den Sicherheitsrat. Der Sicherheitsrat beschloss dennoch, sich mit der Ungarnkrise zu befassen. Die USA kritisierten das Vorgehen der sowjetischen Panzertruppen und der ungarischen Polizei gegen ungarische Zivilisten. Die Sowjetunion erwiderte, die sowjetischen Truppen seien auf Anforderung der ungarischen Regierung entsandt worden und würden im Verbund mit der ungarischen Armee konterrevolutionäre Kräfte bekämpfen, welche die legitime ungarische Regierung zu stürzen suchten. Gleichzeitig schickte die Sowjetunion immer mehr Panzer nach Ungarn.

Am 4. November verabschiedete der UNO-Sicherheitsrat mit großer Mehrheit eine Resolution, die einen Waffenstillstand und den Abzug der sowjetischen Truppen forderte. Doch die Sowjetunion legte ihr Veto ein, die Resolution war damit nichtig. Wie bei der Suezkrise verlagerte sich die Diskussion danach in die UNO-Generalversammlung, die einen Resolutionsentwurf der USA unterstützte, der die Sowjetunion aufforderte, unverzüglich die Intervention in Ungarn zu beenden. Doch die Russen kümmerten sich nicht um diese Resolution, denn die Resolutionen der Generalversammlung haben nur Empfehlungscharakter. Am 12. Dezember 1956 verabschiedete die UNO-Generalversammlung erneut eine Resolution, in der sie die Intervention der Sowjetunion als Bruch der UNO-Charta verurteilte, weil sie Ungarn seiner Freiheit und Unabhängigkeit beraubt habe. Die Generalversammlung beschloss, Beobachter nach Ungarn zu entsenden, doch diesen wurde die Einreise verweigert. Die UNO war somit erneut dazu verdammt, die »Rolle eines hilflosen Zuschauers« einzunehmen, wie Helmut Volger in seiner Geschichte der UNO treffend berichtet.[101]

Noch heute erinnern sich viele in Europa an den brutal niedergeschlagenen Aufstand in Ungarn. Dies auch daher, weil damals die Schweiz rund 11.000 Flüchtlinge aus Ungarn aufnahm. »Dass Russland den Ungarnaufstand gnadenlos niederschlug, passte ins Bild vom ›bösen Russen‹«, so der Schweizer Zeitzeuge Karl Hotz. Es gab damals eine »ungeheuere Solidaritäts- und Protestwelle«, die über die Schweiz hinwegrollte.[102]

Der illegale Krieg der NATO-Länder Frankreich und Großbritannien gegen Ägypten wie auch das Veto, das beide Länder im UNO-Sicherheitsrat einlegten, sind in Europa hingegen in Vergessenheit geraten, auch weil sie nicht zum Bild des bösen Russen passen. Doch die Politiker in Nordafrika können sich noch sehr gut daran erinnern. Muammar Gaddafi, der Präsident von Libyen, erinnerte 2009 in einer Rede vor der UNO-Generalversammlung an die Suezkrise. »Diese Akte sollte man wieder öffnen«, forderte Gaddafi. Weil damals »Länder mit permanentem Sitz im Sicherheitsrat und Vetorecht ein UNO-Mitgliedstaat angegriffen« haben. »Ägypten, ein unabhängiges Land, wurde angegriffen und seine Armee vernichtet. Tausende von Ägyptern verloren ihr Leben, viele Städte wurden zerstört. Das alles, weil Ägypten den Suezkanal verstaatlichen wollte. Wie konnte so etwas passieren unter den Augen der UNO?«, fragte Gaddafi und forderte finanzielle Entschädigung, die die Angreifer Ägypten zahlen sollten, da nur dies eine abschreckende Wirkung habe. »Wie kann man davon ausgehen, dass so etwas nicht wieder passieren wird, wenn keine Wiedergutmachungen fällig wurden?« Gaddafi ahnte damals noch nicht, dass er selbst nur zwei Jahre später durch einen von Frankreich, Großbritannien und den USA angeführten illegalen Angriffskrieg Amt und Leben verlieren sollte.[103]

# 8. Der illegale Krieg gegen Kuba 1961

Kuba gehört zu den Gründerstaaten der UNO. Aber die Weltfriedensorganisation hat die Karibikinsel nicht geschützt. Mit der Schweinebuchtinvasion von 1961 führte das US-Imperium einen illegalen Krieg gegen Kuba, während US-Diplomaten gleichzeitig die UNO durch Lügen lahmlegten. Diese gefährliche Entwicklung führte dazu, dass die Sowjetunion im Geheimen 1962 Raketen auf Kuba stationierte, was die Welt an den Abgrund eines Atomkrieges brachte. Die kubanische Raketenkrise war ein ernster und gefährlicher Augenblick in der jüngsten Menschheitsgeschichte, und noch heute kann man viel über verdeckte Kriegsführung, die Weltfriedensorganisation und die komplexen Interdependenzen der internationalen Politik lernen, wenn man dieses Fallbeispiel ausführlich und im Detail studiert.

## Eine Revolution in der Karibik

Am 1. Januar 1959 übernahm Revolutionsführer Fidel Castro die Macht in Kuba. Zu Beginn schien ein freundschaftliches Verhältnis zwischen Kuba und seinem großen Nachbarn, den Vereinigten Staaten, noch möglich. Der gestürzte korrupte kubanische Präsident Fulgencio Batista war in die Dominikanische Republik geflohen. Fidel Castro führte gerade seinen Triumphzug durch die jubelnde Menge von Santiago nach Havanna, als die Vereinigten Staaten als zweites Land der Welt am 7. Januar 1959 die neue kubanische Regierung anerkannten. Auf Einladung der amerikanischen Gesellschaft der Zeitungsverleger besuchte Castro im April 1959 Washington und New York. Wohin auch immer sich der charismatische Castro bewegte, folgten ihm Massen von Zuschauern. Diese Amerikaner mochten Castro, und er mochte sie. Zu seinen Begleitern sagte er wiederholt: »Wir sind niemals Amerikanern wie diesen begegnet. Wir kennen nur die Kolonialisten.«[104]

Doch US-Präsident Dwight Eisenhower mochte weder Castro noch seine politischen Pläne, da er überzeugt war, dass diese Revolution der US-Wirtschaft und den imperialen Interessen der USA in Lateinamerika schaden werde. Daher erteilte Eisenhower dem neuen kubanischen Präsidenten bewusst eine schroffe Ablehnung, indem er Washington während des Castro-Besuchs im April für eine Woche verließ, um in Carolina Golf zu spielen.[105] Castro traf sich stattdessen mit Vizepräsident Richard Nixon. Dieser stellte in einem Memorandum an Eisenhower fest, dass Castro entweder »unglaublich naiv über den Kommunismus denkt oder unter kommunistischer Disziplinierung agiert – mein Eindruck ist Letzteres.«[106]

Präsident Eisenhower schloss sich dieser Bewertung an und beschloss zusammen mit Nixon, die Revolution in Kuba zu bekämpfen. Am 10. März 1959 legte der äußerst einflussreiche amerikanische Nationale Sicherheitsrat NSC in einer geheimen Sitzung im Weißen Haus fest, dass man Wege suchen müsse, um »eine andere Regierung in Kuba an die Macht« zu bringen. Damit standen die Zeichen auf Sturm, Washington hatte den Startschuss für einen geheimen Krieg gegen Kuba gegeben.[107]

Eisenhower autorisierte die CIA, kubanische Exilanten für die Sabotage von Castros Revolution zu organisieren, zu finanzieren, auszubilden und auszurüsten. Dies war natürlich illegal. Denn kein Land darf die Regierung in einem anderen Land durch einen illegalen Krieg ohne UNO-Mandat stürzen. Den Mitgliedern im NSC war bewusst, dass sie mit ihrem Entscheid, die Regierung in Kuba zu stürzen, gegen die UNO-Charta verstießen. Aber es kümmerte sie nicht. Denn Fidel Castro bedrohte die wirtschaftlichen Interessen der USA.

Das Herzstück des revolutionären Programms von Castro war die Landreform. Das entsprechende Gesetz wurde im Mai 1959 verabschiedet und im Juni begannen die Enteignungen von amerikanischen Firmen, die wie Kolonialherren weite Teile von Kubas Boden beherrscht hatten. Die Kubaner bezahlten den USA Entschädigungen, doch die amerikanischen Investoren beklagten, dass die Entschädigungen unzureichend seien. Das neue kubanische Agrargesetz, das unter den kubanischen Kleinbauern sehr populär war, begrenzte den Besitz von Boden auf knapp 40 Hektar pro Person, wobei der Boden staatliches Eigentum wurde. Castro sagte später über diese Reform: »Sie erzeugte wahrhaft einen Bruch zwischen der Revolution und dem reichsten und am meisten privilegierten Sektor dieses Landes, und einen Bruch mit den Vereinigten Staaten.«[108]

Im Jahre 1960 verschlechterten sich die wirtschaftlichen und politischen Beziehungen zwischen den USA und Kuba weiter. Kuba setzte die Enteignungen fort, und erneut waren US-Investoren betroffen, und zwar im Bereich Boden, Weideland, Ölraffinerien und Hotels. Wie schon in Guatemala traf es erneut die amerikanische United Fruit Company, die in Kuba viel Land besaß. Im Mai 1960 erklärte die kubanische Regierung von Fidel Castro, dass die Enteignung von rund 110.000 Hektar der United Fruit Company abgeschlossen sei. Nunez Jiminez vom kubanischen Institut für Agrarreform erklärte, dass die United Fruit Company mit lediglich sechs Millionen Dollar, ausgesetzt zu einer 20-jährigen Bürgschaft, entschädigt werde, »da unsere Regierung nicht aus Dummköpfen besteht«. Die USA hätten über viele Jahre von der Ausbeutung Kubas profitiert. Daher sei die geringe Entschädigung gerechtfertigt.[109]

Die Kubaner hatten nur ein Exportprodukt, nämlich Zucker, und nur einen Absatzmarkt, die USA. Damit war die kubanische Wirtschaft natürlich sehr verletzlich, und das wussten die USA. In einer Rede vor Tausenden Bauern am 29. Januar 1960 drohte Castro, alle Zuckerfabriken in US-Besitz zu enteignen, wenn der US-Kongress den Import von kubanischem Zucker, die sogenannte Zuckerquote, kürzen sollte. Castro drohte, dass »alles Eigentum der Yankees, bis hin zu den Nägeln in ihren Schuhen« enteignet werde, »wenn sie versuchen, uns durch Hunger zur Aufgabe zu zwingen.« Doch das beeindruckte Washington nicht. Am 31. März 1961 senkten die USA die Zuckerquote auf null. Kuba durfte danach keinen Zucker mehr in die USA verkaufen. Damit war der Wirtschaftskrieg voll entbrannt.[110]

Kuba musste dringend neue Absatzmärkte für seinen Zucker erschließen und fand sie auf der anderen Seite des Atlantiks im kommunistischen Lager: Die UdSSR und China zeigten sich bereit, den kubanischen Zucker aufzukaufen. Während sich die amerikanisch-kubanischen Beziehungen immer weiter verschlechterten, wurden die Bindungen zwischen Kuba und der Sowjetunion immer enger. Die Russen erkannten, dass Castro mit Washington im Streit lag, und nutzten diese Gelegenheit, um ihren Einfluss in der Karibik auszubauen.

Die Russen boten an, ihr Erdöl gegen kubanischen Zucker zu tauschen. Fidel Castro hielt das für einen guten Handel und am 19. April 1960 erreichte der erste sowjetische Öltanker *Wischinsky* Kuba mit einer Ladung Rohöl an Bord. Doch die amerikanischen Erdölkonzerne Esso und Texaco und der europäische Erdölkonzern Shell weigerten sich, das sowjetische Rohöl zu verarbeiten. Nach einer Verwarnung, die nichts bewirkte, enteignete Castro die Erdölraffinerien, erklärte sie zum Staatsbesitz Kubas und ließ das Rohöl in die Fertigprodukte Benzin und Diesel veredeln.

## Brandbomben fallen auf Kuba

Präsident Eisenhower sah mit Argwohn, wie Präsident Castro die kubanische Wirtschaft umbaute. Um seine wirtschaftlichen Interessen zu wahren, wollte das US-Imperium die Regierung Castro unbedingt stürzen, weil ansonsten das Beispiel der kleinen Karibikinsel in anderen Teilen Lateinamerikas zu politischen und wirtschaftlichen Umwälzungen hätte führen können. Die CIA begann mit jenen Kubanern zu kooperieren, die keine Freude an der kubanischen Revolution hatten, Fidel Castro zum Teil hassten und nach Florida ausgewandert waren. Die CIA wusste, dass diese Exilkubaner am Sturz von Castro sehr interessiert waren.

Im Oktober 1959 warfen US-amerikanische Flugzeuge die ersten Brandbomben auf Kuba ab. Die Brandbomben ließen Zuckerrohrfelder und Zuckerfabriken in Feuer aufgehen. Gelegentlich stürzte ein Flugzeug ab. Das US-Außenministerium bestätigte dann jeweils, dass das Flugzeug von Florida aus gestartet war, beteuerte aber, dies sei gegen den Willen der US-Regierung geschehen. Natürlich war der Abwurf von Brandbomben illegal, aber das kümmerte die CIA nicht.[111]

Castro war mit Waffengewalt an die Macht gekommen und wollte seine Revolution auch mit Waffengewalt verteidigen. Doch Kuba hatte kaum Waffen. Mitte 1959 begann José Ramon Fernandez, ein Mitglied der Castro-Regierung, Möglichkeiten für Waffenkäufe in Italien, der Schweiz, Westdeutschland und Israel zu sondieren. Er kaufte einige Waffen in Italien, doch Washingtons Druck auf die NATO-Länder verhinderte, dass die Europäer Waffen an Kuba verkauften, und auch die Italiener erklärten, sie könnten leider nicht mehr liefern. Im März 1960 verweigerte das US-Handelsministerium amerikanischen Firmen die Lizenz zum Verkauf von Hubschraubern an Kuba. Dann wendeten sich die Kubaner an Moskau und wurden handelseinig. Ende 1960 trafen die ersten Waffenlieferungen aus der Sowjetunion in Kuba ein.[112]

Ein Amerikaner, der die Entwicklung der Feindseligkeiten zwischen den USA und Kuba sehr genau beobachtet hatte, stellte im Oktober 1960 treffend fest: »Wir weigerten uns, in Kenntnis ihrer verzweifelten Bemühungen, eine wirtschaftliche Entwicklung zu erreichen, Kuba zu helfen … Wir nutzten die Einflussmöglichkeiten unserer Regierung, um für die privaten amerikanischen Firmen, die die Wirtschaft der Insel beherrschten, Interessen durchzusetzen und ihren Profit zu vermehren … Sprecher der amerikanischen Regierung bejubelten Batista, huldigten ihm als einem zuverlässigen Verbündeten und guten Freund in einer Zeit, als Batista Tausende ermordete, die letzten Überreste der Freiheit zerstörte und das kubanische Volk um Hunderte Millionen Dollar bestohlen hatte … Somit war es unsere eigene Politik und nicht die Castros, die zuerst damit begann, unseren einst freundlichen Nachbarn gegen uns zu wenden.« Diese Analyse legte die imperialen Interessen der USA dar und war korrekt. Der Beobachter war kein anderer als John F. Kennedy, der wenig später Dwight Eisenhower als US-Präsident ablösen sollte.[113]

Der Abwurf von Brandbomben auf Kuba war natürlich ein illegaler Krieg, wenngleich auf niedriger Schwelle. Kuba war nicht gewillt, dies hinzunehmen, und schrieb am 11. Juli 1960 an den Präsidenten des UN-Sicherheitsrates einen Brief, in dem es gegen die »laufenden Verletzungen des kubanischen Luftraumes, die Verluste an Menschenleben und die beträchtlichen materiellen Schäden, die durch Flugzeuge hervorgerufen werden, welche von US-amerikanischem Territorium starten und in verschiedenen Fällen auch von US-amerikanischen Piloten geflogen werden« protestierte. Die »Drohungen der wirtschaftlichen Erdrosselung«, darunter die »Verweigerung der Ölkonzerne, Rohöl zu raffinieren«, und die Kürzung der Zuckerquote, seien eine »Politik der Intervention in die inneren Angelegenheiten Kubas und der wirtschaftlichen Aggression, im Gegensatz ... zu den grundlegenden Prinzipien der Charta der Vereinten Nationen.«[114]

Kuba hatte sich entschieden, die UNO um Hilfe zu bitten, und die Weltfriedensorganisation reagierte prompt. Am 18. Juli 1960 trat der Weltsicherheitsrat zusammen, um das Anliegen von Kuba zu prüfen. Die Diskussion dauerte zwei Tage. Danach sprach sich der Sicherheitsrat dafür aus, die Angelegenheit an die Organisation Amerikanischer Staaten (OAS) zu übergeben. Für Kuba zumindest war das ein enttäuschendes Ergebnis. Denn der kubanische Außenminister Raul Roa, der eingeladen worden war, an der Debatte des Sicherheitsrates teilzunehmen, hatte in seiner Eröffnungsrede erklärt, dass Kuba ganz bewusst die Vereinten Nationen und nicht die OAS als Adressaten seiner Beschwerde ausgewählt habe, weil die USA die OAS weitgehend beherrschten. Roa verwies auf den Fall Guatemala 1954, den die UNO ebenfalls an die OAS überwiesen hatte, und sprach von einer »bedauerlichen Entscheidung«, weil damals Guatemala keinerlei Unterstützung von der OAS erhalten hatte.[115]

Außenminister Roa beklagte vor dem UNO-Sicherheitsrat die Bombenangriffe auf Zuckerfabriken und Zuckerrohrfelder durch US-amerikanische Flugzeuge, mehr als 350.000 Tonnen Zucker seien vernichtet worden. Roa nannte Namen von Piloten, Daten der Angriffe, Registriernummern der Flugzeuge und andere Details von rund 20 Bombenangriffen. Er erklärte, dass eine Bombe, die nicht detoniert war, die Bezeichnung »Bristol Marines« trug. In einem anderen Fall wurde das Flugzeug später in Florida entdeckt. Roa betonte, dass Kuba eine US-Invasion fürchte. Weiterhin wies Roa die amerikanische Behauptung zurück, Kuba sei ein kommunistischer Satellit der Sowjetunion, und unterstrich, dass die Revolution zum Nutzen der einfachen Menschen sei, in Kuba herrsche jetzt »das einfache Volk.«[116]

Der amerikanische UNO-Botschafter Henry Cabot Lodge hörte sich die Rede des kubanischen Außenministers ruhig an und beteuerte danach, dass die Vereinigten Staaten keinerlei aggressive Absichten gegen Kuba verfolgten. »Obwohl ich es als unnötig betrachte, will ich hier und jetzt Castro die immer wieder bekräftigte Versicherung geben, dass die Vereinigten Staaten keinerlei aggressiven Ziele gegen Kuba verfolgen«, so Botschafter Lodge. Das war eine Lüge, denn die Angriffe auf die Zuckerrohrfelder kamen aus den USA.[117]

Doch die Lüge wirkte und die europäischen NATO-Länder stellten sich geschlossen hinter die USA. »Wir glauben nicht, dass unser Freund und Verbündeter, die Vereinigten Staaten von Amerika, eine Politik der Aggression gegen Kuba verfolgt«, erklärte der italienische UNO-Botschafter Egidio Ortona. Armand Berard, der Botschafter des NATO-Landes Frankreich sagte, »man könne nur beeindruckt sein von der förmlichen Versicherung [einer ›Nicht-Invasion‹], die [der Vertreter der USA] an dieser Stelle wiederholt hat.« Auch das NATO-Land Türkei versicherte über seinen Botschafter Rifat Menemencioglu, dass man den Worten der USA traue: »Wir haben die Erklärung des Vertreters der USA zur Kenntnis genommen, in der er das Dementi seiner Regierung wiederholte, dass keinerlei Überlegungen bezüglich aggressiver Akte bestehen.«[118]

Aber nicht nur die NATO-Länder stellten sich auf die Seite der mächtigen USA. Mongi Slim, der Botschafter Tunesiens, hob hervor, dass »die förmlichen Versicherungen des Vertreters der Vereinigten Staaten, vorgebracht mit seiner gewohnten Aufrichtigkeit, aus unserer Sicht keinen Raum für Zweifel lassen bezüglich der friedlichen Ziele seiner Regierung gegenüber der kubanischen Regierung.«[119] Auch der Botschafter Liberias, George Padmore, fand blumige Worte und erklärte, dass »es undenkbar sei, dass die großen Vereinigten Staaten in diesen Tagen unseres Herrn das Territorium des kubanischen Volkes angreifen werden«, und dass seine Delegation »von ganzem Herzen das kategorische Dementi der Vereinigten Staaten im Zusammenhang mit solch einer Verschwörung [einer Invasion] begrüße.«[120]

US-Botschafter Lodge hatte also die Mehrheit der Botschafter hinter sich, während sich die kleine Insel Kuba in einer isolierten Position befand. Dass Angriffe mit Brandbomben stattgefunden hatten, konnte der amerikanische UNO-Botschafter nicht abstreiten, die von Kuba vorgelegte Beweislast war zu erdrückend. Daher räumte er ein, es habe solche Bombenangriffe gegeben, beteuerte jedoch, dies sei gegen den Willen der Administration Eisenhowers geschehen. »Die Vereinigten Staaten haben das wirksamste und effizienteste Kontrollsystem in Friedenszeiten aufgebaut, um in der Karibik nicht genehmigte Flüge zu verhindern, und bedauern die wenigen Flüge, die trotz unserer restriktiven Maßnahmen doch stattgefunden haben«, so Lodge heuchlerisch. Der amerikanische UNO-Botschafter beteuerte: »Es sind vor allem die Vereinigten Staaten, die wünschen, freundschaftlich mit Kuba verbunden zu sein, und die eines Tages irgendwie auch wieder Freunde werden.«[121]

Der Sicherheitsrat folgte dem Vorschlag der USA und entschied mit einer Resolution, dass es nicht seine Aufgabe sei, sich mit dem Streit zwischen Kuba und den USA zu befassen, das Dossier werde daher an die Organisation der Amerikanischen Staaten (OAS) weitergereicht. Gleichzeitig forderte der sowjetische Botschafter Arkady Sobolew, der sich bei der Abstimmung enthalten hatte: »Hände weg von Kuba, lasst Kuba sein eigenes Schicksal gestalten«, und protestierte, »dass die Angelegenheit der US-Aggressionen an eine Organisation übertragen wird, in der die Vereinigten Staaten einen dominierenden Einfluss haben und dadurch mit Kuba ganz nach Belieben verfahren können.« Das Problem mit den Brandbomben wurde an die OAS verschoben, wo, wie erwartet, Kuba keine Hilfe erhielt.[122]

## Mordanschläge

Das Hauptziel der US-Außenpolitik gegenüber Kuba ab Januar 1959 war die Beseitigung Castros. Um dieses Ziel zu erreichen, wurden auch Mordanschläge auf den kubanischen Präsidenten verübt. Diese blieben lange geheim. Erst 1975 bildete der US-Senat unter dem Vorsitz des mutigen und klugen Senators Frank Church aus Idaho eine spezielle Untersuchungskommission, um zu klären, ob die Außenpolitik der USA die Ermordung ausländischer Führer als ein Mittel einsetzte, um ihre Ziele durchzusetzen. Der Senat fand heraus, dass das Imperium USA auch auf Mord setzte, um ausländische Staatsführer aus dem Weg zu räumen, wenn dies seinen Interessen entsprach.

»Wir glauben, dass die Öffentlichkeit ein Recht darauf hat zu erfahren, welche Instrumente ihre Regierung einsetzt«, erklärte die Untersuchungskommission des US-Senats in der Einleitung zu ihrem äußerst brisanten Bericht. »Die Kommission ist der Überzeugung, dass die Wahrheit über diese Mordversuche ausgesprochen werden muss, da die Demokratie von einer gut informierten Wählerschaft« abhängig ist. Im Epilog des Berichtes drückte die Kommission ihre »Abscheu gegenüber dem, was wir erfahren haben«, aus. »Das ist eine traurige Geschichte. Aber dieses Land hat die Kraft, diese Geschichte anzuhören und daraus zu lernen«, so die Senatoren. »Wir müssen ein Volk bleiben, das seine Fehler sieht und das fest entschlossen ist, sie nicht zu wiederholen. Wenn wir das nicht schaffen, werden wir untergehen. Aber wenn wir es schaffen, wird unsere Zukunft strahlend sein, wie die besten Zeiten unserer Vergangenheit.«[123]

Der 350 Seiten starke Untersuchungsbericht des US-Senats beschäftigte sich neben Fidel Castro auch mit der Ermordung von Patrice Lumumba, dem ersten

Premierminister des unabhängigen Kongo, der 1961 ermordet worden war, dem Diktator Rafael Trujillo, der 1961 in der Dominikanischen Republik ermordet worden war, Ngo Diem, Präsident von Südvietnam, der 1963 ermordet worden war, sowie General René Schneider, der 1970 in Chile ermordet worden war. Von den fünf hochrangigen ausländischen Führern, welche die Mordstudie untersuchte, hatte also nur Castro überlebt.

Die Angriffe auf Castro begannen nicht sofort mit Mordversuchen. Vom März bis August 1960 suchte CIA-Direktor Allen Dulles nach Möglichkeiten, den guten Ruf von Castro als begnadeten Redner zu schädigen. Eine Überlegung war, in sein Rundfunkstudio eine Chemikalie zu sprühen, die ähnliche Effekte wie LSD hervorruft. Eine andere Idee bestand darin, Zigarren mit einer Chemikalie zu imprägnieren, die Desorientierung erzeugt. Auch eine Substanz mit einem starken Enthaarungseffekt wurde im Tierversuch getestet, mit der Castros Bart beseitigt werden sollte, weil die CIA überzeugt war, dass Castro ohne Bart weniger gut aussehen würde.

Die erste Aktion zur Eliminierung eines kubanischen Führers richtete sich nicht gegen Fidel Castro, sondern gegen seinen Bruder Raul, der 2008 zum Präsidenten von Kuba aufstieg. Im Juli 1960 wurden einem kubanischen Emigranten 10.000 Dollar geboten, um einen tödlichen »Unfall« zu inszenieren. Der Mörder reiste nach Kuba, war aber nicht in der Lage, Raul zu töten. Im Februar 1961, so fand der Untersuchungsausschuss des US-Senates heraus, wurden einem Attentäter Zigarren übergeben, die mit einem stark wirkenden Gift imprägniert waren, das bereits bei der Berührung mit dem Mund tödlich wirken sollte. Aber auch dieser Anschlag war nicht erfolgreich.

Die CIA kooperierte sogar mit der Mafia, da diese sich im Bereich Mord ja besonders gut auskennt. Während der Diktatur Batistas unterhielt die Mafia Spielkasinos in Kuba. Als Castro an die Macht kam, wurden diese geschlossen. Damit unterbrach Havanna den jährlichen Geldfluss von Hunderten Millionen Dollar aus mafiösen Geschäften. Die CIA schlussfolgerte, dass die Mafia nicht nur praktische Erfahrungen in der Ermordung von Menschen habe, sondern, was viel wichtiger war, auch die Motivation, Fidel Castro zu töten. Im September 1960 traf sich der CIA-Mitarbeiter Robert Aime Maheu mit John Rosselli, einem Gangster aus dem Chicago-Milieu der Mafia in einer Bar in Beverly Hills. Das war, soweit bisher bekannt, das erste Mal, dass eine Agentur der US-Regierung versuchte, die Mafia für die Durchführung von Mordanschlägen anzuheuern. Für viele Menschen ist es noch heute ungeheuerlich und schwer zu glauben, dass die CIA mit der Mafia zusammen Mordpläne schmiedete, aber genau dies ist historisch erwiesen und belegt.[124]

Nach dem Treffen mit Rosselli in Beverly Hills wurden Kontakte mit den Mafiosi Salvatore Giancana und Santos Trafficante geknüpft. Giancana stand auf der Fahndungsliste der zehn am meisten gesuchten Verbrecher der USA, doch das kümmerte die CIA nicht. Die Mafia lehnte den Vorschlag der CIA ab, Castro im Stile eines Banditenüberfalls einfach niederzuschießen, sondern schlug stattdessen als weniger gefährliche Alternative Giftpillen für Castros Getränke vor. Die Giftpillen, die von der CIA bereitgestellt und erfolgreich an Affen getestet worden waren, wurden von Rosselli und Trafficante zusammen mit mehreren Tausend Dollar an einen Mörder in Kuba übergeben. Während der Invasion in der Schweinebucht wurde der Mordversuch gestartet, schlug jedoch fehl, weil Castro das Restaurant, in dem der Mord stattfinden sollte, nicht aufsuchte. Ein Jahr später wurden wiederum gedungene Mörder von den USA mit Giftpillen, Sprengstoff, Zündern, Gewehren, Pistolen, Funkgeräten und Schiffsradar ausgerüstet. Zu dieser Zeit existierten Pläne, neben Fidel Castro auch Raul Castro und Che Guevara zu ermorden. Doch auch diese Mordpläne schlugen fehl.

Was die Menschen in James Bond Filmen im Kino sehen – und was von den meisten als übertriebene Spinnerei belächelt wird –, fand in der realen Welt tatsächlich statt und wurde von der CIA zum Beispiel gegen Fidel Castro eingesetzt. Anfang 1963 plante die CIA, in einem Gebiet, in dem Castro oft Tauchen ging, eine exotische Muschel zu platzieren, die bei Berührung explodieren sollte. Der Plan wurde dann als undurchführbar aufgegeben. Später präparierte die CIA einen Tauchanzug mit einem Mittel, das eine chronische Hautkrankheit erzeugen sollte, und ein Atemgerät, vergiftet mit Tuberkelbazillen, die als Geschenk an Castro übergeben werden sollten. Jedoch erhielt Castro eine normale Tauchausrüstung von anderer Seite und das tödliche CIA-Geschenk verließ nie deren Labors. Ebenfalls im Jahre 1963 erhielt ein Mörder einen Kugelschreiber mit einer vergifteten Injektionsnadel von einem CIA-Mitarbeiter.[125]

Castro überlebte alle CIA-Mordanschläge, anders als einige andere Politiker. Das Themenfeld CIA und Mord ist äußerst düster und auch heute noch schwer zu durchschauen. Am meisten gerätselt wird über die Ermordung von Präsident Kennedy am 22. November 1963 in Dallas. Steckte die CIA dahinter? Kennedy hatte den Hass von CIA-Direktor Allen Dulles auf sich gezogen, nachdem er ihn nach der gescheiterten Schweinebuchtinvasion gefeuert hatte.

Wer für den Mord an Kennedy verantwortlich war, weiß ich nicht. Eine Vielzahl von Autoren haben das Thema bearbeitet und bezüglich der Drahtzieher verschiedene Thesen aufgestellt, vom Einzeltäter Lee Harvey Oswald über die CIA, den

Militärisch-Industriellen Komplex bis hin zur Mafia. Der amerikanische Autor David Talbot, der immer wieder mit sehr gut recherchierten Büchern aufgefallen ist, vertritt in seinem neuesten Buch die These, dass die CIA den US-Präsidenten töten ließ, wobei der gefeuerte ehemalige CIA-Direktor Allen Dulles die Fäden in der Unterwelt zog, die er bereits im Kontext der geplanten Morde an Castro geknüpft hatte. Dulles habe geglaubt, Kennedy sei zu kompromissbereit gegenüber den Kommunisten und daher eine Gefahr für die nationale Sicherheit der USA. »Dulles war an zentraler Stelle involviert in die Planung des Mordes«, so Talbot. »Das Team, das er zusammengestellt hatte, um ausländische Staatsmänner wie Fidel Castro zu töten, wurde eingesetzt. Einige Mitglieder dieses Teams wurden in Dallas in den Wochen vor dem Mord gesehen.«[126]

Hat Kennedy, als er noch lebte, die CIA-Mordanschläge auf Castro autorisiert? Hier bleibt der Mordbericht des US-Senates vage. In seinen Schlussfolgerungen stellt der US-Senat fest, dass der stellvertretende CIA-Direktor für Planung, Richard Bissell, von den Mordplänen wusste und ihnen auch zustimmte. Auch CIA-Direktor Allen Dulles war informiert. So viel ist sicher. Oberhalb von Bissel und Dulles hatten Präsident Eisenhower und Kennedy die politische Verantwortung. Einen schriftlichen Mordbefehl haben beide nie unterschrieben. Da das Thema zu sensibel war, wurde vieles nur mündlich vereinbart, was für Historiker wie mich unglücklich ist, weil daher schriftliche Beweise fehlen. Somit bleiben nur Indizien. Gemäß Bissell habe man das Wort »Mord« vermieden, aber die Präsidenten mit Umschreibungen wie »Castro verschwinden lassen«, »Castro entfernen« oder »Castro ausschalten« auf dem Laufenden gehalten, wobei wohl nie ganz klar war, ob dies auch Tötung beinhaltete.[127]

Die US-Journalisten Hinckle und Turner, die sich sehr kritisch mit dem illegalen Krieg der USA gegen Kuba auseinandergesetzt haben, sind überzeugt, dass auch die Morde vom Präsidenten abgesegnet wurden, weil die CIA »ein relativ unterwürfiges, wenn auch perverses, Werkzeug der imperialistischen Präsidentschaft ist«.[128] Die Massenmedien berichteten im Fernsehen und in Zeitungen nicht über die CIA-Morde, weil sie streng geheim waren. Auch heute können sich viele Amerikaner nicht vorstellen, dass die CIA zusammen mit der Mafia in Mordanschläge verwickelt war, weil sie noch nie so etwas gehört haben.

Den Kubanern blieben die Mordanschläge aber nicht verborgen. Am 10. Oktober 1961 teilte Kuba der Vollversammlung der Vereinten Nationen mit, dass die Vereinigten Staaten Verschwörungen zur Ermordung von Fidel Castro und seines Bruders Raul geplant hätten. Der amerikanische UNO-Botschafter, Adlai Stevenson, erklärte dazu, dass diese »widerwärtige Anschuldigung« völlig »lächerlich« sei und dass die Vereinigten Staaten, »trotz der geringen Zuneigung, die sie für Fidel Castro und seine Anhänger hegten, Mordanschläge als ein Mittel zur Durchsetzung ihrer politischen Ziele ablehnten«.[129] Auch das war eine Lüge. Es ist historisch bewiesen, dass das US Imperium in seiner Außenpolitik vor Mord nicht zurückschreckte.

## Fidel Castro in New York

Im September 1960 begingen die Vereinten Nationen ihren 15. Jahrestag. Dieses Ereignis gab vielen Staatsmännern die Möglichkeit für Zusammenkünfte während der Vollversammlung. Auch Castro kam in die USA und seine Reise wurde zu einem einzigen Spektakel. Auf Anweisung der amerikanischen Regierung hatten alle Hotels in Manhattan die Instruktion, keine Zimmer an die große kubanische Delegation zu vermieten. Die Verwaltung des luxuriösen Shelbourne Hotels in der Nähe der Vereinten Nationen forderte von den Kubanern Vorauszahlung. Die Kubaner fühlten sich beleidigt, und Castro, in olivgrüner Kampfuniform, protestierte beim schwedischen UN-Generalsekretär Dag Hammarskjöld, der daraufhin UN-eigene Unterkunftsmöglichkeiten anbot. Castro hatte jedoch andere Pläne und nutzte die Situation für eine umfassende Propagandaaktion. Er sandte seine gesamte Delegation zum ärmlichen Theresa-Hotel in Harlem, wo Massen von Afro-Amerikanern dies als einen symbolischen Akt feierten. Castro hatte damit eine Gruppe gefunden, die mit seinen Ideen des Kampfes gegen Unterdrückung sympathisierte.

Am 20. September 1960 bot das Theresa-Hotel in Harlem ein Bild, das vom amerikanischen Journalisten Tad Szulc zutreffend als »eine der unwahrscheinlichsten diplomatischen Begegnungen der Nachkriegsjahre« bezeichnet wurde.[130] Nikita Chruschtschow, der Regierungschef der UdSSR, der ebenfalls zu den Feierlichkeiten der UNO angereist war, umarmte Castro am Eingang des Theresa-Hotels. Es war ihr erstes Zusammentreffen. Andere prominente Staatsoberhäupter, die zur Begrüßung Castros nach Harlem kamen, waren Abdul Nasser aus Ägypten und Jawaharlal Nehru aus Indien.

Am 26. September 1960 hielt Castro seine Rede vor der UNO-Vollversammlung. Er versicherte, er werde sein »Bestes tun, um sich kurz zu fassen«, danach sprach er fünf Stunden über das sogenannte »Kuba-Problem«. Einige seien »möglicherweise gut darüber informiert, andere wiederum weniger gut – das ist abhängig von den Informationsquellen – aber zweifellos ist das Kuba-Problem für die Welt als Ganzes ein Sachverhalt, der erst in den letzten zwei Jahren als ein neues Problem entstanden ist«, so Castro. »Zuvor hatte die Welt wenig Grund, die Existenz Kubas zur Kenntnis zu nehmen. Für viele Menschen war es lediglich ein Anhängsel der Vereinigten Staaten«.[131]

Wie in vielen anderen Reden fokussierte der kubanische Präsident auf die wirtschaftliche Ungerechtigkeit. »Als Batista mit Hilfe von US-Panzern ein Land beherrschte, in dem 95 Prozent der Kinder auf dem Land an durch Parasiten hervorgerufenen Krankheiten litten, gab es noch kein ›Kuba-Problem‹. Das Kuba-Problem entstand erst, als die neue Regierung mit der Verstaatlichung anfing und dadurch mit den Machtinteressen der Vereinigten Staaten in Konflikt kam.« Castro behauptete, dass die Landreform der einzige Weg gewesen sei, die Probleme der verzweifelten armen Bauern zu lösen. Der einzige Weg zur Entschädigung der amerikanischen Eigentümer bestand darin, eine auf zwanzig Jahre ausgesetzte Entschädigung mit 4,5 Prozent Verzinsung zu gewähren. »Wie konnten wir für das Land in Dollar bezahlen? Wie hätten wir diese Zahlungen sofort leisten können?« Dies sei unmöglich gewesen, rechtfertigte sich Castro.

Der kubanische Präsident diskutierte in seiner langen Rede auch die negativen Auswirkungen der Kürzung der Zuckerquote und die Brandbomben. »Eines Nachmittags kam ein Flugzeug aus dem Norden, flog über eine Zuckerfabrik und warf eine Bombe ab. Das war für uns ein unbekanntes, ungewöhnliches Ereignis.« Castro erklärte, dass sie die Spur des Flugzeuges zurück bis in die Vereinigten Staaten verfolgen konnten. »Viele gewöhnliche Menschen, die kleinen Leute unseres Landes, sahen ihr Eigentum, das jetzt wahrhaftig ihr Eigentum war, nun zerstört, verbrannt und verwüstet durch die anhaltenden und unbarmherzigen Bombenangriffe von Piratenflugzeugen«, kritisierte Castro.

Präsident Castro betonte in seiner Rede, dass es Kuba ernst damit sei, sich zu befreien, und dass »es keine politische Unabhängigkeit ohne eine wirtschaftliche Unabhängigkeit geben« könne. Die Massenmedien würden den Konflikt indes völlig falsch darstellen. Man solle »selbständig denken«, und nicht so, »wie es *United Press* oder *Associated Press* vorgeben«, mahnte Castro die versammelten Führer der Welt in New York. Scharf kritisierte er die Entscheidung des UNO-Sicherheitsrates, die Beschwerden Kubas an die OAS zu übergeben. »Vermutlich ging man davon aus, dass es leichter sei, automatisch eine Mehrheit in der OAS zu erhalten«, so Castro, »jedoch ist kaum einzusehen, warum, da es auch hier in den Vereinten Nationen laufend gelungen ist, automatisch eine Mehrheit zu erzielen. Mit allem gebotenen Respekt vor dieser Organisation muss ich sagen, dass unser Volk, das kubanische

Volk, viel gelernt hat.« Kuba verlor zusehends seine Hoffnung, dass es von der Weltfriedensorganisation UNO Schutz oder Hilfe erhalten werde.

## Invasion in der Schweinebucht am 15. April 1961

Die kubanische Revolution war gerade erst ein Jahr alt, als die Eisenhower-Administration mit der Vorbereitung einer Invasion von Kuba begann, um Castro zu stürzen. Natürlich ist eine solche Invasion illegal und verstößt gegen die Prinzipien der UNO-Charta. Dies kümmerte das US-Imperium aber nicht. Washington sah, dass Castro die politische und wirtschaftliche Vorherrschaft der USA herausforderte. Am 17. März 1960 stimmte Eisenhower daher einer Empfehlung der CIA zu und ordnete die Rekrutierung, Organisierung, Ausrüstung, Ausbildung und Finanzierung von bewaffneten Einheiten aus Kreisen der Exilkubaner in Florida an.[132]

Es war Präsident Eisenhower und Vizepräsident Nixon wichtig, dass die Existenz dieser amerikanischen Armee geheim gehalten wurde. Die militärische Ausbildung der Exilkubaner fand daher in Guatemala statt. Amerikanische Flugzeuge ohne Kennzeichen nahmen die kubanischen Emigranten auf dem einsamen Flugplatz Opa-Locka in Miami auf und flogen sie zu einem geheimen Militärflughafen in Guatemala. Die Emigranten, die im Sommer 1960 dort eintrafen, mussten als Erstes in einer vulkanischen Einöde, 1500 Meter über dem Meeresspiegel, ihr Lager selbst aufbauen. Das Geld, die Waffen und die Ausbilder kamen aus den Vereinigten Staaten. Im August 1960 genehmigte Präsident Eisenhower dafür ein Budget von 13 Millionen Dollar.[133]

Es dauerte aber nicht lange, bis Präsident Castro durch seinen Geheimdienst über den Aufbau der geheimen US-Armee in Guatemala informiert wurde. Kuba gelangte daraufhin erneut auf die Agenda der UNO und der kubanische Außenminister Raul Roa bat die Weltfriedensorganisation zu untersuchen, ob die USA eine Invasion von Kuba vorbereiten. Doch US-Botschafter James Jeremiah Wadsworth wies Roas Mutmaßungen als »monströse Verzerrungen und absolute Unwahrheiten« mit aller Entschiedenheit zurück. Mit dieser Lüge gelang es dem US-Botschafter, die Invasionsvorbereitungen vor den anderen UNO-Mitgliedern zu verheimlichen.[134]

Die USA verlangten, dass die Angelegenheit nicht in der Plenarsitzung diskutiert, sondern an den politischen Ausschuss der Generalversammlung verwiesen werde, wo sie wegen der überfüllten Tagesordnung des Ausschusses liegen blieb. Mit dieser Taktik hatte Washington Erfolg. Die Generalversammlung entschied am 1. November 1960 mit 45 zu 29 Stimmen bei 18 Enthaltungen, dass das Anliegen von Kuba, das auch von der Sowjetunion unterstützt wurde, nicht im Plenum diskutiert werden sollte. Und dies, obschon auch der UNO-Botschafter von Burma und spätere UNO-Generalsekretär Sithu U Thant dazu ermahnt hatte, dass das Problem »die ernsthafteste Verhandlung« verdiene und auf keinen Fall an den politischen Ausschuss delegiert werden dürfe.[135]

Der UNO-Botschafter der Sowjetunion, Walerian Sorin, war sehr erbost und hatte sich in seiner Rede in aller Schärfe gegen eine Verschiebung eingesetzt, da klare Beweise für eine bevorstehende Invasion vorlägen. Sorin betonte, dass Moskau die Sorgen von Kuba ernst nehme, und zitierte eine Botschaft Chruschtschows an Kuba: »Euer Kampf hatte bisher, hat heute und auch in Zukunft unsere Unterstützung.« Damit war Havanna, ähnlich wie Berlin, zu einem gefährlichen Brennpunkt des Kalten Krieges aufgestiegen, wo sich die Supermächte USA und Sowjetunion Auge in Auge gegenüberstanden. Im Sinne der gegenseitigen nuklearen Abschreckung warnte Sorin, dass »mit den modernen Mitteln der Kriegsführung auch die Entfernungen zwischen den am weitesten voneinander entfernten Punkten der Erde innerhalb von Minuten überbrückt werden können.« Allen Anwesenden war klar, dass damit der Einsatz von Raketen gemeint war, über die sowohl die USA wie auch die Sowjetunion verfügten. Gerade weil diese Gefahr einer internationalen Eskalation bestand, hätte das Anliegen von Kuba unbedingt in der UNO behandelt werden müssen. Denn Sorin hatte mit seiner Mahnung recht: »Es ist eindeutig klar, dass jeder lokale Konflikt sich jederzeit zu einem großen Krieg entwickeln kann.«[136]

Nachdem Kuba von der UNO erneut keine Hilfe erhalten hatte, ordnete Fidel Castro die Mobilisierung gegen die erwartete Invasion an. Tausende kubanische Milizionäre wurden einberufen und gingen ab November 1960 in verschiedenen Teilen Havannas und seiner Umgebung auf Position. Krankenhäuser wurden angewiesen, Reservebetten bereitzuhalten und Notfallausrüstungen zur Versorgung von Verwundeten bereitzustellen.[137]

Während sich die Kubaner auf die Invasion vorbereiteten und die CIA-Geheimarmee in den Bergen von Guatemala trainierte, lief in Washington der Wahlkampf um die Präsidentschaft. Der Republikaner Dwight Eisenhower hatte acht Jahre lang regiert und trat nicht mehr an. Der amtierende Vizepräsident Richard Nixon war der Kandidat der Republikaner und wurde im Wahlkampf vom demokratischen Senator John F. Kennedy herausgefordert. Natürlich spielte auch das Thema Kuba eine Rolle im Wahlkampf. Als aktives Mitglied der Administration war Nixon über die geheimen Invasionspläne informiert, während Kennedy nichts darüber wusste.

Kennedy trat in der Kubafrage noch aggressiver auf als Nixon und forderte explizit den Sturz von Fidel Castro. Er erklärte, man müsse die kubanischen »Kämpfer für die Freiheit« unterstützen, also die Gegner von Castro aufbauen. Die USA sollten die »nicht von Batista abhängigen demokratischen Anti-Castro-Kräfte im Exil und in Kuba selbst stärken«, weil diese »die Hoffnung auf einen Sturz Castros geben könnten.«[138] Kennedy behauptete, dass die Eisenhower-Administration nicht genug für die Beseitigung von Castro getan habe. Nixon, der später in seinem Buch *My Six Crises* schrieb, dass die »geheime Ausbildung der Exilkubaner« durch die CIA »in wesentlichen Teilen auf meine Bemühungen zurückgingen«, war außer sich vor Wut.[139] Aber in der Öffentlichkeit durfte Nixon natürlich nicht über die Existenz der supergeheimen CIA-Armee in Guatemala sprechen, die dort schon trainierte, während in Washington der Wahlkampf lief.

Der Falke Nixon entschloss sich daher, als Taube aufzutreten, und lieferte in der vierten und letzten Fernsehdebatte mit Kennedy ein Meisterstück an Heuchelei. »Ich glaube, dass die Politik und die Vorschläge von Senator Kennedy zur Behandlung des Castro-Regimes wahrscheinlich die gefährlichsten und verantwortungslosesten Vorschläge sind, die er im Verlauf der Wahldebatten gemacht hat«, so Nixon. »Seine Vorschläge laufen darauf hinaus, dass die Regierung der Vereinigten Staaten Exilkubanern und Oppositionellen innerhalb Kubas Hilfe gewähren sollte, soweit sie nur gegen Batista sind. Schauen wir uns einmal an, was das bedeutet. Wir haben fünf Verträge mit Lateinamerika, einschließlich des Vertrages von Bogota von 1948 zur Gründung der OAS, in denen wir uns verpflichtet haben, nicht in die internationalen Angelegenheiten jedes anderen amerikanischen Landes einzugreifen, und diese haben sich in gleicher Weise verpflichtet.«

Nixon hatte Rechtswissenschaften studiert und kannte das Regelwerk der internationalen Politik, auch die Charta der Vereinten Nationen, die er zitierte, während er gleichzeitig mit seiner Geheimarmee in Guatemala den Bruch der UNO-Charta vorbereitete: »Die Charta der Vereinten Nationen, ihre Präambel, Artikel I und Artikel II fordern ebenso, dass es keinerlei Intervention eines Staates in die inneren Angelegenheiten eines anderen Staates geben darf«, so die korrekte Beobachtung von Nixon. »Nun weiß ich nicht, was Senator Kennedy vorschlägt, wenn er sagt, dass wir jenen helfen sollten, die gegen das Castro-Regime in Kuba und anderswo kämpfen. Aber ich weiß mit Sicherheit, dass wir, wenn wir diesen Vorschlägen folgen, all unsere Freunde in Lateinamerika verlieren würden, wir vermutlich in den Vereinten Nationen verurteilt würden, und wir unsere Ziele nicht erreichen würden. Ich weiß auch noch etwas. Es wäre eine offene Einladung an Herrn Chruschtschow, hereinzukommen, nach Lateinamerika zu kommen und uns in einen Bürgerkrieg oder noch Schlimmeres hineinzuziehen.«[140]

Nixon hatte recht mit der Feststellung, dass eine amerikanische Invasion in Kuba zu einer Intervention der Sowjets führen könnte, und in der Tat geschah später genau dies. Nixon lag jedoch völlig falsch mit der Behauptung, dass die Vereinigten Staaten in den Vereinten Nationen verurteilt würden. Vielleicht meinte er: »Die USA würden in den Vereinten Nationen verurteilt, wenn sie dem UNO-Sicherheitsrat alle Fakten ehrlich mitteilen würden«, was sie aber nicht taten. Auch die Fernsehzuschauer waren von Nixon nicht überzeugt. Er verlor den Wahlkampf und der charismatische und gut aussehende Kennedy zog im Januar 1961 als neuer Präsident ins Weiße Haus ein.

Die Kubaner hatten den Wahlkampf in Washington genau beobachtet und waren nicht erfreut, dass Kennedy zum Sturz von Castro aufgerufen hatte. Daher wandte sich Kuba mit einem Brief erneut an den UNO-Sicherheitsrat und erklärte, dass die »Regierung der Vereinigten Staaten … vermutlich innerhalb weniger Stunden eine direkte Aggression gegen die Regierung und das Volk von Kuba begehen« werde.[141]

Der Sicherheitsrat reagierte prompt und führte am 4. und 5. Januar 1961 eine zweitägige Sitzung zur Behandlung des Problems durch. Außenminister Roa brachte erneut die Vorwürfe Kubas gegen die Vereinigten Staaten vor. Die Anschuldigungen waren im Prinzip dieselben. Jedoch trug Roa die Vorwürfe diesmal mit mehr Nachdruck vor und unterstützte sie mit zusätzlichen Daten, einschließlich Fotokopien, Fotos, Zeitangaben, Namen und Orte als Beweise für seine Anklagen. Ecuador und Chile brachten einen Resolutionsentwurf mit dem Appell an die USA und Kuba ein, mit friedlichen Mitteln nach einer Lösung ihrer Differenzen zu suchen. Diese Resolution wurde jedoch von den NATO-Ländern USA, Großbritannien und Frankreich abgelehnt und kam somit nicht zur Abstimmung. Auch diesmal entschied der UNO-Sicherheitsrat, nichts zu tun.[142]

Im Rückblick kann man sich fragen, ob Außenminister Roa seine Anklage nicht noch besser auf überprüfbare Fakten hätte abstützen sollen. Doch die offiziellen Aufzeichnungen der Vereinten Nationen beweisen, dass er genau das getan hatte. Er legte dar, dass an der 17. Straße/Ecke Biscayne Boulevard in Miami Exilkubaner offen angeworben wurden. Er unterbreitete Personaldaten und Namen von Männern, die nach Guatemala gebracht worden waren, und nannte die Namen der Ausbildungslager in Florida, Guatemala, Nicaragua und auf den Swan Islands. Er legte dar, dass der guatemaltekische Leutnant, Eduardo Chacon, bestätigte, dass die USA 12.000 Männer in Guatemala ausbildeten. Roa erklärte, dass die Söldner in den Lagern mit 25 Dollar pro Woche und 275 Dollar für ihre Familien von der CIA bezahlt werden, und legte die Fotokopie einer Soldabrechnung vor. Er machte deutlich, dass Eisenhower am 2. Dezember einen Kredit von einer Million Dollar für die sogenannten »Kuba-Flüchtlinge« unterzeichnet hatte, also für die Exilkubaner, die nun als CIA-Söldner die Invasion vorbereiteten. Er wies darauf hin, dass in der Park Avenue Nr. 225 in New York der Sitz eines »Internationalen Rettungskomitees« war, das über eine Million Dollar für die »antikommunistischen Kämpfer auf Kuba« verfügte. Roa verwies darauf, dass Texaco, Esso, United Fruit, die CIA und andere ihre randvollen Geldbeutel für den Kampf gegen Kuba geöffnet hatten. Er erklärte, dass der Direktor der CIA, Allen Dulles, den Invasionsplan erarbeitet hatte und dass eine Invasion, obwohl bereits mehrfach verschoben, unmittelbar bevorstehe.[143]

Aufgrund der langen und detaillierten Anklageliste müsste man erwarten, dass der UNO-Sicherheitsrat zumindest eine Untersuchung einleitete, um zu prüfen, ob die Anschuldigungen wahr oder falsch sind. Doch dies fand nicht statt, die UNO versagte völlig. Wie gelang es dem amerikanischen Botschafter Wadsworth die Vorwürfe zu widerlegen? Die Antwort ist einfach – er tat es nicht. Er erklärte einfach pauschal, dass den Kubanern nicht geglaubt werden könne, da ihre Anschuldigungen »nichtig, grundlos, falsch und betrügerisch« seien. »Der Versuch, all diese Vorwürfe im Detail zu widerlegen, würde aussehen wie eine Punkt-für-Punkt-Widerlegung von Alice im Wunderland«, behauptete US-Botschafter Wadsworth abschätzig.[144]

Nur Sorin, der Botschafter der Sowjetunion, protestierte erneut vehement. »Wenn der Sicherheitsrat nichts zur Verteidigung Kubas unternimmt, wenn er keine Schritte unternimmt, um eine Aggression der USA gegen Kuba zu verhindern, und wenn dieser Überfall trotz alledem stattfindet, wird Kuba natürlich nicht allein dastehen.« Die NATO-Mitglieder Frankreich und Großbritannien waren davon nicht beeindruckt, sie wollten keine Untersuchung der Angelegenheit und schlossen sich der Position der USA an. US-Botschafter Wadsworth erklärte: »Wir hoffen, dass die Regierung Kubas nach drei vergeblichen Versuchen, Unterstützung von den Vereinten Nationen zu erhalten … nun endlich begreift, dass eine solche Taktik die Vereinigten Staaten nicht beeinflussen kann.«[145]

Nachdem Kennedy am 9. November 1960 die Wahl gewonnen hatte, wurde er am 17. November, also noch vor seinem Einzug ins Weiße Haus, von CIA-Direktor Allen Dulles und CIA-Mitarbeiter Richard Bissell, zuständig für verdeckte Operationen, erstmalig über die von den USA aufgebaute Kuba-Armee in Guatemala informiert. Bei einem anderen Treffen, einige Tage später, hörte Kennedy, der weit davon entfernt war, sich über den geplanten illegalen Krieg zu entrüsten, »aufmerksam zu und befahl Dulles, die Arbeit fortzusetzen.«[146]

In der Zwischenzeit war die Existenz der Lager in Guatemala für aufmerksame Beobachter längst kein Geheimnis mehr. Doch die Massenmedien versagten im Vorfeld der Schweinebucht-Invasion völlig. Erst Jahre später wurde bekannt, dass der Geheimdienst CIA die Massenmedien infiltriert hatte und mit einem Anruf an seine Vertrauenspersonen die Publikation von unerwünschten Berichten unterdrückte. »Die Liste der Journalisten von wichtigen Medien, die mit der CIA kooperierten, war ein wahres ›Who is Who‹ der US-Medienindustrie«, erklärte Howard Hunt, der von 1949 bis 1970 für die CIA arbeitete, »sie kamen von *ABC, NBC, The Associated Press, UPI, Reuters,* von *Zeitungen* wie *Newsweek* und anderen.« Weil die CIA befahl, dass nicht über die bevorstehende Invasion berichtet werden durfte, wurde das Thema weder in den Zeitungen noch im Fernsehen behandelt, und das Internet gab es damals ja noch nicht.[147]

Die kubanische Exilgemeinde in Miami fühlte sich nicht an die Forderungen der CIA nach strenger Geheimhaltung gebunden. Sie schwatzten aufgeregt über die bevorstehende Invasion. Ramiro Valdés von der kubanischen Aufklärung erklärte: »Wir hatten die konterrevolutionären Banden wirksam unterwandert.« Kuba konnte die Vorbereitungen der Invasion Schritt für Schritt von Miami bis in die Ausbildungslager in Guatemala verfolgen. »Es war ein offenes Geheimnis.«[148]

Obschon es die Aufgabe des Parlamentes ist, die Regierung zu überwachen, interessierten sich nur wenige US-Senatoren für den bevorstehenden illegalen Krieg gegen Kuba, der ganz eindeutig die UNO-Charta verletzte. »Dieser Aktion verdeckte Unterstützung zu geben, ist ein Teil der Heuchelei und des Zynismus, deren die USA die Sowjetunion ständig in den Vereinten Nationen und anderswo beschuldigen«, protestierte der demokratische Senator William Fulbright aus Arkansas, einer der wenigen mutigen Parlamentarier. »Dieser Vorwurf geht nicht an den Rest der Welt – nur an unser eigenes Gewissen.« Doch Fulbright fand für seine Haltung keine Mehrheiten in der Legislative.[149]

Die Bevölkerung wurde durch die in den Massenmedien verbreiteten Lügen der Politiker ruhig gehalten. Am 11. April 1961, vier Tage vor dem Angriff, wurde Präsident Kennedy auf seiner wöchentlichen Pressekonferenz zu einer Invasion Kubas befragt. Er antwortete, dass er »unter keinen Umständen eine Intervention von Streitkräften der USA in Kuba« auslösen würde. Später nannte ein Kommentator das »eine vorzügliche Leistung der Irreführung«, weil es ja keine US-Soldaten, sondern von US-Soldaten trainierte Exilkubaner waren, die die Invasion durchführen sollten.[150]

Allen Dulles und Richard Bissell von der CIA versicherten dem jungen Präsidenten, dass die geheime Operation genauso gut ablaufen werde wie der Sturz von Präsident Arbenz in Guatemala 1954. Nachdem auch die Vereinigten Stabschefs und der Verteidigungsminister Robert McNamara die militärische Seite und Außenminister Dean Rusk die politischen Aspekte der Operation gebilligt hatten, gab Kennedy seine Zustimmung.[151]

Die 1400 Exilkubaner wurden mit Lastwagen von den Bergen Guatemalas an die Küste von Nicaragua gebracht. Als sie die Boote bestiegen, winkte ihnen Nicaraguas Diktator General Luis Somoza zu und rief: »Bringt mir einen Büschel Haare von Castros Bart.« Auf Initiative einiger CIA-Insider wurden plötzlich in New York die Kurse von kubanischem Zucker attraktiver. Man erwartete, dass bald wieder kubanischer Zucker in den USA verkauft werde. Als die Brigade an der Küste anlandete, zogen die Preise deutlich an.[152]

Der Angriff begann am Samstag, 15. April 1961 mit der Bombardierung von Kuba. Während die Invasionsflotte noch auf dem Meer unterwegs war, starteten in Nicaragua B-26-Bomber, die von CIA bezahlten Piloten geflogen wurden. Diese begannen, kubanische Flughäfen zu bombardieren. Entsprechend der Maxime »Verberge die amerikanische Hand« nutzten die Flugzeuge falsche Kennzeichnungen. Sie hatten die kubanische Flagge unter den Tragflächen und »FAR« (Fuerzas Armadas Revolucionarias), die Abkürzung für die kubanischen Streitkräfte, am Heck aufgemalt. Castro, der die Invasion des großen Nachbarn schon lange erwartet hatte, war darauf vorbereitet. Als die Bomben fielen, soll er gelassen gesagt haben: »Das ist die Aggression.«[153]

US-Außenminister Dean Rusk wurde bei einer Pressekonferenz am 17. April 1961 gefragt, ob die USA irgendetwas mit der laufenden Bombardierung und Invasion von Kuba zu tun hätten. Rusk versuchte mit einer Lüge die Bevölkerung zu verwirren und erklärte: »Die amerikanischen Menschen haben ein Recht darauf zu erfahren, ob wir in Kuba intervenieren oder das in Zukunft zu tun beabsichtigen. Die Antwort auf diese Frage lautet nein. Was in Kuba geschieht, muss das kubanische Volk entscheiden.«[154]

Auf die Bombardierung folgte die Invasion mit Bodentruppen, doch diese wurde für die Exilkubaner zu einem völligen Desaster und zu einem überragenden Sieg für Castro. Als die Invasionskräfte am Montag, 17. April an den Strand der Schweinebucht wateten, wurden sie sofort von den kubanischen Streitkräften entdeckt und unter Feuer genommen. Das Überraschungsmoment war dahin. Weil die B-26-Bomber der CIA bei ihren Angriffen nicht alle Flugzeuge von Castros kleiner Luftwaffe zerstört hatten, konnte eine kubanische Maschine vom Typ *Sea Fury* gegen die Söldner eingesetzt werden. Sie stieg in den kubanischen Luftraum auf und versenkte vor der Küste das Transportschiff, das die Munition der Invasoren für die nächsten zehn Tage geladen hatte. Damit hatten die Invasionstruppen keinerlei Nachschub mehr.

Castros Streitkräfte waren wesentlich stärker und effizienter, als die CIA erwartet hatte. Die Überzeugung der CIA, dass das kubanische Volk unzufrieden mit der kubanischen Revolution sei und die Invasion mit einem inneren Aufstand unterstützen werde, war eine Fehleinschätzung. Die Angreifer waren verloren. Die von der CIA zusammengestellte provisorische Regierung Kubas, die unter Hausarrest in einem Holzhäuschen in der Nähe eines Flugplatzes außerhalb von Miami wartete, wurde niemals nach Kuba ausgeflogen. Am Mittwochnachmittag, 72 Stunden nachdem sie ihren Fuß erstmalig auf kubanischen Boden gesetzt hatten, waren die Invasionskräfte geschlagen. Wäre die Invasion erfolgreich verlaufen, hätte die CIA ihre provisorische Regierung von Miami in die Schweinebucht geflogen. Diese Regierung hätte dann die USA um militärische Hilfe bitten sollen. Castro sagte nach der Invasion zu einem Journalisten: »Es wurde eine dringende politische Notwendigkeit für uns, sie so schnell wie möglich zu vertreiben, sodass sie keine Regierung einsetzen würden.«[155]

Für Kennedy war wichtig, dass die Beteiligung der USA nicht enttarnt wird und dass kein Amerikaner an der Invasion teilnimmt. Heute weiß die historische Forschung, dass die beiden ersten Invasoren, die an der Küste Kubas landeten – entgegen den Anweisungen Kennedys –, Amerikaner waren. Als offensichtlich wurde, dass Castro den Angriff niederschlagen würde, war es Kennedy selbst, der eine direkte Beteiligung der U.S. Air Force anordnete. Am Mittwochmorgen, als amerikanische Zerstörer die Küste nach Überlebenden absuchten, sandte Kennedy sechs US-Flugzeuge ohne Kennzeichen vom Flugzeugträger *Essex* aus, um B-26-Bombern Geleitschutz zu geben, die von Nicaragua aus noch einmal zum Bombenagriff nach Kuba flogen. Durch einen weiteren Fehler – diesmal die Nichtbeachtung der Zeitzonenunterschiede – erreichten die B-26 aber bereits eine Stunde früher ihr Ziel Kuba, bevor Kennedys »neutrale« Jäger zu ihrem Schutz vor Ort waren. Die B-26 flogen schutzlos in das kubanische Abwehrfeuer, vier der Piloten wurden getötet, und Castro konnte mit einer der geborgenen Leichen der Welt demonstrieren, dass die Vereinigten Staaten aktiv an der Invasion beteiligt waren. Die amerikanische Handschrift konnte zu diesem Zeitpunkt nicht mehr geleugnet werden.

Am 21. April hielt Kennedy eine Pressekonferenz ab und gab zu, dass die USA am versuchten, aber gescheiterten Regime Change in Kuba beteiligt waren. »Ich bin der Verantwortliche in dieser Regierung«, so Kennedy. Am folgenden Montag meldete das Weiße Hause: »Präsident Kennedy hat von Anfang an erklärt, dass er als Präsident die alleinige Verantwortung trägt.«[156] Der Historiker Richard Walton kommentierte trocken: »Es ist wahr, dass Kennedy die Verantwortung für diese Blamage übernahm, aber warum auch nicht? Es war ja auch seine Blamage.«[157]

Moskau war erzürnt. Am Montag, dem 17. April, als die Invasionskräfte schon in die Kämpfe verwickelt waren, sandte Chruschtschow eine diplomatische Notiz an Kennedy. Er verurteilte die Invasion und versprach »alle notwendige Hilfe« für Castro.[158] Am 19. April warnte Chruschtschow Kennedy erneut, Exilkubaner für weitere Angriffe gegen Kuba zu bewaffnen. Solch eine Politik »unbegründeter Aktionen«, schrieb er, »ist ein schlüpfriger und gefährlicher Weg, der die Welt zu einem neuen globalen Krieg führen könnte.«[159] Der illegale Krieg der USA gegen Kuba führte zu einer direkten Konfrontation mit der UdSSR. »Die kubanische Raketenkrise vom Oktober 1962«, so der Historiker Tad Szulc, »war eine historisch unausweichliche Konsequenz der Ereignisse in der Schweinebucht.«[160]

## Die UNO versagt während der Invasion

Im ersten Artikel der UNO-Charta steht, dass die Vereinten Nationen gegründet wurden, um den »internationalen Frieden und die Sicherheit zu erhalten und effektive kollektive Maßnahmen zur Vorbeugung und Zurückdrängung von Bedrohungen des Friedens durchzusetzen.«[161] Doch als 1961 die USA einen illegalen Krieg gegen Kuba führten, versagten die Vereinten Nationen völlig.

Der kubanische Außenminister Raul Roa erklärte am Samstag, dem 15. April 1961 vor dem Politischen Komitee, einem Ausschuss der UNO-Generalversammlung, dass B-26-Bomber im Augenblick gerade Havanna, San Antonio und Santiago de Cuba angriffen und bereits sieben Menschen getötet hätten. Er sagte, dass Kuba auch den Einsatz von Bodentruppen erwarte und dass die von Guatemala ausgehende Invasion unmittelbar bevorstehe. Doch der amerikanische Botschafter Adlai Stevenson beteuerte scheinheilig, die USA seien nicht an diesem illegalen Krieg beteiligt, er werde daher die Anklagen Kubas mit »ein paar Fakten« zurückweisen. Stevenson behauptete mit ernster Miene, dass kubanische Piloten, die angeblich aus Castros Streitkräften desertiert waren, vor dem Verlassen des Heimatlandes dieses noch mit Bomben eingedeckt hätten. Das war eine kühne Behauptung. Um sie zu belegen, legte Stevenson ein Foto eines der Flugzeuge vor und verwies auf die deutlich sichtbaren Kennzeichnungen am Heck, die darauf hinwiesen, dass das Flugzeug zur kubanischen Luftwaffe gehörte. Deshalb, so der US-Botschafter, sei es eindeutig eine innerkubanische Affäre.[162]

Weil die CIA wusste, dass die Bombardierung Kubas nicht geheim gehalten werden konnte, hatte sie die von Stevenson präsentierte Lüge mehr oder weniger sorgfältig vorbereitet und die von den USA für die Bombardierung Kubas eingesetzten Flugzeuge mit falschen Kennzeichnungen ausgestattet. Die CIA hatte die kubanische Flagge unter den Tragflächen und »FAR«, die Abkürzung für die kubanische Luftwaffe, am Heck der B-26-Flugzeuge aufgemalt.[163]

Damit die Presse die Flugzeuge mit den falschen Kennungen fotografieren konnte, machte am frühen Samstagmorgen, dem 15. April eine B-26 mit aufgemalten kubanischen Kennzeichen eine geplante »Bruchlandung« auf der Luftwaffenbasis Key West in Florida, um die CIA-Lügengeschichte zu untermauern. Minuten später wiederholte sich die Show mit einer anderen B-26 auf dem Internationalen Flughafen von Miami. Die Piloten verschwanden sofort hinter verschlossenen Türen, da es ja keineswegs Piloten der kubanischen Luftwaffe waren, aber die Presse durfte ausgiebig die gelandeten Flugzeuge fotografieren. Diese manipulierten Fotos legte Botschafter Stevenson am Nachmittag desselben Tages den anderen UNO-Botschaftern vor. Natürlich kann die Friedensorganisation UNO nicht funktionieren, wenn sie in derart schamloser Art vorsätzlich sabotiert wird.

Doch einige besonders aufmerksame Journalisten in Florida stellten fest, dass sie getäuscht wurden, weil die B-26 eine Rumpfspitze aus Plexiglas hatte, während die Nase der echten kubanischen Maschinen undurchsichtig war. Das CIA-Lügengebäude geriet ins Wanken. Der russische UNO-Botschafter Sorin glaubte den USA sowieso nicht. Er verlangte, dass die UNO unverzüglich Maßnahmen ergreifen sollte, und warnte: »Es sollte nicht vergessen werden … dass Kuba viele Freunde in der Welt hat, die bereit sind, Kuba zur Hilfe zu eilen, nicht zuletzt die Sowjetunion.« Danach gingen alle UNO-Botschafter ins Wochenende und man beschloss, die Angelegenheit in der neuen Woche wieder zu besprechen.[164]

Als die UNO-Botschafter am Montag, dem 17. April wieder am UNO-Hauptsitz in New York zusammenkamen, erklärte Kubas Außenminister Roa, dass sein Land jetzt überfallen werde, und zwar »von Söldnereinheiten, die von der Regierung der Vereinigten Staaten organisiert, finanziert und bewaffnet wurden und von Guatemala und Florida aus eingefallen sind.« Roa zählte die vielen Male auf, in denen Kuba im vergangenen Jahr vergeblich die Vereinten Nationen um Hilfe ersucht hatte. Der »aktuelle Fall« sei »ein entscheidender Test für die Vereinten Nationen«.[165]

US-Botschafter Adlai Stevenson erwiderte unehrlich, Roas Feststellungen seien »total falsch. Die Vereinigten Staaten hätten keine Aggression gegen Kuba begangen.«[166] Das war eine vorsätzliche Lüge, denn Stevenson war über den laufenden illegalen Krieg der USA im Bilde. Präsident Kennedy war »um die UNO-Aspekte der Kuba-Operation besorgt« und hatte daher bereits am 8. April 1961 Arthur Schlesinger und CIA-Mitarbeiter Tracey Barnes nach New York entsandt, die Stevenson in einem ausführlichen Gespräch über die Kuba-Invasion informiert hatten.[167]

Doch weil von Tag zu Tag mehr Details über den illegalen Krieg der USA gegen Kuba durchsickerten, drohte die Stimmung unter den UNO-Mitgliedsländern zu kippen. Botschafter Camara aus Guinea sagte, dass seine Delegation, »indem sie sich an die eigenen Erfahrungen als Opfer des Kolonialismus erinnert, bereit sei, jede Maßnahme zu unterstützen, die dazu dienen könnte, eine Aggression von außen zu beenden.« Er hob hervor, dass die Vereinten Nationen »nicht neutral bleiben dürfen.«[168] Vor allem die Mitgliedsländer des von Moskau kontrollierten Warschauer Paktes äußerten sich kritisch. Rumäniens Botschafter Silviu Brucan erklärte mit implizitem Verweis auf Guatemala, dass »die Vereinten Nationen 1954 ihre Pflichten verletzt hatten ... sollten sie diese jetzt wiederum im Hinblick auf die Anklage Kubas verletzen, dann würde die Organisation selbst und jedes ihrer Mitgliedsländer eine schwere Verantwortung auf sich nehmen.«[169]

Botschafter Palamarchuk, Vertreter der Ukrainischen Sozialistischen Sowjetrepublik, sprach über »einen Akt der Provokation, für den es keinerlei Rechtfertigung geben konnte«, und verurteilte die »aggressive Politik der Vereinigten Staaten gegenüber Kuba.«[170] Botschafter Tschobanow aus Bulgarien erklärte, dass »die Vereinigten Staaten schuldig seien.«[171] Herr Noseh aus der Tschechoslowakei stellte fest, es gebe nun »unwiderlegbare Beweise, dass die Vereinigten Staaten einen Aggressionsakt gegen Kuba angezettelt haben.«[172] Sorin, der Vertreter der UdSSR, stellte fest, dass »die Abfolge der Ereignisse exakt die gleiche sei wie 1954, als die USA die Invasion in Guatemala organisierten«, und drängte auf »sofortige Maßnahmen«.[173] Sorin machte klar, dass die UNO jetzt handeln müsse, »wenn nicht, dann kann sich das kubanische Volk auf den Schutz seiner wahren Freunde verlassen.«[174]

Auch andere Länder sahen den illegalen Angriffskrieg der USA sehr kritisch. Botschafter Miso Pavicevic aus Jugoslawien brachte klar zum Ausdruck, dass »die Invasion gegen Kuba eine schwere Verletzung der Worte und des Geistes der Charta der Vereinten Nationen darstellt.«[175] Botschafter Ly brachte »die Empörung der Regierung und des Volkes von Mali über die Aggression gegen Kuba durch konterrevolutionäre Kräfte mit mächtiger Unterstützung« zum Ausdruck. Gleichzeitig fand er es »alarmierend«, dass die UdSSR Kuba »bedingungslose Hilfe« zugesagt hatte, womit er auf die Gefahr einer Konfrontation der Supermächte hinwies.[176] Auch Botschafter Pachachi aus dem Irak unterstützte Kuba, »dessen Probleme und Bestrebungen identisch seien« mit denen seines Landes. Er drängte auf »effektive Maßnahmen« und deklarierte in einer ungewöhnlich klaren Weise, dass es für jene, die hinter der Invasion stehen, viel anständiger wäre, »wenn sie offen erklärten, dass sie sich entschieden haben, Castro zu stürzen.«[177]

An diesem Punkt der dramatischen Diskussion informierte Kubas Außenminister Roa, dass ein US-amerikanisches Flugzeug zur Landung gezwungen worden war. Der Name des Piloten sei Leo Francis Berliss, er führte nicht nur seinen Flugschein, die Sozialversicherungskarte und den Führerschein mit sich, sondern auch Dokumente für die Invasion.[178] Nepal, vertreten durch Botschafter Shaha, warnte: »Was jetzt in Kuba geschieht, kann in jedem anderen kleineren Land passieren, wenn es die Vereinten Nationen nicht schaffen, ein effektives Instrument zur Bereinigung von Situationen dieser Art zu werden.« Er stellte klar, dass »die aktive Teilnahme irgendeines fremden Staates in einer Konterrevolution nicht erlaubt werden darf.«[179] Der spätere UNO-Generalsekretär U Thant hob als Vertreter Burmas hervor, dass es »umfassende Beweise dafür gibt, dass ausländische Kräfte in die Ausweitung des Konfliktes einbezogen sind.«[180] Herr Subasinghe aus Ceylon kommentierte, dass die Furcht, Kuba könnte angegriffen werden, durch die Ereignisse bestätigt worden war. Er ergänzte, der Fall »bestätige die Sorge vieler kleiner und schwacher Mitgliedsstaaten der UNO« und forderte »entscheidende Schritte« seitens der UNO.[181]

Doch die lateinamerikanischen Staaten, unter starkem Einfluss der USA, argumentierten ganz anders. Ecuador, vertreten durch Herrn Benites Vinueza, sagte, dass das Blutvergießen in Kuba ein »Bürgerkrieg« sei.[182] Herr Schweitzer erklärte, dass die »chilenische Delegation glaubt, dass die Verantwortlichen der USA aufrichtig seien bei ihrem Dementi bezüglich jeglicher Teilnahme der USA im laufenden Bürgerkrieg.«[183] Botschafter Amadeo sagte, dass Argentinien »keinen Anlass habe, an der Aufrichtigkeit der Vereinigten Staaten zu zweifeln.«[184] Botschafter Umana Bernal erklärte, Kolumbien sei »an der Seite der USA … und fest entschlossen, im Lager der Demokratie und der westlichen christlichen Zivilisation zu verbleiben.«[185] Guatemala, das als Trainingslager für die Invasion gedient hatte, stritt alle Verantwortung ab und verbreitete über Botschafter Alejos folgende Lüge: »Die Streitkräfte, die in Kuba gelandet sind, wurden nicht in Guatemala ausgebildet und kamen nicht vom Territorium Guatemalas. Guatemala hat niemals erlaubt und wird niemals erlauben, dass sein Territorium für die Organisation von Aggressionsakten gegen seine amerikanischen Schwesternrepubliken genutzt würde.«[186] Wenn derart frech und vorsätzlich in der UNO gelogen wird, kann die Weltfriedensorganisation natürlich nicht funktionieren.

Die europäischen NATO-Länder schlossen sich den USA an und unterließen es, den illegalen Krieg zu kritisieren. Botschafter Ortona aus Italien erklärte mit viel Pathos, dass »die Entwicklung der Ereignisse beweise, dass die Vereinigten Staaten es peinlich genau unterlassen haben, sich einzumischen. Diese Zurückhaltung sei… bemerkenswert.«[187] Sir Patrick Dean, Botschafter des NATO-Landes Großbritannien, erklärte, dass »man sich nach den Erfahrungen der Regierung des Vereinigten Königreiches auf das Wort der Vereinigten Staaten verlassen könne.«[188] Der Mann, der China vertrat, bezeichnete Kubas Anklage als »nichtig«. Botschafter Liu lobte die USA und sagte: »Die Vereinigten Staaten waren immer bemüht, die wirtschaftliche Entwicklung und Demokratie in der ganzen Welt voranzubringen.«[189] US-Botschafter Stevenson schließlich, sozusagen der Hauptangeklagte im »Gerichtssaal der Weltmeinung«, sprach wenig und bestand verlogen darauf, dass die USA nichts mit diesem Krieg zu tun hätten: »Der beste Beweis, dass die Vereinigten Staaten nicht in diese Machenschaften verwickelt sein können, ist die Tatsache, dass diese bis jetzt ihr Ziel verfehlt haben«, bemerkte Stevenson kühl.[190]

Die Lügen, die Stevenson in der UNO erzählte, setzten ihm zu. Die »Absurdität der kubanischen Angelegenheit machte mich eine Woche lang krank«, schrieb Stevenson im Mai 1961 an Agnes Meyer.[191] Gegenüber Pierre Salinger räumte er später ein, diese Episode sei die »demütigendste Erfahrung« seiner Karriere gewesen.[192] Charles Yost, der Stevenson in den UNO-Plenarsitzungen unterstützte, berichtet, dass Stevenson »seine Glaubwürdigkeit und Nützlichkeit zerstört glaubte«.[193]

Trotz der Bomben und der Invasion – am Ende der langen Debatte blieb für Kuba nichts übrig. Der UN-Sicherheitsrat entschied, keine speziellen Maßnahmen zu ergreifen, die USA nicht als Angreifer zu benennen oder gar in einer Resolution zu verurteilen, da Stevenson ohne Zweifel sein Veto gegen eine solche Resolution eingelegt hätte. Die UNO beschränkte sich darauf, alle Mitgliedsstaaten aufzurufen, »friedvolle Aktionen durchzuführen, da es an ihnen liegt, bestehende Spannungen abzubauen.« Das war nicht nur eine schwere Enttäuschung für Kuba, sondern auch eine Niederlage für die UNO.

## Operation Mongoose sabotiert Kubas Wirtschaft

Präsident Kennedy war nach der gescheiterten Invasion in der Schweinebucht wütend. Gegenüber Nixon sagte er: »Mir wurde von jedem der Hurensöhne – von all den Militärexperten und CIA-Leuten –, mit denen ich den Fall geprüft habe, versichert, dass der Plan erfolgreich sein werde.«[194] Aber der geheime Krieg flog auf und somit mussten all jene, die dafür Verantwortung trugen, zurücktreten. Allen Dulles, der acht Jahre lang als CIA-Direktor tätig gewesen war, musste gehen und wurde durch John McCone ersetzt. Auch der Historiker Richard Bissell, Chefplaner im CIA sowohl des Sturzes von Präsident Arbenz in Guatemala 1954 als auch der Schweinbuchtinvasion, wurde gefeuert.

Das Fehlschlagen der Invasion in der Schweinebucht bedeutete aber nicht das Ende der verdeckten Kriegsführung der USA gegen Kuba. Im Gegenteil. Schon am 4. November 1961 fand ein weiteres geheimes Treffen zu Kuba im Weißen Haus statt. Robert Kennedy, der Bruder des Präsidenten, wollte weiterhin Castro stürzen. Er schlug vor, »die Lage auf der Insel mit Spionage, Sabotage und öffentlichen Unruhen weiter anzuheizen, die von den Kubanern selbst geleitet und durchgeführt werden.«[195] Generalmajor der Luftwaffe Edward Lansdale erhielt den Auftrag, diese Politik in die Tat umzusetzen. Lansdale, ein Experte für verdeckte Kriegsführung, hatte im Geheimen Einheiten auf den Philippinen ausgebildet, welche die Aufgabe hatten, die lokale kommunistische Bewegung zu sabotieren. Danach hatte er französische Truppen in ihrem Krieg gegen die Vietnamesen beraten. Immer gehörte Lüge, Täuschung und Krieg zu seinem Geschäft, von einigen Forschern wurde Lansdale daher als »der hässliche Amerikaner« bezeichnet.[196]

Präsident Kennedy wollte auf keinen Fall einen neuen Skandal in der Öffentlichkeit. Lansdale sollte Castro stürzen, indem er durch Sabotage die kubanische Wirtschaft zerstörte. Er taufte seinen illegalen Krieg »Operation Mongoose«, nach dem Säugetier Manguste, zu dem auch die Erdmännchen zählen. Die CIA-Station in Miami, das Hauptquartier der Operation, wurde zur damals größten CIA-Station der Welt ausgebaut, verfügte über ein Jahresbudget von mehr als 50 Millionen US-Dollar und beschäftigte mehr als 300 Amerikaner. Der Stützpunkt, der im Südteil des Geländes der Universität Miami versteckt war, hatte mehr als 100 geleaste Fahrzeuge und unterhielt eine eigene Tankstelle.[197]

Lansdale wollte die Lebensbedingungen in Kuba ernsthaft beeinträchtigen. Wenn das Leben schwer ist, wird die Revolution kommen und das Volk wird Castro stürzen, so sein Glaubenssatz. »Es wurde viel Zucker aus Kuba versandt, und wir versetzten ihn mit größeren Mengen Giften«, so ein CIA-Mitarbeiter. Zudem wurden Maschinen sabotiert, indem man die Schmiermittel veränderte, auch mit Hilfe von anderen NATO-Ländern wie Deutschland und England: »Wir ließen unsere Leute unsichtbare und nicht nachweisbare Chemikalien in die Schmiermittel mischen«, so der CIA-Mitarbeiter. »Diese Schmiermittel wurden in den Dieselaggregaten verwendet, und das bedeutete, dass die entsprechenden Teile schneller ausfielen, als sie jemals Ersatzteile bekommen konnten.« Was die CIA tat, kann man als Gegenteil von Entwicklungshilfe bezeichnen, weil jede Aktion das Ziel verfolgte, die Wirtschaft von Kuba so stark als möglich zu schädigen, und gleichzeitig die amerikanische Hand zu verbergen. »Wir überzeugten einen deutschen Kugellagerhersteller aus Frankfurt, dass er eine Sendung mit unzentrierten Kugellagern fertigstellte«, so der CIA-Mitarbeiter. »Man muss über eine große Menge Geld reden, wenn man einen Fabrikanten überreden will, dieses Projekt mit zu realisieren … es stimmt auch, dass wir die Leyland-Busse unbrauchbar machten, die von England aus nach Kuba gingen, und das war ein ziemlich sensibles Geschäft.«[198]

Viele der Männer, die Sabotage-Anschläge auf Kuba ausübten, wurden von der CIA aus den Reihen der Kuba-Emigranten in Florida rekrutiert. Im Dezember 1961 sprengte ein CIA-Team eine Eisenbahnbrücke in Kuba und sah zu, wie der Zug herabstürzte. Dann brannten sie einen Zuckerspeicher nieder. Andere Einsatzgruppen zerstörten Ölraffinerien, Chemiewerke und Zuckerfabriken. »Im Allgemeinen war das eine bemerkenswert unauffällige Operation«, so Lansdale in einem Bericht im Juli 1962, »immer in den geforderten Grenzen der möglichst geringen öffentlichen Aufmerksamkeit«.[199] Auch Hotels wurden angegriffen. Am 24. August 1962 steuerten sechs junge Kubaner im Auftrag der CIA ihr Boot bis auf 200 Meter an das Blaquita-Hotel in Havanna, wo tschechische und russische Militärberater bei einer Party zusammensaßen. Die Angreifer beschossen den Platz mit Granaten und fuhren wieder davon.[200]

Die Kubaner, zunehmend frustriert durch den illegalen Krieg der USA, wandten sich erneut an die UNO und reichten am 5. Februar 1962 eine Beschwerde im Politischen Ausschuss der UNO-Vollversammlung ein. Von der CIA bezahlte Saboteure seien dabei, Kuba anzugreifen, erklärte Kubas Botschafter Garcia Inchaustegui. Man habe Beweise dafür: Reynold Gonzales, Pedro Lopez Peres und Isaias Iglesias Pons wurden gefangen genommen und sagten aus, dass sie von den USA Ausrüstung und Bezahlung erhalten hatten. »Müssen sich die Vereinigten Staaten nicht schämen«, fragte Inchaustegui, »dass sie Söldnerexpeditionen bewaffnen, Gruppen von Saboteuren ausbilden, Verleumdungskampagnen inszenieren … und Vorbereitungen für eine einseitige Intervention treffen, alles nur zu dem Zweck, die kleine, resolute, souveräne und unabhängige Insel Kuba anzugreifen?«[201]

Doch als das Thema einige Tage später in der UNO-Generalversammlung besprochen wurde, erklärte der stellvertretende US-Botschafter Francis Plimpton, die Anklage Kubas sei »grundlos«, »unbegründet«, »vollkommen unbewiesen«, »wertlos«, »geschmacklos«, »verleumderisch« und »falsch«.[202] Mit seinen Lügen sabotierte

Plimpton die UNO vorsätzlich. Eine Resolution, die Kuba schützen sollte, wurde abgelehnt. »Es war ein Punkt erreicht«, so UNO-Kenner Evan Luard, »an dem keine Resolution, die auch nur auf ganz indirekte Art eine Unterstützung der kubanischen Position enthielt, eine Chance hatte, angenommen zu werden.«[203]

Doch Kuba gab nicht auf und wandte sich am 22. Februar 1962 an den UNO-Sicherheitsrat mit der dringenden Bitte, die Aggressionen der CIA gegen Kuba zu untersuchen. Doch auch der Sicherheitsrat half Kuba nicht und entschied am 27. Februar 1962, die Kubafrage nicht zu diskutieren. Das NATO-Mitglied Großbritannien unterstütze hierbei das NATO-Mitglied USA. »Dieser Rat soll gezwungen werden, seine Zeit und seine Kraft zu vergeuden«, behauptete Botschafter Sir Patrick Dean aus dem Vereinigten Königreich und stimmte gegen die Behandlung der kubanischen Frage. Auch US-Botschafter Plimpton zeigte sich genervt und erklärte, dass die UNO »durch eine ständige Wiederholung von grundlosen und egoistischen Anklagen zum Zwecke der Propaganda nicht missbraucht und zerrüttet werden sollte.«[204]

Nur der sowjetische Botschafter Platon Morosow erklärte, die Situation sei »sehr ernst«, man werde der Entwicklung nicht tatenlos zusehen: »Wir für unseren Teil halten es für notwendig, mit allem Nachdruck hervorzuheben, dass jene, die eine Invasion gegen Kuba vorbereiten, sehr genau wissen sollten, dass das kubanische Volk in seinem momentanen Kampf jetzt und auch weiterhin Unterstützung erhält.... Kuba ist nicht allein.... Es hat viele Freunde... darunter die Sowjetunion.«[205]

»Mongoose war eine Dummheit, ich akzeptiere diese Einschätzung«, entschuldigte sich US-Verteidigungsminister Robert McNamara viele Jahre später bei einer internationalen Konferenz 1991 in Antigua.[206] Tatsächlich hat der geheime Krieg der USA die Gewaltspirale angetrieben. Ich gehe mit dem amerikanischen Historiker Michael Beschloss einig, dass die USA die Raketenkrise auslösten: »Hätte Kennedy Chruschtschow nicht provoziert, indem... er ihm durch die Operation Mongoose und militärische Vorbereitungen suggerierte, dass die Vereinigten Staaten die Insel im Jahre 1962 besetzen könnten, dann ist es zweifelhaft, ob Chruschtschow sich gezwungen gesehen hätte, mit Kuba dieses große Risiko einzugehen.«[207] Dem schließt sich auch der Kubakenner Thomas Paterson an. »Es dürfte ziemlich plausibel sein«, so Paterson, »wenn es keine Exilexpedition, keine zerstörerischen verdeckten Aktionen und keinen wirtschaftlichen und diplomatischen Boykott gegeben hätte – hätte es nicht diese konzertierte US-amerikanische Blutrache zur Zerschlagung der kubanischen Revolution gegeben –, dann hätte es im Oktober auch keine Raketenkrise gegeben.«[208]

## Operation Northwoods wird gestoppt

Das Pentagon, das in den Massenmedien auch heute noch immer als »Verteidigungsministerium« bezeichnet wird, aber auf der Basis der historischen Fakten eigentlich »Angriffsministerium« genannt werden müsste, wollte eine Invasion in Kuba und den Sturz von Castro. Dies zeigt sich in einem streng geheimen Plan mit der Bezeichnung »Operation Northwoods« vom 13. März 1962, der im Gegensatz zur Operation Mongoose jedoch nie in die Tat umgesetzt wurde. Northwoods wurde vom höchsten General des Pentagons unterzeichnet, dem Chairman of the Joint Chiefs of Staff Lyman Lemnitzer, der direkt dem Verteidigungsminister McNamara unterstand. Die einst als Top Secret klassifizierten Dokumente erlauben einen seltenen, aber auch erschütternden Einblick in die illegale Kriegsführung der USA. Der Plan sah vor, Flugzeuge und Schiffe des Pentagon zu sprengen sowie Terroranschläge in den USA durchzuführen, um diese Verbrechen Fidel Castro anzuhängen. Durch solche Anschläge unter falscher Flagge sollte im Sinne der Strategie der Spannung unter der amerikanischen Bevölkerung Angst und Schrecken verbreitet werden. In ihrer Wut und Entrüstung würden US-Bürger danach einer Invasion Kubas zustimmen, so das Pentagon.

»Ohne dass es damals jemand im Kongress wahrnahm, hatten Lemnitzer und der Vereinigte Generalstab heimlich die Grenze der Rechtsstaatlichkeit überschritten«, kritisierte der US-Journalist James Bamford, der die geheimen Northwoods-Dokumente der Öffentlichkeit zugänglich machte. »Im Namen des Antikommunismus schlugen die Militärs einen geheimen und blutigen Terrorkrieg gegen ihr eigenes Land vor, um die amerikanische Öffentlichkeit für den irrwitzigen Krieg zu gewinnen, den sie gegen Kuba führen wollten.«[209]

Der Plan sei noch von Präsident Eisenhower in seinen letzten Tagen im Amt ausgeheckt worden. Wenn Castro keinen glaubwürdigen Grund für einen Krieg hergebe, so Eisenhower, dann könnten vielleicht die Vereinigten Staaten »etwas fabrizieren, das allgemein akzeptiert werden würde.«[210] In Anlehnung an die berühmt-berüchtigte Explosion des US-Schlachtschiffes *Maine* im Hafen von Havanna am 15. Februar 1898, bei der 266 US-amerikanische Seeleute starben, wurden neue Pläne ausgeheckt. Die Explosion der *Maine* hatte damals den Spanisch-Amerikanischen Krieg und das Ende der Präsenz Spaniens in Kuba ausgelöst. Mit dem eingängigen Slogan »Remember the *Maine*, to hell with Spain!« – zu Deutsch: »Denkt an die *Maine*, zur Hölle mit Spanien!« – hatte am Ende des 19. Jahrhunderts die US-Presse für den Krieg getrommelt. Warum die *Maine* sank, blieb lange unklar. Mansur Khan kommt in seiner Geschichte der amerikanischen Kriege zu dem Schluss, dass es sich bei der Versenkung der *Maine* »um eine inszenierte und manipulierte Provokation gehandelt haben könnte, um einen Krieg herbeizuführen, um einen Vorwand für einen Krieg, den man dringend haben wollte, zu erzeugen.«[211]

Genau in diesem Sinne schlug US-General Lemnitzer im Northwoods-Plan vor: »In Erinnerung an die *Maine* könnte ein Zwischenfall inszeniert werden: Wir könnten ein amerikanisches Schiff in der Guantanamo-Bucht in die Luft sprengen und Kuba dafür verantwortlich machen ... Die Verlustlisten in den US-amerikanischen Zeitungen würden eine nützliche Welle der nationalen Empörung auslösen.« Natürlich ist es illegal, selber ein eigenes Schiff in die Luft zu sprengen und die Tat dann dem Gegner anzulasten, um damit einen Kriegsgrund zu inszenieren. Doch um die eigene Bevölkerung zu schockieren und Angst und Schrecken zu verbreiten, schreckte das Pentagon vor nichts zurück und plante im Rahmen der Operation Northwoods auch Terroranschläge in den USA.[212]

»Wir könnten eine kommunistisch-kubanische-Terrorkampagne im Gebiet von Miami und anderen Städten in Florida und sogar in Washington entwickeln. Die Terrorkampagne könnte gegen kubanische Flüchtlinge gerichtet sein, die in den Vereinigten Staaten Zuflucht suchten ... Wir könnten (real oder simuliert) eine Schiffsladung Kubaner auf dem Weg nach Florida versenken ... Wir könnten Anschläge gegen kubanische Flüchtlinge in den Vereinigten Staaten fördern, sogar so, dass sie manchmal verwundet werden, was die Publizität erweitern würde ... Die Explosion einiger Bomben mit Plastiksprengstoff an sorgfältig ausgewählten Orten, die Verhaftung kubanischer Agenten und die Herausgabe vorbereiteter Dokumente, die die kubanische Beteiligung beweisen, wären ebenfalls hilfreich, um das Bild einer verantwortungslosen Regierung zu vermitteln«, so der teuflische Vorschlag der Pentagon-Generäle.

Es ist für den normalen Menschen schwer zu glauben, dass im Pentagon solch dunkle Pläne entwickelt wurden. Viele Menschen kennen die Operation Northwoods nicht oder wollen nichts darüber hören, weil hier die Abgründe der internationalen Politik fernab von UNO-Charta und Gewaltverbot sichtbar werden. Am 13. März 1962 ging General Lemnitzer mit Brigadier General William Craig nochmals die letzten Einzelheiten der Operation Northwoods durch und unterzeichnete das Dokument im Pentagon. Danach traf er sich mit Verteidigungsminister Robert McNamara in dessen Büro. Was bei dieser Unterredung gesagt wurde, ist unbekannt. Sicher ist, dass McNamara den General davon abhielt, die Operation Northwoods zu starten – vermutlich nach Rücksprache mit Präsident Kennedy.

Dass Kennedy und McNamara die Operation Northwoods stoppten, ist keineswegs selbstverständlich. Denn damit zog der Präsident nicht nur den Hass von Lemnitzer, sondern auch von vielen hochrangigen Pentagon-Generälen auf sich, welche glaubten, der Präsident sei gegenüber dem Kommunismus zu weich. Immer wieder versuchten sie den Präsidenten umzustimmen, doch Kennedy misstraute den aggressiven Plänen des Pentagons und wollte Lemnitzer nicht mehr in seiner Nähe haben. Im September 1962 entzog er ihm die Position des Generalstabschefs und versetze ihn nach Europa als Oberkommandeur der NATO (SACEUR).

Das Thema Regierungssturz in Kuba blieb aber auch danach auf der Agenda des Weißen Hauses. Am 16. Oktober 1962 forderte Robert Kennedy in einer geheimen Sitzung im Weißen Haus, man müsse mehr »Druck« auf Kuba ausüben, es brauche neue Ideen für Sabotageaktionen, die eine Invasion rechtfertigen könnten. »Eine andere Sache ist, ob, uh, wir auch darüber nachdenken sollten, uh, uh, ob es nicht einen anderen Weg gibt, über den wir einbezogen werden könnten, durch, uh, Guantanamo Bay oder so etwas – oder gibt es da ein Schiff, das ähnlich wie die *Maine*, wie ihr alle wisst, sinken könnte oder so etwas«, so Robert Kennedy. Die etwas holprig ausgedrückte Idee war, ein eigenes Schiff in Guantanamo in die Luft zu sprengen und dies dann Castro anzuhängen, also genau die Idee, die schon von General Lemnitzer eingebracht worden war.[213]

Man könnte die Operation Northwoods ignorieren, da der Plan damals nicht ausgeführt wurde. Die Northwoods-Dokumente waren viele Jahre top secret und daher unbekannt. Doch als sie 1998 bekannt wurden, erschütterten sie das Vertrauen verschiedener Amerikaner in ihre eigene Regierung. Der amerikanische Theologieprofessor David Ray Griffin erklärt, dass diese Dokumente beweisen, dass man im Pentagon zumindest darüber nachdachte, Terroranschläge auf die eigene Bevölkerung auszuführen. Als drei Jahre nach der Veröffentlichung der Northwoods-Dokumente die Terroranschläge von New York und Washington 2001 die USA erschütterten und eine ganze Serie von Kriegen auslösten, erklärte Griffin in verschiedenen Büchern, dass womöglich erneut das Pentagon involviert gewesen sei. Es sei denkbar, dass im Unterschied zu Kennedy, der den Plan stoppte und ein Jahr später ermordet wurde, Bush in diesem Fall das Pentagon möglicherweise gewähren ließ.

Gemäß Griffin weise »viel darauf hin, dass das Pentagon, die amerikanischen Geheimdienste und das Weiße Haus an den Terroranschlägen vom 11. September 2001 mitschuldig sind.« In den USA und in Europa wird bis heute heftig über 9/11 gestritten. Ob die These von Griffin stimmt oder nicht, ist unklar. »Viele, ja vielleicht fast alle Amerikaner werden sich gegen die Vorstellung wehren, dass dieser Angriff auf

Amerika ein Inside-Job gewesen sein könnte, ausgeführt durch die eigene Regierung«, so Griffin. »Weil wir von vornherein wissen, dass alle Verschwörungstheorien von dieser Art falsch sein müssen, weil die politischen und militärischen Führer der USA so etwas schlicht nicht tun würden.« Doch genau diese Gewissheit sei nun durch die Northwoods-Dokumente erschüttert, ja widerlegt.[214]

Interessanterweise schlug Generalstabschef Lemnitzer auch den inszenierten Abschuss eines Flugzeuges vor, um das Verbrechen Präsident Castro anzuhängen: »Man könnte einen Vorfall inszenieren, der den überzeugenden Eindruck vermittelt, dass ein kubanisches Flugzeug eine zivile Chartermaschine angegriffen und abgeschossen hat… Die Passagiere könnten eine Gruppe von Studenten auf der Fahrt in den Urlaub sein oder irgendeine andere Personengruppe mit dem gemeinsamen Interesse, einen außerplanmäßigen Flug zu chartern.« Der Abschuss von amerikanischen Studenten über Kuba würde die amerikanische Bevölkerung auf jeden Fall schockieren und wäre einfach zu inszenieren, weil der Luftraum für alle Menschen am Boden schwer zu überblicken ist und sich daher speziell für Täuschungen eignet.

»Im Luftwaffenstützpunkt Eglin« in Florida, so der Vorschlag von Northwoods, »wird ein Flugzeug so gestrichen und nummeriert, dass es das genaue Duplikat eines registrierten Zivilfugzeuges darstellt, das einer Organisation der CIA im Gebiet von Miami gehört. Zu einem bestimmten Zeitpunkt wird das Duplikat gegen das echte Zivilflugzeug ausgetauscht, und die dafür vorgesehenen Passagiere gehen unter sorgfältig ausgewählten falschen Namen an Bord. Das tatsächlich registrierte Flugzeug wird zu einer Drohne (einem ferngesteuerten unbemannten Flugzeug) umgebaut. Die jeweiligen Startzeiten werden so abgestimmt, dass südlich von Florida ein Rendezvous zwischen den beiden Maschinen stattfinden kann. Am Punkt des Rendezvous geht das Flugzeug mit den Passagieren auf Minimalflughöhe und kehrt direkt zu einem behelfsmäßigen Rollfeld im Luftwaffenstützpunkt Eglin zurück, wo Vorbereitungen getroffen sind, die Passagiere abzuholen und das Flugzeug wieder in seinen üblichen Zustand zu versetzen. Die Drohne fliegt inzwischen nach dem registrierten Flugplan. Über Kuba sendet sie auf einer internationalen Notfrequenz ›May Day‹ und meldet einen Angriff kubanischer Flugzeuge. Die Sendung wird durch die Vernichtung des Flugzeuges unterbrochen, die durch ein Funksignal ausgelöst wird. Auf diese Weise werden die Funkstationen der International Civil Aviation Organisation den Vereinigten Staaten berichten, was passiert ist, und die Vereinigten Staaten müssen nicht versuchen, den Zwischenfall zu verkaufen.«[215]

Es ist völlig falsch zu glauben, dass die Bevölkerung der USA dem illegalen Krieg gegen Kuba zustimmte. Die Mehrheit der Amerikaner hatte damals und auch heute keine Ahnung über diese verdeckte Seite der internationalen Politik. Jene aber, die sich wie der kritische amerikanische Journalist James Bamford in die Thematik einarbeiteten, lehnen das unethische Verhalten ihrer Regierung ab. »Die Operation Northwoods sollte einen Krieg provozieren, in dem viele US-amerikanische Patrioten und unschuldige Kubaner sinnlos sterben würden – und das alles nur, um die Egos einiger verrückter Generäle zu befriedigen, die in Washington sicher in ihren aus Steuergeldern bezahlten Häusern saßen, mit dem Dienstwagen vor der Tür«, kritisierte Bamford. »Die Verteidiger des Pentagon bestritten solche Vorwürfe jedoch stets mit dem Argument, dass hohe Regierungsbeamte sich zu einem solchen Betrug nie hergegeben hätten. Seit die Dokumente über Operation Northwoods zugänglich sind, ist jedoch klar, dass die Täuschung der Öffentlichkeit und die künstliche Herbeiführung von Kriegen, in denen Amerikaner kämpfen und sterben müssen, auf den höchsten Ebenen des Pentagons als normale politische Mittel galten.«[216]

Im Rückblick wird klar, dass der illegale Krieg der USA gegen Kuba die Gewaltspirale anheizte und sowohl in Havanna als auch in Moskau das Misstrauen gegenüber Washington schürte. Dies führte zu der gefährlichen Entscheidung von Moskau, Nuklearraketen auf Kuba zu installieren, was die Welt an den Abgrund des Atomkrieges brachte. »Wir müssen uns daran erinnern, dass der Inhalt der Krise in Amerikas Versuch bestand, die Castro-Regierung zu zerschlagen und sie durch eine andere zu ersetzen, die den Finanzinteressen der USA dienlicher war«, erkannte schon 1963 der brilliante britische Philosoph und Friedensaktivist Bertrand Russell richtig. »Es kann kaum angezweifelt werden, dass, wenn die Russen nicht eingegriffen hätten, Amerika diesen Kurs fortgesetzt hätte und damit ähnliche Verbrechen begangen hätte wie Russland in den Fällen Ungarns und Ostdeutschlands. Es ist absolut unlogisch, solche Verbrechen zu verurteilen, wenn sie von der einen Seite begangen werden, und sie zu beschönigen, wenn sie von der anderen Seite verübt werden.«[217]

## Die Russen stationieren Raketen auf Kuba

Der illegale Krieg der USA gegen Kuba und die gleichzeitige Sabotage der UNO durch die NATO-Länder hatte dramatische Folgen: Die Sowjetunion entschied, Kuba mit atomaren Raketen aufzurüsten. Diese gefährliche Entscheidung von Moskau wiederum führte zu einer direkten Konfrontation zwischen den USA und der Sowjetunion und fast zum Atomkrieg.

In seiner Autobiographie rechtfertigt der Regierungschef der Sowjetunion Nikita Chruschtschow das gefährliche Aufrüsten so: »Ausgehend von der ständigen Drohung, die durch Amerikas Einmischung in der Karibik hervorgerufen wurde, stand die Frage, wie sollte unsere eigene Politik aussehen? Diese Frage beschäftigte mich immer wieder. Alle stimmten darin überein, dass Amerika Kuba nicht in Ruhe lassen würde, wenn wir nichts dagegen tun … ein Gedanke beschäftigte mich ständig: Was würde geschehen, wenn wir Kuba verlieren würden? Wenn Kuba fallen sollte, würden sich andere lateinamerikanische Staaten mit der Begründung von uns abwenden, dass die Sowjetunion trotz ihrer Macht nicht in der Lage war, etwas für Kuba zu tun, außer leeren Protesten vor den Vereinten Nationen.«[218]

Chruschtschow wollte die kubanische Revolution beschützen. Moskau erkannte richtig, dass die Vereinten Nationen nicht in der Lage waren, die Sabotageaktionen gegen Kuba zu stoppen. Daher wurde am 21. Mai 1962 in Moskau auf einem Treffen hochrangiger Politiker entschieden, taktische Mittelstreckenraketen auf Kuba zu stationieren. Der Plan erhielt den Namen »Operation Anadyr«, sollte bis Anfang November abgeschlossen sein und war streng geheim.[219] Es war ein gefährliches Spiel mit dem Feuer, denn Moskau musste davon ausgehen, dass die USA früher oder später die Raketen auf Kuba entdecken werden. UNO-Generalsekretär Sithu U Thant glaubt in seiner Biographie, Chruschtschow sei »nicht recht bei Sinnen« gewesen, als er die Operation Anadyr startete.[220]

Die USA beobachteten Kuba genau. »Die militärischen Kapazitäten Kubas sind vorrangig auf Verteidigungsaktivitäten ausgerichtet«, so ein Bericht des Pentagons vom August 1962. Derselbe Bericht warnte jedoch auch, dass Moskau Fidel Castro stärken könnte und dass man daher die Regierung von Fidel Castro möglichst bald stürzen sollte: »In der Zukunft werden sich die Fähigkeiten Castros Kuba verbessern, da die Sowjets Kuba weiterhin mit zusätzlichen militärischen Ausrüstungen und entsprechender Ausbildung versorgen werden. Deshalb ergibt sich die Dringlichkeit der Forderung, die kommunistische Regierung Kubas zu beseitigen aus den ständig wachsenden Kapazitäten Castros.«[221]

Während die USA die Vorbereitungen für den Sturz von Castro vorantrieben, rüsteten die Russen Kuba auf. Es war ein regelrechtes Wettrennen. Die Russen starteten die Operation Anadyr im Mai 1962 und schickten Panzer, Jagdflugzeuge, Hubschrauber, Jeeps, Lastwagen und Luftabwehrraketen, Bomber und 50.000 Soldaten mit Schiffen über den Atlantik nach Kuba. Das Kernstück der Operation Anadyr war die Stationierung von insgesamt 60 Raketen mit atomaren Gefechtsköpfen, davon 36 R-12-Mittelstreckenraketen (Medium Range Ballistic Missiles, MRBMs) mit einer Reichweite von 1000 bis 3000 Kilometern, und 24 Langstreckenraketen vom Typ R-14 (Intermediate Range Ballistic Missiles, IMRBMs) mit einer Reichweite von

3000 bis 5500 Kilometern. Die Gefechtsköpfe und die Raketen wurden getrennt verschifft. Alle Gefechtsköpfe erreichten Kuba. Von den Raketen kamen nur die Mittelstreckenraketen auf der Insel an, die Langstreckenraketen kamen nie an, da die sowjetischen Schiffe zuvor gestoppt wurden und in die Sowjetunion zurückkehrten.

Die russischen Schiffe mussten Gebiete unter NATO-Kontrolle wie Gibraltar und die Norwegische See passieren. Das erste Schiff startete am 12. Juli 1962 und erreichte Kuba nach zwei Wochen. Dort wurde es entladen und kehrte in die Sowjetunion zurück, um dort neu beladen zu werden. Eine Gesamtzahl von 85 Passagier- und Frachtschiffen der Handelsmarine bewältigte im Verlauf der Monate Juli, August, September und Oktober 1962 rund 150-mal die Strecke zwischen der Sowjetunion und Kuba im Dienste der Operation Anadyr. Es wurde alles streng geheim gehalten. Während der ersten Reise erhielten die Kapitäne der Schiffe und die Kommandeure der Truppen einen versiegelten Umschlag, den sie erst bei Erreichen festgelegter Koordinaten im Atlantischen Ozean öffnen durften. In dem Brief wurde ihnen der Befehl erteilt, Kuba anzulaufen.

Die Raketen durften bei der Entladung und Installation in Kuba gegenüber Sabotage oder einer Invasion nicht ungeschützt sein, daher wurden diese großen Waffensysteme erst ab September nach Kuba verschifft. Die 36 R-12-Mittelstreckenraketen wurden auf zwei Schiffe verladen, die *Poltawa* und die *Omsk,* und erreichten Kuba Mitte September. Ihre Gefechtsköpfe kamen am 4. Oktober an. Als Präsident Kennedy am 22. Oktober 1962 seine Fernsehansprache hielt, war etwa die Hälfte der R-12-Mittelstreckenraketen so weit installiert, dass sie betankt werden konnten – ein Verfahren, das 18 Stunden erforderte. Keine der Raketen war bereits für den Flug programmiert. Die Gefechtsköpfe lagerten noch in den Bunkern. Die Atomraketen waren also noch nicht ganz gefechtsbereit.[222]

Die Kubaner waren über die Aufrüstung erfreut. Dass neben Panzern und Lastwagen auch Atombomben auf die Insel kamen, war ein streng gehütetes Geheimnis. Bei der UNO-Vollversammlung vom 8. Oktober 1962 erklärte der kubanische Botschafter Osvaldo Dorticos, dass Kuba gezwungen sei, sich zu verteidigen, weil das alleinige Ziel der Vereinigten Staaten darin bestehe, »den Sturz der revolutionären Regierung Kubas« zu erreichen.[223] »Wir sahen uns zur Bewaffnung gezwungen. Wenn die Vereinigten Staaten mit Worten und Taten die Versicherung abgeben würden, dass sie keine Aggressionsakte gegen unser Land durchführen werden, dann erklären wir feierlich, dass keinerlei Notwendigkeit für unsere Waffen und für unsere Armee besteht. … Aber solange es die tragischen Umstände erfordern, müssen wir unsere militärische Verteidigungsfähigkeit zu unserem eigenen Schutz weiter stärken.«[224]

US-Botschafter Stevenson erwiderte, dass Dorticos das Podium der Vereinten Nationen missbraucht habe, und behauptete, die Rede des Kubaners »habe beispiellos falsche Anschuldigungen, Verleumdungen und Fehlinterpretationen enthalten.«[225] Wer die Rede von Dorticos jedoch genau durchliest, erkennt im Rückblick klar, dass Kuba die in der UNO versammelten Länder vor nichts weniger als einem Atomkrieg warnte: »Wir hoffen allen Ernstes, dass die Regierung der Vereinigten Staaten sich keinen weiteren Irrtümern hingibt«, so Dorticos. »Wenn jedoch, zu unserem größten Bedauern und entgegen unseren Vorstellungen, ein solcher Irrtum eintreffen sollte, dann machen wir die Vereinten Nationen hier und jetzt darauf aufmerksam, dass wir zum Kampf entschlossen sind. Wenn dieser Fehler begangen werden sollte, dann warnen wir, dass eine Aggression gegen Kuba, entgegen unseren Wünschen, wie hier bereits ausdrücklich angemerkt, der Beginn eines neuen Weltkrieges sein würde.... Wir wünschen lediglich, vor dem Risiko zu warnen, und wollen diese Warnung über die Vereinten Nationen der ganzen Welt bekannt machen.«[226] Die meisten Zuhörer hielten das für einen Bluff und glaubten dem Kubaner nicht. Erst später erschraken dieselben Beobachter, als sich herausstellte, dass Moskau Kuba mit Atomwaffen ausgerüstet hatte und die Welt in einen nuklearen Krieg abzugleiten drohte.

## Kennedy verhängt eine Seeblockade über Kuba

Am Sonntag, den 14. Oktober 1962 überflog ein Aufklärungsflugzeug der USA vom Typ U-2 in großer Höhe den kubanischen Luftraum und fotografierte die Raketenstellungen. Damals war die Bildübertragung im Vergleich zu heute eher langsam. Die Fotos wurden am Montag entwickelt und analysiert und dem Präsidenten erst am Dienstag früh vorgelegt. Die Bilder bestätigten, dass Kuba dabei war, sich mit Atomraketen auszurüsten.

Präsident Kennedy rief umgehend seine engsten Berater ins Weiße Haus und bildete ein Exekutivkomitee des Nationalen Sicherheitsrates. Unter den 14 Mitgliedern des Exekutivkomitees waren sein Bruder Robert Kennedy, Vizepräsident Lyndon Johnson, CIA-Direktor John McCone, Außenminister Dean Rusk, Verteidigungsminister Robert McNamara und UNO-Botschafter Adlai Stevenson. Präsident Kennedy leitete die Sitzungen und bewies einen guten Sinn für Gruppenpsychologie, denn er verließ ab und zu den Raum, um den Teilnehmern die Möglichkeit zu bieten, ihre Meinungen freier zu äußern. Gleichzeitig ließ der misstrauische Kennedy die Beratungen heimlich auf Tonband aufzeichnen, ohne dass die Anwesenden das wussten, was für Historiker wie mich heute sehr wertvoll ist, da wir die ganzen Gespräche nachlesen können.

Kennedy war klar, dass die Gefahr eines Atomkrieges bestand, die Stimmung war sehr angespannt. Die Treffen im Weißen Haus fanden unter strikter Geheimhaltung statt. Um bei der Presse keine Aufmerksamkeit durch das plötzliche Auftauchen einer größeren Zahl schwarzer Limousinen zu erregen, mussten sich bei einigen Sitzungen neun Personen in einen einzigen Wagen zwängen. Weder Castro noch Chruschtschow wussten, dass die USA die Raketen entdeckt hatten. Bis zum 22. Oktober wurden auch die NATO-Verbündeten und der US-Kongress nicht informiert.[227]

Als die USA die Raketen entdeckten, war die Operation Anadyr noch nicht vollendet, die Arbeiten an den Abschussrampen in Kuba waren noch im Gange und sowjetische Schiffe waren noch mit Raketen an Bord zu kubanischen Häfen unterwegs. Die Mitglieder des Exekutivkomitees, die jede Sitzung mit einer Information der CIA über den Stand der Gefechtsbereitschaft der Raketen begannen, waren sich der Bedeutung des Zeitfaktors voll bewusst. Sobald die Raketen auf Kuba die volle Gefechtsbereitschaft erreicht hätten, wäre das Risiko für einen Luftangriff der USA auf Kuba bedeutend größer. Zudem wäre der Wert einer Seeblockade deutlich kleiner, wenn sich bereits alle Waffen auf der Insel befänden.

Kennedy und seine Berater entschieden sofort, dass die Raketen verschwinden mussten. Die USA waren nicht bereit, Atomraketen auf Kuba zu tolerieren. Die Frage, wie dieses Ziel zu erreichen sei, wurde im Exekutivkomitee intensiv diskutiert. Die USA wollten nicht im UNO-Sicherheitsrat argumentieren, dass die Sowjetunion kein Recht habe, Raketen in Kuba zu stationieren, denn Kuba war der erste und einzige atomar bewaffnete ausländische Militärstützpunkt der Sowjetunion, während die USA atomare »Jupiter«-Raketen in Italien, atomare »Thor«-Raketen in Großbritannien und seit 1961 nukleare »Jupiter«-Raketen in der Türkei in unmittelbarer Nähe der Sowjetunion stationiert hatten. Das US-Imperium konnte also nicht argumentieren, dass es grundsätzlich falsch sei, Atomraketen in anderen Staaten aufzustellen. Noch heute werden in Deutschland auf dem Fliegerhorst Büchel in Rheinland-Pfalz US-Atomwaffen gelagert.

Die aufgezeichneten Diskussionen zeigen, dass auch der US-Präsident nicht immer weiß, wo überall amerikanische Atombomben stationiert sind. Die Welt ist komplex, und auch Präsidenten verlieren mitunter den Überblick. So fragte Kennedy während einer Sitzung: »Warum setzte er [Chruschtschow] diese [Raketen] jedoch dorthin? Das ist gerade so, als wenn wir plötzlich beginnen würden, eine größere Zahl von Mittelstreckenraketen in der Türkei zu stationieren. Ich denke mal, das wäre verdammt gefährlich.« Sein Nationaler Sicherheitsberater McGeorge Bundy antwortete: »Na ja, aber genau das haben wir getan, Mr. President.«[228]

Die Vertreter des Pentagons, darunter General Curtis Le May, forderten mit Nachdruck einen sofortigen militärischen Angriff auf Kuba. Zum Glück entschied sich Kennedy gegen diesen Vorschlag, der zu einer direkten militärischen Konfrontation mit der UdSSR geführt hätte. Am anderen Ende des Handlungsspektrums sprach sich UNO-Botschafter Stevenson als Einziger für den Einbezug von diplomatischen Lösungen aus. Stevenson schlug vor, eine militärische Blockade sollte unbedingt durch politische Aktivitäten begleitet werden. Diese könnten den Abzug amerikanischer Raketen aus der Türkei, die Räumung von Guantanamo und die Nicht-Angriffs-Zusicherung gegenüber Kuba beinhalten. Diese vernünftigen Vorschläge von Stevenson wurden in der Männerrunde aber nicht geschätzt, er wurde sofort heftig angegriffen. Dillon, McCone und der frühere Verteidigungsminister Robert Lavett »waren wütend«, und Robert Kennedy hielt in seinen Notizen über die Sitzung fest: »Wir haben ihn ziemlich hart attackiert.« Gemäß dem Historiker Mark White war Stevenson »der einzige Amerikaner, der offiziell eine sorgfältig durchdachte Alternative zur Strategie eines militärischen Angriffs bzw. einer Blockade gegen Kuba ausgesprochen hatte.«[229]

Im Bereich der militärischen Optionen war die intensivste Variante ein massiver Luftangriff, gefolgt von einer Invasion, was die Pentagon-Generäle wünschten. Weniger intensiv war ein selektiver, chirurgischer Luftangriff gegen die Raketenstellungen und einige strategische Ziele. Von geringster Intensität war schließlich eine Seeblockade, die weder eine Invasion der Insel noch Bombenabwürfe erforderte. Nach sechs Tagen Beratung entschied sich Kennedy für die Seeblockade. Das gab Chruschtschow Zeit, über seine Reaktion nachzudenken, während Kennedy sich die Möglichkeit einer Invasion offenhielt.

Kennedy wusste, dass der UNO-Sicherheitsrat die USA niemals autorisiert hätte, Luftangriffe durchzuführen oder eine Seeblockade zu errichten, da beides illegale Kriegsaktivitäten gegen den souveränen Staat Kuba sind. Kein Land darf ohne UNO-Mandat eine Seeblockade über ein anderes Land verhängen. »Wenn man einmal mit diesen politischen Schritten beginnt, dann glaube ich nicht, dass man noch eine Möglichkeit der militärischen Operation hat«, erklärte Verteidigungsminister McNamara während der geheimen Sitzungen.[230] Auch Unterstaatssekretär George Ball wusste: »Bezüglich der diplomatischen Option erschien uns unsere Verhandlungsposition doch ziemlich schwach. Wir brauchten eine feste Grundlage, um der Lage mit vollendeten Tatsachen zu begegnen.«[231]

Nach rund einer Woche geheimer Beratungen ging Präsident Kennedy in die Öffentlichkeit und hielt am 22. Oktober 1962 eine Fernsehansprache an die Nation, die weltweit viel Aufsehen erregte. In Kuba seien sowjetische Raketen stationiert, so Kennedy mit ernster Miene. Diese seien eine Bedrohung und eine »eklatante und vorsätzliche Verletzung« der Charta der Vereinten Nationen, so seine kühne Behauptung, mit der er allerdings falsch lag. Denn die Stationierung von Atomwaffen in anderen Ländern stellt zwar ein gefährliches Wettrüsten dar, aber keinen Bruch der UNO-Charta. Kennedy erklärte: »Ich habe angeordnet, dass folgende erste Schritte unverzüglich eingeleitet werden: Erstens: Um diese offensive Aufrüstung zu stoppen, wird eine strikte Quarantäne über alle offensiven militärischen Ausrüstungen verhängt, die auf Schiffen nach Kuba unterwegs sind. ... Zweitens: Sollten diese offensiven militärischen Vorbereitungen andauern ... sind weitere Aktionen berechtigt. Ich habe die Streitkräfte angewiesen, sich auf alle Eventualitäten vorzubereiten. ... Sechstens: Wir fordern heute Abend, dass eine dringende Sitzung des Sicherheitsrates ohne Verzögerung einberufen wird ... unsere Resolution wird den sofortigen Abbau und Abzug aller Offensivwaffen auf Kuba unter Aufsicht von Beobachtern der UNO fordern.«[232]

## Krisensitzung in der UNO in New York

UNO-Generalsekretär Sithu U Thant sah sich die Rede von Kennedy im Fernsehen an. U Thant war ein gläubiger Buddhist aus Burma und ein wunderbarer Generalsekretär, denn er suchte den Frieden nicht nur draußen in der Welt, sondern auch in seinem Innern, weil er wusste, dass das Innere mit dem Äußeren aufs engste verbunden ist. »Wir können niemals Frieden in der Welt finden, wenn wir die innere Welt vernachlässigen und mit uns selbst nicht Frieden schließen«, hatte der buddhistische Mönch Tendzin Gyatsho, der 14. Dalai Lama, einst bei einem Vortrag in Zürich weise erklärt. »Weltfrieden muss aus innerem Frieden entstehen ... Unser Schlachtfeld liegt nicht außerhalb, sondern innerhalb unserer selbst.»[233]

Diesem uralten Rat folgte UNO-Generalsekretär U Thant. Jeden Morgen verbrachte er allein in aller Stille einige Zeit mit Meditation. »Ich wurde zur Toleranz gegenüber allem erzogen, außer gegenüber Intoleranz«, so U Thant. »Ich wurde dazu erzogen ... Moral und geistige Qualitäten zu schätzen, besonders Bescheidenheit, Demut, Mitleid und ganz besonders ein gewisses Maß an emotionaler Ausgeglichenheit zu erreichen. Mir wurde gelehrt, meine Gefühle durch Konzentration und Meditation unter Kontrolle zu halten.«[234]

Als Generalsekretär U Thant die Rede von Kennedy hörte, war er sehr besorgt. Denn er erkannte sofort, dass die USA ohne vorherige Konsultation der UNO eine Blockade von Kuba verhängt hatten. Dies war eine Kriegsaktion, und weil ohne UNO-Mandat, ein illegaler Kriegsakt. U Thant konnte »kaum seinen Augen und Ohren trauen«, da nun die Gefahr einer direkten Konfrontation der Atommächte USA und Sowjetunion im Raume stand. »Wenn die Vereinigten Staaten sich im Kriegszustand mit der Sowjetunion befunden hätten, dann wäre eine solche gewaltsame öffentliche Reaktion verständlich«, so U Thant. Da dies jedoch nicht der Fall war, wäre es gemäß dem UNO-Generalsekretär vernünftiger gewesen, im persönlichen Kontakt mit Chruschtschow einen Abzug der Raketen zu erreichen. Aus der Sicht von U Thant hatte Kennedy die Welt an den Abgrund eines Atomkrieges geführt: »Wenn ich mich recht erinnere, war es die grimmigste und düsterste Rede, die jemals von einem Staatsoberhaupt gehalten wurde.«[235]

Auch in Europa waren einige Politiker schockiert. Der Sprecher der britischen Labour-Partei und spätere Premierminister Harold Wilson äußerte in einer Fernsehdiskussion, die USA hätten das Kuba-Problem zuerst der UNO unterbreiten müssen, ehe sie die Blockade verhängten. Im Parlament kritisierte Wilson, dass die USA mit ihrer Blockade einen totalen Krieg riskiert hätten, ohne sich jemals mit den europäischen NATO-Verbündeten zu beraten.[236] Der in der Friedensbewegung engagierte britische Philosoph und Logiker Bertrand Russell kritisierte die amerikanische Doppelmoral scharf: »Wenn Raketenstützpunkte in Kuba nicht tolerierbar sind, dann sind sie auch in Großbritannien nicht tolerierbar.... Es könnte interessant sein, darüber zu spekulieren, wie die amerikanischen Reaktionen aussehen würden, wenn kubanische Spionageflugzeuge über Washington erscheinen würden. Diese Blockade ist die unverantwortlichste Aktion seit langer Zeit.«[237]

Angesichts der angespannten Weltlage traf sich der UNO-Sicherheitsrat am Dienstag, dem 23. Oktober 1962 zu einer Sondersitzung, während Kuba schon unter einer Seeblockade stand. Der Botschafter der Sowjetunion Valeri Sorin beklagte »den einseitig von den USA verfügten Kriegsakt der Anordnung einer Seeblockade gegen Kuba« und protestierte, die Blockade sei eine »Verletzung der Charta der Vereinten Nationen und die Gefährdung des Friedens durch die Vereinigten Staaten«. Ganz anders indes sahen es die USA. US-Botschafter Adlai Stevenson präsentierte einen Resolutionsentwurf, der den unverzüglichen Abbau und Abzug der sowjetischen Raketen forderte.[238]

Der UN-Sicherheitsrat war zum Schauplatz des Kalten Krieges geworden und zeigte in aller Dramatik den Zusammenprall der Supermächte. Botschafter Stevenson versuchte zu argumentieren, dass manche Raketen in manchen Ländern zu akzeptieren seien, während andere Raketen in anderen Ländern unakzeptabel seien: »Es gibt … einen bedeutenden Unterschied zwischen den Abschussrampen für Mittelstreckenraketen, die vor Jahren in Europa errichtet wurden, und den Abschussrampen für Mittelstreckenraketen, die die Sowjetunion vor drei Monaten in Kuba erbaut hat«, so Stevenson. Denn als die USA ihre Atomraketen in Europa stationiert hätten, sei dies »in Übereinstimmung mit den Prinzipien der Vereinten Nationen« geschehen, während das geheime Aufstellen von Raketen durch die Sowjetunion außerhalb ihres Territoriums »einen grundsätzlichen Unterschied« darstelle, so die kühne Behauptung von Stevenson, die nicht alle Anwesenden überzeugen konnte. Stevenson schürte die Angst vor dem Kommunismus und erklärte, die Sowjetunion sei eine »expansionistische Macht«, die mit Kuba ihren »Brückenkopf« ausbaue, von dem aus sie »die kommunistischen Unternehmungen zur Erringung der Weltherrschaft« vorantreibe.[239] Präsident Kennedy, der den Auftritt seines Botschafters am Fernseher verfolgte, telegrafierte ihm: »Lieber Adlai, ich habe Deine Rede heute Nachmittag mit großer Befriedigung verfolgt. Sie hat unserer Angelegenheit einen guten Start verschafft.«[240]

Der kubanische Botschafter Garcia Inchaustegui war damit gar nicht einverstanden und kritisierte die Blockade als »illegal«. Kuba habe »zum Zwecke der Verteidigung« aufgerüstet, um den seit Monaten andauernden illegalen Krieg der USA abzuwehren. »Kuba ist ein Land, das gesehen hat, wie seine Plantagen in Feuer aufgingen, verursacht von Flugzeugen der USA … ein Land, das erlebt hat, wie seine Fabriken sabotiert und seine Arbeiter ermordet wurden … ein Land, das eine Invasion seines Territoriums durch Söldner erlebt hat«, protestierte Inchaustegui. Er betonte, dass die Vereinigten Staaten »etwas sehr Seltsames« taten, als sie erst ihre Schiffe aussandten und ihre Flugzeuge bereitstellten, und dann erst die UNO konsultierten. »Das ist, als ob die internationalen Organisationen und der Sicherheitsrat gar keine Existenzberechtigung hätten!« Und er fragte weiter: »Warum haben sie [die USA] uns nicht vor dem Sicherheitsrat angeklagt und seine Entscheidung abgewartet? Die Vereinigten Staaten taten das nicht, da sie keine einzige rechtliche oder moralische Begründung haben, die die von ihnen eingeleiteten Zwangsmaßnahmen rechtfertigen könnten.«[241]

Die Sowjetunion stellte sich hinter Kuba. Der russische UNO-Botschafter Sorin erklärte, dass es einen großen Unterschied zwischen »offensiven« und »defensiven« Waffen gebe, und dass »die angebliche Präsenz von offensiven sowjetischen Raketen in Kuba« eine »eindeutig falsche und verleumderische Darstellung« sei. Sorin stritt nicht ab, dass Moskau Waffen an Havanna geliefert hatte, betonte aber, dass »die

Hilfe der Sowjetunion für Kuba … einzig und allein dem Zwecke diene, Kubas Verteidigungsfähigkeit zu verbessern«, weil Kuba »ein Zielobjekt fortlaufender Drohungen und provokativer Akte seitens der Vereinigten Staaten« sei. Die Waffen seien defensiver Natur. Sorin forderte die sofortige Aufhebung der Blockade. Sie sei illegal, und eine Verletzung der Charta der Vereinten Nationen. Sorin fragte, warum die USA erst die Blockade verhängt und sich dann erst an den Sicherheitsrat gewandt hätten, und kam zu dem Schluss, dass »nur jemand, der sich schon sicher ist, dass er vom Sicherheitsrat keine Unterstützung erhalten wird – da dieser tatsächlich so etwas niemals unterstützen darf –, einen aggressiven Akt in dieser Weise durchführen könne.« Danach, es war schon spät in der Nacht, unterbrach der UNO-Sicherheitsrat seine Sondersitzung.[242]

Als am Mittwoch, dem 24. Oktober 1962 der UNO-Sicherheitsrat seine Arbeit wieder aufnahm, stand Kuba weiterhin unter militärischer Blockade. Diese bestand aus einer Kette von US-Schiffen vor der Nordostküste Kubas. Die US-Kriegsschiffe hatten den Auftrag, jedes ausländische Schiff, das Kuba anlaufen wollte, zu stoppen, an Bord zu gehen und es zu durchsuchen. Sollte das Schiff Offensivwaffen geladen haben, dann bestand der Plan darin, es zurückzuschicken. Wenn es sich weigerte, den Anordnungen Folge zu leisten, dann sollte es nicht direkt versenkt werden, aber durch Schüsse in das Ruder manövrierunfähig gemacht werden. Sollte es durch einen solchen Zwischenfall zur Eskalation kommen, das wussten die Vertreter in der UNO, dann hätte dies im schlimmsten Fall zu einem weltweiten Atomkrieg zwischen den USA und der Sowjetunion führen können.

Alles war davon abhängig, ob die sowjetischen Schiffe bereit waren, anzuhalten oder weiterfahren würden, um die Blockade zu durchbrechen. Die Lage war sehr ernst. Moskau hatte sowjetische U-Boote in die Region entsandt, um die sowjetischen Schiffe zu begleiten. Präsident Kennedy und sein Team im Weißen Haus beobachteten die Lage im Atlantik mit großer Anspannung. Um 10.00 Uhr am Mittwoch, dem 24. Oktober teilte Verteidigungsminister McNamara dem Exekutivkomitee mit, dass sowjetische Schiffe, die sich der Blockadelinie näherten, möglicherweise nicht anhalten würden. Die Marineaufklärung berichtete außerdem, dass ein sowjetisches U-Boot Position zwischen zwei sowjetischen Schiffen bezogen habe, wenige Meilen vor der Blockadelinie. Die Sitzung des Exekutivkomitees an diesem Morgen war, wie Robert Kennedy später sagte, »die anstrengendste, schwierigste und die angespannteste Sitzung.« Die Welt hielt den Atem an.[243]

Auch für den Sicherheitsrat der Vereinten Nationen war der 24. Oktober von Stress und Anspannung geprägt. Die Gefahr eines nuklearen Weltkrieges war real.

Jeder Sitz war belegt und viele Delegierte mussten stehen. Die verschiedenen Länder ergriffen nacheinander das Wort. Eine Gruppe von Ländern wandte sich gegen die US-Blockade und forderte ihre Aufhebung. Eine andere Gruppe war gegen die sowjetischen Raketen und forderte deren Abzug. Es ist wichtig zu erkennen, dass solch eine Diskussion nur im Rahmen der Vereinten Nationen mit ihrer Mannigfaltigkeit an Meinungen und Interessen stattfinden konnte, was zeigt, dass die UNO eine wichtige Bühne für die internationale Politik ist. Ein Welttheater, bei dem aber nicht immer klar ist, ob eine Komödie oder Tragödie gespielt wird.

Im Unterschied zur Vielfalt an Positionen in der UNO waren sich die Männer, die sich in Moskau oder Washington berieten, untereinander einig. Im Kennedy-Lager in Washington waren alle einhellig der Auffassung, dass die Raketen nicht akzeptiert werden könnten. Im Chruschtschow-Lager in Moskau waren alle der Meinung, dass die Blockade nicht zu akzeptieren und dass zudem Kuba durch die illegalen Kriege der USA bedroht sei. Nur im Rahmen der UNO trafen diese zwei Lager in der direkten Diskussion aufeinander. Nur in der UNO, und das ist von besonderem Interesse für den Historiker, waren diese beiden Parteien gezwungen, die Begründungen für ihre jeweiligen Positionen offenzulegen.

Die NATO-Länder Großbritannien und Frankreich stellten sich solidarisch hinter das US-Imperium und forderten den Abzug der sowjetischen Raketen. »Auch mit größter Aufbietung aller sowjetischer Phantasie kann eine Atomrakete auf Kuba mit einer Reichweite von mehr als 2000 Meilen nicht als defensiv bezeichnet werden«, kritisierte der britische UNO-Botschafter Sir Patrick Dean. Natürlich wusste Dean, dass die USA schon seit einiger Zeit Atomwaffen in Europa stationiert hatten, diese seien jedoch unproblematisch, da die NATO ein »rein defensives Bündniss« sei und »keinen bedrohe.« Damit war das Muster der Debatte klar: Die NATO betrachtete ihre eigenen Raketen als rein defensiv, aber verdammte die sowjetischen Raketen als eindeutig offensiv.[244]

Auch (Formosa) China stellte sich hinter die USA und argumentierte, dass die Raketen weg müssen, weil der Kommunismus gefährlich sei. Herr Liu Chieh erklärte, Festlandchina habe sich wie Kuba für den Kommunismus entschieden. Das sei die falsche Wahl. Waffen könne man zwar nicht in »gute« und »böse« unterscheiden, aber das könne man bei Menschen. »Ob eine Person ein Gangster oder eine friedfertige Person ist, ist abhängig von seiner Vergangenheit. Und welche kriminelle Entwicklung hat der internationale Kommunismus in den vergangenen Jahren verzeichnet!«[245]

Die Länder des von Moskau dominierten Warschauer Paktes sahen es ganz anders und forderten die sofortige Aufhebung der Seeblockade. Eine lange Serie von US-amerikanischen Aggressionen, so protestierte Botschafter Mircea Malitza aus Rumänien, »hatten das Ziel, die legale Regierung Kubas zu stürzen.« Deshalb brauche Kuba jetzt diese Bewaffnung, da jedes Land das Recht habe, sich so zu bewaffnen, wie es ihm notwendig erscheint. »Eine militärische Blockade außerhalb der Küstengewässer eines Staates darf niemals errichtet werden, wenn nicht ein Krieg zwischen den beteiligten Parteien ausgebrochen ist«, kritisierte Malitza. Gemäß der »Konvention über die Definition der Aggression« hätten die Vereinigten Staaten mit der Seeblockade einen Aggressionsakt gegenüber Kuba begangen.[246]

Auch Ghana und die Vereinigte Arabische Republik betonten, dass jedes Land das Recht habe, sich selbst zu bewaffnen und sein eigenes politisches und soziales System zu wählen. Nur der Sicherheitsrat dürfe »Zwangsmaßnahmen« wie eine Seeblockade verhängen. »Die Vereinigte Arabische Republik kann die einseitige Entscheidung der USA über die Verhängung einer Quarantäne in der Karibik nicht entschuldigen«, protestierte Botschafter Mahmoud Riad. Diese Aktion verletze das Völkerrecht und sei falsch, weil sie »außerhalb der Vereinten Nationen und ohne Autorisierung durch den Sicherheitsrat eingeleitet« wurde, so Riad.[247]

Die Botschafter von Ghana und der Vereinigten Arabischen Republik wussten, dass ein Resolutionsentwurf, der die Blockade als illegal verurteilt, von den USA mit einem Veto gestoppt würde. Umgekehrt würde eine Resolution, die den sofortigen Abzug der Raketen fordert, von der Sowjetunion mit einem Veto abgelehnt. Daher legte Ghana eine Resolution vor, die dem Generalsekretär der Vereinten Nationen U Thant den Auftrag gab, »sich schnell mit den direkt beteiligten Seiten über die sofortigen Schritte zu beraten, die unternommen werden müssen, um die bestehende Bedrohung des Weltfriedens aus dem Weg zu räumen und die Situation in der Karibik zu normalisieren.« Der Sicherheitsrat stimmte über die Resolution nicht ab, sie wurde durch Beifall angenommen.[248]

Als U Thant an jenem Mittwochabend im Sicherheitsrat sprach, herrschte vollkommene Stille in der überfüllten Galerie, man konnte das Rascheln von Papier oder jedes noch so leise Räuspern hören. Alle Augen und alle Kameras waren auf den Generalsekretär gerichtet. »Wenn sich die Vereinten Nationen heute als ineffektiv erweisen, dann werden sie es für alle Zeit bleiben«, warnte U Thant vor dem Atomkrieg. Er hoffe, »dass Mäßigung, Selbstbeschränkung und guter Wille sich gegenüber allen anderen Erwägungen durchsetzen werden«. U Thant kritisierte die Seeblockade der USA vorsichtig und sagte, dass »einige der bereits durchgeführten Maßnahmen … sehr ungewöhnlich – und ich möchte sagen: außergewöhnlich – sind, außer in Kriegszeiten.« Er habe daher zwei im Wortlaut identische Botschaften an Kennedy und Chruschtschow geschickt, in der er alle Betroffenen dazu auffordert, alle Aktionen zu unterlassen, welche »die Situation weiter verschärfen und das Risiko eines Krieges in sich bergen könnten«. Konkret forderte U Thant »die freiwillige Einstellung aller Waffenlieferungen an Kuba und ebenso die freiwillige Einstellung der Quarantänemaßnahmen« für einen Zeitraum »von zwei bis drei Wochen«.[249]

In seinem Bemühen um Deeskalation nahm U Thant auch die Sorgen von Kuba ernst und zitierte Botschafter Garcia Inchaustegui, der am Vortag vor der UNO gesagt hatte: »Wenn die Vereinigten Staaten uns mit Worten und Taten versichern, dass sie keine Aggressionsakte gegen uns einleiten werden, dann werden wir feierlich erklären, dass für unsere Waffen und unsere Armeen keine Notwendigkeit besteht.« U Thant fügte dem hinzu: »Hier fühle ich wiederum, dass auf der Grundlage von Diskussionen eine gemeinsame Basis gefunden werden könnte, mit der ein Weg aus unserer gegenwärtigen Sackgasse gewiesen würde.« U Thant meinte damit, dass ein Versprechen der USA, keine aggressiven Handlungen gegenüber Kuba durchzuführen, sehr wünschenswert sei.[250]

## Die UNO ist der Gerichtssaal der Weltöffentlichkeit

Am Donnerstag, dem 25. Oktober 1962 setzte der Rat seine Beratungen fort. UNO-Botschafter Adlai Stevenson versuchte den versammelten Ländern zu erklären, warum die USA ohne UNO-Mandat eine Seeblockade über Kuba verhängt hatten, und sprach von der Möglichkeit eines Atomangriffs auf das UNO-Hauptquartier. »Eine dieser Raketen könnte auf New York gerichtet werden und fünf Minuten nach dem Abschuss hier in diesem Raum einschlagen«, so die düstere Mahnung von Stevenson. Daher seien die USA gezwungen gewesen zu reagieren. »Wenn wir unsere Gegenaktion verzögert hätten, dann wäre die atomare Aufrüstung Kubas ganz schnell vollendet gewesen.« Stevenson erklärte, dass eine Resolution für eine Seeblockade vom sowjetischen Vertreter im Sicherheitsrat »mit seinem Veto blockiert« worden wäre, daher habe man nicht den Weg an die UNO gewählt. »Sollten wir nichts tun, während die Messer gewetzt werden? Sollten wir nichts tun, bis sie an unsere Kehle gesetzt werden?«[251]

Der sowjetische Botschafter Valeri Sorin protestierte erneut, dass die Seeblockade illegal sei, und erklärte, »der springende Punkt in dieser Sache« seien »die aggressiven Absichten der Vereinigten Staaten gegenüber Kuba.« Daraufhin gerieten Stevenson und Sorin in einen Streit, der weltbekannt wurde. Sorin unternahm ein übles Täuschungsmanöver und sprach von »gefälschten Beweisen«, womit er suggerierte, dass

Moskau gar keine Atomraketen nach Kuba geschickt hatte, was aber gelogen war. Daraufhin führte Stevenson dem Rat vergrößerte Fotos der Raketen auf Kuba vor. Doch Sorin nannte die Bilder »gefälschte Fotografien«. Stevenson ließ nicht locker. »Herr Sorin, ich erinnere Sie daran, dass Sie die Existenz dieser Waffen an anderen Tagen nicht abgestritten haben«, mahnte Stevenson. »Lassen Sie mich Ihnen eine einfache Frage stellen: Leugnen Sie, Botschafter Sorin, dass die Sowjetunion Kurz- und Mittelstreckenraketen sowie Abschussrampen in Kuba stationiert hat und noch stationiert? Warten Sie nicht auf die Übersetzung. Ja oder nein?«[252]

Sorin antwortete verärgert: »Ich bin nicht in einem amerikanischen Gerichtssaal und deshalb bin ich nicht bereit, auf eine Frage zu antworten, die mir in der Art eines amerikanischen Anklägers gestellt wird. Sie werden die Antwort im Zusammenhang mit meinen Ausführungen als Vertreter der Sowjetunion erhalten.« Stevenson legte nach: »Sie sind in diesem Augenblick im Gerichtssaal der Weltöffentlichkeit und Sie können ›ja oder nein‹ antworten. Sie haben bestritten, dass es sie gibt, und ich möchte nur wissen, ob ich Sie richtig verstanden habe.« Doch Sorin weigerte sich, die Existenz der Raketen zu bestätigen, und sagte ausweichend: »Bitte fahren Sie fort in Ihrer Erklärung, Sie werden die Antwort zu gegebener Zeit erhalten.« Worauf der Streit mit der Aussage von Stevenson endete: »Ich bin darauf vorbereitet, auf Ihre Antwort zu warten, bis die Hölle vereist.«[253]

Präsident Kennedy, der den Streit im UNO-Sicherheitsrat am Fernseher verfolgt hatte, war sichtlich beeindruckt von der Vorstellung Stevensons und sagte zu seinem Freund Kenneth O'Donnell: »Ich habe nicht gewusst, was in Adlai steckt.« Kenneth Davis schrieb, dass an Stevensons »Post in den folgenden Tagen abzulesen war, dass er für das breitere amerikanische Publikum, dessen tägliche Fernsehkost eine Mischung aus brutaler Gewalt und von Sex durchdrungenen Werbelügen ist, zu einer Art Held geworden war.«[254] Der Moment, als Botschafter Adlai Stevenson am 25. Oktober 1962 vergrößerte Fotos der Raketen auf Kuba im Sicherheitsrat zeigte, ist tatsächlich in die UNO-Geschichte eingegangen. Stevenson hatte sehr geschickt die Öffentlichkeit der Vereinten Nationen genutzt, um seine Botschaft zu verbreiten. Diejenigen, die mit den Fotos überzeugt werden sollten, waren nicht nur die UNO-Botschafter, sondern auch das amerikanische und europäische Fernsehpublikum, das die Debatte über die Medien mitverfolgte. Generalsekretär U Thant erklärte später richtig, dass die Vereinten Nationen es ihren »Mitglieds-Regierungen ermöglichen, eine gleichzeitige Konversation mit dem Rest der Welt zu führen, was über die normalen Kanäle der bilateralen Diplomatie niemals möglich sein würde.«[255]

## Die Krisendiplomatie von Generalsekretär U Thant

Während der Kubakrise standen sich zwei atomar bewaffnete Supermächte gegenüber. US-Bomber mit Atombomben an Bord waren ständig in der Luft, bereit zum Anflug auf Ziele in der Sowjetunion. US-Streitkräfte warteten im Süden der USA im Alarmstatus auf ihren Einsatz und waren bereit zum Angriff auf Kuba. Sowjetische Schiffe und U-Boote fuhren zwischen Kuba und der Sowjetunion hin und her. In Kuba arbeiteten sowjetische Soldaten in den Raketenstellungen, um die Atomraketen abschussbereit zu machen. Sowjetische Bodentruppen waren mit mobilen taktischen Atomraketen ausgerüstet, um sie auf potentielle Invasionstruppen der USA abzufeuern. Castro erwartete eine bevorstehende Invasion und hatte seine Streitkräfte entsprechend in Position gebracht. Das Inferno stand unmittelbar bevor, aber es brach nicht aus. Durch eine Kombination von Glück und geschickter Verhandlungsführung wurde der Atomkrieg verhindert.

Nach dem Streit zwischen Stevenson und Sorin war der Sicherheitsrat völlig blockiert. Es oblag nun UNO-Generalsekretär U Thant, eine weitere Eskalation des Konflikts zu verhindern. Um eine »Konfrontation auf dem Meer zwischen sowjetischen Schiffen und amerikanischen Kriegsschiffen« zu vermeiden, bat UNO-Generalsekretär U Thant per Brief am 25. Oktober Chruschtschow, seine Schiffe zu stoppen. U Thant schrieb am gleichen Tag auch an Kennedy, informierte ihn, dass er Moskau gebeten habe, die Schiffe zu stoppen, und forderte auch Kennedy auf, alles nur Mögliche zur Vermeidung einer Konfrontation zu tun.[256]

Weil die USA sich weigerten, die Seeblockade aufzuheben, hoffte Generalsekretär U Thant, dass die Russen ihre Schiffe stoppen würden. Chruschtschows Antwort erreichte U Thant am Freitag, dem 26. Oktober und der Generalsekretär las den Brief aus Moskau mit großer Erleichterung. »Wir akzeptieren Ihre Vorschläge«, erklärte Chruschtschow und wies seine Schiffe an zu stoppen. Die Krise war damit nicht gelöst, aber entschärft. Chruschtschow schrieb an U Thant: »Ich verstehe Ihre Befürchtungen um die Erhaltung des Friedens und fühle höchste Anerkennung für Ihre Bemühungen, einen militärischen Konflikt zu vermeiden.... Wir akzeptieren deshalb Ihren Vorschlag und haben, wie von Ihnen gewünscht, die Kommandanten der sowjetischen Schiffe, die Kurs auf Kuba halten und sich noch nicht innerhalb des Gebietes der Piratenaktivitäten amerikanischer Kriegsschiffe befinden, angewiesen, vor dem Kontrollgebiet zu stoppen. Aber wir haben diese Anordnung in der Hoffnung gegeben, dass die andere Seite versteht, dass eine solche Situation, in der wir auf hoher See Kriegsschiffe in Alarmbereitschaft halten müssen, nur eine von äußerst kurzer Dauer sein darf.… Ich danke Ihnen für Ihre Bemühungen und wünsche Ihnen bei Ihrer ehrenwerten Aufgabe Erfolg.«[257]

U Thant schrieb am Freitag, dem 26. Oktober an Castro und bat ihn, den Aufbau der Raketenbasen zu stoppen. Präsident Castro antwortete, er sei bereit dies im Sinne der Bewahrung des Weltfriedens zu tun, kritisierte aber »die Anmaßung der Vereinigten Staaten, festzulegen … welche Art von Waffen wir als geeignet für unsere Verteidigung betrachten.« Kuba habe niemandem Leid zugefügt und habe kein Recht gebrochen. Die Vereinigten Staaten hätten jedoch aggressive Aktionen gegen Kuba durchgeführt und mit ihrer Blockade internationales Recht gebrochen.[258]

Für U Thant war es sehr schwierig, die Akteure in Moskau, Havanna und Washington dazu zu bringen, ihre Positionen einander anzunähern. In seiner Biographie berichtet der UNO-Generalsekretär, dass während der Kubakrise sein Büro in der UNO »mit Telegrammen und Briefen überschüttet wurde, nicht nur von Staats- und Regierungschefs, sondern auch von Organisationen und Privatleuten.«[259] Auch der britische Philosoph Bertrand Russell schrieb sowohl an Chruschtschow wie auch an Kennedy und appellierte an U Thant, »die tragische Aktion der USA zu verurteilen«. Russell erklärte sich bereit, selbst vor der UNO-Vollversammlung zu sprechen, wenn es ihm U Thant gestatte. U Thant bedauerte, dass die Verfahrensregeln der UNO eine solche Ausnahme nicht erlauben würden, denn nur Staatsoberhäupter oder ihre Vertreter dürften vor der UNO sprechen.

## Moskau zieht seine Raketen ab

In seinen Memoiren hat Chruschtschow behauptet, er habe die sowjetischen Schiffe nicht gestoppt: »Wir ließen uns nicht einschüchtern. Unsere Schiffe, mit dem Restbestand unserer Lieferungen für Kuba, fuhren geradewegs durch eine Armada der US-Marine, aber die Amerikaner stoppten unsere Schiffe nicht, noch durchsuchten sie diese.«[260] Diese Schilderung ist falsch und unwahr. In Wirklichkeit, und man muss sagen, zum Glück stoppte der mächtigste Mann der Sowjetunion jene Schiffe, die Raketen geladen hatten, und verhinderte so die direkte Konfrontation mit den USA, auch wenn er dies in seinen Memoiren nicht öffentlich zugeben wollte. Nur im oben zitierten Brief an U Thant, der ja damals nicht der Öffentlichkeit vorlag, sagte Chruschtschow klar, dass er seine Schiffe angewiesen habe »vor dem Kontrollgebiet zu stoppen.«

Die heute verfügbaren Dokumente zeigen, dass Moskau die Operation Anadyr abbrach, nachdem die USA am 23. Oktober um 10 Uhr die Blockade aufgebaut hatten. Zu diesem Zeitpunkt waren gemäß CIA-Dokumenten 22 sowjetische Schiffe unterwegs mit Ziel auf Kuba, aber nur drei transportierten Raketen.[261] Schon um 10:25 Uhr änderten diese drei Schiffe ihren Kurs.[262] »Wir standen uns Auge in Auge gegenüber und ich glaube, der andere hat eben geblinzelt«, kommentierte damals Außenminister Dean Rusk den gefährlichen Höhepunkt der Raketenkrise.[263] Am 25. Oktober, so die Daten der CIA, hatten mindestens 14 von den 22 Schiffen die Rückfahrt angetreten.[264] Moskau berief alle Schiffe mit Waffenladungen zurück und ließ nur »unproblematische Schiffe« weiterfahren, die zum Beispiel Erdöl geladen hatten. Am Morgen des 25. Oktober traf der sowjetischen Tanker *Bukarest* auf die Blockade, und wurde von der US-Marine durchsucht. Der Tanker durfte die Blockade passieren und seine Fahrt nach Kuba fortsetzen, weil er keine Waffen transportierte.[265]

Wenige Tage später besuchte UNO-Generalsekretär U Thant Präsident Fidel Castro in Kuba und sprach mit ihm offen über die Seeblockade: »Meine Kollegen und ich sind der Meinung, dass die Blockade illegal ist. Kein Staat kann eine militärische oder eben eine wirtschaftliche Blockade tolerieren.« U Thant fügte dann noch seine persönliche Überzeugung hinzu, welche zeigte, dass er dem US-Imperium sehr kritisch gegenüberstand: »Wenn die CIA und das Pentagon weiterhin so mächtig bleiben, sehe ich für die Zukunft der Welt sehr schwarz.«[266]

Auch Fidel Castro traute den USA nicht. Vor und während der Raketenkrise hatte die CIA fortlaufend den kubanischen Luftraum verletzt. Nur durch die wiederholten Überflüge Kubas konnten die notwendigen Aufklärungsinformationen für Kennedy und das Exekutivkomitee beschaffen werden. Vorwiegend nutzten die USA für diese Aufgabe die sehr hoch fliegenden U-2-Aufklärer. Das war sehr gefährlich und hätte den Konflikt eskalieren lassen können. Am 27. Oktober 1962 befahl Castro seiner Artillerie, das Feuer auf die amerikanischen U-2 Aufklärer zu eröffnen, und eine sowjetische SAM-Batterie schoss ein U-2-Flugzeug ab, dessen Pilot dabei getötet wurde. Er war das einzige Todesopfer der Raketenkrise.[267]

Trotz dieses Zwischenfalls setzte Kennedy auf Deeskalation. Er erkannte die offensichtliche Parallele zwischen den sowjetischen Raketen in der Nähe der US-amerikanischen Grenze und den US-Raketen in der Nähe der sowjetischen Grenze. In einem Tauschhandel zogen die Sowjets ihre atomaren Raketen aus Kuba ab, während die USA ihre atomaren Raketen aus der Türkei entfernten. Um diesen Deal mit Chruschtschow auszuhandeln, hatte Kennedy in der Nacht vom 26. Oktober seinen Bruder Robert in die sowjetischen Botschaft in Washington geschickt, wo dieser im Geheimen – ohne dass die anderen Mitglieder des Exekutivkomitees davon wussten – den sowjetischen Botschafter in den USA, Anatoly Dobrynin, traf und ihm einen Raketentausch vorschlug. Wie so oft blieb diese verdeckte Seite der internationalen Politik den Medienkonsumenten verborgen.[268]

Am 27. Oktober trafen sich Robert Kennedy und Dobrynin erneut, dieses Mal im Justizministerium. »Sie stationierten diese Raketen in der Nähe unserer Grenze. Wieso veranstalten Sie eine solchen Wirbel um die Raketen auf Kuba?«, fragte Dobrynin mit Bezug auf die Türkei. Robert Kennedy betonte, dass sein Bruder bereit sei, die amerikanischen Atomraketen aus der Türkei abzuziehen, aber keine öffentliche Diskussion wünsche, da dies die Sache kompliziert machen würde. Für den Abzug der Raketen aus der Türkei brauche es »vermutlich vier bis fünf Monate«. Damit waren die Russen einverstanden, beide Seiten vereinbarten Stillschweigen über die Abmachung. »Robert Kennedy wies warnend darauf hin, dass all das, was er mir über die Türkei sagte, streng vertraulich behandelt werden müsse und neben ihm und seinem Bruder nur zwei bis drei Personen in Washington bekannt sei«, so Dobrynin.[269]

Die USA betrachteten den Raketentausch als einen guten Deal, denn die Jupiter-Raketen in der Türkei waren veraltet. In der Sitzung vom 27. Oktober 1962 hatte Präsident Kennedy eingeräumt, dass die Jupiter-Raketen in der Türkei »keinen militärischen Nutzen mehr« haben. Zudem war der Raketentausch sinnvoll, weil es so »für jeden Menschen in den Vereinten Nationen oder jeden anderen Menschen wie ein fairer Handel« aussieht, so Kennedy.[270]

Am Ende lösten Kennedy und Chrustschew die Kubakrise bilateral mit dem Raketentausch. Am Sonntag, dem 28. Oktober 1962 informierte Chruschtschow Kennedy, dass er seine Raketen abziehen werde. Die USA sicherten Moskau als Gegengeschäft zu, dass sie ihre atomaren Raketen aus der Türkei abziehen werden. Somit konnte jede Regierung zu Hause dem eigenen Volk einen Sieg verkünden. Auch Kuba erhielt am 28. Oktober 1962 ein Telegramm. Moskau erklärte, man müsse die Raketen abziehen, um »einen Weltenbrand und damit auch die Zerstörung der kubanischen Revolution« zu verhindern.[271] Castro war wütend über die amerikanisch-sowjetische Einigung, weil er bei diesem Deal nie gefragt worden war. Zudem war er enttäuscht, dass Washington, obschon versprochen, keine Zusicherung vor der UNO gegeben hatte, Kuba nie wieder anzugreifen. Auch UNO-Generalsekretär U Thant bedauerte diese Umstände, war aber froh, dass ein Weltkrieg verhindert werden konnte. Bescheiden sagte der Generalsekretär 1964 richtig, dass die Vereinten Nationen »etwas mehr sind als eine moralische Kraft, aber gleichzeitig sind sie alles andere als eine Großmacht.«[272]

Die USA kontrollierten den Abzug der sowjetischen Raketen genau. Auf hoher See überwachten sie die zurückkehrenden sowjetischen Schiffe von Hubschraubern oder Flugzeugen aus oder legten mit Kriegsschiffen längsseits der sowjetischen Schiffe an. Ohne jede öffentliche Ankündigung zogen die USA ihre Jupiter-Raketen im April 1963 aus der Türkei ab und ersetzten sie durch U-Boot-gestützte Polaris Raketen. Damit waren sie wieder auf dem neuesten Stand der Militärtechnik, denn im Jahre 1960 war Amerikas erstes Raketen-Unterseeboot, die *USS George Washington*, erstmals in See gestochen. Ab 1963 setzten die USA atombetriebene und mit atomaren Lenkwaffen ausgerüstete U-Boote im Mittelmeer ein, welche dank ihrer verbesserten Überlebensfähigkeit im Falle eines Atomkriegs die Möglichkeit zu einem nuklearen Zweitschlag sicherstellen sollten. Unter dem Strich hatte das US-Imperium somit seine Atomwaffen im Mittelmeer verteidigt, während Moskau seine Operation Anadyr als gescheitert abschreiben musste und keine Atomwaffen auf Kuba stationieren konnte.

## Das US-Wirtschaftsembargo wird durch die UNO verurteilt

Nachdem Präsident Kennedy 1963 ermordet worden war, sah Präsident Castro das Kommen und Gehen etlicher anderer US-Präsidenten – Johnson, Nixon, Ford, Carter, Reagan, Bush senior, Clinton, Bush junior und Obama. Präsident Castro blieb sagenhafte 49 Jahre an der Macht und trat erst 2008 aufgrund von Krankheit zurück und übergab die Regierungsgeschäfte an seinen Bruder Raoul Castro. Kaum ein anderer Staatsführer der Welt war länger an der Macht.

Mit seiner Revolution hatte Fidel Castro ohne Zweifel den armen Menschen auf Kuba geholfen und die Privilegien der Oberschicht abgeschafft. Er hat auf der Karibikinsel mit ihren elf Millionen Einwohnern ein kostenloses Gesundheitswesen eingeführt, die Gleichberechtigung von Mann und Frau gefördert, eine Umweltschutzgesetzgebung erlassen, den kostenlosen Zugang zur Bildung für alle ermöglicht und insgesamt die Ungleichheit zwischen Arm und Reich reduziert. Der jährlich publizierte Index für Humane Entwicklung (Human Development Index, HDI) der UNO reiht Kuba heute daher zusammen mit 50 anderen Staaten – darunter Finnland, Deutschland, Schweiz und Österreich – zu Recht in die Gruppe der Länder mit einer »sehr hohen Entwicklung« ein (Rang 44 von 187 Ländern im HDI 2013).

Doch die verdeckte Kriegsführung der USA hat Kuba verhärtet und einen Sicherheitsapparat auf der Insel entstehen lassen, der überall Spionage und Sabotage wittert. Die kommunistische Partei Kubas (Partido Comunista de Cuba, PCC) ist weiterhin die einzige legale Partei des Landes, das Volk kann also nicht zwischen verschiedenen Parteien an der Urne wählen. Die Medien werden von der kommunistischen Partei kontrolliert. Die Ausreise aus ihrem Land ist für viele Kubanerinnen und Kubaner schwierig, für einige unmöglich, da ein kompliziertes Genehmigungsverfahren durchlaufen werden muss.

Vor allem aber darbt die Wirtschaft, denn das von den USA 1960 verhängte Wirtschaftsembargo, das zu den am längsten anhaltenden Wirtschaftsblockaden der modernen Geschichte zählt, ist weiterhin in Kraft und hat Kuba sehr geschadet. Das Embargo zwang Kuba, seinen zuvor auf die USA orientierten Export völlig neu auszurichten und zum Beispiel kubanischen Zucker im Tausch gegen sowjetisches Erdöl nach Russland zu verkaufen. Doch mit dem Ende des Kalten Krieges 1991 und dem Zusammenbruch des sowjetischen Handelspartners wurde die wirtschaftliche Lage für Kuba dramatisch. Weil kein Erdöl mehr aus Russland kam und die USA am Wirtschaftsembargo festhielten, konnten damals in Kuba viele Autos wegen Ölmangel nicht mehr fahren. Das kubanische Parlament versuchte den Tourismus auszubauen, um das blanke Überleben des Volkes und vor allem dessen Grundversorgung zu sichern.

Die UNO ist gegen das vom US-Imperium einseitig verhängte Wirtschaftsembargo machtlos. Der Sicherheitsrat konnte das Embargo nicht mit einer Resolution verurteilen oder gar abschaffen, weil gegen eine solche Resolution die USA ihr Veto eingelegt hätten. Daher wurde 1992 in der UNO-Generalversammlung eine Resolution mit der Forderung zur Beendigung des Embargos gegen Kuba eingebracht. Die Resolution wurde angenommen, aber die USA ignorierten sie. Ab dann wurde jedes Jahr von neuem über dieselbe Resolution abgestimmt, stets wurde die Resolution angenommen, und stets hat das Imperium die Resolution ignoriert. Im November 1996 zum Beispiel stimmten nur die USA, Israel und Usbekistan mit »Nein«, gegen die überwältigende Mehrheit von 138 Mitgliedsstaaten der Vereinten Nationen. Die Abstimmung sei »ein jährliches Ritual, das dazu dient, Washington in Verlegenheit zu bringen«, kommentierte die britische Presse treffend.[273]

Die Kubaner kritisierten das US-Embargo wiederholt als einen Verstoß gegen den Freihandel und einen Angriff auf die Souveränität von Kuba. Im Oktober 1995 sprach Fidel Castro anlässlich des 50. Geburtstages der UNO in New York. Er trug einen dunklen Anzug statt seiner gewohnten olivgrünen Militäruniform und verurteilte das Embargo scharf. Er beschuldigte den Sicherheitsrat, einen »neuen Kolonialismus der Mächtigen« zu unterstützen, forderte die Abschaffung des Vetos im Sicherheitsrat und einen ständigen Sitz für Indien und Staaten aus Afrika und Lateinamerika. »Wie lange sollen wir auf die Demokratisierung der Vereinten Nationen noch warten, auf die Beseitigung von Gewalt, Arroganz und Druck in internationalen Beziehungen?«, fragte Castro. »Wir fordern eine Welt ohne rücksichtslose Blockaden, die den Tod von Männern, Frauen und Kindern verursachen wie lautlose Atombomben.... Das überholte Veto-Privileg und der Missbrauch des Sicherheitsrates durch die Mächtigen verherrlichen einen neuen Kolonialismus innerhalb der Vereinten Nationen.«[274]

Auch die Europäische Union und die europäischen NATO-Länder lehnen heute das Embargo ab, weil sie an guten wirtschaftlichen Beziehungen mit Kuba interessiert sind. John Dew, der frühere britische Botschafter auf Kuba, betont, das Embargo gegen Kuba sei falsch. »Die USA sind in dieser Frage ganz klar isoliert«, so Dew, »denn das einzige Land, welches die USA in der Embargofrage jedes Jahr in der UNO unterstützt, sind die Marshallinseln, was nicht gerade ein Zeichen großer Glaubwürdigkeit ist. Ich denke, das Embargo ist nicht mehr zeitgemäß«, so der Brite.[275]

In seinem letzten Amtsjahr besuchte US-Präsident Barack Obama Havanna im März 2016. »Wir sehen Kuba nicht mehr als Bedrohung der USA an«, versicherte Obama gegenüber Raul Castro. Der Besuch war historisch, denn seit der kubanischen Revolution von 1959 hatte kein amerikanischer Präsident mehr seinen Fuß auf die Insel gesetzt. Raul Castro bedankte sich höflich für den Besuch und forderte die USA dazu auf, den US-Militärstützpunkt Guantanamo zu schließen und das Land an Kuba zurückzugeben. Raul Castro erklärte, man begrüße eine friedliche Nachbarschaft, wies aber darauf hin, dass es noch Hindernisse für die Normalisierung gebe, und forderte die vollständige Aufhebung der US-Wirtschaftsblockade. »Das Embargo wird zu einem Ende kommen«, versicherte Obama, ohne ein konkretes Datum zu nennen. Die über 50 Jahre andauernde Blockade habe weder den USA noch Kuba genutzt. »Kaum ein anderes Land der Welt bot den USA so energisch die Stirn wie Kuba und war so lange von der Weltmacht isoliert«, kommentierte die deutsche Presse richtig.[276]

# 9. Der illegale Krieg gegen Vietnam 1964

Vietnam gehörte nicht zu den Gründungsstaaten der UNO und trat erst 1977 der Weltfriedensorganisation bei. Die Vietnamesen haben wiederholt gegen fremde Mächte gekämpft. Das Land war während vieler Jahre eine Kolonie Frankreichs und wurde während des Zweiten Weltkriegs von Japan besetzt. Nach dem Zwischenfall im Golf von Tonkin 1964 begannen die USA einen illegalen Angriffskrieg ohne UNO-Mandat, der elf Jahre dauerte und 1975 mit der Niederlage der USA endete. Dieser illegale Angriffskrieg führte zu viel Leid und hohen Verlusten. Rund drei Millionen Vietnamesen wurden getötet, viele davon Frauen, Kinder und alte Menschen. Die USA verloren 58.000 amerikanische Soldaten, mehr als in jedem anderen Krieg, den das Imperium seit 1945 geführt hat. Sowohl in Europa als auch in den USA haben damals viele Menschen gegen den Vietnamkrieg demonstriert. Heute hat das südostasiatische Land eine Bevölkerung von 93 Millionen Menschen und wird von der Kommunistischen Partei Vietnam, der einzigen legalen Partei im Land, als Einparteienstaat regiert.

## Frankreich verliert seine Kolonie Indochina 1954

Um die Handelsroute nach China abzusichern, schickte Frankreich im 19. Jahrhundert Kriegsschiffe nach Südostasien. In »Indochina« errichteten die Franzosen ein Kolonialregime, das die heutigen Länder Vietnam, Laos und Kambodscha umfasste. Das Kolonialregime erhob hohe Steuern und die arme Bauernbevölkerung führte mehrere Aufstände durch, die durch die Franzosen blutig niedergeschlagen wurden.

Im Zweiten Weltkrieg, als Frankreich von Deutschland besetzt wurde, fielen die Japaner in Vietnam ein. Erneut wehrten sich die Vietnamesen gegen die fremden Besatzer. Zu derselben Zeit kämpften auch die Franzosen im eigenen Land gegen die deutsche Besatzung. Der antifaschistische Kampf machte die französischen Kommunisten in der Bevölkerung beliebt und nach dem Krieg erhielt die Kommunistische Partei Frankreichs (Parti Communiste Français, PCF) in den Wahlen 1946 fast 29 Prozent der Stimmen und war damit die stärkste Partei von Frankreich. Künstler wie der Spanier Pablo Picasso und Intellektuelle wie der Franzose Jean-Paul Sartre standen der Partei nahe.

Im fernen Vietnam führte der kommunistische Revolutionär Ho Chi Minh den Aufstand gegen den japanischen Imperialismus und den französischen Kolonialismus an. Nach der Niederlage Japans im Zweiten Weltkrieg rief Ho Chi Minh im September 1945 die Unabhängigkeit Vietnams aus. In seiner Unabhängigkeitserklärung bezog sich Vietnam explizit auf die Deklaration der Menschen- und Bürgerrechte der französischen Revolution und die Unabhängigkeitserklärung der USA.

Die französische Regierung war darüber nicht erfreut und begann einen Krieg gegen Vietnam, um das Land wieder unter französische Kontrolle zu bringen. Im November 1946 beschossen französische Kriegsschiffe Haiphong und töteten 6000 Vietnamesen. Der Angriffskrieg war illegal, denn er fand ohne UNO-Mandat statt. Im französischen Parlament war der Einsatz der Armee gegen Vietnam umstritten. Am 28. Januar 1950 protestierte die kommunistische Abgeordnete Jeannette Vermeersch in der Nationalversammlung mit klaren Worten gegen den Krieg: »Die Vietnamesen haben Marseille nicht bombardiert. Aber ihr habt Haiphong bombardiert!« Vermeersch, die Frau des Generalsekretärs der französischen Kommunistischen Partei Maurice Thorez, scheute sich nicht, den Krieg von Frankreich gegen Vietnam mit dem landesweit verhassten Angriffskrieg von Deutschland zu vergleichen. Indem französische Soldaten jetzt Dörfer in Vietnam niederbrennen, »begehen sie die gleichen Verbrechen«, welche die Nazis in Frankreich vor wenigen Jahren begangen haben, so die Kritik von Vermeersch.

Dieser brisante Vergleich löste einen Tumult in der Nationalversammlung in Paris aus. Die Kommunisten applaudierten. Die konservativen Parteien riefen: »Genug! Genug! Es reicht mit dem Unsinn! Raus mit dir!« Andere riefen: »Du bist es nicht wert, eine Französin genannt zu werden!« Und der Präsident der Nationalversammlung sagte zu Vermeersch: »Madame, ich muss Ihnen sehr höflich sagen … dass Sie auf unerträgliche Art dieses Parlament und die ganze französische Nation beleidigt haben.« Worauf Vermeersch antwortete: »Dann frage ich: Haben wir Haiphong bombardiert oder haben wir Haiphong nicht bombardiert?« Es dauerte an diesem Tag einige Zeit, bis wieder Ruhe im französischen Parlament einkehrte.[277]

Trotz der Opposition der Kommunistischen Partei führte Frankreich ab 1946 Krieg gegen Vietnam, das in ein von China unterstütztes kommunistisches Nordvietnam und ein von den Franzosen kontrolliertes Südvietnam aufgeteilt wurde. Im sogenannten Indochinakrieg kämpften auch rund 30.000 Deutsche als Fremdenlegionäre auf der Seite von Frankreich, darunter viele Waisen des Weltkrieges und ehemalige Angehörige der Wehrmacht oder der Waffen-SS. Einige Deutsche wechselten während des Krieges die Seiten und kämpften danach für die vietnamesischen Kommunisten.[278] Die USA griffen auf der Seite der Kolonialmacht in den Krieg ein und unterstützten die Franzosen ab 1950 heimlich mit Waffen, darunter Maschinengewehre, Jeeps, Lastwagen und Flugzeuge.[279] Doch Ho Chi Minh und die von ihm angeführte Liga für die Unabhängigkeit Vietnams Viet Minh besiegten die europäischen Kolonialherren 1954 in der entscheidenden Schlacht von Dien Bien Phu und zwangen die Franzosen zum Abzug. Die Militärelite Frankreichs, die die Niederlage gegen Deutschland von 1940 noch nicht verarbeitet hatte, empfand die erneute Niederlage in Vietnam als eine große Schmach.

## Die Ermordung von Präsident Ngo Dinh Diem

So wie heute Korea in einen kommunistischen Norden und einen kapitalistischen Süden getrennt ist, bestand damals auch Vietnam aus zwei Ländern. Im kommunistischen Nordvietnam, das enge Beziehungen zu China pflegte, war Ho Chi Minh Präsident. In Südvietnam installierten die USA 1955 in einer manipulierten Wahl den Katholiken Ngo Dinh Diem als Präsidenten, um die Ausbreitung des Kommunismus über ganz Vietnam zu stoppen. Doch Diem führte ein diktatorisches Regime, bereicherte sich und seine Familie und ging gegen Kommunisten und Buddhisten äußerst brutal vor. Um auf die Missstände aufmerksam zu machen und gegen Diem zu protestieren, verbrannten sich buddhistische Mönche öffentlich. Die Administration von US-Präsident Kennedy war zunehmend unzufrieden mit Diem und schickte Militärberater nach Südvietnam. Am 2. November 1963 wurde Präsident Diem in Saigon von seinem Militär gestürzt und zusammen mit seinem jüngeren Bruder Ngo Dinh Nhu erschossen. Die Witwe Madame Nhu erkannte sofort, dass die USA bei der Ermordung ihres Mannes involviert waren, und erklärte drei Tage nach dem Tod ihres Mannes: »Wer die Amerikaner als Alliierte hat, braucht keine Feinde.«[280]

In der Öffentlichkeit drückte das US-Imperium heuchlerisch Überraschung über den Tod von Diem aus. Doch die inzwischen deklassifizierten Pentagon Papers zeigen, dass die USA den Sturz und die Ermordung von Diem gezielt herbeigeführt hatten. Verteidigungsminister Robert McNamara ließ im Januar 1969 einen streng geheimen Bericht über die Lage in Vietnam erstellen. Dieser »Report of the Office of the Secretary of Defense Vietnam Task Force«, kurz »Pentagon Papers«, wurde 1971 in Teilen an die Presse weitergeleitet und ist heute öffentlich zugänglich. Zum Mord von Diem heißt es darin: »Für den Militärputsch gegen Ngo Dinh Diem müssen die

USA ihren vollen Teil der Verantwortung tragen«, so das Pentagon. »Seit August 1963 haben wir die Putschpläne der vietnamesischen Generäle autorisiert und ermuntert und unsere volle Unterstützung für eine Nachfolgeregierung zugesichert. Im Oktober haben wir die militärische Hilfe an Diem eingestellt, was ein Affront war, und gleichzeitig den Generälen grünes Licht gegeben. Sowohl während der Planung wie auch während der Ausführung des Putsches haben wir im Geheimen den Kontakt mit den Generälen aufrechterhalten ... Als die neunjährige Regierungszeit von Diem zu einem blutigen Ende kam, erhöhte unsere Mitschuld bei seinem Sturz unsere Verantwortung und unser Engagement für ein de facto führungsloses Vietnam.«[281]

Im Kapitel zu Kuba habe ich oben dargelegt, dass die USA erfolglos versucht hatten, Fidel Castro zu töten. In Vietnam waren sie erfolgreicher. Aber natürlich ist es illegal und gegen die Prinzipien der UNO-Charta, die Ermordung des Präsidenten eines anderen Landes zu unterstützen. Es ist auch dann illegal, wenn dieser Präsident brutal und rücksichtslos ist und wenn die Unterstützung im Geheimen erfolgt. Mord und Angriffskriege sind schwere Verbrechen. Auch die USA haben die UNO-Charta unterschrieben. Aber Präsident Kennedy und seine Berater haben das Gewaltverbot missachtet, als sie den Mord des Präsidenten von Vietnam unterstützten.

Der charismatische Kennedy war nicht nur in den USA, sondern auch in Europa sehr beliebt. Seine Chancen, die Wiederwahl 1964 zu gewinnen, waren groß. Wenige wussten damals, dass Kennedy plante, die wenigen amerikanischen Soldaten, die damals schon in Vietnam waren, abzuziehen. Kennedy wollte den Vietnamkrieg stoppen. »Dieser Krieg in Vietnam ist ständig in meinem Kopf, er verfolgt mich Tag und Nacht«, so Kennedy am 20. Oktober 1963. »Wenn ich wiedergewählt werde, ist das Erste, was ich tun werde, dies: Ich werde die Amerikaner aus Vietnam abziehen.«[282] Einige Generäle im Pentagon und hochrangige CIA-Mitarbeiter, die davon wussten, waren schockiert und glaubten, dass Kennedy zu »weich« gegenüber dem Kommunismus sei. Am 22. November 1963 wurde der amerikanische Präsident in Dallas erschossen, er starb nur 20 Tage nach Diem.

Der doppelte Präsidentenmord trieb die Gewaltspirale an und stürzte Vietnam ins Chaos. Die Prinzipien der Friedensforschung wurden völlig missachtet. »Frieden erfordert etwas weitaus Schwierigeres, als Rache auszuüben oder nur die andere Wange hinzuhalten«, erklärt der amerikanische Psychologe und Mediator Marshall Rosenberg. »Es erfordert, empathisch mit den Ängsten und unerfüllten Bedürfnissen umzugehen, welche den Antrieb liefern, sich gegenseitig anzugreifen«, so Rosenberg, der mit seiner wertvollen Arbeit nicht nur in den USA, sondern auch in anderen Ländern viel zu einem Bewusstseinswandel und dem Abbau von Feindbildern beigetragen hat. »Wenn Menschen sich über diese Gefühle und Bedürfnisse bewusst werden, verlieren sie das Verlangen zurückzuschlagen, da sie erkennen, dass Unwissenheit zu jenen Angriffen führt. Stattdessen wird es zu ihrem Ziel, empathische Verbindungen und Aufklärung zu schaffen, welche es ihnen ermöglicht, Gewalt zu überwinden und partnerschaftliche Beziehungen einzugehen.«[283]

## Die Kriegslüge vom Golf von Tonkin 1964

Der amerikanische Präsident Lyndon Johnson, der nach der Ermordung von Präsident Kennedy ins Weiße Haus einzog, hat im Dezember 1963 vor der UNO-Generalversammlung versichert, dass die UNO eine sehr wertvolle und wichtige internationale Organisation sei, um den Weltfrieden zu fördern. »Wir unterstützen die Vereinten Nationen als das beste Instrument, das dazu geschaffen wurde, den Weltfrieden zu erhalten und zum Wohle der Menschheit beizutragen«, so Johnson.[284]

Dies war eine dreiste Lüge. Präsident Johnson und andere Führer des US-Imperiums haben die UNO wiederholt durch Morde und Angriffskriege sabotiert. Den UNO-Sicherheitsrat oder die UNO-Generalversammlung haben die USA nur eingeschaltet, wenn es ihren Interessen entsprach, zum Beispiel während der Kubakrise 1962, um die Stationierung von Atomraketen durch die Sowjetunion öffentlich zu kritisieren und Moskau zu einem Abzug der Raketen aufzufordern. In diesen Fällen war die UNO jeweils eine Art »Weltbühne«, auf der die USA ihr Anliegen medienwirksam einer großen Öffentlichkeit darlegen konnten. Der US-Staatssekretär für Internationale Angelegenheiten, Richard Gardner, gab eine viel ehrlichere Erklärung ab als Johnson, als er im Februar 1963 erklärte: »Wir in Washington … betrachteten die Vereinten Nationen in einer knallharten und pragmatischen Art und Weise als Mittel zur Durchsetzung unserer eigenen nationalen Interessen.«[285]

Auch der Angriffskrieg gegen Vietnam erfolgte ohne UNO-Mandat. Dies war ein schweres Verbrechen. Nicht nur die amerikanische Bevölkerung, sondern die ganze Welt wurde damals durch Kriegslügen getäuscht und in die Irre geführt. Präsident Johnson begründete den Krieg mit der dreisten Behauptung, die Vietnamesen hätten die USA zuerst angegriffen und das US-Imperium schlage nur zurück. Präsident Johnson behauptete konkret, das US-Kriegsschiff Maddox, das vor der Küste Vietnams patrouillierte, sei von den Vietnamesen angegriffen worden. Wörtlich sagte Johnson am 4. August 1964 in seiner Rede, die spät in der Nacht um 23:36 Uhr vom Fernsehen übertragen wurde: »Als Präsident und oberster Befehlshaber ist es meine Pflicht, dem amerikanischen Volk zu berichten, dass wiederholte feindliche Handlungen gegen amerikanische Schiffe im Golf von Tonkin mich heute gezwungen haben, das Militär der USA anzuweisen, zu reagieren. Der erste Angriff auf das Schiff Maddox vom 2. August wurde heute am 4. August durch feindliche Boote wiederholt... Dieser neue Akt der Aggression gegen unsere Truppen zeigt, wie wichtig der Kampf um Frieden und Sicherheit in Südostasien ist... Es braucht Härte, um den Frieden zu sichern.«[286]

Doch was war im Golf von Tonkin wirklich passiert? Das US-Kriegsschiff Maddox war vor der Küste Nordvietnams hin und her gefahren. Das ist erlaubt, solange das Kriegsschiff nicht in das vietnamesische Hoheitsgewässer eindringt. Als Hoheitsgebiet beanspruchte Nordvietnam die Zwölf-Meilen-Zone, also einen Abstand von zwanzig Kilometern zur Küste. Wo genau sich die Maddox damals befand, ist für Historiker schwer zu rekonstruieren. Sicher ist, dass die Präsenz der Maddox Nordvietnam provozierte, denn Nordvietnam lag mit Südvietnam im Krieg und die USA unterstützten Südvietnam.

Ab November 1963 hatten amerikanische Militärberater Südvietnam bei der Durchführung von Operational Plan 34A (OPLAN 34A) unterstützt, in dessen Rahmen südvietnamesische Patrouillienboote entlang der Küste nach Nordvietnam vordrangen und im Schutz der Nacht Radarinstallationen und Militärdepots der Nordvietnamesen zerstörten. Diese Angriffe von Südvietnam auf die Infrastruktur von Nordvietnam wurden von der CIA als streng geheim eingestuft und waren der Öffentlichkeit damals nicht bekannt. Die UNO ist gegen solche Aktionen der verdeckten Kriegsführung völlig machtlos. Die kleine südvietnamesische Flotte von schnellen Patroullienbooten führte auch Anfang August 1964 Sabotageakte durch. Die maritimen Angriffe dauerten jeweils nur kurz, wie Nadelstiche. Aus der Sicht von Nordvietnam sah es so aus, als ob das amerikanische Kriegsschiff Maddox den südvietnamesischen Angriffen Deckung gab und sie koordinierte. »Das Schiff sollte als Provokateur zur See seinen scharfen, grauen Bug und die amerikanische Flagge so nahe wie möglich in den Bauch Nordvietnams stecken, quasi seine 5-Inch-Kanonen in die Nase der kommunistischen Marine rammen«, erklärt der amerikanische Journalist James Bamford. »Die Mission provozierte umso mehr, weil sie gleichzeitig mit den Kommandoüberfällen an der Küste stattfand und dadurch der Eindruck entstand, dass die Maddox diese Überfälle leitete.«[287]

Nordvietnam erwiderte die Provokation und schickte drei Schnellboote in den Golf von Tonkin, um die OPLAN-Angriffe abzuwehren. Als die nordvietnamesischen Schnellboote näher als sechs Meilen an die Maddox kamen, eröffneten die Amerikaner das Feuer. Eines der nordvietnamesischen Schnellboote wurde durch die

Maddox getroffen und vier vietnamesische Besatzungsmitglieder wurden getötet. Die Nordvietnamesen schossen Torpedos ab, also Unterwasserwaffen mit eigenem Antrieb und einer Sprengladung, doch diese trafen die Maddox nicht. Das amerikanische Kriegsschiff Maddox wurde beim Scharmützel vom 2. August nicht getroffen und nicht beschädigt, kein Amerikaner starb.[288]

Kapitän John Herrick von der Maddox wollte nach dem Scharmützel das Gebiet verlassen, aber seine Vorgesetzten im Pentagon befahlen ihm, in den Golf von Tonkin zurückzukehren. Am 4. August berichtete Verteidigungsminister Robert McNamara an Präsident Johnson, dass die Maddox erneut von Torpedos beschossen worden sei. Doch dies war eine Lüge. Die National Security Agency (NSA), der Geheimdienst der USA, der für die weltweite Überwachung und Entschlüsselung elektronischer Kommunikation zuständig ist, hat im Dezember 2005 mehr als 140 früher streng geheime Dokumente zum Zwischenfall im Golf von Tonkin freigegeben, darunter auch eine Studie des NSA-Historikers Robert Hanyok, die bestätigt, was andere Historiker schon lange vermutet haben: Es gab keinen zweiten Angriff auf US-Schiffe im Golf von Tonkin am 4. August 1964. »Die meisten Berichte, wenn man sie denn ausgewertet hätte, zeigten klar, dass es keinen Angriff gab«, so das nüchterne und klare Fazit von Hanyok.[289]

Der Angriff auf die Madoxx war eine Erfindung. Die Geschichte war von Anfang an haltlos. Gene Poteat, der leitende Radar-Analytiker der CIA zu dieser Zeit, schlussfolgerte aus den vorliegenden Daten, dass »unmöglich Torpedos auf den Zerstörer abgefeuert worden sein konnten«. Poteat erkannte die Kriegslüge der Administration Johnson. »Es ist ziemlich klar, sie hatten sich ihre Gedanken gemacht, wie sie vorgehen wollten, der Präsident und McNamara. Sie wollten Krieg. Ich war fassungslos, als ich am nächsten Morgen die Zeitung las und die Luftangriffe begonnen hatten«, erinnerte sich Poteat später. »Ich glaubte, dass es nicht verkehrt ist, die Fakten zu bekommen, bevor man beginnt. Es wäre einfach zu ermitteln gewesen, ob es ein glaubwürdiger Angriff war oder nicht, und das ziemlich schnell.«[290]

Doch das Weiße Haus wollte keine Untersuchung des Zwischenfalles. Und dies obschon die UNO-Charta explizit fordert, dass bei undurchsichtigen Streits zuerst die Fakten auf den Tisch müssen, bevor Gewalt eingesetzt wird. »Der Sicherheitsrat kann jede Streitigkeit sowie jede Situation, die zu internationalen Reibungen führen oder eine Streitigkeit hervorrufen könnte, untersuchen, um festzustellen, ob die Fortdauer der Streitigkeit oder der Situation die Wahrung des Weltfriedens und der internationalen Sicherheit gefährden könnte«, betont Artikel 34. Doch weil Präsident Johnson den Krieg wollte, schaltete er die UNO nicht ein. Als McNamara 1999 gefragt wurde, ob es den »Angriff« vom 4. August gegeben habe oder nicht, gab er zu: »Was ich denke ist klar, uhm, er fand nicht statt.«[291]

In der Sitzung des UNO-Sicherheitsrates am 5. August 1964 in New York wurden die Fakten völlig verdreht. Die Briten erklärten, die USA seien von Vietnam angegriffen worden und daher bestehe ein Recht auf Selbstverteidigung gemäß Artikel 51 der UNO-Charta. »Weil wir es hier mit wiederholten Angriffen zu tun haben, die stärker wurden, hatten die USA das Recht, gemäß dem Prinzip der Selbstverteidigung... aktiv zu werden, um weitere solche Angriffe auf ihre Schiffe zu verhindern«, erklärte der britische UNO-Botschafter. Ob die Briten zu diesem Zeitpunkt wussten, dass die Tonkin-Geschichte eine Lüge war, ist nicht klar. »Präventive Aktionen, welche diesem Ziel dienen... stehen völlig im Einklang mit der UNO-Charta und Artikel 51«, so der britische Vertreter im UNO-Sicherheitsrat.[292]

## Die Manipulation der Massenmedien durch die CIA

Die US-Presse übernahm die Kriegslügen von Präsident Johnson, ohne sie zu hinterfragen, und stellte die USA als Opfer von Vietnam dar, das auf einen hinterhältigen und bösen Angriff reagieren musste. »US-Flugzeuge bombardierten Vietnam nach dem zweiten Angriff auf unsere Kriegsschiffe. Die Handlung erfolgte, um neue Aggressionen zu stoppen«, lautete die Schlagzeile in der *Washington Post* am 5. August 1964. Und die alterwürdige *New York Times* berichtete am selben Tag auf ihrer Titelseite: »Nach erneuten Angriffen auf amerikanische Schiffe im Golf von Tonkin hat Präsident Johnson Vergeltungsschläge gegen vietnamesische Schiffe und Infrastruktur in Nordvietnam angeordnet.« Das waren Kriegslügen, aber die Leser wussten es nicht.

Die gleichgeschaltete Presse steuerte im Einklang mit dem Weißen Haus auch den Kongress. Schon am 7. August 1964 verabschiedete das amerikanische Parlament die Gulf of Tonkin Resolution und gab Präsident Johnson die Erlaubnis, »alle notwendigen Schritte einzuleiten, um einen Angriff auf die US-Streitkräfte zurückzuschlagen und weitere Aggressionen zu verhindern.« Erneut wurden die USA fälschlicherweise als das angegriffene und nicht als das angreifende Land dargestellt. Die UNO wurde nicht befragt. Der Vietnamkrieg war ein illegaler Angriffskrieg, basierend auf einer Lüge. Präsident Johnson machte sich des schweren Verbrechens der Aggression schuldig. Wenn er noch leben würde, müsste Johnson vor dem Internationalen Strafgerichtshof der UNO in Den Haag erscheinen, der zum Zeitpunkt der Tonkin-Lüge aber noch nicht existierte.

Die Parallelen zum Irakkrieg 2003 und der Lüge mit den ABC-Waffen ist offensichtlich. »Wie später vor dem Feldzug im Irak erteilte der Kongress auch 1964 einem amerikanischen Präsidenten eine Generalvollmacht zum Krieg aufgrund einer Lüge«, kritisierte der Schweizer Journalist Martin Killian im *Tages-Anzeiger*. Die Tonkin-Kriegslüge wurde in den Medien mit derart großer Wucht verbreitet, dass lediglich zwei Senatoren gegen die Tonkin-Resolution stimmten. »Ich nehme normalerweise nicht an, dass der Präsident mich anlügt«, rechtfertigte Senator William Fulbright später seine Zustimmung.[293] »Das Land und dieses Komitee wurden unter falschen Vorwänden in einen Konflikt gezerrt, der Tausende von Leben gekostet hat und der der moralischen Position unseres Landes in der Welt massiv schadet«, kritisierte US-Senator Albert Gore senior, der Vater des späteren Vizepräsidenten Al Gore, 1968 richtig, als er erkannte, dass Johnson das Parlament angelogen hatte. Doch da hatte der Krieg schon begonnen und ein Ausweg ohne Gesichtsverlust war schwierig.[294]

Dass die Tonkin-Lüge auf allen Titelseiten verbreitet wurde, war kein Zufall. Der US-Journalist Carl Bernstein, der zuvor für die *Washington Post* gearbeitet hatte, enthüllte in einem Artikel, der 1977 viel Aufsehen erregte, die engen Beziehungen der CIA zu den US-Massenmedien. »Die mit Abstand wertvollsten Beziehungen, so haben CIA-Mitarbeiter bestätigt, waren die zur *New York Times* und zum Fernsehsender *CBS*«, berichtete Bernstein. Schon bald nach der Gründung der CIA im Jahre 1947 habe der Geheimdienst damit begonnen, mit den US-Medien zu kooperieren. »Wenn diese Sache genauer untersucht würde, so sagen CIA-Mitarbeiter, werde das zu einer ganzen Serie von sehr peinlichen Enthüllungen führen, die für die 1950er und 1960er Jahre einige der einflussreichsten Personen im amerikanischen Journalismus betreffen.«

Einige Journalisten sammelten Informationen im Ausland und gaben sie an die CIA weiter. Andere »waren zu 100 Prozent bei der CIA angestellt, spielten aber im Ausland den Journalisten«, enthüllte Bernstein. Insgesamt hätten mehr als 400 US-Journalisten in der einen oder anderen Form mit der CIA seit der Gründung des Geheimdienstes kooperiert, viele in sehr einflussreichen Positionen. »Als im Jahre 1976 die Aktivitäten der CIA durch den von Senator Frank Church geleiteten US-Senatsausschuss untersucht wurden, erkannten mehrere Senatoren, wie stark die CIA in der Medienlandschaft präsent war«, so Bernstein. »Aber hochrangige CIA-Mitarbeiter, wie der frühere CIA-Direktor William Colby und George Bush, überzeugten den Senatsausschuss, seine Untersuchungen in diesem Themenfeld einzuschränken und im Abschlussbericht das ganze Ausmaß der Kooperation zu verschleiern.«[295]

Die Leser der *New York Times*, wie die heutigen Konsumenten der Massenmedien, waren sich überhaupt nicht bewusst, dass der Text, den sie am Frühstückstisch oder im Büro lasen, wie auch der Beitrag, den sie nach dem Abendessen am Fernsehen sahen, ursprünglich von der CIA stammte und so aufgesetzt war, wie es die Regierung im Weißen Haus wollte. Konkret wollte die Johnson-Administration 1964 die Zustimmung von Volk und Kongress für den Krieg in Vietnam. Über die CIA konnten Fernsehen und Zeitungen so gesteuert werden, dass tatsächlich eine breite Zustimmung entstand, auch wenn für den Krieg kein Mandat der UNO vorlag. Der Trick war einfach: Das Fehlen des UNO-Mandates wurde in Presse, Radio und Fernsehen gezielt verschwiegen, also dachte niemand daran.

Nicht nur die *New York Times*, auch die bekannte Zeitung *Washington Post* bearbeitete die sogenannte »Heimatfront«, also die Mütter und Väter, die ihre Söhne als Soldaten in den Krieg schickten und über ihre Steuern die Flugzeuge und Bomben finanzierten. Katharine Graham, die Tochter des Investmentbankers Eugene Meyer, war damals die Besitzerin der einflussreichen Medienmarken *Washington Post* und *Newsweek*. Ihr Mann, Philip Graham, der 1963 Selbstmord beging, war bei der *Washington Post* ein sehr einflussreicher Redakteur. Graham prahlte, dass »man einen Journalisten für weniger Geld bekommt als ein gutes Callgirl, also für nur einige hundert Dollar pro Monat.« Medienarbeitende, so die Überzeugung von Graham, sind wie Prostituierte kaufbar, sie bieten gegen Bezahlung einen Dienst an, und dies sogar günstig.[296]

Graham und andere Redakteure waren sehr einflussreich. Bis heute ist die Redaktion das strategische Zentrum einer jeden Zeitung, wobei der Chefredakteur in aller Regel das letzte Wort hat. Die Redakteure entscheiden, welche Stories gedruckt werden und welche nicht. Sie entscheiden über die Schlagzeilen und Bilder, welche die Gedanken und Gefühle der Zeitungsleser und Fernsehzuschauer steuern. Eine denkbare Schlagzeile wie »USA bombardieren Vietnam ohne UNO-Mandat«, begleitet von einem Bild von einem vietnamesischen Mädchen, das voller Angst und Verzweiflung neben seinen durch US-Bomben getöteten Eltern kniet, wurde im August 1964 natürlich nicht gedruckt. Denn das hätte die Heimatfront völlig destabilisiert. Stattdessen verbreitete die *Washington Post* die Propagandalüge der Administration Johnson: »US-Kriegsschiff wurde im Golf von Tonkin angegriffen«, dazu ein Bild vom Kriegsschiff. Daher dachte niemand an die UNO, und auch niemand an das Gewaltverbot, das im Völkerrecht verwurzelt ist. Vielmehr wurde der Verteidigungsreflex aktiviert, denn wer angegriffen wird, muss sich ja wehren, wenn er überleben will.

Die CIA hatte schon seit ihrer Gründung versucht, die Geschichtsschreibung zu beeinflussen, und tut es auch weiterhin. Im Rahmen der Operation Mockingbird – was übersetzt Operation Spottdrossel bedeutet – hat der Geheimdienst ab den 1950er Jahren systematisch Zeitungen, Zeitschriften, Fernsehen, Filme aus Hollywood und auch Bücher überwacht und sich stets bemüht, eine positive Sicht auf die US-Außenpolitik, die CIA und ihre Aktivitäten durchzusetzen. Im Rahmen der Operation Mockingbird »versuchte die CIA auch die Publikation von Artikeln oder Bücher zu verhindern, die die CIA in einem negativen Licht darstellten«, so die Enzyklopädie über die US-Geheimdienste. »Die CIA hat auch verdeckt geholfen, Bücher zu publizieren, die den Geheimdienst positiv darstellten … ebenso wurden entsprechende Hollywood-Filme finanziell unterstützt.«[297]

Heute, mehr als 50 Jahre nach dem Zwischenfall im Golf von Tonkin, hat sich die Medienwelt fundamental verändert. Gedruckte Zeitungen werden immer weniger gelesen, nicht nur die Auflagen der *New York Times* und der *Washington Post* brechen ein, auch die deutschsprachigen Blätter verlieren Leser. Gerade junge Menschen konsumieren Information vor allem digital über Smartphones und Laptops. Dabei nutzen sie durchaus auch die Online-Ausgabe der *New York Times* oder der *Neuen Zürcher Zeitung*, springen aber danach sehr schnell zu anderen Anbietern und Videos auf Youtube. Wer seine Inhalte selber sucht und verschiedene Quellen vergleicht, hat heute die Möglichkeit, Kriegslügen zu durchschauen, wenn er nur achtsam ist. Wir brauchen im 21. Jahrhundert unbedingt mehr Medienkompetenz, um die ungesunde Kombination von Gewalt und Lügen zu überwinden.

## Die illegale Bombardierung von Laos und Kambodscha

Der Vietnamkrieg brachte auch Unheil über die Nachbarländer Laos und Kambodscha. Beide Länder waren seit 1955 Mitgliedsstaaten der UNO und waren im Vietnamkrieg offiziell neutral, beteiligten sich also nicht an den Kampfhandlungen. Doch dies garantierte ihnen keinen Schutz. Denn nachdem durch US-Luftangriffe die Nachschubwege von Nordvietnam nach Südvietnam weitgehend zerstört worden waren, wichen die Nordvietnamesen auf Verkehrswege im benachbarten Laos und Kambodscha aus, um ihre Kämpfer im Süden zu versorgen, und verletzten dadurch die Neutralität der Nachbarländer. Das als »Ho-Chi-Minh-Pfad« bekannte Netzwerk von Wegen bestand sowohl aus größeren Straßen, die von Lastwagen befahren werden konnten, wie auch aus kleinen Wegen für Radfahrer oder verschlungenen Wanderwegen, die nur Fußgänger nutzen konnten.

Am 14. Dezember 1964 begannen die USA auf Befehl von Präsident Johnson im Rahmen der Operation Barrel Roll mit der Bombardierung von Laos, um den Ho-Chi-Minh-Pfad zu zerstören. Dies gelang nicht. Wie ein Fluss sich stets neue Wege sucht, wenn er auf ein Hindernis trifft, so fanden auch die Nordvietnamesen immer neue Umwege, sobald ein Teil der Pfade durch Bomben zerstört worden war. Der US-Angriff auf Laos erfolgte ohne UNO-Mandat und war daher illegal, in den USA wurde nicht darüber berichtet, denn es war ein geheimer Krieg. Auf die Operation Barrel Roll folgte 1965 die Operation Steel Tiger und 1968 die Operation Commando Hunt. »Kein anderes Land der Welt wurde schwerer bombardiert« als Laos, berichtet der amerikanische Historiker T. D. Allman. »Mehr als zwei Millionen Tonnen Bomben warfen die USA während des Vietnamkriegs über Laos ab. Alle acht Minuten eine Flugzeugladung. Neun Jahre lang.« Die Laoten, mehrheitlich arme Bauern, haben sich jahrelang in Höhlen und Tunneln versteckt, um zu überleben. Heute gehört das Land gemäß dem Human Development Index (HDI) der UNO zu den Ländern mit einer »mittleren menschlichen Entwicklung«. Doch noch immer liegen viele Blindgänger im Boden, wie Allman, der das Land oft bereist hat, weiß. »Jede Mutter, jede Ehefrau, jede Schwester und jedes Kind«, berichtet er, »hat einen Ehemann, einen Bruder oder eine kleine Tochter, die lange nach Kriegsende durch amerikanische Bomben getötet oder verstümmelt worden sind.«[298]

Auch Kambodscha wurde von den USA bombardiert, um dortige Militärlager der Nordvietnamesen zu zerschlagen. Der Angriff begann am 18. März 1969 unter dem Namen Operation Menu und wurde von US-Präsident Richard Nixon eingeleitet, der im Januar desselben Jahres als neuer Präsident ins Weiße Haus eingezogen war. Während des Wahlkampfs war der aussichtsreiche Kandidat der Demokraten, Senator Robert Kennedy, der Bruder des früheren Präsidenten, erschossen worden. Nixon hatte versprochen, er werde, wenn er gewinne, den Krieg in Vietnam beenden. Doch sobald er Präsident war, tat er genau das Gegenteil. Nixon hatte kein Mandat der UNO, die Bombardierung von Kambodscha war daher illegal. Nixon hatte auch kein Mandat des US-Kongresses, nur fünf einflussreiche Kongressmitglieder wurden über die Operation Menu informiert. Wegen seines Angriffs auf Kambodscha machte sich Nixon des schweren Verbrechens der Aggression schuldig. Wenn er noch leben würde, müsste er vor dem UNO-Strafgerichtshof in Den Haag erscheinen, den es damals aber noch nicht gab.

Um den geheimen Krieg gegen Kambodscha zu vertuschen, fälschten die amerikanischen Piloten ihre Einsatzprotokolle und gaben an, dass sie Ziele in Südvietnam bombardiert hätten, während sie in Wirklichkeit ihre Bomben über Kambodscha abgeworfen hatten. Zusammen mit seinem Berater für Nationale Sicherheit, Henry Kissinger, und Führungskräften aus dem Pentagon hatte Nixon das hinterhältige Täuschungssystem entwickelt. Erst 1972 wurde das amerikanische Parlament über den geheimen Krieg gegen Kambodscha informiert. Die Parlamentarier waren erzürnt, dass Nixon sie angelogen hatte, und beschämt darüber, dass jene fünf Parlamentarier aus beiden Parteien, die zu den Verschwörern zählten, die anderen Parlamentarier nicht über den illegalen Krieg informiert hatten. »Lügen, um den Feind zu täuschen, ist eine Sache«, so der Historiker Earl Tilford. »Aber den Kongress und führende Mitglieder der Regierung anzulügen, darunter auch den Stabschef der Luftwaffe, ist etwas völlig anderes.«[299]

Der Krieg in Südostasien wurde mit größter Härte geführt. Weil die Nachschubwege der nordvietnamesischen Kommunisten größtenteils von Vegetation verdeckt waren, setzten die USA in Vietnam, Laos und Kambodscha auch Agent Orange ein. Dieses chemische Entlaubungsmittel hat bei der Bevölkerung zu Krankheit, Krebs und schweren Schäden bei ungeborenen Kindern im Mutterleib geführt. Auch lange nach dem Krieg wurden missgebildete Kinder geboren. Gemäß Schätzungen des Roten Kreuzes litten 2002 in Vietnam rund eine Million Vietnamesen an den Spätfolgen von Agent Orange, darunter etwa 100.000 Kinder mit Fehlbildungen.[300] Eine Sammelklage der Opfer wurde in den USA 2005 abgewiesen. Die USA argumentierten, dass der Einsatz von Agent Orange keine chemische Kriegsführung sei und daher auch kein Verstoß gegen internationales Recht vorliege. Dass der Vietnamkrieg mit der Tonkin-Lüge ohne UNO-Mandat begann und damit aufs Gröbste das internationale Recht verletzte, wurde nicht berücksichtigt.

## UNO-Generalsekretär U Thant versucht vergeblich zu vermitteln

UNO-Generalsekretär U Thant war äußerst besorgt über den Angriff der USA auf Vietnam und den eskalierenden Krieg in Südostasien. Aber wie schon während der Kubakrise konnte er nichts gegen die einseitige Aktion des US-Imperiums unternehmen. Viele UNO-Mitgliedsstaaten lehnten den Angriff der USA auf Vietnam ab. Doch trotz der Brutalität des Vietnamkrieges haben weder der UNO-Sicherheitsrat noch die UNO-Generalversammlung wirkungsvolle Schritte unternommen, um diesen illegalen Angriffskrieg zu stoppen.

Generalsekretär U Thant traf am 6. August 1964, zwei Tage nach dem Tonkin-Zwischenfall, im Weißen Haus Präsident Johnson, Außenminister Dean Rusk und UNO-Botschafter Adlai Stevenson und schlug ihnen vor, Verhandlungen zwischen

Nordvietnam und Südvietnam einzuleiten. U Thant bat seinen UNO-Untergeneralsekretär Wladimir Suslow, dem Präsidenten von Nordvietnam Ho Chi Minh eine mündliche Botschaft zu übermitteln, mit dem Vorschlag, vertrauliche Gespräche mit den USA aufzunehmen. In seinen Memoiren schreibt U Thant, dass sein Mitarbeiter Suslow über Moskau im September eine positive Antwort von Hanoi erhalten habe. Ho Chi Minh war zu Gesprächen bereit. Am 23. September informierte U Thant den UNO-Botschafter der USA Adlai Stevenson, der ihm versprach, das Weiße Haus umgehend darüber zu informieren. Doch dann passierte nichts, denn Präsident Johnson war nicht an Gesprächen interessiert.

Im November 1964 teilte Stevenson U Thant mit, Washington habe durch seine eigenen Kanäle die Verhandlungsbereitschaft Hanois überprüft und dabei nicht den Eindruck gewonnen, dass Hanoi ernsthaft verhandeln wolle.[301] Am 24. Februar 1965, als klar war, dass seine Verhandlungsinitiative gescheitert war, informierte U Thant die Öffentlichkeit bei einer Pressekonferenz. »Ich bin sicher, dass das großartige Volk der Amerikaner, wenn sie nur die echten Fakten und den historischen Hintergrund der Entwicklung in Südvietnam kennen würden, mit mir einig wären, dass ein weiteres Blutvergießen unnötig ist«, erklärte der UNO-Generalsekretär in ungewöhnlich klaren Worten. »Wie Sie wissen, ist das erste Opfer des Krieges die Wahrheit.« Damit hatte U Thant klar und deutlich gegen den Vietnamkrieg Stellung bezogen. Außenminister Dean Rusk wurde derart wütend darüber, dass er U Thant anrief und ihn ärgerlich fragte: »Was glauben Sie eigentlich, wer Sie sind, ein Land oder was?«[302]

Auch Präsident Johnson war sauer. Stevenson erklärte, dass Präsident Johnson »besonders erschüttert« sei über den Hinweis auf »die echten Fakten«, weil dies impliziere, »dass die Wahrheit der amerikanischen Bevölkerung vorenthalten werde«. U Thant erklärte gegenüber Stevenson, dass er es bedauere, die USA durch seine Aussagen in Verlegenheit gebracht zu haben.[303] Trotzdem gab U Thant nicht auf und versuchte mehrmals, geheime Gespräche zwischen Nordvietnam und den USA zu organisieren, um einen Waffenstillstand zu vereinbaren. Solche Gespräche fanden dann in Paris auch statt, führten aber nicht zu einem Erfolg.

Im Inland wurde die Administration Johnson durch zum Teil große Anti-Kriegsdemonstrationen herausgefordert. »Eines der ersten Opfer des Vietnamkrieges war die Charta der Vereinten Nationen«, protestierte der Friedensnobelpreisträger Martin Luther King am 25. Februar 1967 in einer kämpferischen Rede in Los Angeles. »Indem die USA gegen den Vietcong und Nordvietnam militärisch vorgingen, haben die Vereinigten Staaten eindeutig die Charta der UNO verletzt«, erkannte der afroamerikanische Bürgerrechtler richtig. »Es ist völlig offensichtlich, dass unsere

Regierung auf schändliche Weise ihre Verpflichtung missachtet und ihre Vorwürfe gegen Nordvietnam nicht dem UNO-Sicherheitsrat unterbreitet hat. Stattdessen haben wir einseitig einen totalen Krieg auf dem Boden von Asien losgetreten. Dabei haben wir den Sinn und Zweck der UNO untergraben, weshalb die Effizienz der UNO schwindet.«

Martin Luther King forderte in klaren und engagierten Worten ein Ende des Vietnamkrieges und erklärte, dass weit mehr schwarze Amerikaner in Vietnam fallen als weiße und dass die hohen Ausgaben für Kriegsmaterial besser für soziale Gerechtigkeit in den USA eingesetzt werden sollten. »Ob wir es realisieren oder auch nicht, unsere Teilname am Vietnamkrieg zeigt, dass wir zu wenig Sympathie für die Unterdrückten dieser Welt haben, der Krieg offenbart unsere antikommunistische Paranoia und unser Unvermögen, die Angst und Not der Habenichtse zu fühlen. Der Krieg zeigt, dass wir uns an neokolonialen Abenteuern beteiligen ... Diese Bomben in Vietnam explodieren bei uns zu Hause: Sie zerstören die Hoffnung und die Möglichkeit, ein ehrliches Amerika zu erschaffen.« Durch sein Engagement für die Rechte der Afroamerikaner und seine scharfe Kritk am Vietnamkrieg zog Martin Luther King den Hass der amerikanischen Elite auf sich. Der Bürgerrechtler und Friedensaktivist wurde am 4. April 1968 in Mephis, Tennessee erschossen.[304]

Die Friedensdemonstrationen in den USA konnten weder den Vietnamkrieg noch den Ausbau des Militärisch-Industriellen Komplexes stoppen, die Rüstungsausgaben der USA stiegen 1975 auf den neuen Höchstwert von 90 Milliarden Dollar. Der Vietnamkrieg endete erst mit dem Sieg der Kommunisten und der vollständigen Einnahme Saigons am 1. Mai 1975 durch Nordvietnam. Die USA waren militärisch geschlagen und mussten wie schon zuvor die Franzosen als Verlierer aus Vietnam abziehen. Ho Chi Minh, der sich mit seiner Forderung nach politischer Partizipation der Bauern und nach Gleichberechtigung von Mann und Frau durchgesetzt hatte, verstarb 1969 an Herzversagen. Den Sieg über die USA und die Wiedervereinigung von Vietnam erlebte er nicht mehr.

# 10. Der illegale Krieg gegen Nicaragua 1981

Nicaragua ist seit 1945 UNO-Mitglied. Das zentralamerikanische Land hat heute sechs Millionen Einwohner und grenzt im Norden an Honduras und im Süden an Costa Rica. Die wirtschaftliche Entwicklung ist von der Landwirtschaft geprägt, das Land ist berühmt für seinen Kaffeeanbau. Ab dem 16. Jahrhundert waren spanische Eroberer ins Land gekommen. Damals gab es die UNO noch nicht. Als die indigene Bevölkerung Widerstand gegen die Unterwerfung leistete, antworteten die Kolonialherren aus Europa mit Krieg, Verschleppung und Versklavung. Erst 1821 erlangte Nicaragua seine Unabhängigkeit von der spanischen Krone. Im 20. Jahrhundert wurde Nicaragua von mehreren brutalen Bürgerkriegen heimgesucht, an denen die USA beteiligt waren. Der Internationale Gerichtshof der UNO verurteilte 1986 die amerikanische Einmischung in die Innenpolitik von Nicaragua, doch Washington ignorierte das Urteil.

## Der Guerillaführer Augusto Sandino kämpft gegen die Yankees

Ab 1909 schickten die USA Soldaten nach Nicaragua und zogen diese erst wieder ab, nachdem die amtierende Regierung in Nicaragua versprochen hatte, die Interessen der USA genügend zu respektieren. Der Unmut über die wiederholten amerikanischen Invasionen war groß. Augusto Sandino führte den Kampf gegen die Amerikaner an. Er glaubte an Gewalt und war davon überzeugt, dass man die »Yankees« militärisch besiegen müsse. »Sandino ist ein Optimist und besitzt die unübliche Gabe, andere Menschen von der Machbarkeit seiner fantastischen Pläne zu überzeugen«, so die Beschreibung eines Offiziers, der 1927 unter Sandino diente. »Sandino ist keineswegs kaltblütig und hat nie selber eine Grausamkeit begangen, denn er ist sehr religiös und glaubt, dass jede falsche Handlung ihre gerechte Bestrafung erfahren wird ... Er hat kein Interesse an Geld und hat kaum je einen Penny im Hosensack ... Stets spricht er vom ›Wohlergehen unseres Vaterlandes‹, sein Hauptinteresse gilt der Klasse der Bauern.«[305]

Washington beurteilte die Lage völlig anders und bezeichnete Sandino als »Banditen«. Es kann nicht genug betont werden, dass Begriffe wie »Banditen« oder »Terroristen« eine ganz zentrale Rolle in der Geschichtsschreibung und im Informationskrieg spielen. Für die meisten Menschen in Nicaragua war Sandino kein Bandit, sondern ein »Patriot« und »Revolutionär«. Ein amerikanischer Marineleutnant notierte damals in sein Tagebuch: »Die Menschen, die gegen die Regierung in Nicaragua kämpfen, sind Revolutionäre – unabhängig von der Tatsache, dass wir sie als Banditen bezeichnen. Das alles ist ein Vorwand, um unsere eigenen Taten zu legitimieren und die Bevölkerung in den USA zu täuschen, weil diese ansonsten unseren sofortigen Rückzug aus Nicaragua fordern würde, hätte sie Zugang zu den Fakten.«[306]

Die USA zogen ihre Soldaten erst 1933 wieder ab, nachdem sie eine nicaraguanische Nationalgarde erschaffen und den Oberbefehl ihrem Vertrauten Anastasio Somoza Garcia übertragen hatten. General Somoza bekämpfte die sozialrevolutionäre Guerillabewegung von Sandino und ließ seine Anhänger verschleppen und ermorden, 1934 ließ er auch Sandino töten. Wenig später stieg Somoza zum Präsidenten von Nicaragua auf und regierte das Land als brutaler Diktator, bis er 1956 erschossen wurde. Die USA unterstützen Diktator Somoza, obschon bekannt war, dass er – wie später Diktator Pinochet in Chile – in schwere Verbrechen verwickelt war. Somoza hatte dem US-Imperium dabei geholfen, seine wirtschaftlichen und geostrategischen Interessen in Nicaragua abzusichern. In diesem Sinne sagte der amerikanische Präsident Franklin D. Roosevelt über Somoza: »Er ist vermutlich ein Hurensohn. Aber er ist unser Hurensohn.«[307]

Anastasio Somoza Debayle, der Sohn des ermordeten Diktators Anastasio Somoza Garcia, stieg 1967 selbst zum Präsidenten von Nicaragua auf. Er hatte die Militärakademie West Point in den USA besucht und als Oberbefehlshaber der Nationalgarde enge Kontakte zum amerikanischen Militär gepflegt. Nachdem er sich zum Diktator ernannt hatte, bekämpfte Somoza junior seine politischen Gegner, die Sandinisten, mit Todesschwadronen. Die Nationalgarde von Somoza war für Hinrichtungen, Folterungen, Vergewaltigungen und Verstümmelungen verantwortlich. Als 1972 ein Erdbeben Nicaragua heimsuchte, zweigte Diktator Somoza internationale Hilfsmittel im Wert von einer halben Milliarde Dollar in die eigenen Kassen ab, obschon das Geld eigentlich für seine notleidende Bevölkerung gedacht war. Dem Diktator mangelte es an Empathie und Ehrlichkeit.[308]

In den Vereinten Nationen stand der Vertreter Nicaraguas immer fest an der Seite der USA. Als Kubas Außenminister Raul Roa im Januar 1961 kurz vor der Invasion in der Schweinebucht vor dem UNO-Sicherheitsrat Einzelheiten über die Ausbildungslager in Guatemala und Nicaragua vorlegte, wies Nicaragua diese Anschuldigung zurück, und der Sicherheitsrat unternahm nichts. Im April begannen – wie von Kuba vorhergesagt – die von den USA geführten Exilkräfte von den Küsten Nicaraguas die Invasion. Als jedoch Kuba nach der Invasion diese Fakten der UNO präsentierte, stritt der Botschafter von Somoza alles ab und erklärte, es sei eine Lüge, dass seine Regierung »in irgendeiner Weise in aggressive Akte verwickelt sei.« Nicaragua »wird weiterhin strikte Neutralität wahren.«[309] Die USA konnten sich auf ihren Diktator Somoza verlassen.

## Die Sandinisten kommen an die Macht

Erst 1979 stürzte die Sandinistische Nationale Befreiungsfront (Frente Sandinista de Liberacion Nacional, FSLN) den brutalen Diktator. Somoza musste nach Miami fliehen. Ein Regierungsbündnis, dem auch Daniel Ortega angehörte, übernahm die Macht. Die Sandinisten lösten die verhasste Nationalgarde auf und führten eine Alphabetisierungskampagne durch, weil viele Menschen im armen Nicaragua nicht lesen konnten. In nur einem Jahr senkten die Sandinisten die Analphabetenrate von 50 auf 13 Prozent und organisierten eine Kampagne für die Gesundheitsfürsorge, wodurch die Kindersterblichkeit auf 40 Prozent des Standes vor der Revolution zurückgedrängt werden konnte.[310]

Die Sandinisten verabschiedeten zudem ein neues Gesetz, welches das Recht auf Leben, die körperliche Unversehrtheit, die Rechtssicherheit, die Meinungsfreiheit, den Schutz vor Sklaverei, die Gewissens- und Religionsfreiheit, das Recht auf Arbeit, das Recht auf Gewerkschaftszugehörigkeit und das Streikrecht garantierte, sowie Todesstrafe und Folter abschaffte. Nach Jahren der Gewalt hoffte das Land auf einen Neuanfang. Die neue Regierung von Nicaragua pflegte enge Beziehungen zu Kuba und zu den Ländern des Warschauer Paktes. Doch von den kubanischen Kommunisten um Fidel Castro unterschied sich der Sandinismus in seiner expliziten Kritik an der Politik traditioneller kommunistischer Parteien und in der Betonung des demokratischen und sozialistischen Charakters der nicaraguanischen Revolution.

## Die Contras starten einen illegalen Angriffskrieg 1981

Die UNO-Charta sagt sehr klar, dass alle Mitgliedsstaaten ihre Innenpolitik selbst gestalten dürfen, sei sie nun sozialistisch, kommunistisch oder kapitalistisch. Doch die Administration von Präsident Ronald Reagan, die im Januar 1981 ins Weiße Haus einzog, kam zu dem Schluss, dass die Sandinisten Kommunisten seien und daher bekämpft werden müssten. Die USA schickten diesmal nicht ihre eigene Armee wie in den 1920er Jahren, sondern gaben den Contras aus Nicaragua finanzielle und militärische Unterstützung. Diese paramilitärischen Einheiten, unter denen sich viele

Soldaten der abgeschafften Nationalgarde des gestürzten Diktators Somoza befanden, operierten vorwiegend vom benachbarten Honduras aus und zeichneten sich dadurch aus, dass sie besonders brutal vorgingen.

Es ist nicht ganz einfach, den Ausbruch dieses geheimen Krieges richtig zu datieren, da er im Stillen geführt wurde und zumindest zu Beginn in der Öffentlichkeit kaum wahrgenommen wurde. Gemäß dem US-Senat begann die Unterstützung der Contras durch die CIA im Dezember 1981, der Ausbruch des illegalen Krieges muss also auf das Jahr 1981 datiert werden.[311] Die Contras, von Präsident Reagan als »Freiheitskämpfer« bezeichnet, legten Minen, stahlen Vieh, verbrannten die Ernte und führten Terroranschläge auf die Zivilbevölkerung von Nicaragua aus, um das Land zu destabilisieren. Um die Moral der Sandinisten zu brechen, vergewaltigten und folterten die Contras die Frauen der Sandinisten. Die Contras, so fand ein amerikanischer Untersuchungsbericht, waren verantwortlich für »rücksichtslose Angriffe gegen zivile Ziele, Entführungen, Vergewaltigungen, Morde, Verstümmelungen und andere Formen von Gewalttaten.«[312] Die Befragung von früheren Contra-Führern sowie anderen Zeugen ergab, dass die Contras tatsächlich »unbewaffnete Zivilisten, darunter auch Frauen und Kinder, folterten, zerstückelten, köpften oder ihnen die Augen ausstachen.«[313]

Diese schweren Verbrechen wurden nicht bestraft, weil Reagan eine schützende Hand über seine »Freiheitskämpfer« hielt. Natürlich war der Krieg illegal, weder Honduras noch die USA oder die Contras hatten ein Mandat des UNO-Sicherheitsrates, das die brutalen Angriffe auf das Nachbarland Nicaragua legitimiert hätte. Die UNO-Generalversammlung verbot explizit als Angriffshandlung »das Entsenden bewaffneter Banden, Gruppen, Freischärler oder Söldner durch einen Staat oder in seinem Namen, wenn diese mit Waffengewalt Handlungen gegen einen anderen Staat ausführen.«[314] Genau aber das tat Präsident Reagan. Er machte sich damit des schweren Verbrechens der Aggression schuldig und müsste, wäre er noch am Leben, zusammen mit den Anführern der Contras vor dem Internationalen Strafgerichtshof der UNO in Den Haag erscheinen, den es aber damals noch nicht gab.

Im ersten Kriegsjahr 1981 bewilligte der amerikanische Kongress 19 Millionen US-Dollar, um die Regierung Nicaraguas mit Hilfe der Contras zu destabilisieren. Danach erliess der US Kongress ein Gesetz, das es der CIA untersagte, mit Hilfe der Contras die Regierung in Nicaragua zu stürzen (Boland Amendment). Doch 1983 bewilligte der US-Kongress weitere 24 Millionen US-Dollar als »Hilfe gegen Armut« für die Contras. Als die Sandinisten um Daniel Ortega die Wahlen 1984 gewannen und ihre Macht konsolidierten, bewilligte der US-Kongress 1985 nochmals 27 Millionen US-Dollar an »humanitärer Hilfe« für die Contras. Das Geld trieb den Krieg an. Die Contras wurden in die USA geflogen und in Florida und Kalifornien von amerikanischen Spezialeinheiten und dem Geheimdienst CIA trainiert. In ihren Handbüchern riet die CIA den Contras explizit, Gewalt gegen Zivilisten einzusetzen. Im nördlich von Nicaragua gelegenen Honduras begannen die Amerikaner ab 1982 Flugplätze, Militärbasen und Radaranlagen für die Contras aufzubauen. Zudem wurden in den Häfen von Nicaragua Minen gelegt, um den Schiffsverkehr lahmzulegen. US-Piloten flogen Operationen gegen nicaraguanische Truppen und Versorgungsflüge für die Contras. Der US-Geheimdienst CIA verwanzte die Büros der Sandinisten, damit die USA beobachten konnten, wie Nicaragua auf die Angriffe der Contras reagierte. »Unsere Überwachung von Nicaragua funktioniert so gut, dass wir die Toilettenspühlung in Managua hören können«, prahlte ein CIA-Analytiker.[315]

Doch nicht alle Amerikaner unterstützten Präsident Reagan und seinen Krieg gegen Nicaragua. Einige kritisierten die Unterstützung der brutalen Contras scharf. Bill Gandall war einer dieser Kritiker. Als junger Marinesoldat hatte er 1928 selber gegen Nicaragua und den Revolutionsführer Augusto Sandino gekämpft. »Wir fingen ihn niemals, weil wir von den Menschen keinerlei Informationen erhielten, egal wie wir folterten.« Gandall und andere Marines kannten die dreckige Seite des Krieges, darunter die »Vergewaltigungen, das Abbrennen von Hütten, das Abtrennen von Genitalien. Ich hatte jahrelang Albträume«, erinnerte sich Gandall. »Ich hatte nicht viel Gewissen während der Zeit bei den Marines. Uns wurde gelehrt, kein Gewissen zu haben.« Als er älter wurde, kam sein Gewissen zurück und Gandall wurde zu einem scharfen Kritiker des illegalen Krieges gegen Nicaragua. »Es ist eine Katastrophe, die Contras zu unterstützen, denn sie werden vorwiegend von ehemaligen Somoza-Leuten angeführt«, protestierte Gandall. »Ich sah, dass einige der Gräueltaten von ihnen verübt wurden. Sie lernten von den Marines und setzten unser Werk fort.« Insgesamt blieb die Anti-Kriegsbewegung in den USA jedoch klein und konnte den Contra-Krieg weder abschwächen noch beenden.[316]

## Der Internationale Gerichtshof verurteilt die USA 1986

Zusammen mit der UNO wurde 1945 auch der Internationale Gerichtshof (IGH) mit Sitz in Den Haag gegründet. Er ist das Hauptorgan der UNO für die friedliche Streitschlichtung. Die Generalversammlung oder der Sicherheitsrat der UNO können über jede Rechtsfrage ein Gutachten beim IGH anfordern. Parteien vor dem Internationalen Gerichtshof können nur Staaten wie Nicaragua, Kuba oder die USA, nicht aber Einzelpersonen wie Anastasio Somoza oder Ronald Reagan sein. Der IGH darf nicht mit dem 1998 gegründeten Internationalen Strafgerichtshof IStGH verwechselt werden, der seinen Sitz ebenfalls in Den Haag hat und über Individuen und nicht über Staaten richtet.

Nicaragua wandte sich wiederholt an den UNO-Sicherheitsrat und bat um Hilfe. Doch der amerikanische UNO-Botschafter Vernon Walters, der zuvor als stellvertretender Direktor der CIA gearbeitet hatte, kannte die Hintergründe des illegalen Krieges gegen Nicaragua nur zu gut und legte sein Veto ein, weshalb die USA vom Sicherheitsrat nicht verurteilt werden konnten und keine Bestrafung fürchten mussten. Frustriert reichte Nicaragua am 9. April 1984 am Internationalen Gerichtshof die Klage ein, dass die USA die Souveränität von Nicaragua durch den Contra-Krieg verletzten. Dies, so zeigen die historischen Fakten, war in der Tat der Fall. Nicaragua erklärte, »dass die Regierung der Vereinigten Staaten tatsächlich die Contras kontrolliert, ihre Strategie entwickelt und ihre Taktik geleitet hat und dass es von Anfang an das Ziel der US-Regierung war, die Regierung von Nicaragua zu stürzen.«[317]

Die USA waren nicht amüsiert über die Klage. Washington erklärte, man verteidige sich nur, und berief sich auf Artikel 51 der UNO-Charta, der allen Staaten der Welt das Recht auf Selbstverteidigung einräumt. Die USA verlangten vom IGH, den Fall nicht zu behandeln. Doch diese Argumente überzeugten das Gericht nicht, das am 10. März 1984 erklärte, dass beide Parteien die UNO-Charta achten müssen. »Das Recht Nicaraguas auf Souveränität und politische Unabhängigkeit muss voll respektiert und darf auf keine Art und Weise untergraben werden, weder durch militärische noch durch paramilitärische Aktivitäten, die nach den Prinzipien des Völkerrechts verboten sind«, mahnte der Internationale Gerichtshof.[318]

Doch das Imperium USA weigerte sich, den Anweisungen des Internationalen Gerichtshofes zu folgen, und unterstützte trotz dieser Warnung die Contras weiterhin, die den illegalen Angriffskrieg auf Nicaragua fortsetzten. Damit missachteten die USA den Internationalen Gerichtshof der Vereinten Nationen und die Charta. Nicaragua klagte, dass die USA die Charta der Vereinten Nationen und der OAS verletzen, indem die USA eine Rebellenarmee gegen Nicaragua aufstellte, ausbildete und bewaffnete. Die USA erklärten den Prozess für unfair und das Gericht für nicht zuständig und blieben dem weiteren Prozessverlauf fern.

Am 27. Juni 1986 schlossen die fünfzehn Richter des Internationalen Gerichtshofes den Fall »Nicaragua gegen USA« ab und verurteilten den illegalen Krieg der USA gegen Nicaragua klar. Der Internationale Gerichtshof erklärte: »Der Gerichtshof lehnte die Begründung der USA, es handele sich um einen Akt der kollektiven Selbstverteidigung, ab und stellte fest, dass die USA durch die Unterstützung der Contras sich unrechtmäßig in die inneren Angelegenheiten eines anderen Staates eingemischt haben, mit der Bombardierung von nikaraguanischen Häfen unrechtmäßig Gewalt gegen einen anderen Staat angewandt haben, durch das Überfliegen des Territoriums Nicaraguas dessen Souveränität verletzt haben, durch die Verminung der Gewässer Nicaraguas unrechtmäßig Gewalt gegen einen anderen Staat eingesetzt, dessen Souveränität verletzt und die friedliche Handelsschifffahrt unterbrochen haben, mit diesen Angriffen den Vertrag über Freundschaft, Handel und Verkehr mit Nicaragua gebrochen haben, durch die Unterdrückung von Informationen über die Verminung internationales Handelsrecht verletzt haben, mit der Bereitstellung eines Handbuches für Guerillakämpfer an die Contras die Verletzung des humanitären Kriegsrechts begünstigt haben, mit diesen Angriffen und einem allgemeinen Handelsembargo ihren Freundschaftsvertrag mit Nicaragua gebrochen haben, und erklärt, dass die USA verpflichtet sind, unverzüglich all diese unrechtmäßigen Aktionen zu beenden bzw. davon Abstand zu nehmen, und erklärt außerdem, dass die USA verpflichtet sind, an Nicaragua Reparationen zu zahlen.«[319]

Wer das IGH-Urteil und seine mehr als hundert Seiten lange Begründung durchliest, sieht, dass von den fünfzehn Richtern alle dem Urteil zustimmten, außer Richter Robert Jennings aus Großbritannien, Richter Shigeru Oda aus Japan und Richter Stephen Schwebel aus den USA. Die USA in ihrer pragmatischen Art wussten natürlich, dass der Internationale Gerichtshof keine Macht hat, seine Entscheidung durchzusetzen. Das US-Imperium fürchtete insbesondere die Reparationen und die sich daraus ergebende Beispielwirkung. Andere Länder in Lateinamerika, nicht zuletzt Kuba, hatten ernsthafte Gründe, Reparationen von den USA zu fordern. Die Reparationen wurden auf 17 Milliarden Dollar geschätzt. Doch die USA weigerten sich und bezahlten keinen Cent an Nicaragua.

Am 22. Oktober 1986 wies Vernon Walters im UNO-Sicherheitsrat das Urteil zurück. »Die USA akzeptieren die Rechtsprechung des Gerichts in dem von Nicaragua vorgebrachten Fall nicht«, so Walters. Man unterstützte in Nicaragua nur den »demokratischen Widerstand«, behauptete der US-Botschafter. Walters verurteilte die Kooperation der Sandinisten mit der Sowjetunion und mit Kuba und erklärte, Nicaragua würde seine Nachbarländer destabilisieren. »Seit 1979 haben die Sandinisten Nicaragua in einen Himmel für Terroristen aus aller Welt verwandelt«, so Walters, über ihr Volk hätten die Sandinisten »Leid, Tod und Sklaverei« gebracht, sie hätten ihr »eigenes Volk verraten« und daher hätten 20.000 Nicaraguaner zu Recht die Waffen gegen die eigene Regierung ergriffen. Nicaragua habe mit seiner

»Propaganda« den Internationalen Gerichtshof, die Generalversammlung und den Sicherheitsrat »manipuliert« und davon abgehalten, viel wichtigere Dinge zu besprechen.[320]

Der indische UNO-Botschafter Chinmaya Gharekhan hatte eine völlig andere Perspektive. Er ersuchte die USA mit Nachdruck, sich dem Urteil des Internationalen Gerichtshofes zu fügen. Das Gericht habe festgestellt, »dass die USA durch die vielen aggressiven Akte gegen Nicaragua das internationale Recht verletzt haben und dass es die Pflicht der USA sei, nun sofort mit diesen Taten aufzuhören und an Nicaragua Reparationszahlungen zu leisten. Diese Zahlungen werden durch den Gerichtshof festgelegt, wenn sich die zerstrittenen Parteien nicht einig werden«, so der indische Botschafter. Nur wenn sich alle Länder an die UNO-Charta halten, könne Friede und Sicherheit in die Region zurückkehren.[321]

Das Imperium kümmerte sich nicht um den UNO-Gerichtshof, noch um die Meinung von Nicaragua, Indien oder anderer Länder. Statt »unverzüglich all diese unrechtmäßigen Aktionen zu beenden bzw. davon Abstand zu nehmen«, wie es das Gericht gefordert hatte, bewilligten die USA in einem Versuch, den UNO-Gerichtshof lächerlich zu machen, den Contras weitere 100 Millionen US-Dollar in genau der Woche, in welcher der Internationale Gerichtshof sein Urteil gefällt hatte, und führten den illegalen Krieg gegen Nicaragua fort.

Obschon die USA das Urteil ignorierten, war das Imperium in moralischer Hinsicht angeschlagen, seine Dekadenz wurde immer offensichtlicher. Als die UNO-Vollversammlung im November 1986 darüber abstimmte, ob sich der Internationale Gerichtshof mit den USA erneut wegen ihrer militärischen und paramilitärischen Aktivitäten gegen Nicaragua befassen sollte, war die Zustimmung mit 94:3 überaus deutlich, mit einer Enthaltung durch Großbritannien und Gegenstimmen lediglich durch die USA, Israel und El Salvador. Zu einer erneuten Behandlung des Falles durch den IGH kam es aber nicht, denn der Abstimmung in der Generalversammlung folgte ein Veto der USA im Sicherheitsrat. Der amerikanische UNO-Botschafter Herbert Okun behauptete, dass er sein Veto abgeben müsse, weil die Resolution fundamentale Prinzipien der Menschenrechte verletze.

Wie kann ein Staat, der als einziger in der Welt das Original der Gründungsurkunde der UNO in seinem Regierungsarchiv aufbewahrt, sowohl die UNO-Charta als auch den Internationalen Gerichtshof missachten, sabotieren und auf arrogante Weise ignorieren? Was wissen die Bürger in den USA von diesen Vorgängen? Wenig, denn die amerikanischen Medien berichten nicht darüber. Dies ist tragisch, weil eine Korrektur des Verhaltens der US-Regierung nicht durch Gewalt von außen, sondern gemäß den demokratischen Prozessen durch Aufklärung von der eignen Bevölkerung und der amerikanischen Friedensbewegung eingefordert werden müsste.

## Die Iran-Contra-Affäre

Die Administration von Präsident Ronald Reagan, welche den illegalen Krieg gegen Nicaragua führte, ignorierte nicht nur das Urteil des Internationalen Gerichtshofes in Den Haag, sondern auch das eigene amerikanische Parlament in Washington, wie die Iran-Contra-Affäre zeigte. Diese Verschwörung wurde weltweit beachtet und hätte, wäre sie sauber aufgeklärt worden, zu einer Anklage wegen Amtsvergehen (Impeachment) und zur Amtsenthebung von Präsident Reagan führen können.

Am 5. Oktober 1986 schossen die Sandinisten in Nicaragua ein aus El Salvador kommendes kleines Transportflugzeug der CIA ab, das fünf Tonnen Waffen, Munition und Kampfstiefel an die Contras liefern wollte. Der einzige Überlebende des Absturzes, der Amerikaner Eugene Hasenfus, wurde festgenommen und gestand vor laufenden Kameras, dass die USA die Contras mit Waffen unterstützten, und dass er schon mehrmals erfolgreich Waffen und Munition für die Contras abgeworfen hatte. Dies war heikel, denn der amerikanische Kongress hatte mit dem Boland Amendment der CIA Waffenlieferungen an die Contras explizit verboten. In Washington bemühte man sich um Schadensbegrenzung, Präsident Reagan beteuerte vor den Medien, das Weiße Haus habe mit Hasenfus und den Waffenlieferungen an die Contras nichts zu tun.

Zu derselben Zeit verkaufte die CIA auf der anderen Seite der Welt im Geheimen Panzerabwehrlenkwaffen und mobile Flugabwehrraketensysteme an den von Ajatollah Ruhollah Khomeini angeführten Iran, der damals mit dem Irak von Saddam Hussein im Krieg lag. Die Iraner versprachen im Gegenzug bei der Befreiung von amerikanischen Geiseln zu helfen, welche von militanten Islamisten in Beirut im Libanon festgehalten wurden. Der Deal »Waffen gegen Geiseln« war heikel, weil der amerikanische Kongress den Iran explizit als ein »Terrorregime« eingestuft hatte, an das auf keinen Fall Waffen verkauft werden durften. Als am 5. November 1986 eine Zeitung im Libanon über den geheimen Waffenverkauf berichtete, bemühte man sich in Washington erneut um Schadensbegrenzung. Präsident Reagan stritt erneut alles ab. Man tausche keine Waffen gegen Geiseln, diese Geschichten seien völlig falsch und frei erfunden.

Doch dann tauchten am 22. November geheime Dokumente auf, die bestätigten, dass das Geld aus dem Verkauf der Waffen an den Iran für die Finanzierung der

Waffenlieferungen an die Contras verwendet worden war. Der Präsident musste seine Position um 180 Grad ändern und bestätigte am 25. November 1986 im überfüllten Presseraum des Weißen Hauses, dass die USA tatsächlich im Geheimen Waffen an den Iran verkauft hatten und danach mit dem Geld aus dieser Transaktion Waffen für die Contras in Nicaragua gekauft und an diese geliefert hatten. Reagan erklärte vor den vielen Journalisten, dass er selber von der Sache nichts gewusst habe, und dass der Nationale Sicherheitsberater John Poindexter und dessen Mitarbeiter Oliver North im NSC (National Security Council) in diese illegale Verschwörung involviert gewesen seien und für das Vergehen die Verantwortung tragen.

Der Skandal war nun in aller Munde. Bei Anhörungen vor dem Kongress wurde aufgedeckt, dass die Contras über Jahre mehrere Tonnen Kokain in die USA geschmuggelt hatten und die CIA über diesen Drogenhandel informiert gewesen war und ihn duldete oder gar unterstützte. Um seinen Kopf zu retten, setzte der republikanische Präsident Reagan im Dezember 1986 mit der »Tower Commission« eine von ihm selbst zusammengestellte nicht-parlamentarische Untersuchungskommission ein, benannt nach ihrem Vorsitzenden, dem ehemaligen republikanischen Senator John Tower. Diese veröffentlichte im Februar 1987 einen Bericht, in dem sie nur milde Kritik an Präsident Ronald Reagan äußerte. Der Präsident sei seiner Verantwortung zur Kontrolle und Steuerung der zentralen außenpolitischen Aktivitäten nicht gerecht geworden, weil er gar nicht mitbekommen habe, dass der National Security Council eigenmächtig Außenpolitik betrieben habe. Tower stellte Präsident Reagan als hilflosen, naiven, zeitweise auch inkompetenten und vor allem weitgehend ahnungslosen Akteur dar, dessen Vertrauen von seinen engsten Mitarbeitern ausgenutzt worden sei.

Dies entsprach nicht der Wahrheit, denn Reagan war Teil der Verschwörung und direkt in den illegalen Krieg gegen Nicaragua wie auch den Waffenhandel mit dem Iran involviert. Die eindeutig illegalen Aktivitäten, welche im Rahmen der Iran-Contra-Verschwörung stattgefunden hatten, wurden aber durch die Tower-Untersuchung nicht dem Präsidenten selbst angelastet, daher gab es kein Impeachment und Reagan musste nicht zurücktreten. Auch die einflussreichen Männer aus der zweiten Reihe, darunter Vize-Präsident George Bush senior, CIA-Direktor William Casey, Verteidigungsminister Caspar Weinberger und Außenminister George Schultz, die den illegalen Krieg gegen Nicaragua anführten und direkt in den Waffenhandel mit dem Iran verwickelt waren, kamen mit einer Rüge davon. Nur gegen den Nationalen Sicherheitsberater John Poindexter und sein Mitarbeiter Oliver North sowie gegen den früheren Nationalen Sicherheitsberater Robert McFarlane und den White House

Chief of Staff Donald Regan wurden Strafverfahren eingeleitet. Oliver North wurde verurteilt, blieb aber wegen eines juristischen Verfahrensfehlers ein freier Mann. Die Regierung tat alles, um die Bürger zu verwirren. Und weil der Skandal mit Nicaragua, Iran, Libanon und den USA Geheimpolitik in vier Ländern umfasste, war er für viele amerikanische Bürger zu komplex, der Machtmissbrauch des NSC wurde von der Bevölkerung nicht richtig verstanden. Als die Präsidentschaft von Reagan Ende 1988 ablief, wählte das amerikanische Volk mit George Bush senior den direkt in die Verschwörung involvierten Vizepräsidenten gar zum neuen Präsidenten. Als neu gewählter Präsident begnadigte Bush senior die in die Affäre involvierten Akteure umgehend. Die strafrechtliche Verfolgung der Verschwörung war damit völlig gescheitert.

# 11. Der illegale Krieg gegen Serbien 1999

Nach dem Fall der Berliner Mauer hoffte man in Europa auf eine Friedensdividende, auf einen Rückgang der Militärausgaben, ein Abnehmen von Feindseligkeiten oder gar eine Auflösung der NATO. Doch leider trat das Gegenteil ein. Jugoslawien, seit 1945 Gründungsmitglied der UNO, brach in einer Serie von Kriegen, an denen die NATO sich beteiligte, auseinander. Jugoslawien gibt es heute nicht mehr. An seiner Stelle sind sechs neue Staaten entstanden, die alle UNO-Mitglieder sind, nämlich Slowenien, Kroatien, Bosnien, Serbien, Mazedonien und Montenegro. Der völkerrechtliche Status von Kosovo ist umstritten. Das Gebiet wurde 1999 von der NATO in einem illegalen Angriffskrieg ohne UNO-Mandat von Serbien abgetrennt.

## Die USA errichten eine Militärbasis im ehemaligen Jugoslawien

Der Balkan bildet die Brücke zwischen Europa und dem Mittleren Osten und ist daher für ein starkes Europa eine strategisch wichtige Region. Noch im Kalten Krieg hatte das US-Imperium keinen Einfluss auf den sozialistischen Vielvölkerstaat Jugoslawien, der vom Kommunist Josip Broz regiert wurde. Jugoslawien verfolgte eine von der Sowjetunion unabhängige, blockfreie Politik und war nicht Mitglied des von Moskau angeführten Warschauer Paktes. Die Kommunistische Partei Jugoslawiens (KPJ), die sich im Zweiten Weltkrieg im Kampf gegen die deutschen und italienischen Besatzer einen Namen gemacht hatte, war die einzige zugelassene Partei und hielt die Zügel der Macht in der Hand. Die verschiedenen Volksgruppen lebten in Frieden miteinander.

Doch mit dem Zerfall der Sowjetunion veränderte sich die geostrategische Rolle von Jugoslawien. Die NATO nutzte die Schwäche der Sowjetunion, bombardierte Jugoslawien und baute den Einfluss des US-Imperiums und der transatlantischen Militärallianz auf dem Balkan aus. Albanien, Kroatien und Slowenien sind heute NATO-Mitgliedsstaaten. Im Kosovo wurde 1999 ein großer amerikanischer Militärstützpunkt, Camp Bondsteel, eingerichtet, auf dem 5000 US-Soldaten stationiert sind. Camp Bondsteel verfügt über ein Burger King Fastfood-Restaurant, Kinos,

Fitnessstudios, zwei christliche Kapellen und einen Supermarkt. Über dem Lager weht die amerikanische Flagge. Das US-Imperium markiert heute auf dem Balkan Präsenz.

Man sollte sich mal vorstellen, dass Jugoslawien in den 1990er Jahren ohne UNO-Mandat die USA bombardiert und danach in Florida eine Militärbasis mit 5000 Soldaten aufgebaut hätte. Natürlich ist dies nicht passiert. Aber der Aufschrei wäre weltweit zu Recht groß gewesen. Im UNO-Sicherheitsrat hätten die USA auf jeden Fall aufs Heftigste protestiert und gleichzeitig Jugoslawien militärisch gezwungen, seine Militärbasis wieder zu schließen, die Soldaten abzuziehen und Kriegsreparationen für den illegalen Angriffskrieg zu bezahlen. In diesem Sinne sind Militärbasen für Historiker wie mich sehr wichtige Zeichen der Zeitgeschichte, denn sie bezeugen, wie die Macht zwischen Imperium und Vasallen verteilt ist.

In der Öffentlichkeit werden die Dinge natürlich anders dargestellt, der Begriff »US-Imperium« wird von den Medien vermieden, und wer genau wo Militärbasen hat, bleibt unübersichtlich. Zudem haben die NATO und die USA während dem Jugoslawienkrieg betont, dass es auf keinen Fall um Machtausdehnung und Eigeninteressen gehe. Alles, was in Jugoslawien passierte, so die offizielle Version, geschah, um den Menschen auf dem Balkan zu helfen und für alle eine bessere Welt zu schaffen. »Wir wollen eine Welt schaffen, in der Toleranz und Freiheit regieren«, erklärte US-Präsident George Bush mit Inbrunst am 24. Juli 2001 bei seinem Besuch von Camp Bondsteel vor den versammelten amerikanischen Soldaten, die seinen Worten gespannt lauschten und sie glaubten. »Dank euch breitet sich die Freiheit auf der ganzen Welt aus«, versicherte der Präsident.[322]

## Das US-Imperium spaltet Jugoslawien

Der ehemalige CIA-Agent Robert Baer hat eine ganz andere Sicht auf die amerikanische Außenpolitik und erklärte 2016, dass die USA das kommunistische Jugoslawien gezielt destabilisiert und in kleinere Staaten zerschlagen haben, indem sie die verschiedenen ethnischen Gruppen im Vielvölkerstaat gegeneinander aufhetzten. Von Toleranz, wie sie Präsident Bush in seiner Rede vor den Soldaten erwähnte, kann in der US-Außenpolitik keine Rede sein, im Gegenteil, verschiedene Volksgruppen werden absichtlich gegeneinander aufgehetzt, wenn dies den imperialen Interessen dient. »Kosovo wurde aus zwei Gründen ins Visier genommen«, so Baer, der 1991 zusammen mit anderen CIA-Agenten in der bosnischen Hauptstadt Sarajevo landete. »Erstens, weil es über wertvolle mineralische und sonstige Rohstoffe verfügt, und zweitens als Militärstützpunkt der NATO. Im Herzen Europas ist es die größte Militärbasis der NATO.«[323]

Baer ist eine glaubwürdige Quelle. Er trat 1976 mit 24 Jahren in die CIA ein und gehört zu jenen Amerikanern, die die Welt kennen und aus eigener Erfahrung wissen, was Machtpolitik ist und wie sie funktioniert. 1997 verließ Baer die CIA und schreibt seither Bücher und hält Vorträge, um die Menschen über die noch zu wenig bekannte verdeckte Seite der amerikanischen Außenpolitik aufzuklären.

Es war für die USA einfach, den Vielvölkerstaat Jugoslawien zu zerschlagen, weil zwischen den verschiedenen Gruppen historische Rivalitäten und Spannungen bestanden, die ausgenutzt und intensiviert werden konnten. In der Völkerkunde versteht man unter Ethnie oder Volk eine Gruppe von Menschen, die sich aufgrund ihrer Religion, Sprache, Geschichte und Kultur von anderen Ethnien unterscheidet und abgrenzt. Die Ethnien im ehemaligen Jugoslawien unterscheiden sich stark. In Serbien wohnen mehrheitlich orthodoxe Christen, sie sprechen Serbisch. In Kroatien wohnen auch Christen, aber es sind mehrheitlich Katholiken und sie sprechen Kroatisch. Die Kroaten können sich mühelos mit Bosnisch oder Serbisch sprechenden Menschen verständigen, weil die Sprachen sehr ähnlich sind. In Bosnien besteht die Bevölkerungsmehrheit aus Muslimen. Slowenien wiederum ist mehrheitlich katholisch, die Bevölkerung spricht Slowenisch.

Keines der verschiedenen Völker auf dem Balkan ist besser oder schlechter als die anderen. Doch im Laufe der Destabilisierung von Jugoslawien fiel den Serben die Rolle des Bösewichts zu. »Das Ziel der Propaganda war, die Republiken Jugoslawien auseinanderzudividieren, damit sie vom Mutterland abfallen und selbständig werden«, so Baer, der selber an verdeckten CIA-Operationen in Slowenien teilnahm. »Wir brauchten dazu bloß einen Sündenbock, der für alles verantwortlich gemacht werden sollte, also auch für Krieg und Gewalt. Serbien wurde für diese Rolle ausgewählt, da es in gewisser Weise der Kernstaat von Jugoslawien war.«[324]

Vielen Europäern ist nicht klar, dass das US-Imperium Jugoslawien mit verdeckten Operationen absichtlich zerschlagen hat. Doch diese Taktik hat Tradition. »Die USA können als Imperium nicht andauernd in Eurasien intervenieren«, erklärte der amerikanische Geostratege George Friedman von Stratfor im Jahre 2015. In dem Moment, indem wir einen Stiefel auf europäischen Boden setzen, sind wir aufgrund der demographischen Unterschiede zahlenmäßig total unterlegen. Aber wir können zerstrittene Mächte unterstützen«, betonte Friedmann. Im Irak habe man daher Sunniten, Schiiten und Kurden gegeneinander gehetzt, was das Land völlig destabilisierte. Genau dasselbe tat man mit den Ethnien in Jugoslawien. »Auch die Briten haben damals nicht Indien besetzt, sondern einzelne indische Staaten gegeneinander aufgehetzt«, gab Friedman zu bedenken.[325]

Während des Jugoslawienkriegs kam es zu schweren Verbrechen auf allen Seiten, und daher ist noch heute das Misstrauen zwischen Serben, Kroaten und Albanern groß. Der frühere CIA-Mann Robert Baer rät den betroffenen Menschen, die Vergangenheit hinter sich zu lassen und in Zukunft Wege der Kooperation und Toleranz zu suchen. Das ist ein kluger Rat. »Vergesst die Vergangenheit, denn sie war inszeniert und falsch. Man hat euch bloß manipuliert und man hat erreicht, was man wollte«, so Baer. »Doch ihr dürft deswegen nicht weiterhin Hassgefühle gegeneinander hegen! Ihr müsst zeigen, dass ihr euch darüber hinwegsetzen könnt und begriffen habt, wer der eigentlich Schuldige an dieser Situation ist! Ich möchte mich aufrichtig bei euch entschuldigen. Dies ist auch der Grund, warum ich bereits seit längerer Zeit Recherchen betreibe und Bücher schreibe, die sich mit der Offenlegung der Geheimnisse der CIA und des Weißen Hauses befassen.«[326]

## Die Unabhängigkeitserklärung von Kroatien und Slowenien 1991

Nach der Wiedervereinigung von Deutschland am 3. Oktober 1990 erlebte Europa einen fundamentalen Umbruch. Die Deutsche Einheit beendete vier Jahrzehnte der deutschen Teilung und die Menschen feierten auf den Straßen und Plätzen Deutschlands. Gleichzeitig brach der Konflikt im zuvor vereinten Jugoslawien aus. Was war passiert? Der Startschuss fiel in den USA, so Mansur Khan. Am 5. November 1990 verabschiedete der amerikanische Kongress ein Gesetz über die Bewilligung von Finanzmitteln ans Ausland (Foreign Operations Appropriations Law 101-513). Das Gesetz beschloss, dass binnen sechs Monaten Jugoslawien jegliche finanzielle Unterstützung entzogen wird und alle Kredite und Darlehen gestrichen werden. Ferner forderte dieses wenig bekannte Gesetz, dass in jeder der sechs jugoslawischen Teilrepubliken separate Wahlen durchgeführt werden müssen. Die Wahlergebnisse seien danach Washington vorzulegen. Erst nach Erfüllung dieser Bedingung wolle man den einzelnen Republiken wieder Finanzhilfe gewähren. Dieses Gesetz war äußerst gefährlich und schon am 27. November 1990 zitierte die *New York Times* einen CIA-Bericht, der richtig voraussagte, dass es in Jugoslawien zu einem blutigen Bürgerkrieg kommen werde.[327]

Das amerikanische Gesetz setzte Jugoslawien unter massiven finanziellen Druck, weil das Land seine im Westen aufgenommenen Schulden nicht mehr begleichen konnte. Schon bald kam es zu Streit und Schuldzuweisungen auf allen Seiten. Der

Spaltpilz begann zu wirken. Angesichts der immer knapper werdenden Finanzmittel beanspruchten die reicheren Teilrepubliken Slowenien und Kroatien einen größeren Teil der Gelder für sich. Dies sei gerecht, weil sie ja auch am meisten Finanzmittel erwirtschaften würden. Doch gleichzeitig forderten auch die ärmeren Teilrepubliken Bosnien, Mazedonien, Montenegro und Serbien wegen der schlechten Wirtschaftslage mehr Geld, mit dem Argument, dass der Länderfinanzausgleich gerade während einer Wirtschaftskrise wichtig sei, um den Zusammenhalt von Jugoslawien zu sichern.

Die Stimmung wurde immer angespannter und am 25. Juni 1991 erklärten sich die reichen Teilrepubliken Kroatien und Slowenien gleichzeitig für unabhängig. Die jugoslawische Führung, besorgt auch über den Wegfall der Finanzmittel, erklärte, die Abspaltung sei illegal, kein Teil des Landes dürfe sich abspalten, und schickte am 26. Juni 1991 die Jugoslawische Volksarmee (JVA) mit Panzern in die Teilrepublik Slowenien. Dies war ein Bürgerkrieg und kein illegaler Angriffskrieg von einem UNO-Land auf ein anderes UNO-Land. Da jedoch die Volksarmee aus ganz verschiedenen Ethnien zusammengesetzt war, erzeugte der Kampfeinsatz im eigenen Land sofort Bruchlinien. Der Großteil der Volksarmee, so schildert Hans Koschnick, bestand »nicht mehr aus überzeugten Jugoslawen«. Die Slowenen, Kroaten, Mazedonier, Kosovo-Albaner, die in der Volksarmee dienten, »dachten nicht daran, sich mit Leib und Seele für eine Idee zu zerschlagen, die nicht mehr die ihre war.« Der Krieg in Slowenien verlief glimpflich und dauerte keine zwei Wochen, da Belgrad »kein großes Interesse an Slowenien hatte, weil es dort praktisch keine Serben gab«, so Koschnick, der nach dem Krieg den Wiederaufbau in Bosnien begleitete.[328]

Am 25. September 1991 verabschiedete der UNO-Sicherheitsrat ein allgemeines Waffenembargo gegenüber Jugoslawien, das die Lage indes nicht beruhigen konnte, weil die Waffen schon im Land waren. Nachdem die Jugoslawische Volksarmee aus Slowenien abgezogen war, eskalierte die Lage in Kroatien. Dort stellte sich die orthodoxe serbische Minderheit gegen die Sezession, weil sie fürchtete, durch die katholische Mehrheit diskriminiert zu werden. Weil viele Serben in Kroatien lebten, wollte Serbien die Unabhängigkeit von Kroatien auf keinen Fall hinnehmen. Trotz der angespannten Lage erkannte Deutschland schon am 23. Dezember 1991 die Unabhängigkeit von Kroatien und Slowenien an. Dies war unklug, denn es erzeugte bei den Serben in Belgrad viel Unmut, da damit der Schritt in die Unabhängigkeit der Teilrepubliken zementiert wurde, was den Bürgerkrieg weiter anheizte.

Der Krieg in Kroatien entbrannte zwischen den katholischen Kroaten und der orthodoxen serbischen Minderheit in Kroatien, die von Soldaten aus Serbien unterstützt wurden. Die beiden christlichen Gruppen töteten sich gegenseitig. Nationalismus und Fremdenhass nahmen laufend zu. Der Katholik Franjo Tudman, der von den Kroaten nach der Unabhängigkeitserklärung zum Präsident gewählt worden war, schürte die Spaltung und forderte, dass sich Kroaten nicht mehr mit Serben vermischen sollten. »Gott sei Dank bin ich weder mit einer Serbin noch mit einer Jüdin verheiratet«, spottete Tudman. So förderte er das Spaltende und nicht das Vereinende. Der Hass unter den Volksgruppen nahm zu.[329]

Jugoslawien begann nun mehr und mehr zu zerfallen. Im September 1991 proklamierte auch Mazedonien seine Unabhängigkeit. Im Oktober 1991 folgte die Unabhängigkeitserklärung von Bosnien-Herzegowina. Nur noch die Serben, angeführt von Slobodan Milosevic, verblieben in der Rumpfmasse von Jugoslawien und bekämpften den Austritt der Teilrepubliken mit Waffengewalt. Doch Serbien musste erkennen, dass Kroatien auf seiner Unabhängigkeit beharren werde und militärisch stark genug war, diese durchzusetzen. Am 9. Januar 1992, rund sechs Monate nach Kriegsausbruch, erklärte der serbische Präsident Milosevic den Krieg in Kroatien für beendet, »da die Kriegsziele der Jugoslawischen Volksarmee erreicht worden seien und mit der Stationierung von UN-Beobachtern die serbische Minderheit vor kroatischen Angriffen geschützt sei«.[330]

Nach der Aushandlung des Waffenstillstandes in Kroatien beschloss der UNO-Sicherheitsrat am 21. Februar 1992 mit der Resolution 743, Blauhelme auf den Balkan zu schicken, um die »dort wohnhafte Bevölkerung gegen die Gefahr bewaffneter Angriffe zu schützen«. Die United Nations Protection Force (UNPROFOR) sollte in Kroatien die serbische Minderheit schützen und einen Puffer zwischen den Konfliktparteien bilden. Die Gesamtstärke der bewaffneten Truppe betrug am Anfang 16.000 Soldaten und stieg später auf über 30.000 Mann an. Die Soldaten kamen aus den NATO-Ländern Frankreich, Großbritannien, Kanada, Dänemark, Belgien, Holland und Norwegen sowie Russland, Kenia und Nepal.

Die international durchmischte Truppe von Blauhelmen hatte den Auftrag, in Kroatien drei Schutzzonen zu errichten, in denen die Serben lebten (United Nations Protected Areas, UNPA). Um die Serben zu schützen, verfügten die Blauhelme über Panzer, Jeeps, Krankenwagen und Lastwagen. Die UNO-Fahrzeuge waren alle weiß – also absichtlich schlecht getarnt und von weitem sichtbar – und mit einem großen UN-Logo bemalt. Das Mandat des Sicherheitsrates verpflichtete die UNO-Blauhelme zur Neutralität, sie durften nicht auf der Seite irgendeiner Partei in den Krieg eingreifen.

## Der Ausbruch des Krieges in Bosnien 1992

Nach der Beendigung der Kampfhandlungen in Slowenien im Juli 1991 und in Kroatien im Januar 1992 brach der Krieg in Bosnien aus, wo er fürchterlich wütete. In Bosnien lebten bosnische Muslime, katholische Kroaten und orthodoxe Serben. Entlang den ethnischen Bruchlinien wurden schwere Verbrechen verübt. Der Bosnienkrieg brach am 7. April 1992 aus, als die USA und die Europäische Union die Abspaltung von Bosnien unterstützten, indem sie die Unabhängigkeit des jungen Staates anerkannten, sehr zum Ärger der Serben. Daraufhin eskalierten die Gefechte zwischen den bosnischen Serben und den bosnischen Kroaten und Muslimen. Der kroatische Präsident Franjo Tudman schickte Truppen und kämpfte für die Interessen der Kroaten in Bosnien. Serbien unter Präsident Slobodan Milosevic schickte Truppen und kämpfte für die Interessen der Serben in Bosnien, zusammen mit Radovan Karadzic, dem Anführer der bosnischen Serben.

Auch die UNO unterstützte die Zerschlagung von Jugoslawien. Auf der Basis einer Resolution der UNO-Generalversammlung wurden Bosnien, Kroatien und Slowenien am 22. Mai 1992 als selbständige Staaten in die UNO aufgenommen. Alija Izetbegovic, der muslimische Präsident von Bosnien, erklärte daraufhin die Jugoslawische Volksarmee, der Bosnien wenige Monate zuvor noch angehört hatte, zur Besatzungstruppe. Damit wandelte sich der Bürgerkrieg in einen Angriffskrieg auf einen souveränen UNO-Staat. Die Kämpfe in Bosnien intensivierten sich.

Die USA unterstützten in Bosnien manchmal die Kroaten und manchmal die Muslime, nie aber die Serben. Es ist wenig bekannt, dass während des Bosnienkriegs militante Muslime aus dem Ausland eingeflogen wurden, was den Krieg befeuerte. Der Iran lieferte den bosnischen Muslimen Waffen. Als junger Staat, der gerade eben unabhängig geworden war, verfügte Bosnien ja nicht über eine stehende Armee. »Mit Geldern und Kämpfern aus der islamischen Welt wurde die bosnisch-muslimische Armee aufgebaut«, berichtet der deutsche Journalist Jürgen Elsässer in seinem Buch »Wie der Dschihad nach Europa kam«. Militante Muslime, die in den 1980er Jahren zusammen mit der CIA in Afghanistan gegen die Russen gekämpft hatten, wurden nun nach Bosnien geflogen, unter ihnen prominent auch der Saudi Osama bin Laden. Bin Laden habe 1993 einen bosnischen Pass erhalten und wurde persönlich im Präsidentenpalast in Sarajevo empfangen, so Elsässer. »Vor allem die ausländischen Dschihadisten verübten im Verlauf der dreijährigen Kämpfe (1992–1995) schreckliche Gräueltaten«, berichtet Elsässer. Die Unterstützung der USA für die Dschihadisten zeigt, dass das Imperium nicht an einer Deeskalation in Bosnien interessiert war, sondern hinter den Kulissen die Spannungen verstärkte.[331]

Dass Dschihadisten in Bosnien aktiv waren, entging den Serben natürlich nicht. Im UNO-Sicherheitsrat protestierte der jugoslawische Botschafter Dragomir Djokic am 19. Februar 1993 dagegen, dass über das Territorium von Kroatien »Waffen an die Muslime und Kroaten in Bosnien geliefert werden«, doch dies wurde vom Sicherheitsrat ignoriert.[332] Einige Monate später übergab Botschafter Djokic dem Sicherheitsrat Dokumente, in denen von Muslimen zerstörte serbische Dörfer und serbische Todesopfer aufgelistet waren. Alle Parteien sprachen nun von »Genozid«, wobei die Kroaten den »Genozid an den Kroaten« betonten, die Serben den »Genozid an den Serben« beklagten und die Muslime gegen den »Genozid an den Muslimen« protestierten.

## Die NATO bombardiert Bosnien im Mai 1995

Angesichts der ethnischen Spannungen wurden die UNO-Blauhelme ab Juni 1992 auch in Bosnien eingesetzt, wo sie erneut Schutzzonen errichteten, um die Minderheiten zu schützen. Doch was in Kroatien relativ gut funktioniert hatte, geriet in Bosnien zum Desaster. Die Ausrüstung, die Truppenstärke und das Mandat der Blauhelmsoldaten waren zu schwach. Das Desaster war vorprogrammiert. Die drei Kriegsparteien der Kroaten, Muslime und Serben kämpften in Bosnien mit brutaler Härte um jeden Meter und töteten sich gegenseitig entlang den ethnischen Bruchlinien. Die UNO war völlig unfähig, die Kämpfer auseinanderzuhalten und die Sicherheit der Schutzzonen zu garantieren.

Der UNO-Sicherheitsrat in New York wurde von den zuständigen Experten darüber informiert, dass die Schutzzonen in Bosnien zu schwach waren. Am 24. Mai 1995 erklärten der ägyptische UNO-Generalsekretär Boutros Boutros-Ghali wie auch der französische General und UNPROFOR Kommandant Bernard Janvier, dass das Mandat des Sicherheitsrates unrealistisch sei, die Schutzzonen seien in Gefahr. Janvier plädierte dafür, Srebrenica und die anderen fünf UNO-Schutzzonen aufzugeben.[333]

Als die Gewalt zunahm, trat die NATO auf und präsentierte sich als Lösung. Doch Beobachter warnten die NATO davor, Luftschläge gegen die Serben auszuführen, da diese kontraproduktiv sein könnten, weil sie die schwachen Blauhelmsoldaten der Rache der Konfliktparteien und auch einer möglichen Geiselnahme aussetzen könnten. Doch die NATO hielt sich nicht an diese Warnung. Ein Ultimatum der UNO an die bosnischen Serben, die schweren Waffen aus dem Raum Sarajevo abzuziehen und unter UNO-Kontrolle zu stellen, lief am 25. Mai erfolglos ab. Daraufhin begann die NATO auf Aufforderung der USA am 25. und 26. Mai 1995 damit, serbische Stellungen in der Nähe von Sarajevo in Bosnien zu bombardieren.

Mit der Bombardierung von Bosnien im Jahre 1995 verabschiedete sich die NATO vom Prinzip der Verteidigung und stellte auf Angriff um. Damit brach die NATO ihr eigenes Versprechen, dass sie nur dann aktiv werde, wenn ein NATO-Mitgliedsstaat angegriffen werde sollte. Das aber war nicht der Fall, es war völlig offensichtlich, dass Bosnien kein NATO-Land angegriffen hatte und dass daher auch kein NATO-Bündnisfall vorlag. Die NATO ignorierte diese Tatsachen und berief sich auf das Ultimatum, das der UNO-Sicherheitsrat den bosnischen Serben gestellt hatte, und argumentierte, sie helfe die UNO-Schutzzonen zu sichern. Doch sie bewirkte das Gegenteil. Die Serben beantworteten das NATO-Bombardement mit einem Angriff auf die UNO-Schutzzonen und nahmen mehr als 300 Blauhelme als Geiseln und ketteten diese als menschliche Schutzschilde an Masten und Bäume, um die NATO vor weiteren Angriffen abzuschrecken.

Der UNO-Sicherheitsrat erkannte nun die Schwäche der Blauhelme in Bosnien und schuf am 16. Juni 1995 eine 4000 Mann starke Rapid Reaction Force (RRF), bestehend aus Soldaten aus den NATO-Ländern Frankreich, Großbritannien und Holland, um die UNPROFOR zu unterstützen. Doch auch diese kleine Truppe konnte die Sicherheit der UNO-Schutzzonen in Bosnien nicht wiederherstellen. Die Spannungen zwischen den ethnischen Gruppen nahmen zu und eskalierten immer mehr.

## Das Massaker von Srebrenica Juli 1995

Srebrenica ist eine mehrheitlich von Muslimen bewohnte Stadt im Osten von Bosnien. Neben der Hauptstadt Sarajevo ist Srebrenica heute vermutlich die bekannteste Stadt in Bosnien, weil der Name mit dem Massaker in Verbindung gebracht wird, das sich dort während des Bosnienkriegs ereignet hat. Was genau damals in Srebrenica geschah, ist in der historischen Forschung umstritten. Sicher ist, dass der UNO-Sicherheitsrat Srebrenica sowie die beiden ostbosnischen Muslimenklaven Gorazde und Zepa zu UNO-Schutzzonen erklärt hatte, in denen der Besitz und Einsatz von schweren Waffen verboten war. Sicher ist auch, dass die UNO-Soldaten zu schwach waren und den Schutz der rund 50.000 Menschen in Srebrenica nicht durchsetzen konnten.

Serbische Truppen belagerten die UNO-Schutzzone Srebrenica über Jahre und ließen humanitäre Hilfskonvois nur in Ausnahmefällen in die Stadt. Nachdem die NATO die Serben im Mai 1995 bombardiert hatte, nahmen die Spannungen zu. Aus der Sicht der Serben hatte die NATO den Kampf intensiviert, nun schlugen sie zurück. Am 5. Juli 1995 griffen 12.000 serbische Soldaten, unterstützt durch Panzer und Artillerie unter dem Kommando des bosnisch-serbischen Generals Ratko Mladic, Srebrenica an. Rund 300 leicht bewaffnete niederländische Blauhelmsoldaten hätten im Auftrag der UNO die Enklave schützen sollen. Aber wie können 300 leicht bewaffnete Holländer ohne Kampferfahrung 12.000 stark bewaffnete und kampferprobte Serben in Schach halten? Der einseitige Kampf war schnell entschieden. Am 11. Juli war die Schutzzone erobert und in der Hand der Serben. Mehr als 40.000 Muslime wurden aus Srebrenica vertrieben. Doch nicht alle entkamen der Schutzzone lebendig. Einige Tausend bosnische Muslime wurden von den Serben in der UNO-Schutzzone getötet. Die genaue Anzahl der Toten ist umstritten. Gemäß dem UNO-Kriegsverbrechertribunal wurden 7000 bis 8000 bosnische Muslime in Srebrenica getötet.[334] Gemäß dem Autor Alexander Dorin ist diese Zahl nicht belegt und deutlich zu hoch, die vom US-Imperium gesteuerte Geschichtsschreibung zu Srebrenica habe in erster Linie dazu gedient, die Serben zu diskreditieren.[335]

Für die Glaubwürdigkeit der UNO war Srebrenica ein Desaster. In den NATO-Ländern sprachen Politiker und Journalisten von »Völkermord« und behaupteten, die UNO sei völlig unfähig. In Deutschland forderte der Grüne-Politiker Joschka Fischer in einem offenen Brief Ende Juli 1995 seine Partei dazu auf, umzudenken. Srebrenica zeige, dass nun militärische Interventionen zur Verhinderung von Völkermord notwendig seien. In den Wochen nach dem Drama von Srebrenica wurde die UNO »zum Sündenbock gestempelt«, so der UNO-Experte Andreas Zumach. »Mit der Folge, dass die UNO heute in weiten Teilen der öffentlichen Meinung diskreditiert ist und für jegliche Form militärischer Missionen – ob Blauhelme oder Kampfeinsätze – anscheinend nicht mehr in Frage kommt.«[336]

Das Imperium USA präsentierte die NATO als Alternative zur UNO und das Militärbündnis spielte sich nach Srebrenica als robuste Kampfeinheit auf, das alleine in der Lage sei, den Frieden zu sichern und schwere Verbrechen zu verhindern. Das alles war nur ein Theater. Srebrenica zeigt, dass nicht die UNO-Charta oder die UNO als Organisation wertlos sind, sondern dass die Vetomächte im UNO-Sicherheitsrat für die schwache Ausrüstung und das unerfüllbare Mandat der 300 holländischen Blauhelmsoldaten in Srebrenica die Verantwortung tragen. Es war absurd und so, als ob ein Fußballtrainier nur zwei Feldspieler und einen Torwart aufs Spielfeld schicken würde, um gegen einen starken Gegner mit elf Mann neunzig Minuten lang zu spielen. Die Niederlage war gleichsam vorprogrammiert.

Im Hintergrund zog das US-Imperium die Fäden. Andreas Zumach deckte auf, dass die CIA und der amerikanische militärische Geheimdienst Defence Intelligence Agency (DIA) den Funk- und Telefonverkehr zwischen dem bosnisch-serbischen General Mladic und dem Stabschef der Armee Serbiens, Momcillo Perisic, dem obersten Militär von Präsident Milosevic, abhörten. »In diesen Funk- und Telefongesprächen wurde der serbische Angriff auf Srebrenica in allen Details geplant und vorbereitet«, so Zumach. »Auch das Ziel des Angriffs – Eroberung der Stadt und Vertreibung ihrer muslimischen Bevölkerung – wurden mehrfach deutlich angesprochen.« Vor und während des serbischen Angriffs kreisten unbemannte amerikanische Aufklärungsflugzeuge über Srebrenica und machten Luftaufnahmen. Die USA waren bestens im Bilde.[337]

Insgesamt starben im Bosnienkrieg rund 100.000 Menschen, darunter Soldaten und Zivilisten aus allen Volksgruppen, also Muslime, Kroaten und Serben. Ohne Frage haben Serben im Bosnienkrieg schwere Verbrechen begangen, das belegen die Untersuchungen der UNO. Doch auch die Kroaten und auch die muslimische Armee gingen in Bosnien rücksichtslos vor und töteten Frauen, Kinder und alte Menschen. Die Verbrechen der Muslime und Kroaten an den Serben wurden in den Medien der NATO-Länder aber kaum angesprochen, weil der muslimische Präsident von Bosnien, Alija Izetbegovic, von US-Präsident Bill Clinton unterstützt wurde und die NATO-Länder damit auf der Seite der Muslime standen. Nur die Verbrechen der Serben an den Muslimen wurden öffentlich kritisiert, fotografiert und detailliert untersucht. Mira Beham kritisiert diese einseitige Berichterstattung in ihrem Buch »Kriegstrommeln«, auch die Geschichte zu Srebrenica sei nur halb erzählt. »Die andere Hälfte der Geschichte ist, dass im Herbst 1992 in den Gemeinden Srebrenica und Bratunac zwischen 1200 und 1500 serbische Zivilisten massakriert und 50 serbische Dörfer abgebrannt wurden, wofür Naser Oric, der bosnisch-muslimische General und Kommandant von Srebrenica, sich verantwortlich zeigte.«[338]

Die holländischen UNO-Blauhelmsoldaten waren nach ihrer Niederlage in Srebrenica traumatisiert und die holländische historische Forschung hat sich daher im Detail mit dem Bosnienkrieg befasst. Der holländische Forscher Cees Wiebes, der ungehinderten Zugang zu den Akten des niederländischen Geheimdienstes erhielt, bestätigt, dass insgesamt sehr einseitig über den Bosnienkrieg berichtet wurde: Die Verbrechen der Serben wurden hochgespielt, die Verbrechen der Muslime und Kroaten heruntergespielt. Er fand heraus, dass die USA über den UNO-Sicherheitsrat zwar Blauhelme nach Bosnien schickten und so zumindest in der Weltöffentlichkeit den Frieden förderten, dass sie aber gleichzeitig auch die Muslime in Bosnien bewaffneten und damit die Spannungen anstachelten. Cees Wiebes bestätigte »die geheime Allianz zwischen dem Pentagon und radikalen islamistischen Gruppen aus dem Mittleren Osten, die den bosnischen Muslimen beistehen sollten.« Als Bill Clinton im Januar 1993 als neuer Präsident ins Weiße Haus einzog, wurde die amerikanische Unterstützung für die bosnischen Muslime noch verstärkt, das Imperium spielte sie gegen die serbischen Christen aus. Die Administration Clinton war »durchgehend promuslimisch und antiserbisch eingestellt«, fand Cees Wiebes, »und in den politischen Stellungnahmen wurde die Wahrheit generell verdreht, um die Serben negativer als die anderen Bürgerkriegsparteien darstellen zu können. Dies ging normalerweise mit einer Ignorierung unerwünschter Aktivitäten seitens der Kroaten und Muslime einher.«[339]

Madeleine Albright, die UNO-Botschafterin der USA, ließ keinen Zweifel daran, dass das Imperium den muslimischen Präsidenten von Bosnien Alija Izetbegovic unterstützte. »Ihre Zukunft und die Zukunft Amerikas sind untrennbar miteinander verbunden«, betonte Albright anlässlich der Neueröffnung der amerikanischen Botschaft in der bosnischen Hauptstadt Sarajevo.[340] Die Verbrechen der Dschihadisten wurden nicht untersucht. Doch die Verbrechen der Serben wurden publik gemacht. Die USA nutzten dazu ihre dominante Stellung im UNO-Sicherheitsrat, wo Botschafterin Albright am 10. August 1995 Luftaufnahmen vorlegte, die auf Verbrechen bosnischer Serben in der Umgebung von Srebrenica schließen ließen. »Etwa 10.000 Zivilisten aus Srebrenica und rund 3000 aus Zepa werden vermisst«, erklärte UNO-Botschafterin Albright besorgt. »Einige verstecken sich wohl, andere sind wohl in Gefangenschaft. Einige sind sicher tot. Wir müssen das untersuchen«, mahnte Albright. »Diese Menschen wurden systematisch abgeschlachtet auf Befehl der bosnischen Serben … dafür haben wir Daten von unserem Geheimdienst.« Die von den USA eingebrachte Resolution, die eine Untersuchung der Vorfälle in Srebrenica verlangte und dadurch die Geschichtsschreibung zum Bosnienkrieg steuerte, wurde von allen 15 Mitgliedern des Sicherheitsrates einstimmig angenommen.[341]

Die Serben waren ohne Zweifel während des Jugoslawienkriegs an schweren Verbrechen beteiligt. Aber es ist falsch, alle Verbrechen den Serben anzuhängen und die Verbrechen der bosnischen Muslime und der bosnischen Kroaten wie auch den verdeckten Einfluss des US-Imperiums völlig auszublenden. Dass die Geschichte von den Gewinnern geschrieben wird, zeigen auch die Urteile des Internationalen Strafgerichtshofs für das frühere Jugoslawien, der vor allem die Serben als Täter bestraft, die verdeckte Rolle von Präsident Clinton und der USA im Jugoslawienkrieg aber völlig ausblendet. Im April 2016 verurteilte der Strafgerichtshof mit Verweis auf die

Toten von Srebrenica den zum Zeitpunkt der Urteilsverkündigung 70-jährigen bosnischen Serbenführer Radovan Karadzic wegen Völkermord, Verbrechen gegen die Menschlichkeit und Kriegsverbrechen zu 40 Jahren Haft.

Insgesamt war die Lage im Bosnienkrieg für Außenstehende völlig unübersichtlich. Nur wenige Beobachter erkannten damals, dass die USA am Zerfall von Jugoslawien interessiert waren. »In Wahrheit hat die US-Regierung das Feuer auf dem Balkan gelegt. In jedem Stadium der Ereignisse hat sich Washington als Brandstifter betätigt, der Öl in die Flammen goss«, so das kritische Fazit der amerikanischen Friedensaktivistin Sarah Flounders vom International Action Center in New York, eine Organisation, welche die amerikanische Öffentlichkeit über die Kriege ihrer Regierung aufklärt. »Den Zerfall Jugoslawiens und den daraus entstandenen Bürgerkrieg hat größtenteils die US-Regierung zu verantworten. Nichts geschah zufällig oder versehentlich; alles beruhte auf strategischen Überlegungen und Entscheidungen. Jeder Schritt, den die USA unternommen haben, diente der Ausweitung des Krieges und begünstigte weitere Spaltungen in der Region.«[342]

Am 28. August 1995 schlug eine Mörsergranate auf dem Marktplatz Merkale von Sarajevo ein und tötete 38 Menschen. Blauhelmsoldaten der UNO kamen zu dem Schluss, die Granate sei aus serbischen Stellungen abgefeuert worden, was von anderen Seiten bestritten wurde. Die NATO nahm den Zwischenfall zum Anlass, um Bosnien erneut zu bombardieren. Vom 30. August bis zum 14. September 1995 fielen NATO-Bomben auf serbische Stellungen in Bosnien. Im Rahmen der Operation Deliberate Force flogen acht Nationen mehr als 3000 Kampfeinsätze und warfen mehr als 1000 Bomben ab. Zwei Drittel der Einsätze flogen amerikanische Maschinen, aber auch die deutsche Luftwaffe nahm an der Bombardierung von Bosnien teil. US-Kriegsschiffe feuerten Tomahawk-Marschflugkörper auf die bosnischen Serben ab und zerstörten ihr Hauptquartier in der Nähe von Banja Luka. Erneut machte die NATO deutlich, dass sie sich mit der Bombardierung von Bosnien 1995 und dem erstmaligen Einsatz von NATO-Kampfflugzeugen außerhalb des NATO-Gebietes (»out of area«) von einem Verteidigungs- zu einem Angriffsbündnis wandelte.

Die Serben hatten dem NATO-Luftkrieg wenig entgegenzusetzen. Aus der Sicht der NATO-Kommandozentrale waren die Serben nur zu Nadelstichen fähig, sie schossen am 30. August ein französisches Kampfflugzeug nahe Pale mit einer Luftabwehrrakete ab, die NATO-Piloten retteten sich. In den NATO-Ländern wurde die Militärallianz in den NATO-freundlichen Medien als Kraft für den Frieden präsentiert, und viele Bürger glaubten das sogar. »Diese Luftangriffe, zusammen mit der erneuten Entschlossenheit unserer europäischen Partner sowie den bosnischen und kroatischen Landgewinnen überzeugten die Serben endlich, über Frieden nachzudenken«, erklärte US-Präsident Bill Clinton Monate später in einer landesweit übertragenen Fernsehansprache.[343]

Russland war über den Out-of-area-Einsatz der NATO erzürnt und erschrocken und forderte am 8. September 1995 im UNO-Sicherheitsrat, dass die NATO-Angriffe auf Bosnien unverzüglich eingestellt werden sollten. China unterstützte diese Forderung. Doch die NATO-Länder USA, Frankreich, Großbritannien und Italien stellten sich dagegen und die Bombardierung dauerte eine weitere Woche. Im September 1995 willigten die Serben ein, ihre Waffen aus Sarajevo abzuziehen. Die UNO-Blauhelmmission UNPROFOR, die völlig gescheitert war, wurde beendet. Die NATO übernahm das Zepter in Bosnien. Die Geschichte der Balkankriege ist »zugleich die Geschichte der Entmachtung der UNO durch die NATO«, erkannte die Hessische Stiftung Friedens- und Konfliktforschung richtig. »Die UNO schrumpft zu einem Notariat der NATO.«[344]

## Das Abkommen von Dayton November 1995

In der Öffentlichkeit spielte das US-Imperium die Rolle des Friedensstifters und flog Ende 1995 den muslimischen Präsidenten Alija Izetbegovic, den serbischen Präsidenten Slobodan Milosevic und den kroatischen Präsidenten Franjo Tudjman in die USA und zwang sie, auf einer Luftwaffenbasis in Ohio in der Stadt Dayton, abgeschnitten von der Öffentlichkeit, während drei Wochen über die Zukunft von Bosnien zu verhandeln. Milosevic musste sich dem Druck der USA beugen und am 21. November 1995 wurde im Abkommen von Dayton von allen drei Präsidenten die Unabhängigkeit von Bosnien bestätigt. Um die Dominanz der USA nicht zu stark herauszustreichen, wurde das Abkommen nicht auf dem amerikanischen Militärstützpunkt, sondern in Paris am 14. Dezember 1995 feierlich unterzeichnet. US-Präsident Bill Clinton, der französische Präsident Jacques Chirac, der deutsche Bundeskanzler Helmut Kohl und der russische Ministerpräsident Wiktor Tschernomyrdin waren bei der Zeremonie anwesend. Mit dem Abkommen von Dayton endete der Bosnienkrieg.

UNO-Generalsekretär Boutros Boutros-Ghali wurde nach dem Bosnienkrieg 1996 von den USA aus seinem Amt vertrieben und durch Kofi Annan ersetzt. Während 14 von 15 Mitgliedern des Sicherheitsrates im November 1996 für eine erneute Amtsperiode des geschätzten ägyptischen Generalsekretärs stimmten, legte US-Botschafterin Madeleine Albright ihr Veto ein und verhinderte somit effektiv eine zweite

Amtszeit von Boutros-Ghali. Als früherer Professor für Völkerrecht kannte sich Boutros-Ghali sehr genau mit den Verletzungen der UNO-Charta durch die USA und andere Länder aus, und hatte diese Vergehen daher mitunter auch kritisiert, wodurch er den Zorn des Imperiums auf sich zog. Malcolm Harper, Direktor der Vereinigung der Vereinten Nationen, kritisierte später »das schändliche Verhalten« der USA und das »Schubsen und Stoßen der anderen Mitglieder des Sicherheitsrates.«[345] Und Boutros-Ghali fragte sich: »Warum dieser generelle Krieg gegen mich? Sie hätten das Veto auch nutzen können, ohne notwendigerweise das zu tun, was sie getan haben.«[346]

## Die USA stärken die Kosovo Liberation Army

Albanien ist ein muslimisches Land mit knapp drei Millionen Einwohnern, das im Süden an Jugoslawien angrenzt. Albanien ist seit 1955 Mitgliedstaat der UNO. Durch den Zerfall des Nachbarlandes Jugoslawien wurde auch Albanien in die Gewaltspirale hineingezogen. Denn einige Albaner leben in Serbien. Diese sogenannten Kosovo-Albaner bildeten eine Minderheit in Serbien und lebten in der serbischen Provinz Kosovo. Kosovo war damals eine Teilregion von Serbien, genauso wie Bayern eine Teilregion von Deutschland, Vorarlberg eine Teilregion von Österreich und der Kanton Tessin eine Teilregion der Schweiz ist. Die Kosovo-Albaner erkannten, dass durch den Zerfall von Jugoslawien die Grenzen neu gezogen wurden, und strebten die Unabhängigkeit von Serbien an. Dies jedoch wollten die Serben auf keinen Fall. Die Serben erklärten mit allem Nachdruck, dass sie eine Abspaltung des Kosovos nie tolerieren würden.

Um ihr Ziel zu erreichen, bauten die Kosovo-Albaner eine Guerillaarmee auf, die Kosovo Liberation Army, kurz KLA, auf Albanisch Ushtria Clirimtare Kosoves, UCK. Diese verfolgte das Ziel, den Kosovo ethnisch zu säubern und von Serbien abzutrennen. Am 22. April 1996 griffen KLA-Guerillas serbische Polizisten und auch serbische Zivilisten im Kosovo an. Solche Angriffe wiederholten sich in den folgenden Monaten und Jahren. Um die Unruhen zu bekämpfen, verstärkte Präsident Milosevic 1997 und 1998 seine Polizeikräfte im Kosovo. Die Paramilitärs der KLA töteten Serben und eroberten einige Dörfer. Die serbische Polizei und das Militär bekämpften und töteten Kosovo-Albaner und Mitglieder der KLA, welche sich immer wieder über die Grenze nach Albanien zurückziehen mussten. Der Konflikt dauerte entlang der ethnischen Bruchlinie an. Tausende aus Kroatien vertriebene Serben wurden in der Provinz Kosovo angesiedelt, um dort eine serbische Mehrheit zu garantieren.[347]

Die Amerikaner wussten um die ethnischen Feindseligkeiten zwischen den muslimischen Albanern und den christlichen Serben und entschieden, diese Spaltung auszunutzen, indem sie sich auf die Seite der Albaner schlugen und die Unabhängigkeitsbestrebungen der Kosovo-Albaner unterstützten. Der britische Offizier John Crosland, der bis zum 23. März 1999 Militärattaché an der britischen Botschaft in Belgrad war, bestätigte dies vor dem Internationalen Strafgerichtshof für das ehemalige Jugoslawien in Den Haag. »Die internationale Gemeinschaft hat die KLA unterstützt«, so Crosland. »Bill Clinton, Richard Holbrooke und Madeleine Albright hatten entschieden, dass es einen Regierungswechsel in Serbien geben werde, und die KLA war eines der Instrumente, um dies durchzusetzen.« Die Verbrechen der KLA wurden von den USA nicht kritisiert, weil die KLA ein nützliches Instrument war, um Milosevic zu stürzen. Gleichzeitig wurden die Verbrechen der Serben in den NATO-Ländern intensiv im Fernsehen und in den Zeitungen diskutiert. Dadurch entstand ein verzerrtes Bild: Den Serben wurde wie schon im Bosnienkrieg die ganze Schuld in die Schuhe geschoben, obschon beide Seiten die Gewaltspirale antrieben.[348]

»Meiner Meinung nach war die KLA eine Terrororganisation, keine Bewegung von Freiheitskämpfern«, erklärte Crosland vor dem UNO-Gericht. »Die KLA hatte einen bewaffneten Kampf gegen einen souveränen Staat begonnen und Serbien hatte das Recht, sich gegen die Terrortaktik der KLA zu wehren. Wenn ich sage, dass die Serben dieses Recht hatten, den Aufstand zu bekämpfen, soll damit nicht die Tatsache verschleiert werden, dass die Serben grässliche Verbrechen begangen haben«, so Crosland, der damit klug darauf hinwies, dass die Gewaltspirale von beiden Gruppen angetrieben wurde. Aber es sei falsch gewesen, Kosovo aus Serbien herauszutrennen. »Den Kosovo aus Serbien rauszunehmen, ist wie wenn man Wales aus England rausnehmen würde«, gab der Brite zu bedenken.[349]

Viele Kosovo-Albaner und auch einige Serben sind während des Krieges in die Schweiz geflüchtet und ich konnte sowohl mit Serben wie auch mit Albanern sprechen. Der gegenseitige Hass sitzt noch tief, und beide machen den Gegner für den Krieg verantwortlich. Nur wenigen ist klar, dass das US-Imperium die KLA gezielt aufbaute und damit hinter den Kulissen die Gewaltspirale anheizte. Bereits 1998 wurden »einige Hundert Mitglieder der UCK durch Eliteeinheiten der Special Operations Forces und Angehörige einer privaten Söldnerfirma der USA in der Kampfführung und der Taktik ausgebildet und mit modernen Waffen ausgerüstet«, bestätigt Albert Stahel vom Institut für Strategische Studien in der Schweiz. Obschon bekannt war, »dass die UCK nichts anderes als eine Bande von Kriminellen und

Terroristen war«, unterstützten die USA diese Einheit mit Waffen, Beratung und Training, so Stahel. »Trotz des Rückzuges der Mehrheit der Einheiten der Jugoslawischen Volksarmee im Jahr 1998 aus dem Kosovo, griffen UCK-Einheiten die serbischen Polizeistützpunkte im Kosovo weiterhin an und ermordeten Polizisten.«[350]

Angesichts der andauernden Spannungen verlangte die UNO am 23. September 1998 einen Waffenstillstand im Kosovo sowie den Rückzug der serbischen Polizei in ihre Kasernen. Die Organisation für Sicherheit und Zusammenarbeit in Europa (OSZE) schuf am 25. Oktober 1998 eine Kosovo Verification Mission (KVM) und schickte 2000 Beobachter in den Kosovo, um den Waffenstillstand zu überwachen. Daraufhin nahm die Gewalt ab. Im März 1999 gab es vor dem NATO-Angriff im ganzen Kosovo nur noch 39 Tote. Die OSZE war mit ihrem zivilen Einsatz erfolgreich. Doch die NATO wollte trotzdem Bomben abwerfen. »Die Legitimationsgrundlage für die deutsche Beteiligung war die sogenannte humanitäre Katastrophe« im Kosovo, erinnert sich der deutsche General Heinz Loquai, der für die OSZE als Beobachter vor Ort war. Doch »eine solche humanitäre Katastrophe als völkerrechtliche Kategorie, die einen Kriegseintritt rechtfertigte, lag vor Kriegsbeginn im Kosovo nicht vor.«[351]

Trotzdem trommelte der deutsche sozialdemokratische Verteidigungsminister Rudolf Scharping für den Krieg, indem er ihn in verlogener Weise als ein humanitäres Engagement darstellte. »Wir wären ja auch niemals zu militärischen Maßnahmen geschritten«, beteuerte Scharping wider besseres Wissen am 27. März 1999, als die Bomben auf Serbien fielen, »wenn es nicht diese humanitäre Katastrophe im Kosovo gäbe mit 250.000 Flüchtlingen innerhalb des Kosovo, weit über 400.000 Flüchtlingen insgesamt, und einer zurzeit nicht zählbaren Zahl von Toten.« Doch die Geschichte mit der »nicht zählbaren Zahl von Toten« war haltlos. Auch Norma Braun, US-Diplomatin im Kosovo, bestätigte, dass Loquai die Wahrheit sprach und Scharping log: »Bis zum Beginn der NATO-Luftangriffe gab es keine humanitäre Krise.«[352]

## Das angebliche Massaker in Racak vom Januar 1999

Der amerikanische Senator Hiram Johnson hatte während des Ersten Weltkriegs 1917 treffend festgestellt: »Das erste Opfer des Krieges ist die Wahrheit.«[353] Beim Kosovokrieg 1999 war es nicht anders. So wie die Lüge über den Zwischenfall im Golf von Tonkin den Vietnamkrieg auslöste, wurde im Kosovokrieg der Zwischenfall in Racak als Kriegsauslöser benutzt. In der Nacht vom 15. auf den 16. Januar 1999 wurden im

Dorf Racak in der serbischen Provinz Kosovo 45 Menschen getötet. Der US-Diplomat William Walker, Mitglied der Kosovo-Mission der OSZE, bezichtigte umgehend die Serben, ethnische Säuberungen durchgeführt zu haben, und sprach von einem »Massaker«. Diese Version wurde später auch von der Anklage gegen Milosevic vor dem UNO-Kriegsverbrechertribunal in Den Haag übernommen. Walker berichtete, in Racak hätten die Serben 45 unbewaffnete albanische Zivilisten aus nächster Nähe exekutiert. »Diese Leichen zu sehen, mit weggeschossenen Gesichtern, weil man ihnen die Waffen offenbar direkt auf den Kopf gesetzt hatte, 15 davon offenbar wie bei einer Exekution hingerichtet – da brauche ich einfach ein paar Minuten, um mich zu fassen, um meine Worte wieder zu finden«, so Walker am 16. Januar 1999, rund zwei Monate vor dem NATO-Angriff.[354]

Die Tragödie von Racak wurde von westlichen Politikern benutzt, um die kritische europäische Öffentlichkeit von der Notwendigkeit eines NATO-Angriffs auf Jugoslawien zu überzeugen. Erst nach dem Kriege wurden die Toten von Racak von der finnischen Pathologin Helen Ranta ausgegraben und untersucht. Ranta wurde misstrauisch und äußerte den Verdacht, es könnte sich dabei um eine Manipulation und Täuschung der Öffentlichkeit gehandelt haben: »Ich bin mir bewusst, dass man sagen könnte, die ganze Szene in diesem kleinen Tal sei arrangiert gewesen. Ich bin mir dessen bewusst. Denn dies ist tatsächlich eine Möglichkeit. Diesen Schluss legen unsere ersten Untersuchungsergebnisse genauso nah, wie auch unsere späteren forensischen Untersuchungen, die wir im November 1999 direkt vor Ort vorgenommen haben.«[355]

Einige der Toten in Racak waren keine unbewaffneten Zivilisten, sondern Paramilitärs der UCK. Doch der Amerikaner Walker verkaufte die toten UCK-Kämpfer den Medien als unschuldige Zivilisten, die grundlos von den Serben hingerichtet worden waren, erinnert sich Heinz Loquai, der in der OSZE-Überwachungsmission diente: »Walker hat etwa 30 Journalisten um sich versammelt, ist mit denen dahin gefahren und hat nach kurzer Zeit verkündet, dass es sich um ein Massaker der Serben handle«, so Loquai. »Zu dieser Zeit konnte er überhaupt noch kein Urteil fällen, aber dieses Urteil wurde von der OSZE, von den Vereinten Nationen, wurde kritiklos von allen nationalen Regierungen übernommen. Die NATO kam am Tag darauf zu einer Sondersitzung zusammen, ein völlig ungewöhnliches Ereignis. Man kann schon sagen, mit diesem Verhalten hat Walker die Lunte zum Krieg gezündet.«[356]

Racak diente als Auslöser für den Kosovokrieg. Dass der amerikanische Diplomat William Walker in den 1980er Jahren als US-Botschafter in El Salvador gedient und dort Massaker an Zivilisten vertuscht hatte, interessierte niemanden. Warum die

Medien gerade einem Mann wie Walker vertrauten, ist mir schleierhaft. Doch nicht alle konnten durch die Amerikaner getäuscht werden. Der deutsche General Heinz Loquai war einer der wenigen, der die Kriegslügen im Vorfeld des Kosovokrieges nicht einfach stillschweigend hinnahm, sondern klar zurückwies. »Man hat in der Vergangenheit oft der deutschen Generalität den Vorwurf gemacht, dass sie dort auch geschwiegen habe, wo sie etwas hätte sagen sollen«, so General Loquai. »Und ich wollte in dieser Situation auch etwas sagen und die Manipulation und Propaganda nicht als solche stehen lassen.«[357] Indem die USA ihre geheime Unterstützung für die UCK vertuschten und die toten UCK-Kämpfer in Racak als massakrierte Zivilisten darstellten, schufen sie eine wirksame Kriegslüge, mit der die Bevölkerung in Europa und den USA getäuscht wurde.

## Die NATO bombardiert den Kosovo am 24. März 1999

Ausgehend von dem Zwischenfall in Racak erklärte die NATO, man müsse die ethnischen Säuberungen stoppen. Am 24. März 1999 begann die NATO, Serbien zu bombardieren. Der Angriff erfolgte ohne Zustimmung der UNO und war daher ein illegaler Angriffskrieg. Der NATO-Angriff auf den Kosovo fand unter Führung der USA mit aktiver Beteiligung verschiedener westeuropäischer Demokratien statt, darunter den NATO-Ländern Deutschland, Großbritannien, Frankreich, Dänemark, Norwegen, Italien, Niederlande, Belgien, Portugal, Türkei und Spanien. Damit hatte eine große Anzahl von Ländern, die sich zu den führenden Demokratien der Welt zählen, gegen die UNO-Charta verstoßen, die den militärischen Angriff auf unabhängige Staaten ohne UNO-Mandat ausdrücklich verbietet. Alle beteiligten Staaten machten sich des schweren Verbrechens der Aggression schuldig.

Nach der Bombardierung von Bosnien 1995 war der Angriff auf Serbien 1999 der zweite »Out-of-area«-Einsatz der NATO, die sich im Kosovokrieg für alle sichtbar von einem Verteidigungsbündnis zu einem Angriffsbündnis verwandelte. Die deutschen Zeitungen *FAZ*, *Süddeutsche*, *Zeit* und *Spiegel* applaudierten diesem Wandel, wie die Untersuchung des Historikers Kurt Gritsch zeigt. Das von der NATO vorgegebene stereotype Feindbild »böse christliche Serben« gegen »gute Muslime« wurde von den Massenmedien blind übernommen. Auch die NATO-Sprachregelung »Kollateralschaden« für nicht absichtsvoll getötete Menschen übernahmen die Massenmedien, obschon Kollateralschäden im Völkerrecht nur Dinge und nicht Menschen bezeichnen. Einige Geschichten wurden frei erfunden. Der Journalist Erich Rathfelder verbreitete in der *taz* im August 1998 die Horrormeldung, die Serben hätten in Orahovac 567 Menschen ermordet, davon 430 Kinder. Doch die Story stimmte nicht, weshalb Rathfelder eine Rüge des österreichischen Presserates erhielt. Erst nach dem Krieg räumten einige Journalisten selbstkritisch ein, dass sie der NATO allzu blind geglaubt hatten. »Ich bin immer wieder sehr überrascht, wie sehr wir uns haben missbrauchen lassen«, so Andreas Pawlouschek von der ARD.[358]

NATO-Sprecher Jamie Shea wusste, dass die politischen Führer in den NATO-Ländern den Krieg an der Heimatfront dem eigenen Volk verkaufen mussten. »Rudolf Scharping machte wirklich einen guten Job«, freute sich Jamie Shea. »Es ist ja auch nicht leicht, speziell in Deutschland, das 50 Jahre lang Verteidigung nur als Schutz des eigenen Landes gekannt hatte, statt seine Soldaten weit weg zu schicken.« Auch der sozialdemokratische Bundeskanzler Gerhard Schröder und der grüne Außenminister Joschka Fischer hätten ihre Aufgabe hervorragend gemacht, lobte der Propagandaexperte der NATO. Denn die Meinungsbildung in Deutschland war für die NATO zentral. »Wenn wir die öffentliche Meinung in Deutschland verloren hätten«, so Jamie Shea, »dann hätten wir sie im ganzen Bündnis verloren.«[359]

## Deutschland zieht wieder in den Krieg

Von 1945 bis 1995 hatte Deutschland kein anderes Land bombardiert, der edle Grundgedanke »Nie wieder Krieg!« war fest in der Bevölkerung verankert und wurde von allen politischen Parteien respektiert. Doch mit der Bombardierung von Bosnien 1995 und dem illegalen Angriffskrieg auf Serbien 1999 änderte sich plötzlich alles. Die politische Führung und die Massenmedien erklärten dem Volk, Krieg sei richtig und notwendig, auch dann, wenn kein UNO-Mandat vorliege. Was um Himmels Willen war passiert?

Die Gründe für den Kriegseintritt von Deutschland auf der Seite des US-Imperiums und der NATO sind heute wohl bekannt: Erstens wurde das Volk nicht befragt, es gab keine landesweite Abstimmung über den Kriegseinsatz. Nur weil in Deutschland – im Gegensatz zum Beispiel zur Schweiz – die Bevölkerung sich nicht zu wichtigen Sachfragen an der Urne äußern darf, war der Angriff auf Serbien möglich. Hätte man das Volk befragt, wäre eine Beteiligung von deutschen Soldaten an diesem illegalen Angriffskrieg mit großer Wahrscheinlichkeit abgelehnt worden.

Zweitens unterstützten die von der NATO beeinflussten deutschen Massenmedien den Kriegseinsatz und verkauften ihn als »humanitären Krieg«. Diese Formulierung ist völliger Unsinn, denn kein Krieg ist humanitär. Aber indem die Massenmedien die Serben als »immer böse« und die Albaner als »immer gut« darstellten und dieses einseitige Narrativ mit Lügen unterfütterten, gelang es, das irrsinnige Konzept des »humanitären Krieges« zu verkaufen. Dass diese klassische Kriegspropaganda in Deutschland nicht durchschaut wurde, ist enttäuschend. Denn die Lehren aus der Vergangenheit waren für alle zugänglich, und wie Kriegspropaganda funktioniert, war kein Geheimnis. »Die Aufnahmefähigkeit der großen Masse ist nur sehr beschränkt, das Verständnis klein, dafür jedoch die Vergesslichkeit groß«, hatte Adolf Hitler seine Überlegungen zur Propaganda vor dem Zweiten Weltkrieg zusammengefasst. »Aus dieser Tatsache heraus hat sich jede wirkungsvolle Propaganda auf nur sehr wenige Punkte zu beschränken und diese schlagwortartig so lange zu verwerten, bis auch bestimmt der Letzte unter einem solchen Worte das Gewollte sich vorzustellen vermag.« Und sein Propagandaminister Joseph Goebbels ergänzte: »Propaganda muss klar, einfach, wenn nicht primitiv sein«, weil »das Volk meist viel primitiver ist, als wir uns das vorstellen. Das Wesen der Propaganda ist deshalb unentwegt die Einfachheit und die Wiederholung.«[360] Genau auf diese Weise wurde die Formulierung »humanitärer Krieg« unters Volk gebracht.

Weil die Bürger nicht gefragt wurden und die Massenmedien Propaganda verbreiteten, hätten die gewählten Politiker den illegalen Angriffskrieg verhindern müssen, aber sie taten das Gegenteil und forderten explizit den Einsatz von militärischer Gewalt. Die entscheidende Abstimmung im deutschen Parlament fand im Oktober 1998 statt. Viele Abgeordnete durchschauten die Kriegspropaganda nicht und folgten blind den Anführern ihrer Partei. Weil sowohl der abtretende Außenminister Klaus Kinkel von der FDP wie auch der neue Außenminister Joschka Fischer von der Grünen Partei und auch der abtretende Verteidigungsminister Volker Rühe von der CDU ebenso wie der neue Verteidigungsminister Rudolf Scharping von der SPD von ihren Parteigenossen ein Ja für den Krieg verlangten, resultierte mit den Stimmen von CDU/CSU, SPD, FDP und Grünen eine solide Mehrheit. »Deutschland darf nicht abseits stehen, wenn das Bündnis die sich abzeichnende humanitäre Katastrophe in dieser außergewöhnlichen Lage notfalls durch den Einsatz von Streitkräften zu verhindern sucht«, mahnte Kinkel. Scharping erklärte, Deutschland müsse den USA und der NATO folgen, wenn diese in den Krieg ziehen: »Wir wollen unseren Beitrag dazu leisten, weil er nach draußen, zu unseren Freunden und Partnern etwas signalisiert, nämlich Verlässlichkeit, Festigkeit und Stetigkeit in den auswärtigen Beziehungen der Bundesrepublik Deutschland und in der Wahrnehmung des Teils der Verantwortung, der sich für Deutschland daraus ergibt.« Joschka Fischer gab vor, dass es vielleicht gar nicht zum Krieg kommen werde: »Wir entscheiden heute über die Beteiligung der Bundeswehr an einem Militäreinsatz der NATO, vom dem wir alle hoffen und Gott sei Dank begründet hoffen können, dass er niemals stattfinden muss und niemals stattfinden wird.«[361]

Nur die PDS, die sich später in Die Linke umbenannte, stimmte geschlossen gegen den Krieg. Ihr Abgeordneter Gregor Gysi warf den anderen Abgeordneten vor, selektive Konfliktwahrnehmung zu betreiben, mit Bomben werde keine humanitäre Katastrophe verhindert, sondern nur verschärft. Der Widerstand der PDS änderte aber nichts am Schlussresultat: Am 16. Oktober 1998 stimmten von den 580 anwesenden Parlamentariern 500 mit Ja, 62 mit Nein und 19 enthielten sich ihrer Stimme. Der langjährige Grundsatz »Nie wieder sollte Krieg von deutschem Boden ausgehen, nie wieder sollten deutsche Soldaten für andere Zwecke als jene der Verteidigung zur Verfügung stehen« wurde über Bord geworfen. Die Abgeordneten beschlossen, dass sich die Bundeswehr an einem Luftangriff der NATO gegen Serbien beteiligen darf, notfalls auch ohne UN-Mandat.

Am 24. März, als der NATO-Angriff begann, behauptete der sozialdemokratische Bundeskanzler Gerhard Schröder im Fernsehen, Deutschland führe gar keinen Krieg: »Liebe Mitbürgerinnen und Mitbürger, heute Abend hat die NATO mit Luftschlägen gegen militärische Ziele in Jugoslawien begonnen«, so Schröder. »Damit will das Bündnis weitere schwere und systematische Verletzungen der Menschenrechte unterbinden und eine humanitäre Katastrophe im Kosovo verhindern. Der jugoslawische Präsident Milosevic führt dort einen erbarmungslosen Krieg. Wir führen keinen Krieg, aber wir sind aufgerufen, eine friedliche Lösung im Kosovo auch mit militärischen Mitteln durchzusetzen.«[362]

Am 25. März 1999, also ein Tag nach dem Beginn des Angriffskrieges, traf sich der Deutsche Bundestag zu einer Sondersitzung. »Sie alle wissen, dass die UN-Charta nur zwei Fälle des berechtigten militärischen Eingreifens kennt«, protestierte Gregor Gysi von der PDS, nämlich ein Mandat des Sicherheitsrates oder Selbstverteidigung. »Beide Voraussetzungen liegen nicht vor. Die Bundesrepublik Jugoslawien – wie auch immer die inneren Zustände zu beurteilen sind – hat kein anderes Land angegriffen.« Daher sei dieser Krieg klar illegal. »Was glauben Sie denn, wie wenig Rücksicht andere Staaten in Zukunft auf die UN-Charta nehmen werden, wenn die NATO und auch die Bundesrepublik Deutschland erst einmal bewiesen haben, dass sie bereit sind, die UN-Charta zu ignorieren und dennoch militärisch aktiv zu werden, und zwar in Form eines Krieges!« Die Beteiligung von Deutschland an diesem Krieg sei falsch. »Deutschland hat in diesem Jahrhundert überhaupt kein Recht mehr, Bomben auf Belgrad zu werfen«, mahnte Gysi. »Wenn man einen Krieg führt, ohne selbst angegriffen worden zu sein, dann ist das ein Angriffskrieg und kein Verteidigungskrieg. Genau diesen verbietet das Grundgesetz der Bundesrepublik Deutschland. Auch dagegen haben Sie verstoßen.«[363]

Auch der Abgeordnete Hans-Christian Ströbele von der Partei Die Grünen wehrte sich gegen den Krieg und gegen seine eigene Partei, die den Krieg mehrheitlich unterstützte. »Es ist unwürdig für dieses Haus, dass Deutschland nach 54 Jahren seit gestern Abend wieder Krieg führt«, kritisierte Ströbele in seiner Rede. »Ich verstehe meine Fraktion nicht, die für mehr Frieden in der Welt angetreten ist … Das kann und darf nicht wahr sein. Ich schäme mich für mein Land, das jetzt wieder im Kosovo Krieg führt und das wieder Bomben auf Belgrad wirft.« Der Abgeordnete Wolfgang Schäuble von der CDU sah es gerade umgekehrt, er unterstützte den NATO-Krieg im Sinne eines »humanitären Engagements« und erklärte: »Wenn wir unsere Verantwortung für Frieden, für Freiheit und für Menschenrechte ernst nehmen, haben wir keine Alternative. Dewegen muss unser geschlossener Appell an den Aggressor lauten: Das Morden in Europa muss aufhören!«, wofür Schäuble Beifall von der CDU/CSU, SPD, FDP und vielen Grünen erhielt.[364]

Das NATO-Bombardement dauerte 78 Tage und Nächte. Die NATO bombardierte auch zivile Ziele, darunter die Wasserversorgung, Brücken, Schleusen, Elektrizitätswerke, Bahnhöfe, Schulen und Krankenhäuser. Die Gesamtzahl der Todesopfer durch die Bombardierung Serbiens wird auf 3500 Menschen geschätzt. Die NATO setzte sowohl Splitterbomben als auch die umstrittene Uranmunition im Kosovo ein. Uranmunition kann zu Krebs führen. Daher beklagte Serbien nach dem Krieg gemäß eigenen Angaben 10.000 Krebstote.[365]

Als China sich im UNO-Sicherheitsrat für eine Resolution stark machte, die den NATO-Bombenhagel stoppen sollte, kamen die Chinesen selber unter Feuer. Am 7. Mai 1999 bombardierte die NATO die chinesische Botschaft in Belgrad, drei Chinesen starben, 21 wurden verletzt. Die NATO sprach von einem »schrecklichen Irrtum«. Doch die Chinesen misstrauten der NATO und glaubten an Absicht; sie sprachen daher von einem »barbarischen Akt«. »Die Regierung in Peking war damals willens, eine Resolution im UNO-Sicherheitsrat mit zu tragen, die auf die Beendigung des Krieges in Jugoslawien gerichtet war«, erinnert sich der deutsche Politiker Willy Wimmer. »Und daran waren bestimmte amerikanische Kreise nicht interessiert. Ich sag nicht, dass es die ganze amerikanische Regierung war. Aber man hat diesen Bomber losgeschickt, um den Chinesen eine Lektion zu erteilen. Damit die chinesische Regierung sich an der Resolution nicht beteiligt und der Krieg weiter betrieben werden kann.«[366]

Für die NATO war es wichtig, dass sie in der Öffentlichkeit nicht als brutales und rücksichtsloses Militärbündnis wahrgenommen wird, was sie in Tat und Wahrheit war, das wie Hitler illegale Angriffskriege führt. Bill Clinton wurde daher in den Massenmedien als Friedensbringer gefeiert, der dank seinem resoluten Vorgehen gegen den Schlächter Milosevic das Blutvergießen auf dem Balkan gestoppt hatte. Dass derselbe Clinton im Bosnienkrieg die Dschihadisten gegen die Christen unterstützt hatte, im Kosovo die muslimische KLA stärkte und mit seinem illegalen Angriffskrieg die UNO-Charta zerschlug, wurde von der Kriegspropaganda nicht erwähnt.

»Ich muss sagen, als die NATO 1999 angriff, haben wir eine Flasche Champagner aufgemacht«, erinnert sich James Harff von der einflussreichen amerikanischen PR-Firma Ruder Finn an die Bombardierung von Serbien. Seine Kommunikationsfirma mit Sitz in Washington hatte den Zerfall von Jugoslawien mit Kriegspropaganda begleitet. Im August 1991 hatte sie von der kroatischen Regierung einen Propaganda-Auftrag erhalten, im Mai 1992 von der bosnischen Regierung und im Herbst 1992 von der Führung der Kosovo-Albaner. In allen Fällen lautete der Auftrag, die Serben als Unterdrücker und Aggressoren darzustellen, die Kroaten, bosnischen Muslime und Kosovo-Albaner als Opfer. Genau diese Darstellung diente der NATO.[367]

Die PR-Firma setzte ihren Auftrag professionell um. Es gelang, den Krieg in den NATO-Ländern unter der Rubrik »böse Serben« einer schlecht informierten und trägen Öffentlichkeit zu verkaufen. James Harff erklärte später, er habe eine Liste von mehreren Hundert Journalisten, Politikern, Vertretern humanitärer Organisationen und Akademikern gehabt, die er benutzte, um die öffentliche Meinung zu formen. »Schnelligkeit ist entscheidend«, so Harff. »Es ist die erste Behauptung, die wirklich zählt. Alle Dementis sind völlig unwirksam.« Die wenig gebildeten Amerikaner hätten die Balkankriege nie begriffen. »Niemand verstand, was in Jugoslawien los war. Die große Mehrheit der Amerikaner überlegte, in welchem afrikanischen Land sich wohl Bosnien befindet«, so Harff amüsiert.[368]

Wenn Kriegslügen die Medien dominieren, ist die UNO machtlos. Ihm sei ein »großartiger Coup« geglückt, freute sich Harff nach dem Krieg, weil es der Firma Ruder Finn gelang, die in den Medien einflussreiche jüdische Meinung auf ihre Seite zu ziehen. Dies sei keineswegs selbstverständlich, sondern schwierig gewesen, weil sein kroatischer Auftraggeber Tudman wiederholt antisemitische Äußerungen gemacht hatte und sein anderer Auftraggeber, der muslimische bosnische Präsident Izetbegovic, die Bildung eines fundamentalistischen Staates gefordert hatte. Doch als »die jüdischen Organisationen in das Spiel auf Seiten der muslimischen Bosnier eingriffen, konnten wir sofort in der öffentlichen Meinung die Serben mit den Nazis gleichsetzen«, freute sich der Propagandaexperte. »Fast unmittelbar danach benutzten die Medien eine andere Sprache mit sehr emotionsbeladenen Begriffen wie ethnische Säuberung, Konzentrationslager und so weiter. Begriffe, die man mit Bildern aus Nazideutschland und Auschwitz assoziiert. Niemand konnte sich mehr dagegen wenden, ohne des Revisionismus angeklagt zu werden. Wir hatten einhundert Prozent Erfolg.«[369]

## Die Kriegslüge vom Konzentrationslager in Pristina

Wenige Wochen vor dem NATO-Angriff druckte die deutsche Zeitung *Bild* am 1. März 1999 die erschütternde Schlagzeile »Sie treiben sie ins KZ«, und kommentierte: »KZ. Konzentrationslager. Ein Alptraum ist wiederauferstanden. Aus dem Kosovo verstärkten sich gestern Berichte, dass die Serben Tausende von Albanern in riesige Lager zusammentreiben.« Wer eine solche Anspielung in Deutschland macht, berührt ein nationales Trauma, dann sind die Menschen erschüttert und man kann sie leichter in den Krieg steuern. »Geheimdienste und Augenzeugen berichten von Konzentrationslagern und Massenerschießungen«, schrieb am 12. April 1999 auch die deutsche Zeitung *Express* unter der Überschrift »Kosovo-Krieg: Die Akte des Grauens«.

Auch der deutsche Verteidigungsminister Rudolf Scharping sprach am 28. März 1999 bei einer Pressekonferenz explizit von Konzentrationslagern, um damit den laufenden NATO-Krieg zu legitimieren. »Wenn ich höre, dass im Norden von Pristina ein Konzentrationslager eingerichtet wird, wenn ich höre, dass man die Eltern und die Lehrer von Kindern zusammentreibt und die Lehrer vor den Augen der Kinder erschießt, wenn ich höre, dass man in Pristina die serbische Bevölkerung auffordert, ein großes ›S‹ auf die Türen zu malen, damit sie bei den Säuberungen nicht betroffen sind, dann ist da etwas im Gange, wo kein zivilisierter Europäer mehr die Augen zumachen darf, außer er wollte in die Fratze der eigenen Geschichte schauen«, so Scharping düster.[370]

Der deutsche Verteidigungsminister Scharping hat den Kosovokrieg mit seinen Lügen der Bevölkerung verkauft. Die deutschen Journalisten Jo Angerer und Mathias Werth sind der Behauptung von Scharping nachgegangen und flogen nach dem Krieg nach Pristina, um den Augezeugen Shaban Kelmendi zu fragen, ob denn wirklich das Fußballstadion von Pristina als Konzentrationslager diente? »Es hat damals keinen einzigen Gefangenen oder eine Geisel gegeben«, die im Stadion festgehalten wurden, so der Augenzeuge. Das Konzentrationslager gab es nicht. Auch nicht das »S« auf den Türen. Was der deutsche Verteidigungsminister erzählte, war »im besten

Fall gutgläubig weitergetragene Propaganda, wahrscheinlich aber schlicht eine frei erfundene Gräuelgeschichte«, so das Fazit der Journalisten in ihrem sehenswerten Dokumentarfilm »Es begann mit einer Lüge«.[371]

Auch der grüne Außenminister Joschka Fischer hatte den Vergleich zwischen Serben und Nazis bemüht, um den NATO-Angriffskrieg zu legitimieren. »Ich habe nicht nur gelernt: Nie wieder Krieg! Ich habe auch gelernt: Nie wieder Auschwitz!«, so Fischer am 7. April 1999, während die NATO-Bomben auf Serbien fielen.[372] General Heinz Loquai, der als OSZE-Beobachter die Lage im Kosovo aus erster Hand kannte, stuft die Lügen von Fischer und Scharping über die Konzentrationslager zu Recht als unerträglich ein. »Hier muss ich mich wirklich beherrschen«, so Loquai, »weil der Vergleich mit Auschwitz und der Situation im Kosovo eine ungeheuerliche Behauptung ist. Man muss sich als Deutscher schämen, dass deutsche Minister so etwas getan haben, denn ein normaler Mensch, ein normaler Deutscher, wird vor Gericht zitiert, wenn er in derartigem Ausmaß Auschwitz verharmlost.« Loquai wusste, dass die erfundenen Geschichten vom KZ die Deutschen hinter den illegalen NATO-Krieg trieben. »Und ich finde es im Grunde genommen ungeheuerlich, dass gerade Deutsche diese Vergleiche gewählt haben«, so der General.[373]

## Die Kriegslüge vom Massaker in Rugovo

Das Muster der Kriegslügen war bestechend einfach. Der Kleinkrieg zwischen den serbischen Sicherheitskräften und der KLA-Guerillia im Kosovo forderte Tote auf beiden Seiten, dies war bekannt. Doch diese Gewalt wurde verdreht und so dargestellt, als ob stets brutale Serben ohne Grund wehrlose Albaner im Kosovo ermordet hätten. Danach argumentierte die NATO, sie müssten Serbien bombardieren, um die ethnischen Säuberungen zu stoppen. Dass die NATO die UNO-Charta verletzte und dass auch die Kosovo-Albaner in Gewaltverbrechen verwickelt waren, wurde nicht kommuniziert. Vor allem aber wurden gezielt Lügen gestreut. »Es gehört nicht zu unserer Arbeit, den Wahrheitsgehalt von Informationen zu prüfen. Wir sind dafür gar nicht ausgestattet«, entschuldigte der Propagandaexperte Harff seine verlogene Arbeit. »Unsere Aufgabe ist es, uns dienliche Informationen schneller zu verbreiten und sie an wohlüberlegte Zielgruppen weiterzuleiten.«[374]

Noch vor dem Angriff der NATO starben bei einem Gefecht im kleinen Bauerndorf Rugovo im südlichen Kosovo am 29. Januar 1999 ein serbischer Polizist und 24 Kosovo-Albaner. Einige der Toten trugen Militärstiefel, Mitgliedsausweise der UCK und Rangabzeichen. Doch der deutsche Verteidigungsminister Rudolf Scharping stellte am 27. April 1999 das Gefecht in Rugovo bei einer Pressekonferenz völlig anders dar, um den laufenden NATO-Angriff zu legitimieren. »Was wir Ihnen hier zeigen, ich hatte ja schon gesagt, man braucht starke Nerven, um solch grauenhafte Bilder überhaupt ertragen zu können, die Bilder machen aber deutlich, mit welcher Brutalität das damals begonnen wurde und seither weitergegangen ist«, so Scharping, der den Journalisten Bilder mit blutüberströmten Leichen hinhielt. »Die Uniformen, die Sie da sehen, das sind Uniformen der serbischen Spezialpolizei. Das macht auch deutlich, dass Armeekräfte und Spezialpolizei, später dann auch im Fortgang nicht nur diese, sondern auch regelrechte Banden freigelassener Strafgefangener und anderer an solchen Mordtaten beteiligt sind. Es sind erschütternde Bilder. Und ich muss mir große Mühe geben, das in einer Tonlage zu schildern, die nicht gewissermaßen zur Explosion führt«, so der deutsche Angriffsminister.[375]

Die Presse übernahm die Darstellung des Ministers ungeprüft, wodurch in der deutschen Bevölkerung der Hass gegenüber den Serben geschürt wurde. »Leichen, überall Leichen. Erschossene Männer, deren Gesichter mit Baseballschlägern verstümmelt wurden, damit sie niemand identifizieren kann«, berichtete das deutsche Boulevardblatt *Express* am 28. April 1999. »Bilder des Grauens, Bilder aus dem Kosovo. Verteidigungsminister Rudolf Scharping zeigte sie gestern, um eindringlich zu belegen: So grausam wütet Serben-Führer Milosevic. Deshalb dieser Krieg: Das Massenmorden muss ein Ende haben.«

Die NATO-Propaganda besagte: Wir setzen nur Gewalt ein, um Gewalt zu stoppen. Doch wie schon beim Vergleich mit den Konzentrationslagern entsprach die Schilderung von Verteidigungsminister Scharping erneut nicht der Wahrheit. Der deutsche Polizeibeamte Henning Hensch war als OSZE-Beobachter vor Ort in Rugovo. Er bezeugte, dass es dort ein Gefecht zwischen der UCK und den Serben gegeben hatte, und nicht ein Massaker an Zivilisten. Auch OSZE-Beobachter Heinz Loquai bestätigt: »Es war auch ganz klar, dass das kein Massaker an der Zivilbevölkerung war, denn nach den OSZE-Berichten haben Kommandeure der UCK ja selbst gesagt, es seien Kämpfer für die große Sache der Albaner dort gestorben. Also zu einem Massaker hat es eigentlich der deutsche Verteidigungsminister dann interpretiert.«[376] Neben der Lüge vom nicht existierenden Konzentrationslager und der Lüge vom Massaker an unbewaffneten Zivilisten in Rugovo täuschte Scharping die Öffentlichkeit auch mit dem sogenannten »Hufeisenplan«. Gemäß diesem wollten die Serben angeblich alle Albaner in einer hufeisenförmigen Operation aus dem Kosovo vertrieben. Doch auch dafür konnte Scharping keinerlei Beweise vorlegen.

## Milosevic stirbt im Gefängnis der UNO

Der serbische Präsident Slobodan Milosevic wurde durch den NATO-Angriff nicht gestürzt, aber doch schwer angeschlagen. Am 5. Oktober 2000 wurde er nach lang anhaltenden Protesten und vom Ausland unterstützten und Massendemonstrationen durch einen Volksaufstand gestürzt und am 29. Juni 2001 nach Den Haag ausgeliefert. Dort hatte der UNO-Sicherheitsrat den Internationalen Strafgerichtshof für das ehemalige Jugoslawien erschaffen und Milosevic musste sich wegen Kriegsverbrechen vor dem UNO-Gericht verantworten.

Das größte Kriegsverbrechen, so waren sich die Gründer der UNO 1945 einig, besteht darin, einen souveränen Staat anzugreifen. Dieses Verbrechens hatte sich die NATO-Allianz mit dem Kosovokrieg 1999 schuldig gemacht. Es kann nicht dadurch relativiert werden, dass ein »böser Machthaber« gestürzt wurde, weil es in der UNO-Charta keinerlei Kriterien für die Definition des Tatbestandes »böser Machthaber« gibt. Dadurch entstand die verwunderliche Situation, dass Präsident Milosevic sich vor einem UN-Kriegsverbrechertribunal verantworten musste, die NATO von demselben Gericht aber nicht belangt wurde.

Milosevic wurde von der westlichen Presse als neuer Hitler und Hauptschuldiger am Zerfall Jugoslawiens und den blutigen Kriegen in Kroatien, Bosnien und im Kosovo dargestellt. »Diese Wiederbelebung des Hitler-Gespenstes richtete sich vor allem gegen die bisher kriegsunwilligen Deutschen und die dortige Friedensbewegung«, erkannte die Kölner Soziologin Maria Mies richtig.[377] Denn auf dem Balkan gab es keinen Hitler, die jugoslawischen Kommunisten hatten im Zweiten Weltkrieg Hitler bekämpft. Für die in Washington entworfene Kriegspropaganda waren diese historischen Fakten aber unwichtig. Das amerikanische *Time Magazine* hatte Milosevic schon 1992 als den »Schlächter des Balkans« betitelt, und damit seine Rolle als »neuer Hitler« vorgegeben.[378]

Der Prozess vor dem UN-Kriegsverbrechertribunal in Den Haag zog sich über viele Jahre hin, mehr als 400 Zeugen wurden angehört. Carla Del Ponte, die Schweizer Chefanklägerin, war 2006 davon überzeugt, dass genug Beweise vorgelegt worden waren, um die Schuld von Milosevic zu beweisen. Doch Milosevic wurde nicht verurteilt. Er starb am 11. März 2006 im Gefängnis des UN-Kriegsverbrechertribunals in Den Haag. Nach seinem Tod wurde das Verfahren eingestellt. Die Leiche von Milosevic wurde in Serbien beigesetzt.

Mit dem Kosovokrieg hatte die NATO deutlich gemacht, dass sie bereit ist, andere Länder zu bombardieren, auch wenn kein UNO-Mandat vorliegt. »Manche

Regierungsleute aus dem Außenministerium reden davon, dass Kosovo nur der Auftakt ist für zukünftige Kriege der NATO, die noch viel entfernter sein werden«, enthüllte der Berater der US-Regierung Wayne Merry, der Zugang zu geheimen Pentagon-Papieren hatte. Für Washington ging es im Kosovo nicht um die Albaner und auch nicht um die Kroaten, diese waren nur Bauern auf dem Schachbrett des Imperiums. »Man wollte zeigen, dass die NATO überhaupt noch einen Zweck hat«, streicht Merry den Hauptgrund für die Balkankriege heraus. »Und dieser Zweck ist etwas ganz anderes als die rein defensiven Aufgaben, für die die NATO gegründet wurde.«[379]

Tatsächlich bildet der Jugoslawienkrieg und dort die Bombardierung von Bosnien 1995 und von Serbien 1999 eine Zäsur in der Geschichte der NATO. Seither führt die NATO als Militärbündnis weltweit Angriffskriege. Zuvor hatten NATO-Länder individuell Angriffskriege geführt, ohne sich untereinander abzusprechen, wie z. B. die USA gegen Vietnam und Kuba oder die Franzosen und die Briten gegen Ägypten. Der Krieg gegen Jugoslawien war daher besonders, weil er außerhalb des NATO-Bündnisgebietes stattfand („out of area") und weil Jugoslawien zuvor keinen NATO-Mitgliedsstaat angegriffen hatte. Damit hatte sich die NATO endgültig vom Verteidigungsbündnis zum Angriffspakt gewandelt. »Diese Entwicklung der NATO hat nichts, aber auch gar nichts mehr mit ›Verteidigung‹ zu tun«, kritisierte der deutsche Professor für internationale Beziehungen Werner Ruf zu Recht. »Vielmehr wird hier unmissverständlich ein Weltordnungsanspruch formuliert«[380]

US-Präsident Bill Clinton und die NATO sind zweifellos schuldig, Jugoslawien ohne UNO-Mandat angegriffen und damit die UNO-Charta verletzt zu haben. Auch den deutschen Verteidigungsminister Rudolf Scharping, der wegen der Verbreitung von Kriegspropaganda aufgefallen war, und den deutschen Außenminister Joschka Fischer trifft diese historische Schuld. Dieser Tatbestand konnte jedoch von der Generalanklägerin Carla del Ponte vor dem UN-Kriegsverbrechertribunal in Den Haag nicht behandelt werden, weil die USA als ständiges Mitglied des UNO-Sicherheitsrates peinlich genau darauf achteten, dass dieses vom Sicherheitsrat gegründete UN-Tribunal den NATO-Angriff selbst nicht untersuchen durfte.

Der deutsche Bundeskanzler Gerhard Schröder hat zumindest ehrlicherweise öffentlich eingeräumt, dass er das Völkerrecht gebrochen hat. In einer Diskussionsrunde zum Krieg in der Ukraine erklärte Schröder, dass man gegenüber den Russen in der Krimfrage nicht zu vorlaut auftreten sollte. Es sei unglaubwürdig, wenn der Westen stets auf das Völkerrecht verweise. »Weil ich es nämlich selbst gemacht habe, ich habe gegen das Völkerrecht verstoßen«, so Schröder. »Als es um die Frage ging, wie entwickelt sich das in der Republik Jugoslawien, Kosovokrieg, da haben wir unsere Flugzeuge, unsere Tornados, nach Serbien geschickt und wir haben zusammen mit der NATO einen souveränen Staat gebombt, ohne dass es einen Sicherheitsratsbeschluss gegeben hätte.«[381]

Wenn man berücksichtigt, dass die USA die KLA unterstützt und damit die Spannungen im Kosovo absichtlich verstärkt hatten, kann man nur zu dem Schluss kommen, dass US-Präsident Bill Clinton sich wegen des illegalen NATO-Angriffs auf Serbien 1999, der ohne Mandat des UNO-Sicherheitsrates geführt wurde, vor dem UNO-Strafgerichtshof in Den Haag verantworten müsste. Auch Gerhard Schröder, Joschka Fischer und Rudolf Scharping müssten vom Strafgerichtshof in Den Haag wegen des Verbrechens der Aggression angeklagt werden. Dass dies geschieht, ist indes unwahrscheinlich. Denn es gilt weiterhin, was Smedley Butler, Generalmajor beim United States Marine Corps und Träger der Medal of Honor, schon 1935 erklärt hatte: »Krieg ist ein Betrug. Das war schon immer so. Es ist möglicherweise der älteste, bei weitem aber der einträglichste und sicherlich der bösartigste. Es ist der einzige mit internationaler Reichweite. Es ist der einzige, bei dem die Gewinne in Dollar und die Verluste in Leben gerechnet werden.«[382]

# 12. Der illegale Krieg gegen Afghanistan 2001

Afghanistan trat der UNO zusammen mit Schweden und Island 1946 bei. Doch während Schweden und Island seither auf mehr als 70 Jahre Frieden zurückblicken können, wurde Afghanistan durch eine Serie von Kriegen erschüttert, die viel Leid und Chaos über das Land am Hindukusch gebracht haben. Die UNO war nicht fähig, Afghanistan gegen den illegalen Angriffskrieg der Russen 1979 noch gegen den illegalen Angriffskrieg der USA 2001 zu schützen. Die beiden Großmächte, die über das Vetorecht im UNO-Sicherheitsrat verfügen, verletzten die UNO-Charta und das Gewaltverbot in schändlicher Weise. Weil die Afghanen keine fremden Truppen in ihrem Land wollen, haben sie stets gegen die Invasoren gekämpft. Auch jetzt im Jahre 2016, in dem dieses Buch publiziert wird, herrscht Krieg in Afghanistan, die von den USA angeführten NATO-Truppen werden von den verschiedenen Stämmen in Afghanistan als illegale Invasoren angesehen und müssen vermutlich wie dereinst die Sowjetunion das Land als Verlierer verlassen.

## Die Invasion durch die Sowjetunion 1979

Am 24. Dezember 1979 marschierte die Sowjetunion auf Befehl von Staatschef Leonid Breschnew mit 100.000 Soldaten in Afghanistan ein. Es war der erste Kampfeinsatz der Roten Armee außerhalb des Warschauer Paktes seit dem Zweiten Weltkrieg. Der Einmarsch der Russen in Afghanistan war ein illegaler Angriffskrieg ohne UNO-Mandat. Breschnew müsste sich wegen des Verbrechens der Aggression vor dem UNO-Strafgerichtshof in Den Haag verantworten, wenn er noch leben würde. Der UNO-Sicherheitsrat kam umgehend zu einer Sondersitzung zusammen, um die Invasion zu verurteilen, doch die Resolution konnte aufgrund des sowjetischen Vetos nicht verabschiedet werden. Weil der Sicherheitsrat blockiert war, nahm sich die UNO-Generalversammlung vom 10. bis zum 14. Januar 1980 des Themas in einer Sondersitzung an, verurteilte die Invasion und forderte alle beteiligten Staaten dazu auf, ihre Truppen wieder zurückzuziehen. Doch die Resolution der UNO-Generalversammlung stoppte den Krieg nicht, denn die Resolutionen der Generalversammlung haben nur Empfehlungscharakter. Die Sowjetunion kämpfte in Afghanistan während neun Jahren. Der Krieg forderte einen hohen Blutzoll: Die Afghanen beklagten zwischen 1 und 1,5 Millionen Tote, auf sowjetischer Seite fielen etwa 15.000 Soldaten. Ungezählte wurden auf beiden Seiten physisch und psychisch traumatisiert.[383]

Am Afghanistankrieg waren neben der Sowjetunion und Afghanistan auch die USA, Saudi-Arabien und Pakistan beteiligt, Geostrategie und Religion spielten damals wie heute eine zentrale Rolle. Die afghanischen Guerillatruppen, die Mudschaheddin, sahen es als ihre heilige Pflicht, die gottlosen russischen Kommunisten zu bekämpfen und die Ausbreitung des Islam durch das Schwert in einem »heiligen Krieg« zu fördern. Der Dschihad wurde durch Saudi-Arabien und Pakistan unterstützt, beide Länder schickten in enger Absprache mit dem US-Imperium Waffen und Kämpfer nach Afghanistan.

»Die fundamentalistischen Islamisten wurden stark, weil die CIA sie brauchte im verdeckten Krieg, an dem ich auch teilnahm, um die Sowjets aus Afghanistan zu vertreiben«, erinnert sich der Direktor des pakistanischen Geheimdiensts ISI (Inter Services Intelligence), General Hameed Gul. Der prominenteste unter den militanten Muslimen war der Saudi Osama bin Laden, der in Afghanistan das Terrornetzwerk al-Qaida aufbaute, das der CIA als nützliches Instrument im Kampf gegen die Sowjetunion diente. »Als ISI-Direktor hatte ich die Fäden der gesamten Mudschaheddin-Bewegung in der Hand. Wir waren alle pro-amerikanisch«, so der pakistanische General Gul. »Aber die Amerikaner haben uns im Stich gelassen, und alles fiel in Stücke – auch Afghanistan«.[384]

Die Waffen, die der US-Geheimdienst CIA den Gotteskriegern in Afghanistan lieferte, trugen viel zur Niederlage der Russen bei. Weil wichtige Straßen im bergigen Afghanistan durch die Mudschaheddin blockiert waren, mussten die Sowjets Offiziere, Truppen und Material oft mit Flugzeugen und Helikoptern transportieren. Hierbei wurden sie mit den von den USA an die Mudschaheddin gelieferten schultergestützten Flugabwehrraketen vom Typ Stinger abgeschossen. »Jetzt können wir der Sowjetunion ihr Vietnam bereiten«, freute sich der US-Sicherheitsberater Zbigniew Brzezinski 1979 in einem Brief an Präsident Carter, am Tag, als die Russen in Afghanistan einmarschierten.[385]

Nicht nur die Russen, auch die Amerikaner und die Saudis waren ohne UNO-Mandat in Afghanistan aktiv. Die verdeckte Zusammenarbeit der USA mit Saudi-Arabien zur Unterstützung der sunnitischen Mudschaheddin in Afghanistan war für Washington gefährlich, aber verlockend, wie der ehemalige CIA-Mitarbeiter Robert Baer erklärt, weil sie »nicht nur billig war, sondern den Amerikanern auch Opfer aus den eigenen Reihen ersparte«. Erst als sich die militanten islamistischen Kämpfer, unterstützt durch das konservative sunnitische Königshaus in Saudi-Arabien, gegen den Westen wandten, wurden sie nicht mehr als »Freiheitskämpfer«, sondern als »Terroristen« eingestuft.[386]

Ab wann genau die USA die militanten Muslime in Afghanistan unterstützten, war in der historischen Forschung lange unklar. Erst nach dem Ende des Kalten Krieges machte der frühere CIA-Direktor Robert Gates, der unter den Präsidenten George Bush junior und Barack Obama auch als Verteidigungsminister diente, die brisante Tatsache publik, dass die US-Geheimdienste die Mudschaheddin schon ein halbes Jahr vor dem Einmarsch der Sowjets unterstützt hatten.[387] Zbigniew Brzezinski, Carters Sicherheitsberater, bestätigte diese weitreichende Aussage im Jahre 1998. »Gemäß der offiziellen Version der Geschichte begann die Hilfe der CIA an die Mudschaheddin im Jahre 1980, also nachdem die Sowjets am 24. Dezember 1979 in Afghanistan einmarschiert waren«, so Brzezinski. »Aber die Realität, streng gehütet bis heute, ist eine gänzlich andere. Es war am 3. Juli 1979, als Präsident Carter die erste Direktive unterschrieb, welche die geheime Hilfe an die Gegner des pro-sowjetischen Regimes in Kabul einleitete.« Die USA haben zusammen mit den Saudis ganz wesentlich zum Ausbruch des Afghanistankrieges beigetragen. Natürlich wurde hierüber im UNO-Sicherheitsrat nicht gesprochen, da dies ein geheimer Krieg war.

Präsident Carter sei über die geheime Kriegspolitik der USA in Afghanistan informiert gewesen, unterstreicht Brzezinski: »Am selben Tag [3. Juli 1979] schrieb ich dem Präsidenten, dass diese Unterstützung [an die Mudschahedin] eine sowjetische Invasion auslösen würde.« Aus heutiger Sicht ist die enge Zusammenarbeit der USA mit fundamentalistischen militanten Muslimen befremdlich. Brzezinski wurde daher von französischen Journalisten gefragt, ob er es nicht bereue, »islamistische Fundamentalisten unterstützt zu haben, die ihre Waffen und ihre Erfahrung an Terroristen weitergaben?« Doch der in Polen geborene Brzezinski, der nach dem Zweiten Weltkrieg in die USA ausgewandert war, aber seinen Hass gegenüber den Russen nie abgelegt hatte, sah keinen Grund zur Reue: »Was soll ich bereuen? Die geheime Operation war eine ausgezeichnete Idee. Sie hatte den Effekt, die Russen in die afghanische Falle zu locken«, freute sich Brzezinski. »Was ist wichtiger für die Geschichte der Welt? Die Taliban oder der Zusammensturz des sowjetischen Imperiums? Einige aufgescheuchte Muslime oder die Befreiung von Zentraleuropa und das Ende des Kalten Krieges?«[388]

Die »aufgescheuchten Muslime« fügten den Russen schwere Niederlagen auf dem Kampffeld zu, wurden in den 1990er Jahren von den USA in Bosnien eingesetzt und destabilisieren heute Syrien. Mitte der 1980er Jahre zeichnete sich ab, dass der Krieg für die Sowjets nicht zu gewinnen war. »Wir kämpfen bereits sechs Jahre in Afghanistan«, erklärte Michail Gorbatschow, Generalsekretär der Kommunistischen Partei der Sowjetunion, in der Politbürositzung vom 13. November 1986. »Werden wir endlos kämpfen und bestätigen, dass unsere Truppen mit der Situation nicht fertig werden? Wir brauchen in der nächsten Zeit die Beendigung dieses Prozesses.«[389] Der Reformer Gorbatschow, der die russischen Truppen auch friedlich aus der DDR abzog und damit nach dem Mauerfall die Wiedervereinigung von Deutschland ermöglichte, beendete den Afghanistankrieg. Die letzten sowjetischen Truppen verließen am 15. Februar 1989 unter UNO-Aufsicht Afghanistan.

## Die Terroranschläge vom 11. September 2001

Nach dem Ende des Kalten Krieges befasste sich in den USA die ultra-nationalistische Denkfabrik »Project for the New American Century« (PNAC) mit dem Erhalt und Ausbau der imperialen Führungsrolle der USA im 21. Jahrhundert. Zu den Neokonservativen gehörten Dick Cheney, Donald Rumsfeld und Paul Wolfowitz, die ab Januar 2001 in der Administration Bush als Vizepräsident, Verteidigungsminister und stellvertretender Verteidigungsminister machtvolle Positionen innehatten. Für die UNO-Charta hatten die Mitglieder des PNAC nur Verachtung übrig. Die Neokonservativen »streben unablässig nach globaler militärischer Dominanz und verachten die Vereinten Nationen so abgrundtief wie den Multilateralismus im Allgemeinen«, warnte der Journalist Jim Lobe.[390]

Obwohl US-Präsident Bill Clinton Jugoslawien bombardiert hatte, betrachteten ihn die Neokonservativen des PNAC als pazifistisch. Clinton habe die Vorherrschaft der USA geschwächt und das Land angreifbar gemacht. Der Think Tank forderte, das Imperium USA müsse die Verteidigungsausgaben erhöhen und weltweit die imperiale Macht viel aggressiver zur Geltung bringen. In ihrer Studie »Rebuilding America's Defenses« forderte das PNAC im September 2000 einen radikalen Umbau der USA, um die imperiale Vormachtstellung im 21. Jahrhundert abzusichern. Die Autoren räumten ein, dass »der Transformationsprozess, selbst wenn er revolutionären Wandel bringt, vermutlich lange dauern wird, sofern nicht ein katastrophales oder beschleunigendes Ereignis stattfindet – wie etwa ein neues Pearl Harbor.«[391] Die Leser der radikalen Studie ahnten nicht, dass genau ein Jahr später tatsächlich so etwas wie ein neues Pearl Harbor, also ein Angriff auf das amerikanische Festland mit amerikanischen Toten, stattfand.

Am 11. September 2001 ereignete sich in den USA mit fast 3000 Toten der bisher größte Terroranschlag der Geschichte. Ein entführtes Passagierflugzeug, American Airlines 11, raste um 8:46 Uhr in New York in den Nordturm des World Trade Centers, eine Viertelstunde später flog United Airlines 195 in den Südturm des World Trade Centers. Noch während die Türme brannten, traf die Meldung ein, dass um 9:37 Uhr ein weiteres Passagierflugzeug, American Airlines 77, das Pentagon getroffen habe. Kurz vor zehn Uhr stürzte mit WTC2 der Südturm ein, riesige Staubwolken drückten sich durch die Straßenschluchten von New York, Feuerwehrleute und Anwohner rannten um ihr Leben. Kurz nach zehn Uhr stürzte mit United Airlines 93 bei Shanksville ein viertes Passagierflugzeug ab. Um 10:28 Uhr folgte der dramatische Einsturz des Nordturms WTC1. Die meisten Menschen verfolgten den Terroranschlag, der rund zwei Stunden dauerte, live am Fernsehgerät. Nicht nur in den USA, auch in Europa saß der Schock tief, und seither wirkt 9/11 in den NATO-Ländern wie ein kollektives Trauma.

Präsident George Bush und Vizepräsident Dick Cheney machten umgehend den Saudi Osama bin Laden und das muslimische Terrornetzwerk al-Qaida, das die CIA während des Kriegs gegen die Sowjetunion aufgebaut hatte, für die Anschläge verantwortlich. Schon am 7. Oktober 2001 starteten die USA einen Angriffskrieg gegen Afghanistan. In verschiedenen Ländern kursierte gleichzeitig das Gerücht, die USA hätten die Terroranschläge manipuliert, um einen Grund für Ressourcenkriege zu haben und um ihre imperiale Machtstellung auszubauen. Präsident George Bush wies solche Behauptungen in einer Rede vor der UNO-Generalversammlung am 10. November 2001 als haltlos zurück und insistierte, bin Laden sei für die Anschläge verantwortlich, dies sei die Wahrheit. »Lasst uns niemals unglaubliche Verschwörungstheorien über die Anschläge vom 11. September tolerieren«, so mahnte Bush. »Diese üblen Lügen versuchen die Schuld von den Terroristen zu nehmen, weg von den Schuldigen.«[392]

Die meisten Politiker und Medien in Europa glaubten der Bush-Administration. Obschon der US-Präsident in Europa nicht beliebt war, übernahmen die Europäer seine Sprachregelung über Verschwörungstheorien. Wer die offizielle Erzählung zu den Terroranschlägen hinterfragte, wurde umgehend als Verschwörungstheoretiker diffamiert, genau so wie es der Präsident gefordert hatte. Dies ist völlig unsinnig, denn die Geschichte ist voll von Lügen und geheimen Absprachen zwischen zwei oder mehr Personen, um gemeinsam ein Ziel zu erreichen, also regelrechten Verschwörungen. Der Mord an Julius Cäsar 44 vor Christus in Rom war eine regelrechte Verschwörung, weil die Mörder Cäsar ja vor dem Angriff nicht informiert, sondern ihren Plan geheim gehalten hatten. Es ist völlig unsinnig, von uns Historikern zu fordern, dass wir politische Verschwörungen nicht mehr untersuchen dürfen. In etwa gleich unsinnig wäre es, wenn man Ärzten verbieten würde, Krebs zu behandeln.

Auch die These von Präsident Bush, dass Osama bin Laden und 19 Muslime für die Terroranschläge vom 11. September verantwortlich sind, ist eine Verschwörung, also eine geheime Absprache von zwei oder mehr Menschen. Was der Präsident somit wirklich vor der UNO forderte, war dies: Ihr müsst meine Verschwörungstheorie glauben, andere Verschwörungstheorien, welche eine amerikanische Beteiligung an diesem Verbrechen postulieren, sind Unsinn. Damit erließ Bush ein regelrechtes Forschungsverbot zum 11. September. Doch dies kann nicht akzeptiert werden. Das UNO-Rednerpult wurde nicht geschaffen, um Forschungsverbote zu verkünden, sondern soll den Frieden unter den Menschen fördern. Der historischen Forschung muss es immer erlaubt sein, Fragen zu stellen und verschiedene Erzählungen zu einem Ereignis zu vergleichen.

Weil die Terroranschläge vom 11. September der UNO und dem Weltfrieden massiven Schaden zugefügt und eine ganze Serie von Angriffskriegen ausgelöst haben, brauchen wir eine neue, unabhängige und ehrliche Untersuchung dieser Anschläge durch die UNO-Generalversammlung. Wir müssen wissen, was damals wirklich geschehen ist. Diese Untersuchung wird nicht vom UNO-Sicherheitsrat eingeleitet werden, da die Vetomacht USA kein Interesse daran haben. Aber die UNO-Generalversammlung könnte – natürlich gegen den Widerstand der USA und einiger anderer Länder – eine neue internationale Untersuchung der Terroranschläge vom 11. September einleiten und Zeugen anhören. »Die Generalversammlung kann alle die Wahrung des Weltfriedens und der internationalen Sicherheit betreffenden Fragen erörtern«, erklärt Artikel 11 der Charta. Die Staatschefs der verschiedenen Länder, die immer wieder vor der UNO-Generalversammlung sprechen, sind frei in ihren Reden und können das Thema Terroranschläge vom 11. September 2001 aufgreifen und eine neue Untersuchung fordern, wenn sie das wollen.

Die USA werden stets auf ihre eigene Untersuchung verweisen, die im Juli 2004 erschienen ist, und argumentieren, dass weitere Untersuchungen völlig unnötig seien. Ich habe diese Untersuchung genau durchgelesen. Der 600 Seiten lange Bericht taugt aber nichts, weil er den Einsturz des dritten Wolkenkratzers WTC7 nicht einmal erwähnt und damit einen derart gravierenden Mangel aufweist, dass eine neue Untersuchung notwendig ist. Lee Hamilton und Thomas Kean, die Verfasser der Untersuchung, haben in einem späteren Buch eingeräumt, dass ihre Untersuchung »zum Scheitern verurteilt war«, weil sie zu wenig Zeit und zu wenig Geld hatten, um den komplexen Anschlag aufzuklären. Die äußerst angespannte Stimmung in Washington habe den Zugang zu wichtigen Dokumenten und Personen erschwert.[393] Der Untersuchungsbericht von 2004 bestätigte einfach die Version der Bush-Regierung und erklärte, die Terroranschläge seien im Auftrag von Osama bin Laden durch 19 muslimische Terroristen durchgeführt worden. Die USA seien durch die Anschläge völlig überrascht worden. In der historischen Forschung wird diese Geschichte heute als die offizielle Verschwörungstheorie, die sogenannte Surprise-Theorie (»surprise« heißt Überraschung), bezeichnet.[394]

Einige Amerikaner glauben, dass ihre Regierung bezüglich den Terroranschlägen vom 11. September nicht die Wahrheit gesagt hat. Der Theologieprofessor David Ray Griffin und der Journalist Michael Ruppert haben Bücher zu den Terroranschlägen geschrieben, in denen sie behaupten, kriminelle Elemente in der Bush-Administration hätten die Anschläge bewusst zugelassen (Lihop-Theorie: Let it happen on purpose) oder gar selber inszeniert (Mihop-Theorie: Make it happen on purpose), um die imperiale Vorherrschaft auszubauen, um durch Kriege im Ausland Erdöl und Erdgas zu erbeuten, in den USA die Bürgerrechte einzuschränken, den Überwachungsstaat zu legitimieren und die Militärausgaben auszuweiten. Auch der Amerikaner Thomas Drake, ein Whistleblower, der bei der National Security Agency (NSA) arbeitete, unterstützt diese Zweifel und könnte als Insider von der UNO-Generalversammlung angehört werden. Wie die Surprise-Theorie sind auch die Lihop- und die Mihop-Theorien Verschwörungstheorien. Bis heute ist für mich unklar, was am 11. September wirklich passiert ist. Aber je länger man diesen Terroranschlag untersucht, desto klarer wird, dass viele Fragen noch offen sind und sich daher eine neue, unabhängige Untersuchung aufdrängt, die alle drei Geschichten – also Surprise, Lihop und Mihop – ernst nimmt und mit den verfügbaren Fakten abgleicht.

Weil im offiziellen Untersuchungsbericht von 2004 der Einsturz von World Trade Center 7 nicht behandelt wird, müssen wir heute einräumen, dass es keine saubere Untersuchung dieser Terroranschläge gab. Das 170 Meter hohe Gebäude stürzte am 11. September um 17:21 Uhr zusammen. Aber im Unterschied zu WTC1 und WTC2 war es zuvor nicht durch ein Flugzeug getroffen worden. Daher können die Flugzeuge nicht die Ursache für den Einsturz aller drei Türme sein, obschon genau das heute noch viele Menschen in den NATO-Ländern glauben, weil die NATO-Presse ihnen das immer wieder erzählt hat. »Bis heute ist der Einsturz von WTC7 ein ungelöstes Rätsel der Anschläge«, räumt auch die *New York Times* ein, »weil vor diesem Tag in den USA noch nie ein Hochhaus aus Beton und Stahl wegen Feuer kollabierte.«[395] Dass im offiziellen Untersuchungsbericht von Lee Hamilton und Thomas Kean der Einsturz von WTC7 nicht behandelt wird, ist völlig inakzeptabel und Grund genug für eine neue Untersuchung durch die UNO-Generalversammlung. »Die Kommission hat ein unangenehmes Problem – die Erklärung, wie WTC7 praktisch im freien Fall einstürzen konnte – so umgangen, indem sie den Einsturz des Gebäudes einfach nicht erwähnte«, protestierte der mutige und ehrliche Amerikaner David Ray Griffin, der mehrere Bücher zum Thema veröffentlichte.[396]

Noch heute wird unter Experten über den Einsturz von WTC7 gestritten. In den USA untersucht Professor Leroy Hulsey von der University of Alaska Fairbanks den Einsturz. Und auch in der Schweiz wird in der Forschung über WTC7 nachgedacht. »Nach meiner Meinung ist das Gebäude WTC7 mit großer Wahrscheinlichkeit fachgerecht gesprengt worden«, erklärte mir Hugo Bachmann, emeritierter ETH-Professor für Baustatik und Konstruktion im Jahre 2006 während eines Gesprächs an der ETH Zürich. Ich war damals Senior Researcher an der Forschungsstelle für Sicherheitspolitik der ETH Zürich. Auch Jörg Schneider, ebenfalls emeritierter ETH-Professor für Baustatik und Konstruktion, deutet die vorhandenen Daten so, dass »das Gebäude WTC7 mit großer Wahrscheinlichkeit gesprengt wurde.« Ich habe diese Aussagen daraufhin in einem Artikel im *Tages-Anzeiger* an die Öffentlichkeit weitergegeben, was umgehend zu Protesten der amerikanischen Botschaft in der Schweiz führte. Natürlich ist das Thema brisant, denn wenn Schneider und Bachmann recht haben und WTC7 gesprengt wurde, dann stimmt die Geschichte von Präsident Bush zu den Terroranschlägen nicht.[397]

Für einige Verwirrung sorgte auch BBC-Reporterin Jane Stanley, die am Tag der Anschläge live aus New York über den Einsturz von WTC7 berichtete, während das Gebäude noch stand und hinter ihr klar zu sehen war. BBC-Nachrichtenchef Richard Porter entschuldigte sich erst 2008 für das Versehen, dass BBC den Einsturz des Gebäudes zu früh vermeldet hatte, was in der Tat sehr ungewöhnlich ist und einer Erklärung bedarf. BBC argumentierte, man habe diese Nachricht von der Nachrichtenagentur *Reuters* erhalten.[398]

Während BBC den Einsturz zu früh meldete, ließ sich die zuständige amerikanische Regierungsbehörde National Institute of Standards and Technology (NIST) viel Zeit, um den Einsturz von WTC7 zu erklären. Erst kurz vor dem Ende der Amtszeit von Präsident Bush präsentierte NIST-Mitarbeiter Shyam Sunder am 21. August 2008 einen Bericht, gemäß dem das Gebäude WTC7 wegen eines Feuers einstürzte, welches den Stahlträger 79 des Gebäudes schwächte. In der Tat gab es im Gebäude ein Feuer. Doch dieses war laut Richard Gage, einem kalifornischen Architekten der

Gruppe »Architects and Engineers for 9/11 Truth«, nicht groß genug: »Es gab viel heißere und größere Feuer, die länger brannten in Wolkenkratzern, und trotzdem sind diese Gebäude nicht eingestürzt«, kritisierte Gage.[399] Das NIST könne nicht erklären, weshalb WTC7 in perfekter Symmetrie und zwei Sekunden lang sogar in völlig freiem Fall kollabierte. Feuer könne niemals alle 81 Stahlträger gleichzeitig schwächen. Nur Sprengung könne dies bewirken und den freien Fall auslösen, die Bush-Regierung und auch das NIST habe die Welt angelogen. Richard Gage kommt zu dem Schluss, dass eine neue Untersuchung der Terroranschläge notwendig sei. Meiner Meinung nach müsste eine solche Untersuchung durch die UNO-Generalversammlung eingeleitet werden und Experten wie Richard Gage und Shyman Sunder und Zeugen aus verschiedenen Ländern anhören.[400]

Persönlich ist mir aufgefallen, dass die Online-Enzyklopädie Wikipedia, welche 2001 gegründet wurde und heute von vielen Menschen intensiv genutzt wird, zu ausgewählten Themen, die die US-Außenpolitik betreffen, sehr einseitig berichtet. Konkret präsentiert Wikipedia zum Beispiel das Thema Terroranschläge vom 11. September 2001 genau so, wie es die Administration von Präsident George Bush dargestellt hat. Das ist daher erstaunlich, weil es zu 9/11 inzwischen eine breite und differenzierte Forschung gibt, die betont, dass es zumindest verschiedene Sichtweisen auf 9/11 gibt. Doch alle Erklärungsversuche, die von der Bush-Linie abweichen, werden von Wikipedia als »Verschwörungstheorien« verworfen, was genau der Vorgabe von Präsident Bush entspricht. Dies ist natürlich weder neutral noch sachlich richtig.

Nimmt das US-Imperium Einfluss auf die Wikipedia? Bewiesen ist dies nicht. Bekannt ist nur, dass Wikipedia eine Stiftung mit Hauptsitz in San Francisco ist. Bekannt ist auch, und ich habe das bei meinem eigenen Wikipedia-Eintrag persönlich erlebt, dass es bei einigen Wikipedia-Einträgen regelrechte »Edit Wars« gibt, die jeweils von ganz wenigen Administratoren entschieden werden. Im Youtube-Dokumentarfilm »Die dunkle Seite der Wikipedia« von Markus Fiedler und Frank Michael Speer wird genau gezeigt, wie diese Edit Wars ablaufen. Der oberflächliche Wikipedia-Nutzer hat davon oft keine Ahnung und geht fälschlicherweise davon aus, dass alle Informationen, die auf Wikipedia dargeboten werden, sachlich, neutral und unbestritten seien. Wer jedoch tiefer in die Materie eintaucht, erkennt, dass die Wikipedia Hierarchie von Bürokraten, Administratoren und Sichtern dominiert wird, die nicht mit Klarnamen, sondern mit Pseudonym arbeiten. Dies ist deshalb schlecht, weil nur sie Beiträge löschen oder Benutzer sperren können. Bürokraten stellen die höchste Machtstufe innerhalb der Wikipedia-Hierarchie dar, und davon gibt es scheinbar nur zwei für die deutschprachige Wikipedia. Darunter gibt es rund

240 Administratoren in der deutschsprachigen Wikipedia und mehr als tausend Sichter. »Dass sich in der Wikipedia die ›Weisheit der Massen‹ äußere, ist ein Mythos; die Weisheit der Wikipedia ist die Weisheit von wenigen«, erkannte die *Neue Zürcher Zeitung* richtig. Daher wäre es wichtig zu wissen, wer diese wenigen sind. Bis dahin sollte man, so der kluge Vorschlag der *NZZ*, »die Wikipedia nicht als Nachschlagwerk benutzen, sondern als ›Vorschlagwerk‹, als Anregung für eigene Recherchen.«[401]

## Der Angriff auf Afghanistan am 7. Oktober 2001

Ab dem 7. Oktober 2001, weniger als ein Monat nach den Terroranschlägen, begann US-Präsident George Bush junior damit, Afghanistan mit Marschflugkörpern, Kampfflugzeugen und B-2-Langstreckenbombern anzugreifen. Die USA erklärten die Terroranschläge zum ersten Bündnisfall der NATO-Geschichte. Dadurch wurden auch viele europäische NATO-Länder gezwungen, am Afghanistankrieg teilzunehmen.

Der Angriff auf Afghanistan durch die USA war ein illegaler Angriffskrieg ohne UNO-Mandat, wie auch schon der Angriff auf Afghanistan 1979 durch die Sowjetunion. Nach den Terroranschlägen stand in den USA die Stimmung auf Krieg. Viele Menschen waren in Panik, standen unter Schock oder waren von Wut und Hass erfüllt. Im Militär und im Geheimdienst gewannen die aggressivsten Männer die Oberhand, darunter Psychopathen voller Hass und ohne Empathie. Der Leiter der Anti-Terrorismus-Abteilung der CIA, Cofer Black, erklärte bei einem Treffen mit Präsident Bush unmittelbar nach den Terroranschlägen, dass paramilitärische Einheiten der CIA nach Afghanistan geschickt werden sollten, um bin Laden und seine Helfer zu töten. »Wenn wir mit ihnen fertig sind, werden die Fliegen über ihre Augäpfel krabbeln«, so Black. Der Präsident folgte diesem Rat, und schon am 26. September, noch vor dem offiziellen Kriegsbeginn am 7. Oktober, landete ein CIA-Killerteam in Afghanistan mit dem Auftrag, bin Laden im Rahmen der Operation Jawbreaker zu töten. »Ich möchte nicht, dass bin Laden und seine Strolche ergriffen werden, sondern ich möchte sie tot sehen«, befahl Black dem CIA-Team. »Sie müssen erledigt werden. Ich möchte Fotos von ihren aufgespießten Köpfen sehen. Ich möchte, dass bin Ladens Kopf in einer mit Trockeneis gefüllten Kiste in die USA gebracht wird. Ich möchte dem Präsidenten bin Ladens Kopf zeigen. Das habe ich ihm versprochen.«[402]

Die gemäßigten Stimmen, die sich für friedliche Koexistenz, eine Reflexion des eigenen Anteils an der Gewaltspirale, eine Reduktion der Militärausgaben und die

Einhaltung des Völkerrechts engagierten, gerieten völlig in die Defensive. Als im amerikanischen Senat über den Afghanistankrieg abgestimmt wurde, gab es keine einzige Gegenstimme. Im Repräsentantenhaus stimmte am 14. September 2001 nur eine einzige mutige afroamerikanische Politikerin gegen den Krieg. »Unser Land trauert«, begründete Barbara Lee ihre Ablehnung. »Es muss einige unter uns geben, die sagen: Lasst uns für einen Moment innehalten und die Folgen unserer Taten bedenken, sodass die Gewaltspirale nicht außer Kontrolle gerät … Ich bin davon überzeugt, dass militärische Gewalt alleine zukünftige Terroranschläge nicht verhindern kann … Unter dem Deckmantel der Nationalen Sicherheit können viele unserer Bürgerrechte sehr schnell weggewischt werden«, warnte Lee und mahnte: »Lasst uns nicht zu dem Bösen werden, das wir beklagen.«[403]

Es war für Barbara Lee damals sehr schwierig, alleine gegen mehr als 400 andere Politiker zu stimmen. »Dies ist der längste Krieg in der amerikanischen Geschichte, und der Kongress hat nicht einmal eine Debatte über die Frage geführt, ob wir in den Krieg ziehen sollen oder nicht«, erinnerte sich Barbara Lee später in ihrer Autobiographie. »Genau darum habe ich gegen diese schreckliche Resolution am 14. September 2001 gestimmt. Es war extrem schwierig, so abzustimmen, weil ich die einzige Politikerin im Kongress war, aber das war die richtige Entscheidung, viele andere Abgeordnete haben mir gegenüber das später auch eingeräumt.«[404]

Nach den Terroranschlägen waren viele derart aufgewühlt, dass kaum ein Journalist überhaupt noch an die UNO-Charta dachte und im Radio, im Fernsehen oder in der Zeitung auf das Gewaltverbot hinwies, welches besagt, dass alle UNO-Mitglieder in ihren internationalen Beziehungen jede gegen die territoriale Unversehrtheit eines Staates gerichtete Anwendung von Gewalt unterlassen sollten. Daher gab es in den Medien in den USA auch praktisch keine Debatte, ob der Angriff der USA auf Afghanistan gemäß UNO-Charta legal oder illegal war. Es spielte einfach keine Rolle. Natürlich kannte die Bush-Administration das Gewaltverbot der UNO, aber sie kümmerte sich nicht darum und nutzte einen undurchsichtigen Terroranschlag, um mit dem Hinweis auf das Recht auf Selbstverteidigung Afghanistan anzugreifen. Doch so war das in der UNO-Charta festgehaltene Recht auf Selbstverteidigung nie gedacht. Solange nicht klar ist wer die Verantwortung für den Angriff trägt, besteht kein Recht auf Selbstverteidigung.

Der UNO-Sicherheitsrat befasste sich natürlich mit den Terroranschlägen. Die Resolution 1368 des UNO-Sicherheitsrates vom 12. September 2001 bestätigte, dass die terroristischen Anschläge vom 11. September 2001 eine Bedrohung des Weltfriedens darstellten, und »dass diejenigen, die den Tätern, Drahtziehern und Förderern helfen, sie unterstützen oder ihnen Zuflucht gewähren, zur Rechenschaft gezogen werden« müssen. Der UNO-Sicherheitsrat forderte alle Staaten der Welt zur Zusammenarbeit auf und »alle notwendigen Schritte zu unternehmen, um auf die terroristischen Anschläge vom 11. September 2001 zu antworten und jede Form des Terrorismus in Übereinstimmung mit seinen Verantwortlichkeiten nach der Charta der Vereinten Nationen zu bekämpfen.«

Da in der Resolution 1368 Afghanistan aber nicht genannt wurde, gab diese Resolution der USA nicht das Recht, dieses Land für den Anschlag vom 11. September verantwortlich zu machen und anzugreifen. Hierzu hätten die USA den UNO-Mitgliedern zuerst einen Beweis vorlegen müssen, dass in der Tat Afghanistan etwas mit diesem Terroranschlag zu tun hatte. Ein robustes Mandat des Sicherheitsrates, das zum Einsatz von Gewalt berechtigt, muss zumindest das Land explizit benennen, gegen das Krieg geführt wird. Die USA hätten mit Verweis auf Resolution 1368 auch nicht zum Beispiel Saudi-Arabien bombardieren dürfen, mit dem Argument, das Land sei in die Finanzierung von Terror verstrickt. Die Resolution gab den USA nicht eine Blankovollmacht, irgendein Land der Welt nach freier Wahl anzugreifen. Vielmehr betonte der Sicherheitsrat mit dieser Resolution nochmals klug, dass die Bekämpfung des Terrorismus immer »in Übereinstimmung« mit der Charta geschehen müsse.

Während die CIA-Agenten schon in Afghanistan landeten, wandten sich die USA am 28. September 2001 nochmals an den Sicherheitsrat und drängten auf die Verabschiedung der Resolution 1373, die das »naturgegebene Recht zur individuellen oder kollektiven Selbstverteidigung« der Staaten bekräftigte, wie dies schon in der UNO-Charta festgehalten war. Der Sicherheitsrat entschied in seiner Resolution, »dass kein Staat jenen Unterschlupf geben soll, die Terroranschläge planen, finanzieren, unterstützen oder ausführen.« Doch auch diesmal gab es für die USA keine formelle Ermächtigung zum Krieg gegen Afghanistan. Afghanistan wurde in der Resolution 1373 nicht erwähnt, weil es den USA nicht gelang, die Weltgemeinschaft von der Schuld von Afghanistan für die Terroranschläge zu überzeugen. Zusammenfassend kann gesagt werden, dass der Angriff der USA auf Afghanistan am 7. Oktober 2001 nicht über eine solide Resolution des UNO-Sicherheitsrates verfügte und daher als illegaler Krieg eingestuft werden muss.

## Deutschland schickt Soldaten nach Afghanistan

In Deutschland erklärte Bundeskanzler Gerhard Schröder am 12. September 2001, dass die Terroranschläge in den USA eine »Kriegserklärung gegen die gesamte zivilisierte Welt« seien. Was jedoch genau gegen Terror getan werden könnte, ließ Schröder offen und erklärte ganz allgemein: »Wir müssen nun rasch noch wirksamere Maßnahmen ergreifen, um dem Terrorismus weltweit den Nährboden zu entziehen. Es hat zu gelten: Wer Terroristen hilft oder sie schützt, verstößt gegen alle fundamentalen Werte des Zusammenlebens der Völker.«[405]

Danach ging alles sehr schnell. Schon am 2. Oktober 2001 rief die NATO zum ersten Mal in ihrer Geschichte gemäß Artikel 5 des NATO-Vertrages den Bündnisfall aus. Damit wurde auch Deutschland in die Gewaltspirale hineingezogen. George Robertson, der britische Generalsekretär der NATO, teilte mit, die USA hätten dem NATO-Rat überzeugend dargelegt, dass die Attentäter und Beteiligten der Terroranschläge vom 11. September Mitglieder der Terrororganisation al-Qaida seien, die von Osama bin Laden geführt und vom Taliban-Regime in Afghanistan unterstützt werden. Damit stehe fest, dass ein Angriff von außen auf die USA erfolgt sei.

Der NATO-Rat darf aber nicht selber irgendeinem Land den Krieg erklären. Er muss ein Mandat des UNO-Sicherheitsrates vorweisen. Weil die NATO dieses Mandat nicht hatte, muss der Angriff aller NATO-Länder auf Afghanistan als illegaler Angriffskrieg eingestuft werden. Es reicht nicht, dass die USA die damals 19 Länder im NATO-Rat davon überzeugen konnten, dass Afghanistan für den Terroranschlag verantwortlich war. Diese Überzeugungsarbeit hätten die USA vor den 193 UNO-Mitgliedern leisten sollen, wo dies aber viel schwieriger gewesen wäre, weil dort auch die beschuldigten und angegriffenen muslimischen Länder eine Stimme haben, was im NATO-Rat natürlich nicht der Fall war.

In Afghanistan und Pakistan beobachteten die Menschen die Terroranschläge in New York und Washington und die Reaktion des Imperiums. Doch sie hatten eine ganz andere Sicht der Dinge. Am 26. September 2001 bezichtigte der pakistanische General Hamid Gul, der zusammen mit der CIA die al-Qaida in den 1980er Jahren aufgebaut hatte, die USA der Lüge. »CNN hat gesagt, dass Osama bin Laden es getan hat. Das war ein geplantes Stück Desinformation von den wirklich Schuldigen«, so General Gul. »Das hat sofort die öffentliche Meinung vorgegeben und die Menschen in Trance versetzt, sogar kluge Menschen haben danach aufgehört, selber nachzudenken.« Die ganze Geschichte sei ein Lügengebilde. »Ich kenne bin Laden und seine Mitstreiter«, so Guhl. »Ich war hier mit ihnen zusammen … Glauben Sie wirklich, dass bin Laden aus einer Höhle in den Bergen oder einer ärmlichen Bauernhütte heraus diese Anschläge gemacht hat? Seien wir doch mal ehrlich … er hatte nicht die Mittel für so eine ausgeklügelte Operation.« Die amerikanische Luftwaffe habe den

Luftraum absichtlich nicht verteidigt, das sei sehr verdächtig. »Das war ganz klar ein Inside Job«, so das Fazit des pakistanischen Generals.[406]

Die Bevölkerung in Deutschland, Österreich und der Schweiz war schockiert und wusste nicht, was wirklich passiert war. Sollte man den USA trauen? Oder den Pakistanern? Wem kann man überhaupt trauen? Wer war schuld? Was kann man gegen Terror tun? Auf viele Fragen gab es keine klare Antwort. Sicher war nur, dass die UNO-Charta auch nach Terroranschlägen Angriffskriege verbietet. Es ist nicht so, dass ein Terroranschlag die Gültigkeit der UNO-Charta außer Kraft setzt. »Die USA und Großbritannien bombardieren Afghanistan, weil sie bin Laden ausgeliefert haben wollen. Bisher gibt es allerdings kein formelles Auslieferungsgesuch. Was hat das noch mit dem Völkerrecht zu tun?«, fragte die Zeitung *Junge Welt* den Völkerrechtler Norman Paech. »Leider gar nichts mehr. Das wurde ziemlich brutal auf die Seite gedrängt«, erklärte Paech. »Um gegen Afghanistan einen Verteidigungsfall zu begründen, muss nachgewiesen werden, dass es hinter diesen Anschlägen steckt.« Dies sei in der kurzen Zeit jedoch nicht gelungen. »Wir hatten die Hoffnung«, so Paech, »dass die USA, nachdem sie den Sicherheitsrat eingeschaltet hatten, auch das weitere Verfahren mit dem Sicherheitsrat zusammen einhalten würden. Aber sie haben sich dann bewusst wieder von ihm und auch von der NATO entfernt, um in keiner Weise in ihrer strategischen Planung von anderen abhängig zu sein. Das ist kein gutes Omen.«[407]

In Deutschland ließ Bundeskanzler Gerhard Schröder am 16. November 2001 im Bundestag über den Afghanistankrieg abstimmen. Nach dem Angriff auf Serbien 1999 war der Angriff auf Afghanistan 2001 der zweite konkrete Fall seit 1945, in dem Deutschland in den Krieg zog. Wie schon beim Angriff auf Serbien wurde die Bevölkerung nicht gefragt, die Medien berichteten einseitig im Sinne der NATO-Propaganda, und wieder lag kein Mandat der UNO vor. Die Debatte im Parlament war intensiv und kontrovers. Die Mehrheit der Grünen stimmte für den Afghanistankrieg. Außenminister Joschka Fischer von der Grünen Partei behauptete mit Bezug auf Jugoslawien und Afghanistan, dass das Böse nur mit Gewalt bekämpft werden könne. »Wenn Gewalttäter auftreten, wenn schwere Verbrechen drohen oder gar begangen werden, dann muss durchgegriffen werden«, forderte Fischer und erhielt für seine Rede anhaltenden und lebhaften Beifall von den Grünen und der SPD, zahlreiche Abgeordnete erhoben sich und bezeugten damit ihre Unterstützung. Auch Kanzler Gerhard Schröder plädierte für den Krieg und rief zur Entschlossenheit auf: »Der Kampf gegen den Terror wird noch lange dauern und wird uns einen langen Atem abverlangen.« Seine SPD folgte ihm und stimmte geschlossen für den

Afghanistankrieg. Der SPD-Abgeordnete Gert Weisskirchen begründete sein Ja sogar mit dem Verweis auf die UNO und erklärte, der Weltsicherheitsrat fordere alle Staaten auf, Terroranschläge zu verhüten und zu bekämpfen und Maßnahmen gegen die Täter zu ergreifen. »Das ist die völkerrechtliche Grundlage unseres Handelns«, glaubte Weisskirchen. »Die Bundeswehr wird eingesetzt, um in Afghanistan endlich Frieden durchzusetzen«, worauf die Grünen und die SPD erneut applaudierten.

Die FDP lehnte den Afghanistankrieg geschlossen ab und ihr Abgeordneter Guido Westerwelle kritisierte die Grünen bissig mit den Worten: »Ihr steigt heute aus der Friedensbewegung auf den Feldherrnhügel«. Auch die PDS, die sich später in Die Linke umbenannte, stimmte geschlossen mit Nein, ihr Abgeordneter Gregor Gysi erklärte, der Krieg in Afghanistan treffe »nicht die Schuldigen und schützt auch nicht die Unschuldigen, ganz im Gegenteil.« Die CDU/CSU, die auch geschlossen mit Nein stimmte, kritisierte, dass Schröder die Abstimmung mit der Vertrauensfrage verknüpft hatte. »Eine solche Regierung, ein solcher Bundeskanzler haben Vertrauen nicht verdient«, so der CDU-Abgeordnete Friedrich Merz.[408] Am Schluss stimmte das deutsche Parlament der Beteiligung an der von den USA angeführten Operation Enduring Freedom (Operation andauernde Freiheit, OEF) mit 336 Ja- gegen 326 Nein-Stimmen nur knapp zu. Der deutsche Historiker Gregor Schöllgen glaubt, dass wohl erneut nur Rot-Grün in der Lage gewesen sei, Truppen nach Afghanistan zu schicken, ohne dass es in Deutschland zu Massendemonstrationen und schweren Auseinandersetzungen kam.[409]

Schon im Januar 2002 trafen die ersten deutschen Soldaten in Afghanistan ein. Im Laufe der Jahre stieg die Präsenz der Deutschen in Afghanistan auf 5000 Soldaten an und ging danach wieder auf 1000 Soldaten zurück. Wenn man aber bedenkt, dass die Sowjetunion in den 1980er Jahren mit 100.000 Soldaten in Afghanistan verloren hat, wird klar, dass der Beitrag von Deutschland zum Afghanistankrieg nie kriegsentscheidend war. Vielmehr muss der Einsatz der Bundeswehr am Hindukusch als ein politisches Signal verstanden werden. Die Atlantiker in Deutschland wollten mit dem Afghanistankrieg zeigen, dass Berlin kommt und kämpft, wenn die USA und die NATO rufen. Vergessen wird hierbei, dass viele Afghanen die deutschen Soldaten nicht in ihrem Land wollen und sie zusammen mit den britischen, französischen und amerikanischen NATO-Soldaten als Besatzer wahrnehmen. Dies kann man den Afghanen nicht verübeln. Denn wenn bewaffnete afghanische Soldaten in Deutschland im Einsatz wären, würden viele Deutsche diese auch als Besatzer ablehnen.

»Was hat die Bundeswehr gezwungen, Soldaten nach Afghanistan zu schicken?«, fragte der Afghane Khazan Gul im Jahre 2009 in einer Talkrunde im deutschen Fernsehen. Die Frage traf ins Schwarze. Der SPD-Abgeordnete Gert Weisskirchen, der 2001 wie alle anderen SPD-Mitglieder für den Afghanistankrieg gestimmt hatte, antwortete eher unklar: »Ganz einfach. Sie werden sich erinnern, im September 2001, was geschehen ist. Und in Afghanistan gab es, aus Afghanistan ausgehend, in Verknüpfung mit Hamburg und anderen Regionen und Städten dieser Erde, gab es einen Angriff auf das World Trade Center. Das war der Anfangspunkt und seither ...« Doch bei dieser Begründung für den Kriegseinsatz platzte dem erfahrenen Journalisten Peter Scholl-Latour, der auch an der Talkrunde teilnahm, der Kragen und er unterbrach den SPD-Politiker mit den Worten: »Und das ist die große Lüge! Also will ich jetzt mal hier scharf werden. Es hat bisher keinen einzigen Afghanen gegeben, der ein internationales Attentat verübt hat, dieses Attentat war ein saudisches Attentat! Es haben nur Saudis daran teilgenommen! Die Leute sind auch nicht in Afghanistan ausgebildet worden, die Pilotenausbildung, die entscheidende, haben die in Amerika bekommen.« Scholl-Latour machte deutlich, dass ihn die offizielle Erklärung für den Einsatz der Bundeswehr in Afghanistan gar nicht überzeugt. »Es ist doch alles gelogen, was dort gewesen ist, was ist denn al-Qaida? Al-Qaida ist doch eine Schöpfung der Amerikaner, um gegen die Sowjetunion zu kämpfen.« Der SPD-Abgeordnete Gert Weisskirchen, sichtlich irritiert, versuchte seine Sicht der Dinge mit dem Verweis auf die UNO zu stärken und erwiderte: »Aber dann hat ja der ganze Weltsicherheitsrat gelogen?« Worauf Scholl-Latour erwiderte: »Ja, tut er doch dauernd! Tut er doch dauernd, wie naiv sind Sie denn?«[410]

Nur selten hat sich die UNO seither mit den Terroranschlägen vom 11. September befasst. In einer Rede vor der UNO-Generalversammlung 2009 kritisierte der libysche Präsident Muammar Gaddafi den Angriff auf Afghanistan und erklärte, es gebe keine Verbindung zu den Terroranschlägen vom 11. September 2001. »Waren die Terroristen, die New York angriffen, Talibane oder Afghanen? Nein«, so Gaddafi in seiner Rede. »Was war dann der Grund für die Kriege gegen Afghanistan und Irak? Flogen jene Flugzeuge von Afghanistan oder dem Irak? Nein. Sie starteten von amerikanischen Flughäfen. Warum wird Afghanistan angegriffen?«[411]

Auch in Deutschland haben Politiker, Buchautoren, Wissenschaftler und Bürger den Krieg gegen Afghanistan zu Recht immer wieder als illegalen Angriffskrieg kritisiert. »Auch die Ausrufung des NATO-Bündnisfalles vom 4. Oktober 2001 führt die Bundesregierung wieder als Rechtsgrundlage für den Operation-Enduring-Freedom-Einsatz an. Das war nichts anderes als eine Selbstermächtigung zum Kriegführen«, kritisierte Gert Winkelmeier von der Partei Die Linke 2008 in einer Rede vor dem Deutschen Bundestag. »Ich stelle somit fest, dass sich Bundesregierung und Parlamentsmehrheit nicht an Recht, Grundgesetz und Völkerrecht halten wollen.«[412]

## Der illegale Krieg gegen Pakistan 2001

Der NATO-Krieg gegen Afghanistan destabilisierte die ganze Region. Wie schon beim Vietnamkrieg wurden auch die Nachbarländer in die Kriegswirren hineingezogen. Pakistan, das im Süden an Afghanistan grenzt, ist das einzige muslimische Land, das über eine Atombombe verfügt. Die 2500 Kilometer lange Grenze zwischen Afghanistan und Pakistan ist gebirgig und nicht kontrollierbar. Es ist nicht möglich, Truppenbewegungen von einem Land ins andere zu stoppen. An einem Zerfall von Pakistan kann die NATO kein Interesse haben, weil dann die Atombombe in die Hände von radikalen Islamisten gelangen könnte.

Die Beziehungen von Pakistan zum US-Imperium sind angespannt. Als die CIA in den 1980er Jahren die Gotteskrieger um Osama bin Laden in Afghanistan im Kampf gegen die Sowjetunion unterstützte, kooperierte der amerikanische Geheimdienst sehr eng mit dem pakistanischen Geheimdienst ISI und nutzte für den geheimen Krieg gegen die Russen das pakistanische Territorium und die lange durchlässige Grenze.

Als die USA im Oktober 2001 in Afghanistan einmarschierten, wurde Pakistan erneut als Basis für den Krieg im Nachbarland benutzt. Washington schickte die CIA und US-Spezialeinheiten nach Pakistan. Natürlich kamen die Amerikaner ohne UNO-Mandat. Im strengen Sinne der UNO-Charta führten die USA also auch einen illegalen Angriffskrieg gegen Pakistan. Aber in der Realität kooperierten die Pakistaner zumindest teilweise mit den USA im Kampf gegen al-Qaida. General Pervez Musharraf, der sich im Juni 2001 zum Staatspräsidenten Pakistans ernannt hatte, stellte den Luftraum seines Landes den USA zur Verfügung, was zu massiven Protesten islamistischer Gruppen in Pakistan führte. Viele Pakistaner sahen in den Amerikanern unerwünschte Eindringlinge. Der pakistanische Geheimdienst ISI kooperierte erneut mit der CIA, diesmal aber nicht um al-Qaida zu stärken, sondern um al-Qaida zu schwächen. Die Kooperation der beiden Geheimdienste war schwierig, in gewissen Fällen stuften die Pakistaner die USA als feindliche Macht ein und behinderten den CIA. »Im gegenseitigen Einverständnis führte man eine Beziehung, die auf Misstrauen, Unehrlichkeit und Verrat beruhte und letztlich eine Zwangsgemeinschaft war«, so der amerikanische Journalist Jeremy Scahill.[413]

Der Krieg der USA in Pakistan muss als ein geheimer Krieg bezeichnet werden. Viele Europäer und Amerikaner wussten gar nicht, dass nicht nur gegen Afghanistan, sondern auch gegen Pakistan Krieg geführt wurde. Im Jahre 2002 unterzeichnete Pakistans Präsident Musharraf ein Geheimabkommen mit den Amerikanern, das US-Truppen erlaubte, pakistanische Streitkräfte bei Razzien gegen mutmaßliche al-Qaida-Einheiten in Pakistan zu begleiten. »Die Frage war nur, wie tief, wie schwerwiegend wir die Souveränität Pakistans verletzen würden«, kommentierte der amerikanische Oberstleutnant Anthony Schaffer, der als Agent beim militärischen Nachrichtendienst am Krieg in Afghanistan und Pakistan teilnahm. Als Faustregel galt, dass die amerikanischen Truppen auf ihrer Terroristenjagd nicht tiefer als zehn Kilometer nach Pakistan eindringen sollten. Doch diese Grenze wurde nicht eingehalten.[414]

Um den Anschein der Souveränität zu wahren, leugnete Pakistan, Kenntnis von den Grenzverletzungen zu haben, und protestierte jeweils in der Öffentlichkeit. Im Geheimen aber waren der pakistanische Geheimdienst ISI und Präsident Musharraf informiert. Die UNO-Charta, welche besagt, dass alle UNO-Mitglieder in ihren internationalen Beziehungen jede gegen die territoriale Unversehrtheit eines Staates gerichtete Anwendung von Gewalt unterlassen sollten, war damit völlig in Vergessenheit geraten. Das Völkerrecht existierte nur noch auf dem Papier und in den Hörsälen der Universitäten, wurde aber auf dem Schlachtfeld zwischen Afghanistan und Pakistan nicht mehr beachtet.

Das US-Imperium nutzte die Terroranschläge vom 11. September 2001 als Vorwand, um weltweit ohne UNO-Mandat geheime Kriege zu führen. »Im Jahr 2004 gaben die Amtsträger im Weißen Haus und im Pentagon mehrere Geheimbefehle heraus, die zusammengenommen eine dauerhafte Blaupause für gezielte Tötungen und, rund um den Globus, die Missachtung der Souveränität von Nationalstaaten durch die USA darstellen«, enthüllte der Journalist Jeremy Scahill in seinem Buch »Schmutzige Kriege«. Das amerikanische Joint Special Operations Command (JSOC), das Kommando für Spezialeinsätze der Militärs, wurde vom neokonservativen US-Verteidigungsminister Donald Rumsfeld ab 2001 ausgebaut und in Pakistan und anderen Ländern eingesetzt, um geheime Kriege zu führen. »Das JSOC ist gewissermaßen die Einheit für chirurgische Eingriffe«, erklärte General Hugh Shelton, der Leiter des US-Special Operations Command (SOCOM), dem auch das JSOC unterstellt ist. »Wenn Leute gebraucht werden, die in 50 Kilometer Entfernung mit dem Fallschirm abspringen, durch den Kamin in die Festung einsteigen und sie von innen in die Luft jagen – dann sind das genau die richtigen Kerle. Sie sind die schweigsamen Profis.« Die Öffentlichkeit erfuhr von den JSOC-Operationen in aller Regel gar nichts.[415]

Natürlich ist es gemäß der UNO-Charta illegal, mit Spezialeinheiten in ein anderes Land einzudringen und gezielt Menschen zu töten. Doch genau dies tat das JSOC. Es hat die UNO-Charta wiederholt gebrochen. In Afghanistan und Pakistan hat das US-Imperium ab Oktober 2001 einen Drohnenkrieg entfesselt, wie es ihn noch nie zuvor in der Geschichte der Menschheit gegeben hatte. Die unbemannten US-Drohnen, die hoch über den Menschen fliegen und immer wieder Unschuldige töten, haben die Bevölkerung in Afghanistan und Pakistan traumatisiert. Seit 2001 wurden rund 6000 Menschen durch US-Drohnen getötet, davon etwa 3000 in Afghanistan. Gemäß dem Büro für Investigativen Journalismus in London ist Afghanistan »das am meisten von Drohnen bombardierte Land der Welt.«[416]

Die illegalen Kriege gegen Afghanistan und Pakistan haben einen hohen Blutzoll von der lokalen Bevölkerung gefordert. Eine Untersuchung der Physicians for Social Responsibility kam 2015 zu dem Schluss, dass durch den Krieg in Afghanistan 220.000 und in Pakistan 80.000 Menschen getötet worden waren. Wenn man im Rahmen einer Arithmetik des Grauens diese 300.000 Tote mit den 3000 Toten der Terroranschläge vom 11. September 2001 vergleicht, wird deutlich, dass für jeden toten Amerikaner 100 Afghanen oder Pakistaner sterben mussten, obschon die meisten Toten nichts mit den Anschlägen zu tun hatten.[417]

Der Afghanistankrieg zeigt ganz klar, dass durch Gewalt die Gewalt nicht ausgerottet werden kann. Der Krieg der NATO-Länder am Hindukusch ist illegal und falsch und die NATO wird diesen Krieg verlieren. 80 Prozent der Deutschen halten den Einsatz der Bundeswehr am Hindukusch für »einen Frevel, nicht allein für einen Fehler«, protestierte der Theologe Eugen Drewermann. »Raus, endlich und endgültig, aus Afghanistan. Stoppt all die sogenannten Auslandseinsätze!«[418] Doch Drewermann kommt selten in den NATO-Medien zu Wort, viele kennen seine klugen Analysen nicht. »Ob wir den Weg des Friedens finden oder den bisherigen, unserer Zivilisation unwürdigen Weg der brutalen Gewalt weitergehen, ist in unsere Hand gegeben«, mahnte der Physiker Albert Einstein schon 1934. »Auf der einen Seite winkt Freiheit der Individuen und Sicherheit der Gemeinschaften, auf der anderen Seite droht Knechtschaft für die Individuen und Vernichtung unserer Zivilisation. Unser Schicksal wird so sein, wie wir es verdienen.«[419]

# 13. Der illegale Krieg gegen Irak 2003

Der Irak wurde im März 2003 von den NATO-Ländern USA und Großbritannien angegriffen. Dieser Krieg ist derzeit in Europa ohne Zweifel der bekannteste illegale Angriffskrieg, weil er noch bei vielen Menschen in frischer Erinnerung ist. Zudem hat er eine Flüchtlingskrise ausgelöst und die ganze Region ins Chaos gestürzt. Mehr als eine Million Menschen sind seit 2003 im Irak gestorben. Ehemalige Offiziere aus dem Geheimdienst und Militär des gestürzten irakischen Präsidenten Saddam Hussein haben sich der Terrormiliz IS angeschlossen, die Teile von Irak und Syrien kontrolliert und durch ein brutales und rücksichtsloses Vorgehen auffällt. Die Kämpfe dauern an, die erdölreiche Region ist weit entfernt von Sicherheit, Stabilität und Demokratie.

Mit ihrem Angriff haben die USA und Großbritannien in sehr offensichtlicher und rücksichtsloser Weise gegen das Gewaltverbot der UNO verstoßen. Der Irakkrieg zeigt deutlicher als alle anderen illegalen Kriege, dass die Missachtung der UNO-Charta zu Tod, Folter, Leid, Chaos, Flüchtlingsströmen und der Ausbreitung von fundamentalistischen Terrormilizen führt. Die Entscheidungsträger in den NATO-Ländern – darunter George Bush, Dick Cheney, Donald Rumsfeld, Colin Powell und Tony Blair – müssten vom Chefankläger des Internationalen Strafgerichtshofs der UNO in Den Haag wegen des schweren Verbrechens der Aggression angeklagt werden.

## Der Erste Golfkrieg 1980

Der Irak gehörte 1945 zu den Gründungsnationen der UNO. Das Land hat die UNO-Charta unterschrieben, die das Gewaltverbot beinhaltet. Alte Filmaufnahmen aus den 1950er und 1960er Jahren zeigen den Irak als ein sehr kultiviertes Land mit hohem Bildungsstandard, emanzipierten Frauen, friedlichen Männern und einer intakten Infrastruktur. »All das wurde aufgegeben und ruiniert, zuerst unter den Engländern, dann unter Saddam Hussein«, wegen dem »verdammten Öl«, kritisiert der Schweizer Samir Jamal Aldin, der in Bagdad geboren wurde und den Irak und das Leiden der Zivilbevölkerung aus erster Hand kennt und darüber einen eindrücklichen Film gemacht hat.[420]

Tatsächlich wurde das Erdöl wie im Iran auch im Irak für die Bevölkerung nicht zum Segen, sondern zum Ressourcenfluch. Der rücksichtslose und grausame irakische Diktator Saddam Hussein glaubte nicht an Kompromisse und auch nicht an den Rechtsstaat, sondern nur an Gewalt und autoritäre Herrschaft. Es ist in den USA und in Europa wenig bekannt, dass die CIA die Machtergreifung von Saddam Hussein im Jahre 1979 im Geheimen unterstützte. »Wir kamen mit einem CIA-Schnellzug an die Macht«, erinnert sich Ali Saleh Saadi, der Sekretär der Baath Partei, der auch Saddam Hussein angehörte. Und der damalige Chef der CIA-Station in Bagdad, James Critchfield, bestätigt, dass die CIA im Grunde genommen »Saddam Hussein erschaffen hat«. Die CIA versorgte den rücksichtslosen Machthaber mit Todeslisten von politischen Gegnern, die nach der Machtübernahme liquidiert wurden. Saddam Hussein gehörte zu jenen Politikern, die man als grausame Psychopathen ohne Empathie bezeichnen muss. Leider hat das US-Imperium immer wieder mit solchen Männern zusammengearbeitet, um ihre Macht zu festigen oder auszubauen.[421]

Als im Nachbarland Iran 1979 Ajatollah Ruhollah Khomeini an die Macht kam und den prowestlichen Schah Mohammad Reza Pahlavi stürzte, glaubte Saddam Hussein eine günstige Gelegenheit zu erkennen, um den schwachen Nachbarn zu überfallen. Am 22. September 1980 griff die irakische Armee auf einer Front von 600 Kilometern den Iran an. Es war ein illegaler Angriffskrieg ohne UNO-Mandat. Saddam Hussein hat sich nie um die UNO-Charta gekümmert, die er als ein wertloses Dokument verachtete. Sein Angriff auf den Iran ging als der Erste Golfkrieg in die Geschichte ein.

Die Spannungen zwischen Sunniten und Schiiten spielten eine zentrale Rolle im Ersten Golfkrieg. Hussein, der eine Vormachtstellung am Golf anstrebte und seine Macht auf Gewalt, fanatischem Nationalismus und der Minderheit der Sunniten aufgebaut hatte, fürchtete den schiitischen Geistlichen Khomeini und seine iranische Revolution. Husseins Angst war nicht unbegründet, da auch im Irak die Schiiten mit 55 Prozent die Mehrheit der Bevölkerung bilden. Der frühere US-Außenminister Henry Kissinger wusste um den tiefen Hass zwischen Hussein und Khomeini. »Ich hoffe, sie bringen sich beide um«, so Kissinger zynisch. »Es ist zu schade, dass sie nicht beide verlieren können.«[422]

Gemäß dem Historiker Mansur Khan schürten die USA die Spannungen zwischen dem Irak und dem Iran, »denn um den US-Einfluss in der Golfregion auszubauen, mussten zwei der potentiell mächtigen Golfstaaten, der Irak und der Iran, militärisch und wirtschaftlich geschwächt werden«.[423] Khan glaubt, dass der intrigante amerikanische Sicherheitsberater Zbigniew Brzezinski Saddam Hussein zum Angriff auf den Iran ermuntert habe. Für diese These gibt es bis heute keinen Beweis. Brzezinski erklärte später nur, er habe nichts gegen »ein irakisches Vorgehen gegen den Iran« gehabt.[424]

Bei allen Kriegen im Nahen Osten spielte das Erdöl eine zentrale Rolle. US-Präsident Jimmy Carter hatte am 23. Januar 1980 erklärt, dass nur das US-Imperium das Erdöl im Nahen Osten kontrollieren dürfe. »Jeder Versuch einer ausländischen Macht, die Region des Persischen Golfs in ihre Gewalt zu bringen, wird als Angriff auf die vitalen Interessen der Vereinigten Staaten von Amerika betrachtet«, so Carter. »Ein solcher Angriff wird mit allen nötigen Mitteln zurückgeschlagen werden, militärische Gewalt eingeschlossen.«[425] Auf keinen Fall wollten die USA, dass die Sowjetunion ihren Einfluss auf den Persischen Golf ausdehnt. Daher gründete das Pentagon das US-Central Command (CENTCOM), das die Aufgabe erhielt, die Carter-Doktrin umzusetzen und das riesige Gebiet der Länder am Roten Meer und am Persischen Golf zu überwachen, darunter Saudi-Arabien, Irak, Iran, Kuwait, die Vereinigten Emirate, Bahrain, Katar, Ägypten, Sudan und Somalia.

Der Erste Golfkrieg zwischen Irak und Iran stürzte zwei der wichtigsten Erdölproduzenten der Welt ins Chaos. Der Krieg wurde mit größter Brutalität geführt. Khomeini erklärte den Kampf zum »heiligen Krieg«. Seine Soldaten wehrten den Angriff des Iraks ab und gingen zum erfolgreichen Gegenangriff über. Doch Präsident Hussein dache nicht daran aufzugeben. Mit Hilfe von westlichen Firmen gelang es dem Irak, chemische Waffen herzustellen, darunter Senfgas, Tabun und Sarin. »Im Jahre 1981, nach dem Beginn des Iran-Irak-Krieges, baute der Irak angesichts einer möglichen Niederlage und der zahlenmäßigen Überlegenheit der islamischen Republik Iran ein groß angelegtes Chemiewaffenprogramm auf«, bestätigte der UNO-Sicherheitsrat viele Jahre später.[426]

Um seine Niederlage abzuwenden, schreckte Hussein nicht vor Kriegsverbrechen zurück und setzte die Chemiewaffen während des Ersten Golfkriegs ein. Dokumentierte Giftgasangriffe auf die Iraner erfolgten im August 1983 sowie im Januar und Februar 1984. Der internationalen Presse wurden in Teheran die Opfer der Giftgasangriffe gezeigt. Einige der durch Giftgas verletzten Iraner wurden zur Behandlung in die Schweiz, nach Österreich, Schweden und Deutschland geflogen. Kurz vor Ende des Krieges, im März 1988, setzte Saddam Hussein Giftgas auch gegen seine eigene Bevölkerung ein, als er die kurdische Minderheit im irakischen Dorf Halabdscha mit Sarin und Senfgas bombardieren ließ. Tausende von Kurden starben, darunter alte Männer, Frauen und Kinder.[427]

In den ersten Kriegsjahren beobachteten die USA den Kampf zwischen Hussein und Khomeini nur aus der Distanz. Doch als Kuwait sich beschwerte, seine Erdöltanker seien wiederholt angegriffen worden, mischten sich die USA direkt in den Konflikt ein. Ab März 1987 segelten elf kuwaitische Erdöltanker unter US-Flagge, eskortiert von der US-Kriegsmarine. Präsident Ronald Reagan warnte die Kriegsparteien, dass jeder Angriff auf die Schiffe als Angriff auf die Vereinigten Staaten gewertet werde. Nachdem Washington mit dem Sturz von Mossadegh im Iran 1953 und dem Aufbau von Hussein 1979 im Irak wiederholt verdeckt im Nahen Osten interveniert hatte, war dies die erste öffentliche militärische Aktion des US-Imperiums in der an Erdöl und Erdgas reichen Region.[428]

Obschon bekannt war, dass Saddam Hussein Chemiewaffen einsetzte und damit ein Kriegsverbrecher war, wurde er durch das US-Imperium im Ersten Golfkrieg unterstützt. Am 17. Mai 1987 schoss ein irakisches Mirage-Kampfflugzeug seine Raketen auf das US-Kriegsschiff USS Stark ab, 37 amerikanische Seeleute wurden getötet, 21 verletzt. Saddam Hussein entschuldigte sich, es habe sich um ein Versehen gehandelt. Die USA sahen darüber hinweg. »Trotz des Angriffes auf die Stark«, so die Encyclopedia Britannica, »unterstützten die USA den Irak weiterhin, sowohl diplomatisch in der UNO als auch militärisch durch das Zuspielen von Informationen über die Bewegung von iranischen Verbänden im Golf.«[429]

Gegenüber Khomeinis Iran war das US-Imperium weniger nachsichtig. Nachdem das US-Kriegsschiff USS Samuel Roberts auf eine iranische Seemine aufgelaufen war, griffen die USA am 18. April 1988 die Iraner in einer Seeschlacht direkt an, versenkten mehrere iranische Schiffe und zerstörten iranische Ölbohrplattformen. Drei Monate später, am 3. Juli 1988, schoss das amerikanische Kriegsschiff USS Vincennes sogar das zivile iranische Flugzeug Iran Air 655 ab. Alle 290 iranischen Zivilisten an Bord starben. Im Pentagon sprach Admiral William Crowe, Chairman der Joint Chiefs of Staff, von einem »schrecklichen Unfall«. Die Iraner wollten dies nicht glauben und unterstellten, dass die USA das Zivilflugzeug in einem »barbarischen Akt« absichtlich abgeschossen hatten.[430]

Der nicht formelle, aber faktische Kriegseintritt der USA auf Seiten des Kriegsverbrechers Saddam Hussein führte zur Entscheidung. Die kriegsmüden Iraner bekundeten der UNO ihre Bereitschaft für einen Waffenstillstand, der am 20. August 1988 auch vom Irak unterschrieben wurde. »Diese Entscheidung zu treffen, war tödlicher, als Gift zu nehmen«, so Khomeini erbittert. »Wenn Gott es will, werden wir zur rechten Zeit den Schmerz in unserem Herzen tilgen, wenn wir Rache genommen haben an ... Amerika.«[431]

Der Erste Golfkrieg endete nach acht Jahren ohne Sieger, die Grenzen blieben weitgehend unverändert. Die Bevölkerung in den beiden Erdölländern musste mit insgesamt mindestens 400.000 Toten einen hohen Blutzoll bezahlen. Nur die Waffenindustrie profitierte. Frankreich, Deutschland, China und die Sowjetunion hatten den Irak, der den Krieg vom Zaun gebrochen hatte, mit Waffen unterstützt. Auch die USA versorgten den Irak mit Waffen. Doch erst durch den Iran-Contra-Skandal wurde 1986 publik, dass die Administration von Präsident Ronald Reagan auch den Iran im Geheimen mit Waffen beliefert hatte. Indem das US-Imperium beide Konfliktparteien mit Waffen versorgte, trug es mit dazu bei, dass keine Seite einen schnellen Sieg realisieren konnte.[432]

Dieses Vorgehen geschah nicht aus Zufall, sondern war geplant. »Die USA können als Imperium nicht andauernd in Eurasien intervenieren«, erklärte der Amerikaner George Friedman vom Think Tank Stratfor in einem Vortrag in Chicago im Februar 2015. »Ich empfehle eine Technik, die von Präsident Ronald Reagan eingesetzt wurde gegen Iran und Irak: Er unterstützte beide Kriegsparteien! Dann haben sie gegeneinander und nicht gegen uns gekämpft. Das war zynisch und amoralisch. Aber es funktionierte. Denn die USA sind nicht in der Lage, ganz Eurasien zu besetzen. In dem Moment, in dem wir einen Stiefel auf europäischen Boden setzen, sind wir aufgrund der demographischen Unterschiede zahlenmäßig total unterlegen. Wir können eine Armee schlagen, aber wir können nicht den Irak besetzen.« Friedman, der wenig Empathie hat für das Leiden der Bevölkerung vor Ort, glaubt, dass es klug ist, verfeindete Länder gegeneinander zu hetzen, um sie zu schwächen, obschon dies dem Gewaltverbot der UNO fundamental widerspricht. »Wir können zerstrittene Mächte unterstützen«, so Friedman. »Auch die Briten haben damals nicht Indien besetzt, sondern einzelne indische Staaten gegeneinander aufgehetzt.«[433]

## Der Zweite Golfkrieg 1990

Nur zwei Jahre nach dem Ende des Ersten Golkrieges kam es während der Präsidentschaft von George Bush senior zum Zweiten Golfkrieg. Am 2. August 1990 griff der Irak das Nachbarland Kuwait an und eroberte das kleine Land binnen kürzester Zeit. Es war erneut ein illegaler Angriffskrieg ohne UNO-Mandat und wieder war Diktator Saddam Hussein der Aggressor. Der irakische Präsident hatte sich vor Ausbruch des Krieges beklagt, dass Kuwait und die Vereinigten Arabischen Emirate sich nicht an die vorgegebenen OPEC-Förderquoten hielten, was dem Irak Milliardenverluste beschere. Kuwait würde zudem schräg unter der Landesgrenze irakische Erdölfelder anbohren, so der Vorwurf von Hussein.

Der Zweite Golfkrieg führte erstmals in der Geschichte zu einer massiven Präsenz von amerikanischen und europäischen Truppen in den muslimischen Ländern am Persischen Golf. Die Vorgeschichte zum Krieg, und die Rolle, welche die USA hierbei spielten, sind umstritten. Sicher ist, dass kurz vor seinem Angriff auf Kuwait Präsident Hussein am 25. Juli 1990 die amerikanische Botschafterin in Bagdad, April Glaspie, zu sich in den Regierungspalast gerufen hatte. Gemäß dem amerikanischen Journalisten Larry Everest, der die Region während Jahren bereiste und Zugang zum Protokoll des Gespräches erhielt, habe Hussein versichert, dass er wisse, dass »die USA auf den ungestörten Zufluss von Erdöl« angewiesen seien. Es sei aber nicht akzeptabel, dass Kuwait den Preis für Erdöl absichtlich tief halte und »auf Kosten des Irak sein Territorium ausgeweitet« habe. Wenn dies so weitergehe, warnte Hussein, dann habe »der Irak das Recht, sich selber zu verteidigen«. Botschafterin Glaspie antwortete: »Ich habe eine direkte Anweisung des Präsidenten [Bush], die Beziehungen zum Irak zu verbessern«, um dann anzufügen: »Wir haben keine Meinung zu den innerarabischen Konflikten wie dem Grenzkonflikt mit Kuwait … Wir hoffen, dass Sie das Problem mit den Ihrer Meinung nach passenden Mitteln lösen können.«[434]

Ramsey Clark, der unter Präsident Johnson als US-Justizminister gedient hatte, glaubt, dass Botschafterin Glaspie damit Diktator Hussein in eine Falle gelockt hatte, weil sie suggerierte, dass die USA einem Angriff auf Kuwait gleichgültig gegenüberstünden oder ihn gar befürworteten. Die USA schürten den Grenzkonflikt zwischen Irak und Kuwait gemäß Clark absichtlich. »Die US-Regierung benutzte die königliche Familie aus Kuwait, um eine irakische Invasion zu provozieren«, so Clark. Das Ziel der Intrige habe darin bestanden, »einen massiven Angriff auf den Irak und den Aufbau einer amerikanischen Dominanz am Golf« zu legitimieren.[435] Präsident Bush senior und sein Sicherheitsberater Brent Scowcroft wiesen diese These entschieden zurück: »Es ist eine absolut falsche Interpretation dieser Konversation [zwischen Hussein und Glaspie], wenn man zu dem Schluss kommt, dass wir Saddam grünes Licht zum Angriff auf sein Nachbarland gegeben hätten«, beteuerte Bush später.[436]

## Die Invasion von Panama 1989

Der Angriff von Saddam Hussein auf Kuwait lässt sich sehr gut mit dem Angriff von Präsident Bush senior auf Panama am 20. Dezember 1989 vergleichen: Beides waren illegale Angriffskriege ohne UNO-Mandat. Aber die Reaktionen waren sehr unterschiedlich, weshalb hier kurz der Panamakrieg skizziert werden soll. Präsident Bush senior und sein Verteidigungsminister Dick Cheney gaben dem Angriffskrieg auf Panama den Namen »Operation Just Cause«, also »Unternehmen Gerechte Sache«. Doch gerecht war der Angriffskrieg auf Panama nicht, und der Einmarsch der USA löste international Empörung aus. Die Organisation Amerikanischer Staaten OAS forderte die UNO schon am 22. Dezember 1989 auf, die USA zum Abzug zu zwingen. Doch die drei NATO-Länder Frankreich, Großbritannien und die USA legten ihr Veto ein und blockierten damit den Sicherheitsrat. Die NATO-Länder verhielten sich im Fall Panama ganz anders als im Fall Kuwait.

Das US-Imperium hat Militärbasen in Panama, um den Panamakanal zu kontrollieren, und die NSA überwacht von den US-Stationen in Panama ganz Lateinamerika. Panama ist daher für die USA strategisch wichtig, und Washington wusste, dass im Januar 1990 der Panamakanal zum größten Teil – im Jahr 2000 vollständig – an Panama übergeben werden sollte. Daher stürzten die USA den unberechenbaren Machthaber Manuel Noriega. Offiziell erklärte das Imperium, Noriega müsse gehen, weil er in den Drogenhandel verwickelt sei. Dies war tatsächlich der Fall, aber schon seit den 1970er Jahren bekannt, als Noriega noch auf der Gehaltsliste der CIA stand. Wie Saddam Hussein hatte auch der brutale Noriega mit der CIA kooperiert. Als George Bush von 1976 bis 1977 Direktor der CIA war, erhielt Noriega »mehr als 100.000 Dollar pro Jahr«, berichtet der amerikanische Autor William Blum. Noch 1984 wurde Noriega mit allen Ehren in Washington empfangen und hatte ein langes Mittagessen mit CIA-Direktor William Casey, der gemäß Blum »der stärkste Unterstützer von Noriega in Washington« war.[437]

Noriega, der viele Geheimnisse aus Amerikas verdecktem Krieg gegen Nicaragua kannte und Bush senior sogar bei der Finanzierung des Wahlkampfs geholfen hatte, fühlte sich unverletzlich und prahlte noch 1988, er habe »Bush an den Eiern«. Das stellte sich als Fehleinschätzung heraus. Das Imperium ließ Noriega im Rahmen des Panamakrieges am 3. Januar 1990 festnehmen und flog ihn nach Miami, wo ihn ein Gericht wegen Drogenhandel und Geldwäsche zu 40 Jahren Haft verurteilte. Während Noriega seine Strafe in einem amerikanischen Gefängnis in Miami absaß, wurde er in Panama in Abwesenheit wegen des Mordes an einem Dissidenten zu weiteren 20 Jahren Gefängnis verurteilt, 2011 an Panama ausgeliefert und ist seither dort im Gefängnis El Renacer inhaftiert.[438]

»Panama wurde angegriffen, obwohl es ein unabhängiger Staat der UNO war«, kritisierte der libysche Präsident Muammar Gaddafi viele Jahre später vor der UNO. »Viertausend Menschen verloren ihr Leben und der Präsident dieses Landes wurde gefangen genommen und ins Gefängnis gesteckt. Noriega sollte befreit werden – diese Akte sollte geöffnet werden. Wie können wir ein Land, das UNO-Mitglied ist, befugen, ein anderes Land anzugreifen und dessen Präsidenten gefangen zu nehmen und wie einen Kriminellen einzusperren? Wer kann so etwas akzeptieren? Es könnte sich wiederholen. Wir sollten nicht schweigen«, warnte Gaddafi. »Wir sollten ein Verfahren einleiten. Jedes UNO-Mitglied könnte sich in dieser Situation befinden, besonders wenn die Aggression von einem Mitgliedsstaat kommt, der einen permanentem Sitz im Sicherheitsrat hat.«[439]

## Der UNO-Sicherheitsrat verurteilt den Angriff auf Kuwait 1990

Als am 2. August 1990 Saddam Hussein mit 100.000 Soldaten in Kuwait einmarschierte, verurteilte US-Präsident Bush senior den illegalen Angriffskrieg sofort scharf als einen eklatanten Bruch der UNO-Charta. Der UNO-Sicherheitsrat reagierte blitzschnell und verabschiedete am 2. August, also noch am Tag der Invasion, auf Verlangen der USA und mit Unterstützung der NATO-Partner Großbritannien und Frankreich die Resolution 660, die den Irak aufforderte, »unverzüglich und bedingungslos« aus Kuwait abzuziehen. China und Russland legten kein Veto ein, daher war die Resolution rechtskräftig. Die UNO gab dem Irak bis zum 15. Januar 1991 Zeit, aus Kuwait abzuziehen. Dieses schnelle und entschiedene Vorgehen des UNO-Sicherheitsrates war richtig und im Einklang mit der UNO-Charta. Der UNO-Sicherheitsrat müsste bei jedem Angriffskrieg derart schnell, klar und entschieden reagieren. Doch wenn NATO-Länder einen Angriff ausführen ist der Sicherheitsrat durch die Vetos der drei NATO-Staaten blockiert, wie die historischen Daten zeigen.

Als das Ultimatum verstrich, ohne dass Saddam Hussein seine Truppen aus Kuwait zurückzog, kam es erneut zum Krieg. Ein Teil der amerikanischen Bevölkerung stand dem US-Feldzug gegen den Irak jedoch ablehnend gegenüber. Kuwait schürte daher zusammen mit der Administration Bush die Kriegspropaganda, unterstützt durch die amerikanische Kommunikationsfirma Hill & Knowlton in New York. Als Teil ihrer Öffentlichkeitsarbeit, die von Kuwait mit 10 Millionen Dollar entlohnt wurde, entwickelte Hill & Knowlton die »Brutkastenlüge«, die Saddam Hussein als »neuen Hitler« und die Iraker als Barbaren dämonisierte. Am 10. Oktober 1990 erzählte ein 15-jähriges Mädchen, das als Nayirah vorgestellt worden war, vor dem Menschenrechtsausschuss des US-Kongresses unter Tränen, dass sie während der Invasion in einem Spital in Kuwait gearbeitet und beobachtet habe, wie irakische Soldaten Säuglinge aus den Brutkästen genommen hätten, um sie auf den Boden zu werfen, wo diese starben. Das war gelogen. Aber Präsident Bush griff diese brutale Geschichte auf, wiederholte sie in zahlreichen Reden und behauptete, 312 Neugeborene seien auf diese Art gestorben.[440] Erst nach dem Krieg stellte sich heraus, dass die Brutkastengeschichte eine infame Lüge war und dass Nayirah nie im Spital in Kuwait gearbeitet hatte, sondern Nijirah al-Sabah hieß und die Tochter des kuwaitischen Botschafters in den USA war. Die Bush-Administration und das Königshaus von Kuwait hatten die Öffentlichkeit getäuscht.[441]

Den USA gelang es, 22 Länder davon zu überzeugen, Truppen an den Persischen Golf zu schickten. Aus Europa nahmen die NATO-Länder Großbritannien, Frankreich, Spanien, Italien, Belgien, Türkei und die Niederlande mit Soldaten am Kampf teil, wie auch die Tschechoslowakei und Polen, die später der NATO beitraten. Insgesamt ergab sich eine massive Truppenstärke von 960.000 Soldaten, von denen die USA drei Viertel stellten und auch das militärische Kommando führten. Auch Saudi-Arabien, Ägypten, Syrien, Pakistan, Marokko und Bangladesch nahmen auf Seiten der USA am Krieg teil. Japan und Deutschland, die Verlierer des Zweiten Weltkrieges, schickten keine Truppen, aber verpflichteten sich, Milliardenbeiträge für die Kriegskosten zu entrichten.

»Der Golfkrieg von 1991 war der erste Krieg in der modernen Geschichte, der ganz gezielt wegen des Erdöls geführt wurde«, kommentierte der amerikanische Energieexperte Edward Morse. »Der Krieg erinnert daran, dass, solange fossile Energieträger die Basis für wirtschaftliches Wachstum sind …, Gewalt eingesetzt wird, um zu verhindern, dass eine einzelne Regierung den Erdölmarkt kontrollieren kann.«[442] Als Historiker habe ich mich lange und intensiv mit Erdölkriegen auseinandergesetzt, der finanzielle und technische Aufwand für Erdölkriege ist massiv und die Lügen und das menschliche Leid, das sie erzeugen, ungeheuerlich. Daher bin ich persönlich davon überzeugt, dass wir die fossilen Energieträger Erdöl, Erdgas und Kohle wie auch die Atomenergie verlassen und die Vision einer 100 Prozent erneuerbaren Energieversorgung anstreben sollten. Daher fahre ich ein Elektrofahrzeug, beheize mein Haus ohne Erdöl und Erdgas mit einer Erdsondenwärmepumpe und produziere Solarstrom auf meinem Dach. Immer mehr Menschen engagieren sich in Deutschland, Österreich und der Schweiz für die Energiewende und treiben die Vision 100 Prozent erneuerbare Energien voran.

Um Kuwait zu befreien, mussten die USA und ihre Alliierten erstmals Bodentruppen in Saudi-Arabien stationieren und dort Militärbasen aufbauen. Dies war äußerst heikel, denn die strenggläubige sunnitische Bevölkerung von Saudi-Arabien wollte auf keinen Fall christliche Soldaten auf muslimischem Boden. Mit Mekka und

Medina liegen in Saudi-Arabien die heiligen Städte des Islam. Der saudische König Fahd bin Abdul Aziz war gegenüber dem massiven Aufmarsch von US-Truppen in seinem Land kritisch eingestellt. Um die Bedenken der Saudis auszuräumen, flog US-Verteidigungsminister Dick Cheney am 6. August 1990, vier Tage nachdem Saddam Hussein Kuwait besetzt hatte, mit General Norman Schwarzkopf nach Riad und warnte den saudischen König mit Satellitenbildern, dass Saddam Hussein möglicherweise auch Saudi-Arabien besetzen werde. Erst nach dieser eindringlichen Warnung erlaubte der saudische König dem Imperium, amerikanische Truppen in seinem Land zu stationieren.

Am 17. Januar 1991 begannen die USA und ihre Alliierten im Rahmen der Operation Desert Storm mit massiven Luftangriffen auf Kuwait und Irak. Diesmal war es kein illegaler Krieg, denn die USA und ihre Alliierten verfügten mit der Resolution 678, welche der UNO-Sicherheitsrat am 29. November 1990 verabschiedet hatte, über die explizite Erlaubnis, militärische Gewalt einzusetzen. Die Resolution war mit zwölf Ja-Stimmen und der Enthaltung von China verabschiedet worden, nur Kuba und Jemen stimmten dagegen, doch weil diese beiden Länder keine Vetomächte sind, war die Resolution trotzdem rechtskräftig. Die Resolution ermächtigte die UNO-Mitgliedsstaaten »alle erforderlichen Mittel einzusetzen«, um Kuwait zu befreien »und den Weltfrieden und die internationale Sicherheit in dem Gebiet wiederherzustellen.« Der Zweite Golfkrieg ist einer der wenigen Kriege des US-Imperiums seit 1945, der durch eine UNO-Resolution unterstützt und daher legal war.

Saddam Hussein hatte der Übermacht seiner Gegner wenig entgegenzusetzen. Ab dem 24. Februar 1991 überschritten die in Saudi-Arabien stationierten alliierten Bodentruppen die Grenzen zu Kuwait und Irak, schon vier Tage später kontrollierten sie Kuwait City. Die irakischen Soldaten verließen Kuwait und steckten auf ihrem Rückzug die kuwaitischen Erdölfelder in Brand. Die Bilder von den brennenden Erdölfeldern mit den riesigen schwarzen Rauchwolken gingen um die Welt. Die irakischen Toten hingegen wurden in den westlichen Medien absichtlich nicht gezeigt. »Die Öffentlichkeit in Großbritannien und den USA erhielt den Eindruck, dass dies ein Krieg war mit nur wenig Toten und sehr wenig Grausamkeiten«, räumte Ian Hargreaves von der *Financial Times* ein.[443] Doch tatsächlich war auch dieser Krieg äußerst grausam. Kinder wurden durch Bomben zerrissen, irakische Soldaten, die in Schützengräben lagen, wurden durch gepanzerte amerikanische Bulldozer, die den Sand in die Schützengräben schoben, lebendig begraben. Gemäß der Nachrichtenagentur *Reuters* wurden 85.000 Iraker im Zweiten Golfkrieg getötet, obschon der Krieg nur drei Monate dauerte.[444] Die NATO-Länder verloren nur 313 Soldaten, nämlich 266 US-Amerikaner, 44 Briten, zwei Franzosen und einen Italiener.[445] Am 3. April 1991 erklärte Präsident Bush Kuwait für befreit und den Krieg für beendet.

## Die UNO verhängt über den Irak ein Wirtschaftsembargo

Der irakische Diktator Saddam Hussein wurde im Zweiten Golfkrieg von den USA nicht gestürzt, sondern blieb in Bagdad an der Macht. Dies erlaubte den USA mit Unterstützung der UNO ein scharfes Wirtschaftsembargo gegenüber dem Irak zu verhängen, das den Irakern verbot, ihr Erdöl zu exportieren, und damit die irakische Wirtschaft lahmlegte. Auch der Import von Medizin und Lebensmittel in den Irak wurde durch das Embargo stark eingeschränkt.

Die USA erklärten, das Embargo sei notwendig, um alle Massenvernichtungswaffen im Irak zu zerstören. Gemäß der UNO-Charta darf der Sicherheitsrat ein Embargo verhängen, um ein Land zu zwingen, die Beschlüsse der UNO zu befolgen. »Der Sicherheitsrat kann beschließen, welche Maßnahmen – unter Ausschluss von Waffengewalt – zu ergreifen sind, um seinen Beschlüssen Wirksamkeit zu verleihen«, heißt es in Artikel 41 der Charta. Der Sicherheitsrat »kann die Mitglieder der Vereinten Nationen auffordern, diese Maßnahmen durchzuführen. Sie können die vollständige oder teilweise Unterbrechung der Wirtschaftsbeziehungen, des Eisenbahn-, See- und Luftverkehrs, der Post-, Telegraphen- und Funkverbindungen sowie sonstiger Verkehrsmöglichkeiten und den Abbruch der diplomatischen Beziehungen einschließen.«

Das brutale UNO-Embargo forderte viele Tote unter den irakischen Zivilisten. »Was als Strafe und Unschädlichmachung eines aggressiven Regimes gedacht war, entwickelte sich zur Plage für eine ganze Nation«, kritisierte mit Recht Henner Fürtig vom Institut für Nahost-Studien in Hamburg. Tatsächlich forderte das Embargo unter der irakischen Zivilbevölkerung weit mehr als 500.000 Tote und war damit sogar noch tödlicher als der Zweite Golfkrieg. Trotzdem hielt auch die Administration von Präsident Bill Clinton mit aller Härte daran fest.[446] »Wir haben gehört, dass nun eine halbe Million Kinder gestorben sind«, sorgte sich die amerikanische Fernsehjournalistin Lesley Stahl 1996 und fragte Madeleine Albright, die seit 1993 als amerikanische UNO-Botschafterin der Administration Clinton amtierte, ob das Embargo noch gerechtfertigt sei: »Ich meine, das sind mehr Kinder als die, welche in Hiroshima verstarben, ist es [das Embargo] diesen Preis wert?« UNO-Botschafterin Albright überlegte einen Moment lang, dann sagte sie kalt: »Ich glaube, das ist eine sehr schwierige Entscheidung, aber der Preis – wir glauben, es ist diesen Preis wert.«[447]

Die UNO-Mitarbeiter vor Ort in Bagdad wussten, dass das Embargo Unschuldige tötet. Der Ire Denis Halliday, UNO-Koordinator für humanitäre Fragen im Irak, trat 1998 aus Protest zurück, weil er das Embargo des UNO-Sicherheitsrates zu Recht als unmenschlich einstufte. »Ich wurde oft gefragt, warum ich nach einer dreißigjährigen Karriere bei der UNO zurücktreten wolle, warum ich mich mit all den mächtigen Staaten des UN-Sicherheitsrats angelegt habe«, so Halliday in einem Vortrag. Sein Gewissen habe ihn zu diesem Schritt gezwungen, denn der UNO-Sicherheitsrat habe im Irak nichts weniger als einen Völkermord zu verantworten. »In Wahrheit hatte ich keine andere Wahl. Hätten Sie meinen Posten im Irak innegehabt, hätten Sie das Gleiche getan«, erklärte der Whistleblower Halliday. »Ich wurde zum Rücktritt getrieben, weil ich mich weigerte, die Anordnungen des Sicherheitsrates zu befolgen, der gleiche Sicherheitsrat, der die völkermordverursachenden Sanktionen eingerichtet hat und diese aufrechterhält, die die Unschuldigen im Irak treffen. Ich wollte nicht zum Komplizen werden, ich wollte frei und öffentlich gegen dieses Verbrechen sprechen«, so Halliday in einer Rede im Januar 2003, als das Embargo weiterhin bestand. »Der wichtigste Grund ist, dass mein angeborenes Gerechtigkeitsempfinden entrüstet war und ist über die Gewalttätigkeit der Auswirkungen, die die UN-Sanktionen auf das Leben von Kindern und Familien hatte und hat. Es gibt keine Rechtfertigung für das Töten der jungen, der alten, der kranken, der armen Bevölkerung des Irak. Und das Völkerrecht hat keine Grundlage für die unverhältnismäßigen und mörderischen Konsequenzen des seit über zwölf Jahren stattfindenden UN-Embargos.«[448]

Das UNO-Embargo gegenüber dem Irak hatte im August 1990 nach der Invasion von Kuwait begonnen und endete erst im März 2003, als die USA und die Briten den Irak erneut angriffen. Wie viele Tote das Embargo in dieser Zeit insgesamt forderte, ist umstritten. Denis Halliday spricht von »deutlich über einer Million« Toten, womit sich der ganze UNO-Sicherheitsrat selber schwerer Verbrechen gegen die Menschlichkeit, definiert als ausgedehnte und systematische Angriffe gegen die Zivilbevölkerung, schuldig gemacht hat.[449]

Auch der deutsche UNO-Diplomat Hans Christof von Sponeck, der 1998 als Nachfolger von Halliday als Koordinator für humanitäre Fragen in der irakischen Hauptstadt Bagdad eintraf, erkannte schnell, dass das Embargo des UNO-Sicherheitsrates unmenschlich war und Kinder, Frauen und alte Menschen tötete, was nie der Sinn der UNO war. Der ehrliche und mutige Sponeck trat im Februar 2000 aus Protest zurück und formulierte zusammen mit dem Iren Halliday eine scharfe Kritik am UNO-Sicherheitsrat, die sie in der britischen Zeitung *Guardian* publizierten.

»Dient denn der UNO-Sicherheitsrat nur den Mächtigen?«, so die präzise Frage der zwei Autoren. »Die USA und Großbritannien sind als ständige Mitglieder des UNO-Sicherheitsrates sehr gut darüber informiert, dass das UNO-Embargo die UNO-Menschenrechtserklärung, die Genfer Konventionen und andere internationale Gesetze verletzt«, kritisierten Sponeck und Halliday. »Diese zwei Regierungen haben stets verhindert, dass der UNO-Sicherheitsrat gemäß seinem Auftrag handelt und den Einfluss der Sanktionen auf die Zivilbevölkerung beachtet. Wir wissen das aus erster Hand, weil die Regierungen dieser zwei Länder uns immer wieder daran gehindert haben, den Sicherheitsrat darüber zu informieren.« Doch Washington und London sahen keinen Grund, sich zu entschuldigen, und planten schon den nächsten Krieg. Sponeck und Halliday warnten schon 2001 vor der Kriegspropaganda mit den Massenvernichtungswaffen. »Die britischen und amerikanischen Geheimdienste wissen sehr genau, dass der Irak weitgehend entwaffnet ist«, so die beiden Autoren. »Was wir jetzt dringend brauchen, ist ein Angriff auf diese Ungerechtigkeit, nicht einen Angriff auf das irakische Volk.«[450]

## Die USA und Großbritannien bombardieren den Irak 1998

Der Irak litt in den 1990er Jahren nicht nur unter einem erbarmungslosen Embargo, sondern wurde auch immer wieder bombardiert. Denn nach der Niederlage im Zweiten Golfkrieg hatte der Irak keine nennenswerte Luftwaffe und Luftabwehr mehr, die den eigenen Luftraum gegen die waffentechnisch überlegenen NATO-Länder hätte verteidigen können. Dies erlaubte den Amerikanern und Briten Flugverbotszonen einzurichten, in denen keine irakischen Flugzeuge oder Helikopter fliegen durften (Operation Southern Watch und Operation Northern Watch).

Am 16. Dezember 1998 befahlen US-Präsident Bill Clinton und der britische Premierminister Tony Blair ihrer Luftwaffe, den Irak im Rahmen der Operation Desert Fox während vier Tagen intensiv zu bombardieren. Amerikanische Schiffe schossen Lenkwaffen auf den Irak ab, britische und amerikanische Flugzeuge bombardierten das von Krieg und Embargo geschundene Land. Weder Präsident Clinton noch Premierminister Blair hatten ein explizites Mandat des UNO-Sicherheitsrates für die Bombardierung des Iraks, die Operation Desert Fox war deshalb ein illegaler Angriffskrieg.

Die Amerikaner und Briten gaben an, dass sie den Irak bombardieren mussten, weil dieser die vom UNO-Sicherheitsrat geforderten Abrüstungsschritte nicht plangemäß durchgeführt hatte. Diese gewagte Behauptung wurde vom australischen

Diplomaten Richard Butler verbreitet. Butler leitete die Sonderkommission des UNO-Sicherheitsrates für den Irak, die United Nations Special Commission (UNSCOM), welche die Zerstörung aller chemischen und biologischen Waffen sowie aller Raketen des Iraks überwachen sollte. Butler war ein starker Befürworter des brutalen Embargos und warf dem Irak wiederholt vor, im Geheimen Massenvernichtungswaffen zu bauen und diese vor der UNSCOM zu verstecken. Butler weigerte sich auch, einen Abschlussbericht zu verfassen, der die Voraussetzung für ein Ende der UNO-Sanktionen gewesen wäre.

Am 16. Dezember 1998 behauptete Butler vor dem UNO-Sicherheitsrat, dass der Irak nicht vollständig mit der UNSCOM kooperiere. Der irakische UNO-Botschafter widersprach dieser Behauptung und beklagte, dass die USA scheinbar ohne Mandat des UNO-Sicherheitsrates sein Land angreifen wollen. Doch die Briten und Amerikaner ließen sich nicht beirren und noch am selben Tag begannen die Angriffe im Rahmen der Operation Desert Fox. Der Bericht, den der Australier Richard Butler dem Sicherheitsrat als Rechtfertigung für die Bombardierung vorgelegt hatte, war zuvor mit dem Weißen Haus abgestimmt worden, um den Angriff zu legitimieren. »Quellen in Washington und New York sagten, dass Vertreter der Clinton-Administration im Verlauf mehrfacher Gespräche mit Butler eine direkte Rolle bei der Formulierung seines Textes spielten«, so die *Washington Post.*[451]

Der Amerikaner Scott Ritter, der von 1991 bis 1998 als Waffeninspektor in der UNSCOM diente, durchschaute diese Manipulation und kritisierte sie scharf. »Was Richard Butler letzte Woche tat, war ein abgekartetes Spiel ... Es sollte einen Konflikt heraufbeschwören, der eine Bombardierung rechtfertigen würde ... Richard Butler ging gestern viermal ans Telefon. Er sprach mit seinem [US-] Nationalen Sicherheitsberater. Sie befahlen ihm, die Sprache seines Berichtes zu verschärfen, um die Bombardierung zu rechtfertigen.«[452] Die Behauptungen von Butler hätten nicht der Wahrheit entsprochen, der Irak habe in »98 Prozent der Inspektionen kooperiert, wenn es um Entwaffnung ging«, so Scott Ritter.[453]

Nach der illegalen Bombardierung des Iraks durch die Briten und Amerikaner im Rahmen der Operation Desert Fox herrschte im UNO-Sicherheitsrat in New York schlechte Stimmung. Russland und China forderten die Entlassung von Butler. Auch Frankreich war unzufrieden und äußerte zurückhaltend Kritik. Der russische UNO-Botschafter war wütend. Die Briten und Amerikaner hätten mit diesem »unprovozierten Einsatz von Gewalt« die UNO-Charta »grob verletzt«. Der Trick mit dem UNSCOM-Bericht von Butler sei nicht zulässig, protestierten die Russen. »Nur der Sicherheitsrat alleine hat das Recht zu entscheiden, welche Schritte eingeleitet werden sollen, um den Frieden zu erhalten oder wiederherzustellen. Wir weisen die Behauptung [der Briten und Amerikaner] zurück, dass der Einsatz von Gewalt durch eine frühere Resolution des Sicherheitsrates erlaubt gewesen sei. Diese früheren Resolutionen … erlauben solche Taten in keiner Weise … Niemand darf eigenmächtig im Namen der UNO handeln, oder sich gar die Funktion des Weltpolizisten anmaßen.«[454]

## Der Angriff von Bush und Blair auf den Irak 2003

Als George Bush junior als neuer Präsident am 20. Januar 2001 ins Weiße Haus einzog, kamen mit ihm viele Neokonservative an die Macht, darunter Dick Cheney als Vizepräsident, Donald Rumsfeld als Verteidigungsminister, Paul Wolfowitz als stellvertretender Verteidigungsminister und John Bolton als UNO-Botschafter. In ihrer Denkfabrik Project for the New American Century (PNAC) hatten die Neokonservativen klar dargelegt, dass sie die weltweite Vorherrschaft des US-Imperiums erhalten und ausbauen wollten. Die USA, so ihre Überzeugung, sollten nicht auf die UNO-Charta und das hinderliche Völkerrecht Rücksicht nehmen, sondern ihre militärische, technologische und wirtschaftliche Überlegenheit nutzen, um die Dominanz des US-Imperiums im 21. Jahrhundert abzusichern.

Die Neokonservativen setzten auf Regime Change, also auf den Sturz von Regierungen, welche sich dem imperialen Führungsanspruch der USA nicht unterordnen. Natürlich ist dies gemäß der UNO-Charta illegal. Doch dies kümmerte die Neokonservativen nicht, da sie für die UNO nur Verachtung übrig hatten. Schon am 26. Januar 1998 hatten die Neokonservativen in einem Brief an Präsident Bill Clinton einen Regime Change in Bagdad und die Entfernung von »Saddam Husseins Regime von der Macht« gefordert.[455]

Das Imperium wollte über die Kontrolle des irakischen Erdöls die Rohstoffe im Nahen Osten und damit indirekt die Herausforderer in Europa und Asien kontrollieren. »Die USA haben den Irak angegriffen, weil seine wichtigste Ressource Erdöl ist«, erklärte MIT-Professor Noam Chomsky richtig. »Und der Besitz dieses Erdöls gibt den USA, um Brzezinski zu zitieren, ›entscheidenden Einfluss‹ gegenüber den Konkurrenten Europa und Japan … das ist der Hauptgrund für den Krieg gegen den Irak, nichts anderes.«[456] Zbigniew Brzezinski hat in seinen Büchern immer wieder betont, dass die USA im Nahen Osten »gewichtige wirtschaftliche und strategische Interessen« verfolgen. »Die USA profitieren nicht nur wirtschaftlich vom relativ günstigen Erdöl aus dem Nahen Osten, sondern erlangen durch ihre Sicherheitspolitik in der Region indirekt auch kritischen politischen Einfluss über die europäischen und asiatischen Wirtschaften, die auch auf die Energieexporte der Region angewiesen sind.«[457] Wenn es den USA gelingen sollte, das Erdöl des Nahen Ostens zu kontrollieren, könnten sie auch die Erdöllieferungen nach Europa und China und damit die Wirtschaft beider Regionen kontrollieren und dadurch die Vorherrschaft des US-Imperiums absichern.

Während der Terroranschläge vom 11. September 2001 befand sich US-Verteidigungsminister Donald Rumsfeld im Pentagon. Noch am gleichen Tag insistierte er, dass nicht nur Afghanistan, sondern auch der Irak angegriffen werden müsse. Seinen Mitarbeitern diktierte er: »Beurteilen Sie, ob [die Daten zu den Terroranschlägen] gut genug [sind], um auch S. H. [Saddam Hussein] gleichzeitig zu treffen. Nicht nur UBL [Usama bin Laden]. Gehen Sie massiv rein. Sammeln Sie alles. Hinweise, die mit den Anschlägen in Zusammenhang sind, und solche, die es auch nicht sind.«[458] Rumsfeld wollte unbedingt den Terrorschock für den lange geplanten Regime Change in Bagdad nutzen. Doch eine Verbindung des Iraks zu den Terroranschlägen, die auch Vizepräsident Dick Cheney in der Öffentlichkeit wiederholt unterstellte, gab es nicht. Saddam Hussein hatte nichts mit den Terroranschlägen vom 11. September zu tun.

Trotzdem drängten die Neokonservativen auf einen Angriff auf den Irak. Paul O'Neill, Finanzminister in der Bush-Administration, bestätigt, dass der Krieg gegen den Irak schon lange vor den Terroranschlägen geplant war. Schon in der ersten Sitzung des Nationalen Sicherheitsrates im Januar 2001 sei der Sturz von Hussein das zentrale Thema gewesen. »Schon im Februar ging es um die logistische Umsetzung« des Irakfeldzuges, so O'Neill, »nicht mehr um das Warum, sondern um das Wie und Wie schnell.«[459]

Der Irakkrieg war ein illegaler Angriffskrieg ohne UNO-Mandat. US-Präsident George Bush und Premier Tony Blair führten ihre Länder auf der Basis von dreisten Lügen in den Krieg. Bush und Rumsfeld erklärten, Saddam Hussein habe Verbindungen zu den Terroranschlägen vom 11. September 2001. Das stimmte nicht und war erlogen. Bush und Blair behaupteten zudem, der Irak besitze biologische und chemische Massenvernichtungswaffen. Blair sagte wörtlich: »Der Irak besitzt chemische und biologische Waffen ... Seine Raketen sind binnen 45 Minuten einsatzbereit.«[460] Das stimmte nicht und war erlogen. Der amerikanische Vizepräsident Dick Cheney behauptete, Saddam wolle die Atombombe bauen. »Wir haben Grund zu der Annahme, dass Saddam Hussein Atomwaffen baut«, so Cheney wörtlich. Der Irak habe daher im Niger Uran eingekauft. Auch das war eine dreiste Lüge.[461]

Als einer der wenigen europäischen Staatschefs neben Blair hat auch der dänische Premierminister Anders Fogh Rasmussen diese Lügen verbreitet, und hat sich dadurch als NATO-Generalsekretär empfohlen, ein Amt, das er von 2009 bis 2014 innehatte. »Der Irak besitzt Massenvernichtungswaffen«, so Rasmussen vor dem Krieg. »Das ist nicht etwas, das wir glauben. Wir wissen es.« Nichts davon war wahr.[462]

Später behaupteten Bush, Blair und Rasmussen, die Geheimdienste hätten sie falsch informiert. Doch auch das war eine Lüge. Am 23. Juli 2002, fast ein Jahr vor Beginn des US-Angriffs auf den Irak, hatte der Direktor des britischen Auslandsgeheimdienstes MI6, Sir Richard Dearlove, nach einem Treffen mit CIA-Direktor George Tenet in Washington den britischen Premierminister Tony Blair in London gewarnt, dass Präsident Bush und Vizepräsident Dick Cheney den Regime Change im Irak um jeden Preis wollten und daher die Informationen manipulierten. Die Geheimdienste wussten, dass der Irak weitgehend entwaffnet war, aber Cheney und die Neokonservativen wollten ihren Krieg. »Der Einsatz von militärischen Mitteln scheint nun unvermeidbar«, warnte Dearlove, »die Geheimdienstdaten und die Fakten werden für die Politik zurechtgebogen.«[463] Auch Rasmussen verbreitete seine Lügen entgegen der guten Aufklärungsarbeit des Danish Defence Intelligence Service, der vor dem Krieg in einem Bericht klar sagte, dass »absolut keine Hinweise auf Massenvernichtungswaffen im Irak« vorliegen, wie der Geheimdienstoffizier Frank Grevil enthüllte.[464]

Die UNO wurde vom US-Imperium als Medienplattform zur globalen Verbreitung der dreisten Lügen missbraucht. In einer Sondersitzung des Sicherheitsrates unter dem Vorsitz des deutschen Außenministers Joschka Fischer am 5. Februar 2003 präsentierte US-Außenminister Colin Powell den Regierungen und den Fernsehkameras der Welt ein Paket von Lügen. »Meine … Absicht besteht heute darin, Ihnen zusätzliche Informationen zu geben, Ihnen mitzuteilen, was die Vereinigten Staaten über die Massenvernichtungswaffen und die Beteiligung des Irak an terroristischen Aktivitäten wissen«, so Powell, der demonstrativ ein Glasröhrchen, gefüllt mit weißem Pulver in die Luft hielt und erklärte, dass Saddam Hussein Massenvernichtungswaffen habe. »Wir wissen, dass Saddam Hussein entschlossen ist, seine Massenvernichtungswaffen zu behalten und weitere herzustellen. Sollten wir – angesichts von Saddam Husseins Geschichte der Aggression, angesichts dessen, was wir von seinen grandiosen Plänen, angesichts dessen, was wir über seine terroristischen Verbindungen wissen und angesichts seiner Entschlossenheit, sich an seinen Gegnern zu rächen – das Risiko eingehen, dass er eines Tages diese Waffen zu einer Zeit und an einem Ort und in einer von ihm gewählten Weise einsetzt, zu einer Zeit, in der die Welt in einer sehr viel schwächeren Reaktionsposition ist? Die Vereinigten Staaten können und werden dieses Risiko für das amerikanische Volk nicht eingehen.«[465]

Auf den Gängen des UNO-Gebäudes in New York erklärten amerikanische Diplomaten, dass es ihnen egal sei, ob die UNO den Angriff auf den Irak unterstütze oder nicht. »Das ist unsere Entscheidung und wir haben sie gefällt. Die einzige Frage ist nur noch, ob der Sicherheitsrat sich uns anschließt oder nicht.«[466] Im UNO-Sicherheitsrat standen die Befürworter des Krieges – USA, Großbritannien, Spanien und Bulgarien – einer Mehrheit gegenüber, die den Krieg klar ablehnten: China, Russland, Frankreich, Deutschland, Mexiko, Chile, Pakistan, Kamerun, Angola, Guinea und Syrien. Entscheidend war, dass unter den ablehnenden Ländern drei Vetomächte waren, womit klar war, dass die USA und die Briten kein UNO-Mandat für ihren Krieg erhalten würden.

Deutschland stellte sich mutig gegen den Irakkrieg. Der deutsche Außenminister Joschka Fischer erklärte im UNO-Sicherheitsrat, dass ihn die Argumente der Amerikaner nicht überzeugten. Sein kurzer Satz »I am not convinced« traf den Nagel auf den Kopf und drückte die Haltung von vielen Europäern aus. Zusammen mit Bundeskanzler Gerhard Schröder hatte die Regierung von Deutschland beschlossen, am Angriff auf den Irak nicht mitzumachen. Fischer schildert in seinen Memoiren, dass Deutschland diese Entscheidung nicht leicht fiel, man hatte Angst davor, ins außenpolitische Abseits zu geraten, da Berlin nicht genau wusste, welche Haltung andere wichtige Länder einnehmen und was Washington für Argumente ins Feld führen werde, um den Krieg zu begründen.

»Am 28. Januar kündigte die US-Regierung für uns überraschend öffentlich an, dass Außenminister Powell am 5. Februar dem Sicherheitsrat ›neue Beweise‹ für Saddam Husseins Massenvernichtungswaffen vorlegen würde«, erinnert sich Fischer. Danach läuteten in Berlin »sämtliche Alarmglocken, denn wir konnten uns kaum vorstellen, dass die US-Regierung ihren uns bekannten, mehr auf Unterstellungen und Vermutungen denn auf Beweisen gründenden Kenntnisstand der Öffentlichkeit präsentieren würde.« Fischer und Schröder fragten sich ernsthaft, ob die USA neue Beweise hatten, was aber nicht der Fall war. »Selbstverständlich stand uns allen sofort der historische Auftritt des amerikanischen UN-Botschafters Adlai Stevenson während der Kuba-Krise am 25. Oktober 1962 vor Augen, als er in einer öffentlichen Sitzung des UN-Sicherheitsrates die entscheidenden Beweise für die russische Raketenstationierung auf Kuba vorlegte«, so Fischer. Er habe daraufhin Colin Powell angerufen. »Nach diesem Telefonat konnte ich ein Stück weit Entwarnung geben, denn Colin Powell hatte von sich aus Stevensons historischen Auftritt angesprochen, mit dem der kommende Mittwoch nicht zu vergleichen sein würde.«[467]

Fischer wusste schon vor der Sitzung des UNO-Sicherheitsrates, dass die USA nicht beweisen konnten, dass Saddam Hussein Massenvernichtungswaffen hatte. Die Deutschen waren gut informiert, weil die USA ihre Lügengeschichte unter anderem auf die Aussagen des unzuverlässigen Irakers Rafid Alwan stützten, der 1999 in Deutschland Asyl erhalten hatte. Unter dem Decknamen Curveball hatte der Chemieingenieur gegenüber dem deutschen Geheimdienst BND behauptet, dass es im Irak mobile Anlagen zur Produktion chemischer Kampfstoffe gebe. Der BND gab diese Daten an die CIA weiter. August Hanning, der Präsident des BND, warnte CIA-Direktor George Tenet aber in einem Brief im Dezember 2002, dass die Behauptungen von Curveball durch weitere Quellen nicht bestätigt werden konnten. Dies hielt indes Powell nicht davon ab, seine Lügengeschichte in der UNO auch auf die Aussagen von Curveball abzustützen, wodurch das US-Imperium versuchte, einen Teil der Schuld an den Kriegslügen auf Deutschland abzuwälzen.[468] Rafid Alwan gab erst 2011 zu, dass er seine Geschichte frei erfunden hatte, weil er wollte, dass der verhasste Diktator Saddam Hussein gestürzt wird.[469]

US-Außenminister Colin Powell schämte sich später für seine Lügenrede und erklärte 2005, er fühle sich »furchtbar«, dass er damals die ganze Welt angelogen habe. Diese Rede, so Powell zum Fernsehsender ABC, sei ein »Schandfleck« in seiner politischen Karriere, das sei »schmerzhaft«.[470] Verbittert fügte Powell mit implizitem Verweis auf CIA-Direktor George Tenet an: »Es gab Leute beim Geheimdienst, die zu der Zeit wussten, dass einige der Quellen nicht verlässlich waren, und sie haben nichts gesagt. Das hat mich vernichtet.«[471] Auch der frühere US-Verteidigungsminister Robert McNamara erkannte, dass der Angriff auf den Irak ein grässlicher Fehler war. »Es ist einfach falsch, was wir tun. Es ist moralisch falsch, politisch falsch, wirtschaftlich falsch.«[472]

Als immer deutlicher wurde, dass die USA den Irak auch ohne UNO-Mandat angreifen wollten, fanden am 15. Februar 2003 weltweit friedliche Demonstrationen gegen den Krieg statt. Auch ich habe damals mit meiner Frau und Freunden in der Schweizer Hauptstadt Bern gegen den drohenden Irakkrieg demonstriert. Mit rund 40.000 Menschen war es eine der größten Demonstrationen, welche die Schweiz seit 1945 gesehen hatte. In Berlin gingen 500.000 Menschen auf die Straße, in Rom sogar zwei Millionen. Auch in den USA und in Großbritannien gingen die Menschen auf die Straßen: 400.000 in New York und zwei Millionen in London, was zeigt, dass auch in den angreifenden Ländern viele Bürger die Lügen und den Krieg ihrer Regierungen nicht wollten.

Doch US-Präsident Bush kümmerte dies nicht. Am 17. März 2003 stellte er Saddam Hussein ein unannehmbares Ultimatum und forderte ihn auf, sein Land innerhalb von 48 Stunden zu verlassen. »Meine lieben Mitbürger«, so Bush im US-Fernsehen, »Geheimdienstdaten, die von dieser Regierung und anderen Regierungen zusammengetragen wurden, lassen keinen Zweifel daran, dass die Regierung von Irak einige der tödlichsten Waffen, die es gibt, besitzt und verbirgt. Die Gefahr ist klar: Wenn die Terroristen chemische, biologische oder eines Tages atomare Waffen brauchen, die sie mit der Hilfe des Iraks bekommen könnten, dann werden sie Tausende oder Hundertausende unschuldige Menschen in unserem Land töten, oder in irgendeinem anderen Land.«[473] Nach Ablauf des Ultimatums griffen Präsident George Bush junior und der britische Premier Tony Blair ohne Mandat des UNO-Sicherheitsrates den Irak am 19. März 2003 an und besetzten das Land und seine Erdölreserven mit 300.000 Soldaten.

Die Schweiz und andere kleine Länder beobachteten den Kriegsausbruch mit Sorge. »Ein Bündnis unter der Leitung der Vereinigten Staaten Amerikas hat den Irak angegriffen. Diese Operation ist vom Sicherheitsrat nicht bewilligt worden«, kritisierte der Schweizer Bundespräsident Pascal Couchepin. Der illegale Angriffskrieg sei ein »gefährlicher Präzedenzfall«, sorgte sich Couchepin und forderte mehr Respekt vor der UNO-Charta, da gerade kleine Länder wie die Schweiz auf den Schutz durch das Völkerrecht angewiesen seien. »Der Bundesrat bedauert, dass die Vereinigten Staaten und die anderen beteiligten Länder sich über die Charta hinweggesetzt haben.« Die Schweiz werde neutral bleiben und sich »weder direkt noch indirekt an den militärischen Operationen beteiligen«. Die Solidarität der Schweiz gelte dem Schicksal der irakischen »Zivilbevölkerung, die schon seit 1990 unter den internationalen Sanktionen außerordentlich schwer zu leiden hat«.[474]

Der Angriff auf den Irak erschütterte das internationale Recht und die UNO-Charta in seinen Grundfesten, weil damit das gefährliche imperiale Prinzip »Macht geht vor Recht« sehr offensichtlich vom US-Imperium demonstriert worden war. UNO-Generalsekretär Kofi Annan mahnte, der Angriff der USA und der Briten auf den Irak »war nicht im Einklang mit der UNO-Charta, er war illegal ... Ich hoffe, dass wir für eine lange Zeit keine weiteren solchen Operationen mehr erleben werden wie jene gegen den Irak, also ohne UNO-Mandat«, sagte Annan. »Ich glaube, die meisten Menschen sind jetzt zu dem Schluss gekommen, dass es am besten ist, im Rahmen der UNO zusammenzuarbeiten.«[475]

Während im Irak der Krieg tobte, feierte die UNO im September 2005 mit gemischten Gefühlen ihren 60. Geburtstag. Staats- und Regierungschefs aus mehr als 170 Ländern versammelten sich. Auch US-Präsident George Bush trat als Redner in New York auf. »Die UNO-Mitglieder haben vor sechs Jahrzehnten edle Ziele in der UNO-Charta verankert«, erklärte Präsident Bush in seiner Rede am 14. September 2005. »Dieses Dokument verpflichtet diese Organisation, die nachfolgenden Generationen vor der Geisel des Krieges zu bewahren, das Vertrauen in fundamentale Menschenrechte zu stärken sowie sozialen Fortschritt, höheren Lebensstandard und größere Freiheit zu fördern.« Es seien dies auch die Werte der USA, beteuerte Bush scheinheilig, obschon die meisten Menschen ihm vermutlich nicht glaubten: »Wir bleiben diesen noblen Idealen verpflichtet.« Danach rief er, ohne darin einen Widerspruch zu erkennen, erneut zum sogenannten »Krieg gegen den Terrorismus« auf und erklärte: »Die Terroristen müssen wissen, dass, wo auch immer sie hingehen, sie der Gerechtigkeit nicht entkommen können.«[476]

Die versammelten Länder fürchteten sich vor der Macht des US-Imperiums und getrauten sich nicht, die Heuchelei der Supermacht öffentlich zu kritisieren. Generalsekretär Kofi Annan erklärte enttäuscht, dass es schade sei, dass sich die Staaten nicht einmal auf eine Definition des Terrorismus einigen könnten, obschon dieser Begriff nun in verschiedenen UNO-Resolutionen verwendet werde. Des einen Terrorist sei des anderen Freiheitskämpfer. Aber selbst die von einigen Staaten vorgeschlagene Minimal-Definition, »Terrorismus« sei das »Morden von Zivilisten zum Erreichen politischer Zwecke«, fand keine Mehrheit und daher keinen Eingang in das Schlussdokument der traurigen UNO-Geburtstagsfeier.[477]

Die amerikanischen Soldaten wussten wenig über die Debatten in der UNO in New York oder das Völkerrecht und waren weitgehend durch die Kriegspropaganda der Neokonservativen, die in den USA auf allen Fernsehsendern und auch in den Zeitungen verbreitet wurde, beeinflusst. Bei einer Umfrage im Jahre 2006 erklärten 85 Prozent der US-Soldaten im Irak, dass ihre »Hauptmission« darin bestehe, »Saddam für seine Rolle bei den Terroranschlägen vom 11. September zu bestrafen.«[478] Doch Saddam Hussein hatte rein gar nichts mit den Terroranschlägen in New York und Washington zu tun. Ein Bericht des amerikanischen Senats bestätigte einige Jahre nach Kriegsausbruch, dass Saddam niemals Verbindungen zum Terrornetzwerk al-Qaida gehabt hatte. Der US-Senat stellte zudem fest, dass die irakische Führung kein aktives Atomprogramm und auch kein mobiles Labor zur Herstellung biologischer Waffen gehabt hatte. Es war alles eine große Lüge. Die Bush-Administration habe Geheimdienstinformationen »ausgewählt, übertrieben oder verschwiegen«, um ihre Entscheidung zum Krieg gegen den Irak zu rechtfertigen. Die US-Elite hatte ihre eigenen Soldaten belogen und getäuscht.[479]

Der Triumph für die Neokonservativen bestand darin, dass der Regime Change vollzogen werden konnte. Saddam Hussein wurde gestürzt und am 30. Dezember 2006 am Galgen erhängt. Das US-Imperium hatte damit deutlich gemacht, dass es ein Land überfallen und eine Regierung stürzen kann. Mit den Lügen vor der UNO und dem fehlenden Mandat des UNO-Sicherheitsrates wurde aber auch die Dekadenz des Imperiums sehr deutlich. Der Irak versank im Chaos. Das Land wurde zu einer Brutstätte für Terrorismus. Viele ehemalige Offiziere aus der Armee und dem Geheimdienst von Saddam Hussein tauchten unter und traten der Terrormiliz Islamischer Staat (IS) bei. Diese sunnitische Miliz eroberte größere Gebiete im Irak und Syrien, wodurch der Nahe Osten weiter destabilisiert wurde. Der Regime Change im Irak trieb die Gewaltspirale an.

Die finanziellen Kosten des Irakkrieges sind umstritten. Die offiziellen Angaben der US-Regierung gehen von 800 Milliarden Dollar aus, der US-Ökonomen Joseph Stiglitz hingegen berechnete, dass der Irakkrieg inklusive der Folgekosten 3000 Milliarden Dollar gekostet habe. Diese riesige Summe bedeutet umgerechnet, dass man acht Jahre lang jeden Tag eine Milliarde Dollar für den Krieg ausgab.[480] Für die Rüstungsindustrie und Firmen wie Raytheon, Lockheed Martin und Boeing war der Krieg somit sehr interessant. Wer aber länger über den Irakkrieg nachdenkt, kommt nicht darum herum, sich die Frage zu stellen, was mit diesem Geld und dem entsprechendem Arbeitseinsatz in anderen Bereichen wie zum Beispiel der Energiewende, im Therapiebereich für Kriegstraumatisierte oder in der Ausbildung von jungen Menschen möglich gewesen wäre. Kriege verschlingen Unsummen, die an anderer Stelle dringend gebraucht würden. Kriegspropaganda ist die aggressivste Form der Werbung der Rüstungsindustrie.

Für die Menschen im Irak bedeutete der Krieg eine Katastrophe. Kinder wurden durch Splitterbomben zerrissen. Frauen vergewaltigt und getötet. Alte Menschen wurden erschossen. Viele verloren ihr Haus und ihr ganzes Hab und Gut. Junge Männer wurden grausam gefoltert: US-Soldaten befestigten den Irakern an beiden Händen und am Penis stromführende Drähte, wie der Abu-Ghuraib-Folterskandal 2004 aufdeckte. Die detaillierte Untersuchung »Body Count« der Organisation Internationale Ärzte für die Verhütung des Atomkrieges (IPPNW) kam 2015 zu dem Schluss, dass der Krieg seit 2003 eine Million Iraker getötet hatte. »Die vorliegende Untersuchung kommt zum dem Ergebnis, dass im Irak etwa eine Million Menschen direkt oder indirekt getötet wurden.« Weil »der Überfall auf den Irak eine eindeutig völkerrechtswidrige Aggression war, sind die USA und ihre Verbündeten auch verantwortlich für die Folgen«, so das klare Fazit der Studie.[481]

In fast allen Fällen blieb die schreckliche Zahl von einer Million toten Irakerinnern und Irakern völlig abstrakt, denn diese Toten werden in den westlichen Medien kaum gezeigt. Wer wollte und die Nerven dazu hatte, konnte sich das Wikileaks-Video »Collateral Murder« anschauen, das vom mutigen australischen Aktivisten Julian Assange publiziert wurde und zeigt, wie Zivilisten im Irak völlig straflos von amerikanischen Soldaten aus einem Helikopter heraus erschossen werden. Das US-Imperium hatte wenig Freude an dieser und anderen Publikationen von Wikileaks und will Assange in den USA vor Gericht bringen. Um einer Auslieferung in die USA zu entgehen, flüchtete Assange 2012 in die Botschaft Ecuadors in London, die er seither nicht mehr verlassen hat. Der UNO-Menschenrechtsrat kritisierte in einem Bericht im Februar 2016, der Status von Assange komme einer gesetzeswidrigen Inhaftierung gleich und verstoße gegen die Menschenrechte. Die Briten waren davon indes nicht beeindruckt und erklärten, die Londoner Polizei werde »jeden Versuch« unternehmen, den Aktivisten zu verhaften, sollte er die Botschaft verlassen.[482]

Es ist paradox: Während Julian Assange, der die Verbrechen des Irakkrieges publik gemacht hat, um sein Leben fürchtet und nicht weiß, was passieren wird, wenn er die Botschaft von Ecuador verlassen sollte, werden die Verantwortlichen für den Irakkrieg nicht angetastet. Weil sie sehr mächtig und einflussreich sind, wurden bisher weder Präsident George Bush noch Premierminister Tony Blair vom Internationalen Strafgerichtshof der UNO in Den Haag wegen des schweren Verbrechens der Aggression angeklagt. »Das Gesetz ist wie ein Spinnennetz«, wusste schon der Grieche Anacharsis um 550 vor Christus. »Kleine Fliegen werden gefangen, während die großen das Netz zerreißen und entkommen.«[483]

# 14. Der illegale Krieg gegen Libyen 2011

Libyen ist der UNO 1955 beigetreten. Zwei Jahre später hat der amerikanische Erdölkonzern Esso erstmals Erdöl in Libyen gefördert. Das Land, das ans Mittelmeer angrenzt, verfügt über die größten Erdölreserven in Afrika und das wichtigste Exportgut von Libyen ist sein Erdöl, das in viele Länder exportiert wird. Auch für die Schweiz ist Libyen der wichtigste Lieferant von Rohöl. Das schwarze Gold ermöglichte es Libyen und seinen sechs Millionen Einwohnern innerhalb von kurzer Zeit, von einem der weltweit am wenigsten entwickelten Länder zum reichsten Staat Afrikas aufzusteigen.

Doch wie im Irak wurde das Erdöl nicht zum Segen, sondern zum Fluch für Libyen und seine Bevölkerung. Muammar Gaddafi, der 1969 an die Macht kam, drängte den Einfluss der ausländischen Erdölkonzerne systematisch zurück. Im Jahre 1973 übernahm Libyen 51 Prozent aller nichtlibyschen Erdölgesellschaften und damit die Kontrolle über das eigene schwarze Gold. Damit zog Gaddafi den Hass der Briten und Amerikaner auf sich. Die USA bombardierten Libyen erstmals 1986 ohne UNO-Mandat, doch Gaddafi überlebte den Angriff. Im Jahre 2011 griffen die drei NATO-Länder Frankreich, Großbritannien und USA Gaddafi erneut an. Diesmal wurde der libysche Präsident gestürzt und getötet. Obschon vor dem Angriff auf Libyen eine UNO-Resolution verabschiedet worden war, deckte diese den Regierungssturz und den Einsatz von Bodentruppen nicht, weshalb auch der Angriffskrieg 2011 illegal war.

## Präsident Ronald Reagan bombardiert Libyen 1986

In der Nacht vom 14. auf den 15. April 1986 bombardierte die amerikanische Luftwaffe die libysche Hauptstadt Tripolis und die Küstenstadt Bengasi. Dies war der erste illegale Angriffskrieg der USA auf Libyen ohne UNO-Mandat. In Europa und den USA ist dieser Angriff heute weitgehend in Vergessenheit geraten. Der Angriff stieß damals sogar innerhalb der NATO auf Ablehnung, Frankreich, Italien und Spanien verweigerten den USA die Überflugsrechte. Nur die Briten unterstützten den Angriffskrieg und stellten den amerikanischen Flugzeugen die britischen Militärflughäfen zur Verfügung.

Der amerikanische Bombenhagel lief unter dem Namen »Operation El Dorado Canyon« und tötete rund 100 Menschen, darunter auch die Adoptivtochter von Gaddafi. Die meisten Opfer wurden im Schlaf von den amerikanischen Bomben getötet. »Den Libyer, den die USA wirklich töten wollten, war Gaddafi«, glaubt der amerikanische Journalist William Blum. »Der Bombenangriff war ein Mordanschlag.« Blum stützt seine Aussage auf einen nicht mit Namen genannten, aber gemäß der *New York Times* gut informierten amerikanischen Air-Force-Offizier, der enthüllt hatte: »Es steht außer Zweifel, dass sie es auf Gaddafi abgesehen hatten. So war es geplant. Sie wollten ihn töten.« Eine Bombe ging ganz in der Nähe von Gaddafi nieder, er wurde verletzt, aber überlebte.[484]

Der amerikanische Präsident Ronald Reagan, verantwortlich für den illegalen Angriff auf Libyen, erklärte, dieser sei die Antwort auf den Anschlag auf die Berliner Diskothek La Belle, bei dem am 5. April 1986 drei Menschen starben, darunter zwei in Deutschland stationierte US-Soldaten. »Die Beweislage ist eindeutig«, behauptete Reagan in einer Fernsehansprache am 15. April 1986, »dass der terroristische Anschlag auf die Diskothek La Belle auf direkten Befehl der libyschen Regierung geplant und ausgeführt wurde.« Um den Terror zu bekämpfen, seien die USA gezwungen gewesen, Libyen zu bombardieren. »Vor ein paar Wochen, in New Orleans, warnte ich Oberst Gaddafi, dass wir sein Regime für jegliche neue terroristische Attacke gegen amerikanische Bürger haftbar machen würden«, erklärte Reagan im US-Fernsehen. »Und wenn wir durch Nichtstun das Töten von amerikanischen Zivilisten und amerikanischen Soldaten ignorieren, sei es in Nachtklubs oder in Flughafenhallen, steht das einfach nicht in Einklang mit der amerikanischen Tradition … Selbstverteidigung ist nicht nur unser Recht, sie ist unsere Pflicht. Sie ist der Zweck hinter der heute Nacht unternommenen Mission, einer Mission, die in vollem Einklang mit Artikel 51 der Charta der Vereinten Nationen steht … diese Mission, gewalttätig wie sie war, wird uns einer sichereren Welt für anständige Männer und Frauen näherbringen.«[485]

Es ist ziemlich dreist, dass Präsident Reagan in seiner Fernsehansprache behauptete, der Artikel 51 der UNO-Charta habe ihm erlaubt, Libyen zu bombardieren. Dies ist nicht der Fall. Kein Land darf ein anderes Land ohne Mandat des UNO-Sicherheitsrates bombardieren. Ein solches Mandat lag nicht vor. Der Angriff war illegal. Der Artikel 51 der Charta garantiert zwar das Recht auf Selbstverteidigung: »Diese Charta beeinträchtigt im Falle eines bewaffneten Angriffs gegen ein Mitglied der Vereinten Nationen keineswegs das naturgegebene Recht zur individuellen oder kollektiven Selbstverteidigung«. Aber keineswegs haben die Gründerväter der UNO damals an einen undurchsichtigen Anschlag mit drei Toten in einer Berliner Disco gedacht. Ob Libyen wirklich hinter dem Anschlag steckte, blieb unklar. Vor allem aber waren die drei Terroropfer in Berlin kein »bewaffneter Angriff« auf die USA, und somit lag auch kein Recht auf Selbstverteidigung vor.

Die Sowjetunion war erzürnt. Die russischen Staatsmedien verurteilten den US-Angriff als »Staatsterrorismus« und »blutiges Verbrechen«. Auch die meisten Medien in Westeuropa verurteilten den Angriff, wenn auch in weniger drastischen Worten. In Deutschland, Italien und anderen Ländern kam es zu öffentlichen Friedensdemonstrationen. Der deutsche Bundeskanzler Helmut Kohl äußerte sich kritisch. »Wir haben davon abgeraten, Gewalt einzusetzen. Gewalt ist kein gutes Mittel, um Probleme zu lösen.« Gleichzeitig betonte Kohl, dass Libyen eine Gefahr sei. Das Land sei »eine Quelle der regionalen Destabilisierung und ein Zentrum für den internationalen Terrorismus.« Auch der italienische Premierminister Bettino Craxi warnte vor der Gewaltspirale. »Diese Militäraktion wird den Terrorismus nicht schwächen, im Gegenteil, sie kann sogar explosive Reaktionen provozieren und Fanatismus und Selbstmordattentate fördern«, warnte Craxi. In Großbritannien wurde Premierministerin Margaret Thatcher, die den Angriff von Reagan auf Libyen unterstützt hatte, von der Opposition scharf kritisiert, die den Angriff zusammen mit der Mehrheit der britischen Bevölkerung ablehnte.[486]

Zwei Tage vor dem illegalen Angriff auf Libyen, am 14. April 1986, hatte Libyen vor dem UNO-Sicherheitsrat davor gewarnt, dass »amerikanische Flugzeugträger und andere amerikanische Schiffe sich der libyschen Küste nähern mit dem Ziel, einen militärischen Angriff auf Libyen durchzuführen.«[487] Doch die UNO reagierte nicht. Erst nach dem Angriff traf sich der UNO-Sicherheitsrat am 16. April 1986 zu einer dringlichen Sitzung. Der amerikanische UNO-Botschafter Vernon Walters, der zuvor für die CIA gearbeitet hatte, behauptete, es gebe »direkte, genaue und unwiderlegbare Beweise«, dass Libyen für den Anschlag in Berlin verantwortlich sei, worauf der sowjetische UNO-Botschafter Yuri Dubinin erwiderte, die USA hätten nicht das Recht, ohne Mandat des Sicherheitsrates als selbsternannter Rächer gegen andere Staaten militärisch vorzugehen. Auch China, Thailand, Bulgarien und andere Länder erklärten, der Angriff der USA auf Libyen sei illegal und eine klare Verletzung der UNO-Charta. Die Resolution, die am 21. April 1986 den Angriff verurteilte, wurde von neun Ländern unterstützt. Sie konnte aber nicht verabschiedet werden, weil die drei NATO-Länder Frankreich, Großbritannien und die USA mit ständigem Sitz im Sicherheitsrat ihr Veto einlegten. Damit wurde folgendes Muster deutlich: Wenn ein NATO-Land ein Land in Afrika bombardiert, wird es vom UNO-Sicherheitsrat nicht verurteilt, weil die NATO-Länder mit Vetorecht im Sicherheitsrat dies verhindern. Umgekehrt wäre es völlig undenkbar, dass Libyen ohne Verurteilung im UNO-Sicherheitsrat davongekommen wäre, wenn Gaddafi 1986 Washington, Paris oder London bombardiert hätte.

Die Libyer erkannten, dass der Sicherheitsrat blockiert war, und wandten sich verärgert an die UNO-Generalversammlung. Dort wurde die Resolution, welche den amerikanischen Angriff verurteilte, am 20. November 1986 mit 79 zu 28 Stimmen bei 33 Enthaltungen verabschiedet. Immerhin hatten die Libyer somit eine Mehrheit der Staaten der Welt hinter sich. Doch dieser moralische Sieg war nur ein schwacher Trost, denn bekanntlich haben die Resolutionen der Generalversammlung nur Empfehlungscharakter und sind nicht bindend. Die Resolution hatte also für das US-Imperium keinerlei Folgen, abgesehen von einem Imageverlust, der aber dadurch reduziert wurde, dass die US-Medien kaum über die Resolution berichteten.

## Der Terroranschlag von Lockerbie 1988

Der italienische Ministerpräsident Bettino Craxi hatte recht gehabt mit seiner Warnung, dass mehr Krieg zu mehr Terror führt. Sowohl Krieg wie auch Terror sind Ausdruck der Überzeugung, dass große Probleme mit Gewalt gelöst werden müssen, was ein schlimmer Irrtum ist. Nach der Bombardierung von Libyen eskalierten die Spannungen zwischen Tripolis, London und Washington. Am 21. Dezember 1988 explodierte über der schottischen Kleinstadt Lockerbie ein Flugzeug der amerikanischen Fluggesellschaft PanAm. Alle 259 Insassen des Flugzeuges, darunter 189 Amerikaner, sowie elf Einwohner von Lockerbie starben bei diesem schweren Terroranschlag.

Natürlich ist es gemäß der UNO-Charta völlig illegal, ein Passagierflugzeug zu sprengen. Terroristen haben das Gewaltverbot der UNO wiederholt missachtet. Die betroffenen Länder haben bei einem Terroranschlag immer das Problem, innerhalb einer möglichst kurzen Frist herauszufinden, wer hinter einem Terroranschlag steckt. Nachdem ich mich in einem anderen Buch während Jahren mit Terroranschlägen in Europa und ihrer Aufklärung beschäftigt habe, kann ich sagen, dass Terroranschläge sehr komplizierte und undurchsichtige Verbrechen sind, deren Aufklärung Jahre dauern kann. Zuerst gilt es zu klären, ob es nichtstaatliche Akteure sind oder ob es Staatsterror ist. Im Fall von Staatsterror muss danach geklärt werden, welcher Staat hinter dem Anschlag steckt, was äußerst schwierig ist, da jeder staatliche Akteur, in aller Regel der Geheimdienst oder Spezialeinheiten des Militärs, versucht, seine Spuren zu verwischen.[488]

Im Laufe der Jahre wurden zum Terroranschlag von Lockerbie verschiedene Schuldige präsentiert. Einige Forscher erklärten, der Iran stecke hinter dem Terroranschlag, um sich für den Abschuss des iranischen Passagierflugzeuges Iran Air 655 durch das US-Kriegsschiff USS Vincennes vom 3. Juli 1988 zu rächen, bei dem ein halbes Jahr vor Lockerbie 290 Menschen getötet worden waren. Andere Autoren behaupteten, der CIA habe das Flugzeug gesprengt und im Sinne einer Operation unter falscher Flagge den Libyern die Schuld in die Schuhe geschoben, um Gaddafi zu diskreditieren. Wiederum andere erklärten, Gaddafi habe den Anschlag persönlich in Auftrag gegeben, um sich für den illegalen Angriffskrieg von Reagan zu rächen.

Im Jahre 2001 erklärte ein schottisches Gericht in den Niederlanden, der Anschlag von Lockerbie sei libyscher Staatsterrorismus gewesen, und verurteilte den libyschen Geheimagenten Abdelbasset al-Megrahi zu lebenslanger Haft. 2009 wurde Megrahi aus der Haft entlassen. Erneut spielte das Erdöl im Hintergrund eine wichtige Rolle. Die britische Regierung hatte sich für die Entlassung eingesetzt, um dem britischen Erdölkonzern BP »Zugang zu libyschen Ressourcen zu verschaffen«, wie die *Neue Zürcher Zeitung* berichtete.[489] Prozessbeobachter kamen zu dem Schluss, dass Megrahi nicht schuldig war. »Ich war ja ein von der UNO eingesetzter Prozessbeobachter«, erklärte der Österreicher Hans Köchler, Professor für Philosophie an der Universität Innsbruck. »Meines Erachtens war Megrahi nicht schuldig im Sinne der Anklage … das Gericht stützte sich auf die Aussagen unzuverlässiger Zeugen … Es machte mehr den Eindruck einer Geheimdienstoperation.«[490]

Mit dem Terroranschlag von Lockerbie ging die Gewaltspirale nicht zu Ende, im Gegenteil. Im geheimen Krieg der Geheimdienste haben angeblich auch die Briten versucht, Gaddafi zu töten, obschon dies gemäß der UNO-Charta illegal ist. Der Brite David Shayler, der für den britischen Inlandsgeheimdienst MI5 in der Terrorbekämpfung gearbeitet hatte, enthüllte, dass der britische Auslandsgeheimdienst MI6 dem Terrornetzwerk al-Qaida 100.000 Pfund bezahlt hatte, um Gaddafi zu töten. Im MI6 habe Richard Bartlett den Mordanschlag koordiniert. Der Anschlag wurde 1996 durchgeführt, aber scheiterte, weil die Terroristen die Bombe unter dem falschen Auto befestigt hatten, wodurch sieben libysche Zivilisten zu Tode kamen, während Gaddafi überlebte.[491]

## Der Ausbau der Frauenrechte in Libyen

Muammar Gaddafi war ein Diktator und in den mehr als 40 Jahren seiner autoritären Herrschaft ist es wiederholt zu Machtmissbrauch gekommen. »Hunderte Fälle von

›Verschwindenlassen‹ und anderer schwerer Menschenrechtsverletzungen aus den 1970er, 1980er und 1990er Jahren wurden weiterhin nicht aufgeklärt«, kritisierte Amnesty International im Jahre 2010. »Der Interne Sicherheitsdienst (Internal Security Agency – ISA), der an diesen Menschenrechtsverletzungen beteiligt war, konnte noch immer straflos operieren.« Der ISA überwachte die libysche Gesellschaft. »Personen, die abweichende politische Meinungen vertraten oder Straftaten im Zusammenhang mit Terrorismus verdächtigt wurden, kamen in Haft und wurden verhört«, so die Kritik von Amnesty am Regime von Gaddafi.[492]

Trotz dieser Missstände ist es falsch, die 40-jährige Herrschaft von Gaddafi als »Terrorregime« zu bezeichnen, wie es einige NATO-Medien taten. Gaddafi setzte umfassende soziale Reformen durch und verbesserte die Menschenrechtslage in Libyen, wie verschiedene Berichte der UNO bezeugen. Die Rechte der Frauen wurden gestärkt. Anders als in vielen anderen Ländern der arabischen Welt, wo die Frauen unterdrückt werden, hatten die Frauen in Libyen unter Gaddafi das Recht auf Erziehung, auf Arbeit, auf Scheidung, auf Eigentum und Einkommen. Die Frauen mussten sich unter Gaddafi in Libyen nicht verhüllen. Die Anzahl der studierten Frauen nahm unter Gaddafi stark zu. Die UNO zählt die Förderung der Frauenrechte zu Recht zu ihren wichtigsten Entwicklungszielen, weil nur dann eine friedliche und gerechte Entwicklung möglich ist, wenn die Gewalt der Männer gegen die Frauen ein Ende findet und beide Geschlechter gleichberechtigt und gewaltlos zusammenleben.

Gaddafi wehrte sich gegen die Dominanz der internationalen Erdölkonzerne, verstaatlichte das libysche Erdöl und schuf dank den Erdöleinnahmen Wohnraum für die ganze Bevölkerung, Obdachlose gab es praktisch nicht. Zudem stärkte Gaddafi die Sozialleistungen für Familien. Weil Gaddafi die Mütter als Stützen der Gesellschaft betrachtete, kamen libysche Mütter in den Genuss einer ganzen Reihe von Vorzügen wie Bargeld für Kinder, freie Kindertagesstätten, freie Gesundheitszentren und Pension mit 55 Jahren. Es ist tragisch, dass die Europäer und Amerikaner, die oft über die Rückständigkeit der afrikanischen Länder klagen, eines der erfolgreichsten Länder Afrikas ins Chaos gestürzt haben. »Muammar Gaddafi erbte eines der ärmsten Länder in Afrika. Aber zum Zeitpunkt seiner Ermordung war Libyen ohne Zweifel das reichste Land in Afrika. Libyen hatte das höchste BIP pro Kopf und die höchste Lebenserwartung in Afrika und es lebten weniger Menschen unter der Armutsgrenze als in Holland«, erklärt Garikai Chengu vom Du Bois Institute für Afrikaforschung der Universität Harvard. Die Libyer erfreuten sich nicht nur kostenloser Krankenversorgung und kostenloser Erziehung, sondern bezahlten auch nichts für Strom und Wasser. Auf dem Index für menschliche Entwicklung der UNO rangierte Libyen auf dem 53. Platz. »Weit entfernt, eine Militärdiktatur zu sein, war Libyen unter Gaddafi Afrikas wohlhabendste Demokratie«, so Chengu.[493]

Doch diese positiven Tatsachen wurden in den Massenmedien nicht erwähnt. Um den Angriffskrieg auf Libyen moralisch zu legitimieren, wurde in den NATO-Ländern über die Medien ein ganz anderes Bild von Gaddafi und Libyen gezeichnet. Gaddafi sei ein grässlicher Diktator, zuständig für Terroranschläge weltweit, Libyen ein rückständiges Land, eigentlich eine Wüste, bewohnt von Barbaren.

## Muammar Gaddafi spricht vor der UNO 2009

Gaddafi lehnte die globale Vorherrschaft der USA entschieden ab. Als die USA 2008 das United States Africa Command (AFRICOM) schufen, das militärische Regionalkommando für den afrikanischen Kontinent, überzeugte Gaddafi die anderen afrikanischen Regierungen, dem AFRICOM keinen Sitz in ihrem Land einzuräumen, sehr zum Ärger von Washington. Dies zwang die USA, das AFRICOM in Stuttgart in Deutschland zu errichten, wo weder die Regierung noch die Bevölkerung Widerstand leisteten.

Gaddafi machte kein Geheimnis aus seiner Kritik am Imperium. Am 1. Oktober 2009, wenige Jahre vor seiner Ermordung, hielt er eine bemerkenswerte Rede vor der UNO-Generalversammlung, in welcher er das Versagen der UNO und den Machtmissbrauch der NATO-Länder scharf kritisierte. Die UNO-Charta verbiete Angriffskriege. »Aber was ist seither geschehen? 65 Kriege sind seit der Gründung der UNO und des Sicherheitsrates ausgebrochen – 65 Kriege mit Millionen mehr Opfer als im Zweiten Weltkrieg«, so Gaddafi. »Sind diese Kriege im Sinne des gemeinsamen Wohles? Nein, sie waren im Interesse von ein paar Ländern und nicht im Interesse des gemeinsamen Wohles.«[494]

Die UNO schütze vor allem die Interessen der mächtigsten Länder mit Vetorecht im Sicherheitsrat. »Falls ein Land, Libyen zum Beispiel, Frankreich angreifen sollte, dann würde die ganze UNO darauf reagieren, weil Frankreich ein souveränes Mitglied der UNO ist und wir alle die Verantwortung tragen, die Unabhängigkeit von Staaten zu schützen.« Umgekehrt gelte der Schutz der UNO aber nicht für kleinere Länder. Die ständigen Mitglieder des Sicherheitsrates hätten wiederholt »zur Kriegsführung und unfriedlichen Mitteln gegriffen«, kritisierte Gaddafi. »Im Genuss ihres Vetorechtes, das sie sich selber als permanente Mitglieder des Sicherheitsrates gewährt haben, führten sie Kriege, die Millionen von Opfern gefordert haben.«

Das Prinzip des Nichteingreifens in die internen Angelegenheiten von Staaten sei in der UNO-Charta verankert, daher habe »kein Land das Recht, sich in die internen Angelegenheiten eines Landes einzumischen, egal ob es eine Demokratie, eine Diktatur, sozialistisch oder kapitalistisch, progressiv oder reaktionär« sei, so Gaddafi in seiner Rede. Die UNO müsse umgebaut werden. Die Macht des Sicherheitsrates müsse auf die Generalversammlung übertragen werden. »Man sagt, dass die Generalversammlung alles tun sollte, was der Sicherheitsrat vorschlägt. Im Gegenteil, der Sicherheitsrat sollte alles tun, was die Generalversammlung vorschlägt«, forderte Gaddafi. »Dies ist die UNO, die Versammlung von 192 Ländern. Es ist nicht der Sicherheitsrat, der nur aus 15 Länder besteht.« Es sei völlig verkehrt, dass die Beschlüsse des Sicherheitsrates bindenden Charakter haben, während die Beschlüsse der Generalversammlung nur Empfehlungen seien, es müsste umgekehrt sein, forderte der libysche Präsident.

Vor allem aber gebe es keinen Respekt für den Internationalen Strafgerichtshof der UNO in Den Haag. Dieser habe »nur kleine und Drittweltländer im Visier. Mächtige Länder werden entweder vom Gerichtshof übersehen oder die Urteile werden nicht eingehalten«, so Gaddafi. Das gehe so nicht. »Die Kolonialländer, die andere Völker unter ihrer Herrschaft zu Schaden haben kommen lassen, sollten Kompensation für die angerichteten Schäden und das Leid zahlen«, forderte Gaddafi. Nur wenn die Schuldigen bezahlen, werde es zu einem Umdenken kommen. Auch die Schuldigen für den Irakkrieg müssten vor Gericht gestellt werden, forderte Gaddafi. Der Angriff auf den Irak 2003 »war ein gravierender Verstoß gegen die UNO-Charta … Es war ein Massaker, ein Genozid. Mehr als 1,5 Millionen Menschen kamen ums Leben. Wir werden uns dafür einsetzen, dass der Irak-Fall vor den Internationalen Strafgerichtshof (ICC) kommt, und wir wollen die Verantwortlichen dieser Massenmorde vor Gericht sehen.« Damit kündigte Gaddafi an, dass er Bush und Blair hinter Gitter bringen wolle. Kleinere Länder wie Libyen seien sich bewusst, dass große Länder mehr Macht haben, so Gaddafi. »Wir sind aber kein Vieh, das man einfach schlachten kann«, so der libysche Präsident zwei Jahre vor seiner Ermordung. »Wir haben das Recht zu leben und wir sind bereit, uns zu verteidigen. Wir haben das Recht in Würde auf diesem Planeten zu leben.«

Ohne das US-Imperium explizit zu nennen, kritisierte Gaddafi die USA. »Man wäre doch davon ausgegangen, dass Präsidenten von großen Ländern mit permanentem Sitz im Sicherheitsrat und Vetorecht uns beschützen und Frieden schaffen würden. Stattdessen haben wir lasergelenkte Bomben aus F-111-Kampfflugzeugen bekommen. So gingen sie vor. Unter dem Motto: Wir führen die Welt an, egal ob ihr es akzeptiert, und wir bestrafen jeden, der uns entgegentritt.« Die Anwesenden im Raum mit historischen Kenntnissen wussten, dass die F-111 ein amerikanisches Kampfflugzeug ist, das beim Angriff auf Libyen 1986 eingesetzt wurde, der angesprochene Präsident war Reagan.

Der libysche Präsident kritisierte auch den illegalen Angriffskrieg der USA auf die Karibikinsel Grenada vom 25. Oktober 1983. Zum Zeitpunkt seiner Rede wusste Gaddafi natürlich nicht, dass Libyen bald selber von Rebellen destabilisiert und durch die NATO bombardiert würde. Aber er kannte das Schicksal von Grenada. Dieses Land wurde »obwohl es ein UNO-Mitglied ist, besetzt. Es wurde von 5000 Kriegsschiffen, 7000 Soldaten und unzähligen Flugzeugen angegriffen, obwohl es das kleinste Land der Welt ist«, erinnerte Gaddafi seine Zuhörer in der UNO-Generalversammlung. »Dies geschah nach der Schaffung der UNO, des Sicherheitsrates und des Vetorechtes. Der Präsident von Grenada, Herr Maurice Bishop, wurde ermordet. Wie konnte dies geschehen und ungestraft bleiben. Es ist eine Tragödie. Wie können wir garantieren, dass die UNO gut ist? Dass ein bestimmtes Land gut ist? Dass wir eine sichere Zukunft haben mögen. Können wir dem Sicherheitsrat vertrauen? Können wir der UNO vertrauen?« Gaddafi hatte die düstere Vorahnung, dass man dem UNO-Sicherheitsrat nicht trauen könne und dass auch Libyen vor illegalen Angriffskriegen nicht sicher sei. Er sollte recht behalten.

## Der Ausbruch des Bürgerkrieges im Februar 2011

Der Arabische Frühling brachte große Veränderungen für den Nahen Osten und Nordafrika (Middle East and North Africa, kurz MENA), mehrere Regierungen wurden gestürzt. Eine Protestbewegung vertrieb am 14. Januar 2011 den tunesischen Machthaber Ben Ali aus dem Land. Danach trat am 11. Februar 2011 der ägyptische Präsident Hosni Mubarak zurück. Im Königreich Bahrain am Persischen Golf forderten Demonstranten Reformen, woraufhin Saudi-Arabien am 14. März 2011 ohne UNO-Mandat Truppen ins Nachbarland schickte, um die Macht der Regierung von Bahrain abzusichern und die Revolution zu unterdrücken.

Auch Libyen wurde vom Arabischen Frühling erfasst. Am 15. Februar 2011 kam es zu kleineren Kundgebungen mit einigen Hundert Teilnehmern. Einem Aufruf oppositioneller Gruppen zum »Tag des Zorns« am 17. Februar folgten in verschiedenen libyschen Städten einige Tausend Menschen. Doch während die Regierungsgegner in Tunesien und Ägypten überwiegend friedlich blieben, griffen in Libyen – genau wie in Syrien – einige oppositionelle Gruppen von Anfang an zu massiver Gewalt.

Die Regierungsgegner griffen Polizisten und Soldaten, also Vertreter des Staates, direkt an und lösten damit einen Bürgerkrieg aus. Die Rebellen gingen rücksichtslos vor. Am 15. Februar setzten sie in Zintan und al-Baida Polizeistationen in Brand, die Polizisten wurden mit schweren Verbrennungen ins Spital eingeliefert. »Auch in den folgenden Tagen wurden vielerorts Polizeireviere und andere öffentliche Gebäude niedergebrannt«, so Joachim Guilliard in der Zeitung *Junge Welt*. In al-Baida wurden am »Tag des Zorns« fünfzig als »Söldner im Dienste Gaddafis« bezeichnete Schwarzafrikaner exekutiert. In Bengasi wurden zwei Polizisten gelyncht. In Derna stürmten bewaffnete Islamisten ein Armeelager und nahmen Soldaten und Zivilisten als Geiseln. Die Rebellen drohten ihre Geiseln zu erschießen, falls sich die reguläre Armee nicht aus der Stadt zurückziehe. Am 20. Februar war Bengasi weitgehend unter der Kontrolle der muslimischen Rebellen.[495]

Durch diese Angriffe provozierten die Rebellen ganz gezielt gewaltsame Reaktionen der libyschen Sicherheitskräfte und eine Eskalation der Situation. Gaddafis Armee ging mit Gewalt gegen die Rebellen vor und tappte in die Falle. Westliche Medien und die TV-Kanäle von Katar und Saudi-Arabien *Al Jazeera* und *Al Arabiya* machten Stimmung für eine NATO-Intervention, indem sie »die Gewalt der Regierungskräfte massiv übertrieben und die der Aufständischen ausgeblendet wurde. Vorwürfe aus oppositionellen Kreisen wurden ungeprüft übernommen«, so Guilliard. Auch in Deutschland schürten die Massenmedien den Hass auf Gaddafi. Die *Frankfurter Rundschau* zum Beispiel berichtete nicht über den Angriff der Rebellen auf die Regierungstruppen, sondern nur über die Reaktion von Gaddafi: »Angesichts der schwersten Unruhen seit seiner Machtübernahme vor 42 Jahren hat Muammar Gaddafi unter den Bürgern Libyens ein Massaker anrichten lassen«, so die *Frankfurter Rundschau* am 20. Februar. »In mehreren Städten feuerten Soldaten am Wochenende wahllos in die Menge. Teilweise setzten sie auch Maschinengewehre und Granaten gegen Demonstranten ein. Nach Angaben von Human Rights Watch starben in den letzten fünf Tagen mindestens 104 Menschen, andere Quellen sprechen von weit über 200 Toten. Fast alle Opfer starben durch Schüsse in Kopf, Nacken oder Brust, wie Krankenhausärzte berichteten.«[496]

Der wenig informierte Zeitungsleser wusste nicht, dass zuvor militante muslimische Rebellen Polizisten gelyncht und Soldaten ermordet hatten. Wenn er von Toten las, hatte der Laie immer den Eindruck, dass diese alle von Gaddafis Truppen ermordet worden waren. Die Kriegspropaganda gegen Libyen gipfelte in der von *Al Jazeera* ausgehenden Meldung, die libysche Regierung würde aus Kampfflugzeugen und Kampfhubschraubern auf friedliche Demonstranten feuern lassen. Die TV-Station des Golfemirats Katar ließ am 21. Februar einen »Augenzeugen« per Telefon zu Wort kommen, der aufgeregt über die angeblichen Verbrechen von Gaddafi während einer großen Demonstration in Tripolis berichtete. »Was wir hier beobachten, ist unvorstellbar. Kampfflugzeuge und Hubschrauber bombardieren willkürlich ein Gebiet nach dem anderen. Es gibt viele, viele Tote«, berichtete der Telefonanrufer Adel Mohamed Saleh. Jeder, der wage, Verletzten zu Hilfe zu kommen, werde von »Scharfschützen und ausländischen Söldnern« beschossen. Von *Al Jazeera* mit Bildern eines Zugs friedlicher Demonstranten unterlegt, richtete der Mann am Schluss flammende Appelle an die »internationale Gemeinschaft«, den Massakern nicht weiter tatenlos zuzuschauen, sondern einzugreifen und ein Flugverbot durchzusetzen. Überall fielen Bomben, wenn nichts geschehe, »würde die libysche Bevölkerung ausgelöscht«, es gebe »einen Genozid, ein Blutbad, Massenmorde wie in Ruanda«, so die Behauptung des Telefonzeugen Saleh.[497]

Es ist sehr erstaunlich, dass diese Hubschraubergeschichte ungeprüft von vielen westlichen Medien übernommen wurde. Heute muss man davon ausgehen, dass diese Horrorgeschichte vermutlich frei erfunden war. »Obwohl es für die Behauptung – wie sowohl das Pentagon als auch die Bundesregierung einräumen – keinerlei Beweise gab, war sie Grundlage für die Forderung nach einer Flugverbotszone über Libyen und die Resolution des UN-Sicherheitsrates«, erkannte der deutsche Journalist Joachim Guilliard.[498] Und auch der ehemalige britische Botschafter in Libyen, Oliver Miles, erklärte im Interview mit dem *Tages-Anzeiger* am 24. Februar, diese Geschichte sei nicht glaubwürdig. »Ich bezweifle, dass die libysche Luftwaffe Zivilisten angegriffen hat«, so Miles. »Wäre dies der Fall, wüssten wir viel mehr darüber.«[499]

Der Bürgerkrieg forderte sowohl unter den Rebellen wie auch unter der Zivilbevölkerung und unter den Truppen von Gaddafi Todesopfer. Wie viele Tote es in der Zeit vom 17. Februar bis zum Beginn der Bombardierung durch die NATO am 19. März gegeben hat, ist umstritten. Unklar ist auch, wie viele Menschen in diesen rund 30 Tagen von den Rebellen und wie viele von den Regierungstruppen getötet wurden. Die Journalisten verließen die Kampfzone. Das Internet wurde abgeschaltet, das Handynetz funktionierte kaum mehr.

Der amerikanische Präsident Barack Obama behauptete im März 2011, die Toten von Bengasi seien der Grund für die Intervention der NATO gewesen, weil man verhindern wollte, dass in Bengasi noch mehr Menschen getötet werden. Er habe den Krieg befohlen, »um Zivilisten zu schützen, eine Armee auf ihrem Vormarsch zu stoppen, und ein Massaker zu verhindern.« Gaddafi habe »eine militärische Kampagne gegen das libysche Volk geführt. Unschuldige Menschen wurden umgebracht«, so der US-Präsident. Gaddafi sei mit »Kampfjets und Militärhelikoptern gegen die eigene Bevölkerung vorgegangen, die sich gegen den Angriff aus der Luft nicht wehren konnte.« Die Truppen von Gaddafi seien auf dem Weg nach Bengasi gewesen. »Wir wussten, dass wenn wir einen weiteren Tag gewartet hätten, es in Bengasi zu einem Massaker hätte kommen können, mit Auswirkungen auf die ganze Region und zur Schande des Gewissens der Welt.« Die Verbrechen der Rebellen erwähnte Obama mit keinem Wort.[500]

Auch der Internationale Strafgerichtshof der UNO in Den Haag vertrat auf Anregung der USA diese Sichtweise und nahm am 3. März 2011 offiziell Ermittlungen gegen Gaddafi auf. »Staatsführer, die Verbrechen gegen die Menschlichkeit begehen, müssen verstehen, dass sie keine Immunität genießen«, erklärte Chefankläger Luis Moreno-Ocampo vor den Medien. Anders als während des Irakkriegs, als der UNO-Strafgerichtshof sich nicht getraute, gegen Präsident George Bush und Premierminister Tony Blair vorzugehen, wurde der UNO-Strafgerichtshof im Fall von Libyen schon drei Wochen nach dem Ausbruch des Bürgerkrieges aktiv. Ermittelt werde gegen Gaddafi wegen Tötung von unbewaffneten Demonstranten, Vertreibung, willkürlicher Verhaftung und Luftangriffen auf die Zivilbevölkerung, so Moreno-Ocampo.[501]

Sowohl Präsident Obama wie auch Chefankläger Moreno-Ocampo haben den Bürgerkrieg einseitig und damit falsch dargestellt. Es ist wahr, dass Gaddafi politische Gegner unterdrückte und töten ließ. Aber auch die Rebellen töteten im Bürgerkrieg die Anhänger von Gaddafi, seine Soldaten und Polizisten. Indem sich die NATO auf die Seite der Rebellen schlug, zeichnete sie in den NATO-Medien ein falsches Bild von den »guten Rebellen« gegen den »bösen Gaddafi«. Das ist Kriegspropaganda. Der päpstliche Nuntius in Libyen, Giovanni Innocenzo Martinelli, sagte, zwar habe es vor dem Angriff der NATO »einige Konflikte« gegeben, »aber Massaker an Zivilisten sind nicht begangen worden.«[502]

Um das Zerrbild »brutaler Gaddafi« gegen »gute Rebellen« zu stärken, musste eine Zahl her, die zeigte, dass Gaddafi mehr Menschen getötet hatte als die Rebellen. Am 9. März wurde von der *Frankfurter Allgemeinen Zeitung* die Zahl von 1000 Toten angeboten, die angeblich im Kampf gegen das Gaddafi-Regime gefallen seien.[503] Doch 1000 Tote in einem Bürgerkrieg reichen kaum aus, um einen NATO-Angriffskrieg zu legitimieren. Daher kursierte aus anderen Quellen noch eine höhere Zahl: 6000 Menschen habe Gaddafi getötet, bevor die NATO eingriff.

Doch stimmt diese Zahl? Woher kommt sie? Der Vorwurf, dass Gaddafi 6000 Menschen getötet habe, wurde erstmals am 25. Februar 2011 in einer Sitzung des

UNO-Menschenrechtsrates in Genf vorgetragen, und zwar von dem Libyer Sliman Bouchuiguir, einem Gegner von Gaddafi. Bouchuiguir, Generalsekretär der libyschen Menschenrechts-Liga, hatte selber ein Interesse am Sturz von Gaddafi. Im Menschenrechtsrat in Genf sprach Bouchuiguir von »6000 Toten, davon 3000 alleine in Tripolis«. Bouchuiguir forderte mit Verweis auf das neue UNO-Konzept »Responsibility to Protect« (R2P) ein Mandat des Sicherheitsrates für ein militärisches Eingreifen in Libyen.

Bouchuiguir ist der Kronzeuge für den NATO-Krieg. Auf sein Betreiben hin wurde am 1. März 2011 die Mitgliedschaft von Libyen im Menschenrechtsrat suspendiert. Wenn er gelogen hat und es die 6000 Toten nicht gegeben hat, fällt die ganze Argumentation der NATO in sich zusammen. Daher fragte der französische Journalist Julien Teil bei Bouchuiguir nach und wollte von ihm wissen, welche Beweise er für die 6000 Tote habe. Zum Erstaunen von Teil erklärte ihm Bouchuiguir vor laufender Kamera, er habe keine Beweise, diese Zahl habe er von Mahmud Dschibril vom Warfallah Stamm erhalten, ebenfalls ein Gegner von Gaddafi. Dschibril, der in den USA promoviert hatte, diente vor dem Krieg in Gaddafis Regierung, lief dann aber zu den Rebellen über und war während des Krieges in Bengasi Mitglied des am 27. Februar 2011 gegründeten Nationalen Übergangsrates, aus dem nach dem Tode von Gaddafi die neue Regierung von Libyen hervorging.[504] Die Zahl der 6000 Toten stammt also von den Gegnern von Gaddafi, die seinen Sturz und Tod wollten. Es ist daher gut möglich, dass sie nicht stimmt und frei erfunden wurde. »Es gibt keine Beweise, welche den humanitären Krieg gegen Libyen rechtfertigen«, so das klare Fazit von Teil.[505]

In Deutschland haben einige Politiker nicht gemerkt, dass die NATO die angeblich 6000 Toten und die Verletzung der Menschenrechte benutzte, um den Krieg zu verkaufen. Gerade in der Grünen Partei, in der einst viele Mitglieder als Kriegsgegner und NATO-Kritiker galten, war die Begeisterung für den »humanitären Krieg« der NATO groß. Ich muss daher an dieser Stelle mit Nachdruck darauf hinweisen, dass die Formulierung »humanitärer Krieg«, die auch beim Angriff auf Serbien 1999 in Umlauf gebracht wurde, völliger Unsinn und krude Kriegspropaganda ist. Es gibt keine »humanitären Kriege«, genauso wie es keine »liebevollen Vergewaltigungen« oder »humanitäre Enthauptungen« gibt.

Abgeordnete der Grünen übernahmen die Lügen der NATO ungeprüft. Der Grüne Tom Koenigs sprach von »Völkermord in Libyen«, von einer »Regierung … die zu Massenverbrechen gegen das eigene Volk entschlossen ist«, von einem »von Gaddafi angekündigten Völkermord in Bengasi« und von der Notwendigkeit zur

»Beendigung von schwersten Menschenrechtsverletzungen«. Eine derart einseitige und verzerrte Analyse, welche die NATO und die Rebellen als »immer gut« und Gaddafi und seine Anhänger als »immer schlecht« darstellte, mündete zwangsläufig in Kriegsbegeisterung, wobei die wenigen angreifenden Länder irreführend als »internationale Gemeinschaft« dargestellt wurden. »In Libyen hat die internationale Gemeinschaft bewiesen«, so Koenigs am 8. November 2011, »dass der Schutz von Zivilisten vor Völkermord und Verbrechen gegen die Menschlichkeit kein leeres Versprechen ist.«[506]

Die NATO war im Februar 2011 keineswegs eine unbeteiligte Beobachterin, sondern schürte den Ausbruch des Bürgerkriegs, indem sie im Geheimen die Rebellen unterstützte. Wie schon beim illegalen Angriff auf Serbien 1999, wo Spezialeinheiten der Briten und Amerikaner die Bürgerkriegspartei UCK unterstützten und dadurch die Spannungen erhöhten, waren diese geheimen NATO-Kämpfer auch in Libyen im Einsatz, lange bevor der UNO-Sicherheitsrat die Resolution 1973 verabschiedete. Ihr Einsatz in Libyen war daher illegal.

Die Briten schickten ihre militärische Spezialeinheit Special Air Service (SAS), um die mit Gaddafi im Streit liegenden libyschen Rebellen in Bengasi zu stärken und die Luftabwehr des libyschen Militärs zu sabotieren. »Hunderte britische SAS-Soldaten haben seit drei Wochen zusammen mit Rebellengruppen in Libyen operiert«, enthüllte die britische Zeitung *Mirror* am 20. März 2011. Daraus ergibt sich, dass die britischen Spezialeinheiten schon seit mindestens Ende Februar 2011 auf libyschem Territorium aktiv waren. Ihr Einsatz war illegal und verletzte die Souveränität von Libyen. Umgekehrt wäre es auch Gaddafi verboten gewesen, libysche Spezialeinheiten nach Nordirland zu schicken, um dort die Katholiken, die im Konflikt mit London liegen, zu bewaffnen und zu trainieren und die britische Luftabwehr zu sabotieren.[507]

SAS-Einheiten zerstörten die Boden-Luft-Raketen mit langer Reichweite, griffen also die Verteidigung von Libyen an. Flugabwehrraketen werden zur Bekämpfung von Kriegsflugzeugen eingesetzt und das Ausschalten der Flugabwehr des Gegners ist ein Kriegsakt. Die Briten haben ohne UNO-Mandat mit Spezialeinheiten Libyen angegriffen. Die NATO hat den Krieg angefangen, nicht die Libyer. »Die Elitesoldaten haben die wichtigste strategische Waffe der libyschen Armee ins Visier genommen, das SAM-5-Raketenabwehrsystem«, berichtete die englische Zeitung *Mirror*. Die SAM 5 haben eine Reichweite von mehr als 200 Meilen und »könne Ziele auf der anderen Seite des Mittelmeeres erreichen.« Die Zeitung zitierte einen nicht mit Namen genannten Vertreter des britischen Militärs mit dem Satz: »Niemand weiß, was Gaddafi tun wird. Es ist wichtig, dass wir seine wichtigsten Waffen ausschalten, weil er so unberechenbar ist.«[508]

Die Briten setzten ihre Elitesoldaten mit Helikoptern in Libyen ab, lange bevor der UNO-Sicherheitsrat ein Mandat für den Krieg erteilt hatte. Einige britische Soldaten wurden von den libyschen Rebellen in der Nähe von Bengasi verhaftet, weil die Rebellen nicht sicher waren, ob diese ihnen helfen oder sie bekämpfen wollten. »Eine britische Spezialeinheit, die per Helikopter vor etwa vier Tagen gelandet war, wurde in der Nähe der Stadt Khadra, 20 Meilen westlich von Bengasi, festgenommen«, berichtete die britische Zeitung *Guardian* am 6. März 2011, also noch bevor der UNO-Sicherheitsrat die Resolution 1973 verabschiedete. Der britische Verteidigungsminister Liam Fox musste zugeben, dass man mit den Rebellen zusammenarbeite: »Wir sind mit ihnen in Kontakt, aber darüber werde ich keinen Kommentar geben«, so Fox, die Zusammenarbeit sei geheim.[509] Die Zeitung *Independent* berichtete, dass auch Agenten vom britischen Geheimdienst MI6 im Raum Bengasi im Einsatz gewesen seien, um »den Machtwechsel« zu unterstützen.[510]

Neben den Briten waren auch die Amerikaner mit ihrem Geheimdienst CIA in Libyen präsent, und zwar bevor die UNO die Resolution 1973 verabschiedete. »Während Präsident Obama betont, dass keine amerikanischen Bodentruppen in Libyen eingesetzt werden, haben kleine CIA-Einheiten als eine westliche Schattenarmee seit mehreren Wochen in Libyen gearbeitet«, enthüllte die *New York Times* am 30. März 2011. Weil »mehrere Wochen« zwei oder mehr Wochen sind, ist klar, dass auch die CIA vor der Verabschiedung der UNO-Resolution 1973 illegal in Libyen aktiv war. »Die amerikanischen Agenten treffen sich mit den Rebellen«, erklärte ein Mitarbeiter der US-Regierung, der anonym bleiben wollte. »Präsident Obama hat vor mehreren Wochen einen geheimen Beschluss unterzeichnet, welcher der CIA den Auftrag gibt, die Rebellen mit Waffen zu unterstützen.« Indem Obama und seine Außenministerin Hillary Clinton die Rebellen unterstützten, schürten sie die Spannungen vorsätzlich.[511]

## Die NATO bombardiert Libyen ab dem 19. März 2011

Der amerikanische Präsident Barack Obama, der französische Präsident Nicolas Sarkozy und der britische Premierminister David Cameron begannen am 19. März 2011 mit der Bombardierung von Libyen. Auch die NATO-Länder Italien, Dänemark, Kanada, Spanien, Belgien, Niederlande, Norwegen, Griechenland und Bulgarien beteiligten sich am Angriffskrieg sowie erstaunlicherweise auch das sonst neutrale

Schweden. Von den insgesamt 28 NATO-Staaten waren somit zwölf Staaten am Libyenkrieg beteiligt, obschon Libyen keines der NATO-Länder angegriffen hatte. Aus dem arabischen Raum nahmen Katar und die Vereinigten Arabischen Emirate am Angriff teil. Katar setzte auch seinen TV-Sender *Al Jazeera* aktiv zur Diskreditierung von Gaddafi ein.

Deutschland beteiligte sich nicht am Libyenkrieg und enthielt sich als nichtständiges Mitglied im UNO-Sicherheitsrat der Stimme. Bundeskanzlerin Angela Merkel, Außenminister Guido Westerwelle und Verteidigungsminister Thomas de Maizière hatten erhebliche Bedenken gegenüber einem militärischen Eingreifen in Libyen. Im Sicherheitsrat mit Nein zu stimmen galt Merkel als völlig inakzeptabel, da sie ihre NATO-Freunde nicht brüskieren wollte. Mit einem Ja im Sicherheitsrat hätte Deutschland die westlichen Bündnispartner unterstützt, aber in Anbetracht der ablehnenden Haltung der meisten Deutschen gerade in Bezug auf den Afghanistankrieg wohl eine heftige öffentliche Debatte provoziert. Daher entschied sich Deutschland für Stimmenthaltung. »Eine militärische Intervention … sehe ich skeptisch«, hatte Merkel schon vor der Abstimmung in der UNO erklärt. »Als Bundeskanzlerin kann ich uns da nicht in einen Einsatz mit äußerst unsicherem Ende führen.«[512]

Das Nein zum Libyenkrieg von Kanzlerin Merkel und Außenminister Westerwelle war richtig, es wurde aber von den NATO-freundlichen deutschen Medien gar nicht geschätzt. »Deutschlands feige Außenpolitik« titelte die *Zeit* und verunglimpfte Westerwelle als »feige« und »verantwortungslos«. Noch nie habe »Deutschland sich gegen alle seine wichtigen westlichen Partner gestellt«, kritisierte die Zeitung die Abweichung vom NATO-Kurs. Und auch die *Welt* schimpfte: »Die deutsche Enthaltung ist unverantwortlich«, denn Deutschland wollte unbedingt in den UN-Sicherheitsrat und habe »jetzt die Chance verpasst, an einem einmaligen Erfolg des Gremiums mitzuwirken», und sich damit ins »Abseits« manövriert.[513]

Die NATO weiß, dass die Heimatfront, also die Bevölkerung in den NATO-Staaten, von der Richtigkeit und Notwendigkeit ihrer Kriege überzeugt werden muss. Das Wort »Angriffskrieg« oder »Krieg« wird von der NATO wenn immer möglich vermieden, stattdessen spricht man von einer »Operation«. Dieser Begriff weckt bei der Bevölkerung an der Heimatfront unbewusst die Assoziation »Spital«, dort gibt es ja auch immer wieder »Operationen«, und die sind manchmal schmerzhaft und blutig, aber überlebenswichtig. »Operation Odyssey Dawn« nannten die amerikanischen Streitkräfte den Angriff auf Libyen, also »Morgendämmerung der Odyssee«. Wenn man bedenkt, dass Odyssee »lange Irrfahrt« bedeutet, war der Name durchaus passend.

Der libysche Diktator Muammar Gaddafi hatte der NATO-Übermacht nichts entgegenzusetzen. Die NATO vollzog einen Regime Change in Libyen und stürzte die Regierung. Am 23. August 2011 fiel die Hauptstadt Tripolis und schon am 20. Oktober 2011 endete der Krieg mit dem Tod von Gaddafi in Sirte. Ein Sprecher der siegreichen Rebellen verkündete, man habe den Leichnam von Gaddafi zusammen mit der Leiche seines Sohnes Mutassim an einem geheimen Ort in der libyschen Wüste vergraben.

## Das neue Prinzip »Responsibility to Protect« (R2P)

Am 17. März 2011, zwei Tage bevor die NATO Libyen bombardierte, hatte der UNO-Sicherheitsrat beschlossen, über Libyen eine Flugverbotszone zu errichten, um die Zivilbevölkerung vor der regulären libyschen Armee zu schützen. Die Resolution 1973 des Sicherheitsrates forderte eine sofortige Waffenruhe und ermächtigte die UNO-Mitgliedsstaaten »alle notwendigen Massnahmen zu ergreifen... um von Angriffen bedrohte Zivilpersonen und von der Zivilbevölkerung bewohnte Gebiete in Libyen, einschließlich Bengasis, zu schützen, unter Ausschluss ausländischer Besatzungstruppen jeder Art in irgendeinem Teil des libyschen Hoheitsgebiets.« Die Resolution wurde mit zehn Ja-Stimmen und fünf Enthaltungen angenommen. Russland und China hätten mit ihrem Veto die Resolution zu Fall bringen können, enthielten sich aber ebenso wie Deutschland, Brasilien und Indien der Stimme.

Auf den ersten Blick scheint es, als ob der NATO-Krieg gegen Libyen legal war, da er ja im Gegensatz zum Kosovokrieg 1999 über ein Mandat des Sicherheitsrates verfügte. Doch dies ist nicht der Fall. Der Libyenkrieg war ein illegaler Angriffskrieg. Denn die UNO-Resolution erlaubte zum Schutz der Zivilbevölkerung nur die Errichtung einer Flugverbotszone und nicht einen Regime Change. Zwischen dem Errichten einer Flugverbotszone und dem Sturz einer Regierung besteht ein massiver Unterschied. Die NATO hat sich also in keiner Weise an die Grenzen der Resolution gehalten, der Regime Change war illegal. Zudem verbot die Resolution explizit den Einsatz von Bodentruppen. Doch britische und amerikanische Spezialeinheiten waren schon in Libyen im Einsatz, bevor die Resolution 1973 verabschiedet worden war. Auch das war illegal. Insgesamt haben daher die angreifenden Staaten »das Völkerrecht verletzt und die Resolution des Weltsicherheitsrates überdehnt«, erkannte der Friedensforscher Johannes Becker von der Universität Marburg richtig.[514]

Auch in Österreich meldeten sich nach Kriegsausbruch kritische Intellektuelle zu Wort und erklärten, der Libyenkrieg sei nicht vom UNO-Mandat gedeckt. »Inzwischen hat man ja gesehen, dass die Umsetzung der Resolution in einen Krieg ausgeartet ist, mit dem das Regierungssystem in Libyen geändert werden soll – ein Ziel, das dem Geist und dem Buchstaben nach überhaupt nicht vereinbar ist mit der Resolution des Sicherheitsrates«, kritisierte der Österreicher Hans Köchler, Professor an der Universität Innsbruck, im Sommer 2011, als die Bomben auf Libyen fielen. Der UNO-Kenner Köchler bemängelte, dass in der Resolution die mehrdeutige Formulierung »alle notwendigen Maßnahmen« enthalten sei, was zu einer willkürlichen Interpretation der Resolution geführt habe. Der UNO-Sicherheitsrat habe damit einen Begriff verwendet, der »von der Art eines Gummiparagraphen ist«. Die NATO habe diese Mehrdeutigkeit ausgenutzt und trete »mehr oder weniger als Exekutivorgan der Vereinten Nationen auf«. Dies sei völlig falsch, denn die NATO sei von ihrem Gründungsdokument her ein Verteidigungspakt, um dann aktiv zu werden, wenn ein Mitgliedsland angegriffen wird. Libyen habe aber kein NATO-Land angegriffen. Die NATO habe »überhaupt keine Berechtigung, in Gebieten ... die nicht zu ihrem Vertragsgebiet gehören, zu intervenieren«. Es sei eine »völlige Pervertierung«, dass die NATO »jetzt mehr oder weniger offiziell im Namen der Weltgemeinschaft agiert.«[515]

Erst als Gaddafi gestürzt und getötet worden war, erkannten die Russen, die der irrigen Meinung waren, die NATO werde nur eine Flugverbotszone errichten, dass sie im Sicherheitsrat getäuscht wurden. »In Libyen hatten die USA ein Mandat des UNO-Sicherheitsrates für eine no fly zone, damit Gaddafi die Rebellen in seinem Land nicht bombardieren konnte«, so der russische Präsident Putin. »Doch was haben die USA gemacht? Sie haben begonnen, das Land zu bombardieren! Das ist eine klare Verletzung der Resolution des UNO-Sicherheitsrates. Es ist ein klarer Angriff auf einen Staat.«[516]

Auch Reinhard Merkel, Professor für Strafrecht und Rechtsphilosophie an der Universität Hamburg, erklärte, das Völkerrecht verbiete diesen Krieg, denn es enthalte »ein striktes Verbot des militärischen Eingreifens in Bürgerkriegen auf fremdem Territorium«. Gaddafi sei »ein Schurke, dessen Entfernung von der Macht ein Segen wäre«, räumte Merkel ein. »Aber die Annahme, die ihn bekämpfenden Rebellen seien eine Demokratiebewegung mit homogenen freiheitlichen Zielen, ist lebensblind.« Niemand durchschaue »das dunkle Gemisch politisch-ideologischer Orientierung« der Rebellen. »Der demokratische Interventionismus, propagiert 2003, als sich die irakischen Massenvernichtungswaffen als Lüge erwiesen, und jetzt in der euphemistischen Maske einer Pflicht zur kriegerischen Hilfe im Freiheitskampf wieder erstanden, ist politisch, ethisch und völkerrechtlich eine Missgeburt«, so die scharfe, aber völlig zutreffende Kritik des deutschen Strafrechtsprofessors.[517]

In der UNO-Charta von 1945 wird die Souveränität jedes Landes garantiert. Artikel 2 besagt klar, dass die UNO »auf dem Grundsatz der souveränen Gleichheit aller ihrer Mitglieder« aufbaut. Ein Eingreifen in die inneren Angelegenheiten eines Landes wird von der Charta strikt verboten. »Aus dieser Charta kann eine Befugnis der Vereinten Nationen zum Eingreifen in Angelegenheiten, die ihrem Wesen nach zur inneren Zuständigkeit eines Staates gehören, oder eine Verpflichtung der Mitglieder, solche Angelegenheiten einer Regelung aufgrund dieser Charta zu unterwerfen, nicht abgeleitet werden«, so Artikel 2. Wegen des Souveränitätsprinzips konnte die UNO bei Bürgerkriegen, mit denen sie im Laufe der Geschichte immer wieder konfrontiert war, nicht eingreifen. Die Grundidee der UNO ist, dass sie nur bei zwischenstaatlichen Konflikten zum Einsatz kommt.

Der Strafrechtler Reinhard Merkel erkennt richtig, dass mit dem Libyenkrieg 2011 dieser Grundsatz verlassen wurde. Erstmals erlaubte der UNO-Sicherheitsrat Operationen gegen ein Land, das kein anderes Land angegriffen hatte, sondern sich in einem undurchsichtigen Bürgerkrieg befand. Um den NATO-Angriff zu legitimieren, wurde die sogenannte »Schutzverantwortung«, die Responsibility to Protect (R2P), ins Spiel gebracht. Diese Schutzverantwortung trifft zunächst den Einzelstaat und beschreibt seine Pflicht, das Wohlergehen der ihm unterstellten Bürger zu gewährleisten. Wenn ein Staat indes nicht fähig oder willens ist, die Bürger vor schweren Menschenrechtsverletzungen zu schützen, dürfe die internationale Staatengemeinschaft zum Schutz der bedrohten Bevölkerung eingreifen, wenn ein entsprechendes Mandat des Sicherheitsrates vorliege, so die Meinung einiger Rechtsgelehrter. Die Resolution 1973 des Sicherheitsrates bezog sich explizit auf dieses neue Konzept und sprach davon, dass man eine Flugverbotszone einrichte, »um von Angriffen bedrohte Zivilpersonen« zu schützen. Das ist R2P. Gaddafi, so befand die UNO, könne das Wohlergehen der ihm unterstellten Bürger nicht gewährleisten.

Das R2P-Prinzip ist gut gemeint, aber gefährlich, weil es die Souveränität aller Staaten untergräbt und hilft, militärische Angriffe auf Länder zu legitimieren, die keine anderen Länder angegriffen haben. R2P ist Ausdruck der Hoffnung, dass man mit militärischer Gewalt eine bessere Welt schaffen könne. Ich teile diese Hoffnung nicht, wir brauchen im 21. Jahrhundert nicht mehr, sondern weniger militärische Gewalt. R2P wurde erstmals in Libyen eingesetzt und die Entwicklung des Landes nach dem NATO-Angriff zeigt, dass die Lage für die Zivilbevölkerung nicht besser, sondern schlechter geworden ist. Es sind viel mehr Zivilisten nach dem NATO-Angriff gestorben als vorher. Insgesamt kostete der NATO-Krieg gemäß dem deutschen Friedensforscher Johannes Becker 50.000 Menschenleben, fast alle davon

Libyer.[518] Die meisten wurden getötet, nachdem der NATO-Angriff begann. Somit ist es falsch und unlogisch, den NATO-Angriff als Hilfe für die libysche Zivilbevölkerung darzustellen. Diejenigen, die von NATO-Bomben getötet wurden, empfanden dies nicht als Hilfe. Das Prinzip Responsibility to Protect wurde von der NATO zur Durchsetzung eines Regime Change instrumentalisiert.

»Das Konzept an sich ist gut«, glaubt der Friedensforscher Johannes Becker, »es wurde aber im Libyen-Krieg missbraucht.« Denn die UNO-Resolution 1973 habe nicht den Sturz von Gaddafi, sondern nur den Schutz der Zivilbevölkerung erlaubt. Diese Mission sei bereits nach wenigen Tagen erfüllt gewesen. Danach hätte die NATO aufhören sollen, ihre Waffengewalt einzusetzen. Die NATO habe dies aber nicht getan, sondern den Krieg bis zum Sturz von Gaddafi fortgesetzt. Auch Norman Paech, Professor für Völkerrecht, sieht im R2P-Prinzip die Gefahr der andauernden Einmischung in die inneren Angelegenheiten von Staaten, die zu einer »Anarchie der Staaten« führen werde.[519]

Vor dem Libyenkrieg gab es in Europa und den USA kaum Proteste der Friedensbewegung. Dies daher, weil Gaddafi in den NATO-Medien erfolgreich als »neuer Hitler« dargestellt wurde. »Man sagt: ›Der Krieg ist schlimm, aber Gaddafi ist noch schlimmer‹«, brachte der italienische Journalist und Dokumentarfilmer Fulvio Grimaldi die Stimmung auf den Punkt. Was man in Europa nicht sehen wollte war, dass ein großer Teil der Libyer mit ihrer Lebensqualität unter dem Gaddafi-Regime zufrieden war. Diese Menschen wollten nicht, dass die NATO ihr Land bombardiert. »Gaddafi und die Mehrheit der Libyer, die auf seiner Seite steht, verteidigen die Souveränität der Völker und ihren sozialen Fortschritt gegen das Vordringen, die Einmischung, die Destabilisierung und Aggression der imperialistischen Mächte, die eine massive neokoloniale Offensive betreiben«, kritisierte der Italiener Grimaldi, der Libyen während und nach dem NATO-Krieg bereiste. »Für die Regierungen der NATO unter Führung der USA ist es nicht hinnehmbar, dass es in der Welt Regionen gibt, die sich wie Libyen, Syrien und bestimmte Länder Lateinamerikas ihren Vorgaben zu ›freiem Markt‹ und Globalisierung entziehen. Diese Vorgaben laufen auf die größte Umverteilung des Reichtums in der Geschichte der Menschheit von den breiten Massen hin zu den Eliten hinaus.« Libyen sei eines der erfolgreichsten Länder Afrikas. »Die UNO hatte den Entwicklungsstandard seiner [Libyens] Bevölkerung (Gesundheitswesen, Bildung, Arbeit, Wohnungen, Frauen, Mutterschaft, Lebenserwartung) als den höchsten auf dem gesamten Kontinent klassifiziert«, so Grimaldi. Daher sei es absurd, das Argument der Schutzverantwortung heranzuziehen, der Angriffskrieg der NATO sei ein Verbrechen.[520]

Heute wissen wir, dass das US-Imperium und die NATO-Länder andere Regierungen stürzen, aber keine funktionierende Demokratie aufbauen können. Heute wird Libyen durch verfeindete bewaffnete Gruppen destabilisiert und der muslimische Fundamentalismus ist auf dem Vormarsch, was für die libysche Bevölkerung eine schlechte Entwicklung ist, die zeigt, dass Gewalt in aller Regel zu mehr Gewalt und neuen Problemen führt. »In diesem Chaos werden die Freunde der radikalen Islamisten weiter erstarken«, warnte der Schweizer Nahostexperte Arnold Hottinger 2015. »Libyen droht zum Somalia am Mittelmeer zu werden.«[521]

Mit dem Sturz von Gaddafi nahmen die Flüchtlingsströme nach Europa zu, weil ein zerschlagener Staat sich nicht um das Thema Migration kümmern kann. Das Schulsystem und das Gesundheitswesen wurde schwer beschädigt. Insgesamt stärkten die NATO-Bomben die radikalen Islamisten. »Die libysche Stadt Sirte ist der wichtigste Stützpunkt der Terrormiliz IS außerhalb von Syrien und dem Irak«, berichtete die *Neue Zürcher Zeitung* im Mai 2016 unter der Schlagzeile »Horror am Mittelmeer«. In Sirte habe der IS die Scharia eingeführt, es sei wegen Blasphemie zu Enthauptungen gekommen. Es herrsche ein Klima der Angst, die Sittenpolizei sei allgegenwärtig und Frauen seien gezwungen, sich zu verschleiern, der Geschichtsunterricht werde an Schulen und Universitäten verboten.[522]

In den USA und Europa tun sich viele Beobachter schwer, zuzugeben, dass die NATO Libyen zerschlagen und den Nährboden für Fundamentalisten erschaffen hat. Der Angriff auf Libyen war genauso falsch wie der Angriff auf Irak und Afghanistan, diese illegalen Kriege treiben die Gewaltspirale an. Während des Präsidentschaftswahlkampfs 2016 zwischen Donald Trump und Hillary Clinton wurde nur selten darauf hingewiesen, dass Hillary Clinton ganz maßgeblich am Sturz von Gaddafi und an der Zerstörung von Libyen beteiligt gewesen war. »Hillary Clinton war sehr für die Bombardierung von Libyen«, erinnert der Amerikaner Noam Chomsky. »Sie war eine der Anführer dieses Krieges, der Libyen und seine funktionierende Gesellschaft zerschlagen hat.« Nun sei das Land in der Hand von bewaffneten Milizen »und ISIS und Dschihadisten breiten sich in Nordafrika aus«, kritisiert Chomsky. »Das passiert eben, wenn man nicht weiß, was man tut, und verletzliche Systeme mit dem Vorschlaghammer bearbeitet.«[523]

## 15. Der illegale Krieg gegen die Ukraine 2014

Der Krieg, der in der Ukraine 2014 ausbrach, ist auf den ersten Blick ein Bürgerkrieg von Ukrainern gegen Ukrainer. Daher ist dieser Konflikt gemäß UNO-Charta kein Fall für die Vereinten Nationen, da diese eigentlich nur für die Beilegung von zwischenstaatlichen Konflikten zuständig sind. Wer jedoch genauer hinsieht, erkennt, dass sowohl das US-Imperium als auch die Großmacht Russland verdeckt im Ukrainekrieg involviert sind. Damit ist der Ukrainekrieg, der noch andauert, während dieses Buch publiziert wird, ein besonders delikater internationaler Konflikt, weil sich hier letzten Endes die beiden ständigen Mitglieder des Sicherheitsrates USA und Russland gegenüberstehen, die beide über Atomwaffen verfügen. Wie bei der Kubakrise spielen beide Seiten mit verdeckten Karten und versuchen die Ukraine in ihren Einflussbereich zu ziehen. Dies stellt das Land vor eine Zerreißprobe zwischen proamerikanischen und prorussischen Ukrainern.

### Die NATO-Osterweiterung

Die Ukraine gehört historisch gesehen zum Einflussbereich von Russland. Die Ukraine ist Gründungsmitglied der Vereinten Nationen und seit 1945 UNO-Mitglied mit eigener Stimme in der Generalversammlung. Doch die Ukraine war im Kalten Krieg kein selbständiger Staat, sondern wie Weißrussland eine Teilrepublik der Sowjetunion. Daher gab die Ukraine ihre Stimme in der UNO immer in Absprache mit Moskau ab. Als Teilrepublik der Sowjetunion gehörte die Ukraine auch dem Warschauer Pakt an, dem von Russland angeführten Militärbündnis, das 1955 als Antwort auf die Gründung der NATO entstanden war. Die Kommunistische Partei der Ukraine (KPU) kontrollierte die Politik in der Ukraine in enger Abstimmung mit der Kommunistischen Partei der Sowjetunion (KPdSU), der einzig relevanten politischen Macht in der Sowjetunion. Von 1945 bis 1991 war die Ukraine somit fest im Einflussbereich von Moskau verankert.

Mit dem Fall der Berliner Mauer und dem Zusammenbruch der Sowjetunion veränderte sich die geopolitische Weltkarte grundlegend. Am 24. August 1991 erklärte die Ukraine ihre Unabhängigkeit von der Sowjetunion. Der Zusammenbruch der

Sowjetunion gab dem US-Imperium erstmals die Chance, seinen Einfluss auf Osteuropa auszudehnen und die früher von Moskau kontrollierten ehemaligen Mitgliedsstaaten des Warschauer Paktes in die NATO aufzunehmen. Polen, Tschechien und Ungarn wurden im Jahre 1999 NATO-Mitglieder. Bulgarien, Estland, Lettland, Litauen, Rumänien, die Slowakei und Slowenien traten 2004 der NATO bei. Albanien und Kroatien wurden nach dem Zerfall von Jugoslawien im Jahre 2009 in die NATO aufgenommen. Durch diese Expansion stieg die Zahl der NATO-Staaten auf heute 28 Länder an.

Aus der Sicht der Russen ist diese massive Ausdehnung der NATO nach Osten nicht nur eine Provokation, sondern eine reale Gefahr. Die Russen fühlten sich getäuscht. Denn nach dem Mauerfall 1989 hatten sie die friedliche Wiedervereinigung von Deutschland unterstützt, indem sie zustimmten, dass die Deutsche Demokratische Republik (DDR) aus dem Warschauer Pakt austreten konnte und das wiedervereinigte Deutschland Mitglied der NATO wurde. Um dies zu ermöglichen, zogen die Russen unter Michael Gorbatschow 340.000 Soldaten friedlich aus der DDR ab.

Die Wiedervereinigung von Deutschland wurde von Bundeskanzler Helmut Kohl und Außenminister Hans-Dietrich Genscher vorangetrieben. Der amerikanische Außenminister James Baker erklärte im November 1989, die USA hätten nichts gegen eine Wiedervereinigung, aber nur wenn das wiedervereinigte Deutschland NATO-Mitglied sei. Damals stand auch die interessante Idee im Raum, dass die DDR den Warschauer Pakt und die BRD die NATO verlassen und das wiedervereinigte Deutschland als neutrales Land wie Österreich, Schweden oder die Schweiz keinem Militärbündnis angehört. Persönlich hätte ich es richtig gefunden, wenn Deutschland die NATO verlassen und sich als neutraler Staat in Europa positioniert hätte. Doch für Präsident George Bush senior war ein neutrales Deutschland keine Option.[524]

Der sowjetische Präsident Michail Gorbatschow, der 1990 den Friedensnobelpreis erhielt, stimmte der Wiedervereinigung von Deutschland und dem Beitritt zur NATO zu, verlangte aber im Gegenzug, dass die NATO sich danach nicht weiter nach Osten ausdehne. Das US-Imperium sicherte dies den Russen zu. Die NATO werde ihren Einflussbereich »nicht einen Zentimeter weiter nach Osten ausdehnen«, versprach US-Außenminister James Baker am 9. Februar 1990 im Katharinensaal des Kreml in Moskau. Der deutsche Außenminister Genscher hatte zuvor am 31. Januar in der Evangelischen Akademie in Tutzing in einer Grundsatzrede erklärt, »eine Ausdehnung des NATO-Territoriums nach Osten, das heißt, näher an die Grenzen der Sowjetunion heran, wird es nicht geben.«[525]

Mit der Aufnahme von Polen, Tschechien, Ungarn, Bulgarien, Estland, Lettland, Litauen, Rumänien, Slowakei, Slowenien, Albanien und Kroatien hat danach die NATO ihr Versprechen mehrfach gebrochen. Dies erzürnt natürlich die Russen. »Unsere Kollegen im Westen haben uns wiederholt angelogen, haben Entscheidungen hinter unserem Rücken getroffen, uns vor vollendete Tatsachen gestellt«, kritisierte Putin. »So war es bei der Ost-Erweiterung der Nato und dem Ausbau militärischer Einrichtungen an unseren Grenzen.«[526]

Das gebrochene Versprechen der Amerikaner, die NATO nicht auszudehnen, wird in den westlichen NATO-Medien wenig erwähnt, weil dies ein schlechtes Licht auf die NATO und das US-Imperium werfen würde. Einige Medien haben sogar berichtet, dass es dieses Versprechen gar nie gegeben habe. »Der Wortbruch ist eine Legende«, behauptete der deutsche Journalist Ignaz Lozo kühn.[527] Damit liegt er aber falsch. Die deutsche Journalistin Gabriele Krone-Schmalz, früher Moskau-Korrespondentin der ARD, stellt klar, dass deklassifizierten Akten des U.S. State Departement zu entnehmen ist, dass Außenminister James Baker am 9. Februar 1990 gegenüber Michail Gorbatschow und dem sowjetischen Außenminister Eduard Schewardnadse »eisenfeste Garantien« gegeben hat, »dass weder die Jurisdiktion noch die Streitkräfte der NATO nach Osten verschoben werden«, wenn Moskau mit der NATO-Mitgliedschaft des vereinten Deutschlands einverstanden sei. Gorbatschow hat damals gesagt: »Jede Ausdehnung der NATO-Zone ist unakzeptabel«. Worauf Baker antwortete: »Dem stimme ich zu.«[528]

Über das Versprechen, die NATO nicht auszudehnen, gibt es keinen schriftlichen Vertrag, vermutlich sah Gorbatschow dazu keine Notwendigkeit, weil zum Zeitpunkt der Abmachung der Warschauer Pakt noch existierte. Aber für die Russen war die mündliche Zusicherung verbindlich. Zwischen dem deutschen Außenminister Hans-Dietrich Genscher und dem russischen Außenminister Eduard Schewardnadse herrschte ein wertvolles Vertrauensverhältnis. In einem Vermerk des Auswärtigen Amtes heißt es über ein Gespräch von Genscher mit Schewardnadse vom 10. Februar 1990: »Uns ist bewusst, dass die Zugehörigkeit eines vereinten Deutschlands zur NATO komplizierte Fragen aufwirft. Für uns steht aber fest: Die NATO wird sich nicht nach Osten ausdehnen.«[529]

Der Beitritt der DDR zur Bundesrepublik Deutschland war die erste NATO-Osterweiterung nach dem Kalten Krieg. Doch obschon Deutschland und die USA den Russen versprochen hatten, danach die NATO nicht weiter auszudehnen, waren die USA und Deutschland die zwei Staaten, die sich in den 1990er Jahren am stärksten für die NATO-Osterweiterung stark machten. Der deutsche Verteidigungsminister Volker Rühe von der CDU war der erste prominente westliche Politiker, der öffentlich die Erweiterung der NATO im März 1993 in einem Vortrag beim Londoner Internationalen Institut für Strategische Studien forderte. Das Verhalten von Rühe war ein Wortbruch und in völligem Gegensatz zu den früher abgegebenen Versprechungen. »Rühe sah Deutschland vor der Wahl einer Rand- oder einer zentralen strategischen Lage«, kommentierte der amerikanische Politologe Stephen Szabo, der die Ausdehnung der NATO befürwortete. »Entweder könnte es die östliche Grenze des Westens bilden – mit instabilen Nachbarn –, oder es könnte den Westen nach Osten verschieben und sich somit in eine zentrale Lage bringen.«[530]

Als im Laufe der 1990er Jahre immer mehr Länder der NATO beitraten, erkannte auch Gorbatschow, dass man ihn getäuscht hatte. Deutschland, die USA und andere westliche Staaten hätten ihm nach der deutschen Wiedervereinigung 1990 versprochen, dass die NATO sich keinen Zentimeter nach Osten bewegen würde, kritisierte Gorbatschow 2009 anlässlich des NATO-Beitritts von Albanien und Kroatien. »Daran haben sich die Amerikaner nicht gehalten, und den Deutschen war es gleichgültig. Vielleicht haben sie sich sogar die Hände gerieben, wie toll man die Russen über den Tisch gezogen hat«, ärgerte sich Gorbatschow. Dieses unzuverlässige Verhalten habe dazu geführt, »dass die Russen westlichen Versprechungen nun nicht mehr trauen«.[531]

Das US-Imperium folgte mit der NATO-Osterweiterung den Vorschlägen von Zbigniew Brzezinski, dem Nationalen Sicherheitsberater von Präsident Carter, der stets empfahl, das transatlantische Bündnis zu stärken. »Europa ist Amerikas natürlicher Verbündeter«, so Brzezinski. »Es teilt dieselben Werte und, im Wesentlichen, dasselbe religiöse Erbe; es ist demokratischen Prinzipien verpflichtet und ist die ursprüngliche Heimat der großen Mehrzahl der Amerikaner.« Daher eigne sich Europa als »Amerikas unverzichtbarer geopolitischer Brückenkopf auf dem eurasischen Kontinent«, um die amerikanische Macht auf dem ganzen eurasischen Kontinent auszubauen. »Die Alte Welt ist für die USA von enormem geostrategischen Interesse«, betont Brzezinski.[532]

Man darf nicht vergessen, dass damals nach dem Zusammenbruch der Sowjetunion und der Auflösung des Warschauer Paktes am 1. Juli 1991 auch die NATO sich in einer sehr ernsten Existenzkrise befand, da nun der wichtigste Grund ihrer Existenzberechtigung nicht mehr existierte. Die Friedensbewegung in Europa hoffte nach dem Ende des Kalten Krieges auf einen Rückgang der Rüstungsausgaben und eine Friedensdividende. Persönlich hätte ich es begrüßt, wenn zusammen mit dem Warschauer Pakt 1991 auch das NATO-Militärbündnis aufgelöst worden wäre. Doch dies geschah nicht. Das US-Imperium erklärte, die NATO sei wichtig und müsse als rein defensives Bündnis weiterbestehen.

Der damals amtierende NATO-Generalsekretär und ehemalige deutsche Verteidigungsminister Manfred Wörner von der CDU hielt am 17. Mai 1990 in Bremen eine flammende Rede, in der er für den Erhalt der NATO plädierte. »Neutralität oder Blockfreiheit des vereinten Deutschland sind für uns nicht akzeptabel«, betonte der NATO-Generalsekretär. Niemand müsse die NATO fürchten, denn die Kernfunktion der NATO sei »das Verhindern von Krieg. Unsere Strategie und unsere Allianz sind ausschließlich defensiv. Sie bedrohen niemanden, weder heute noch morgen. Wir werden niemals die Ersten sein, die unsere Waffen benutzen«, beteuerte Wörner, was sich später als Lüge herausstellen sollte. Auch die legitimen Sicherheitsinteressen der Sowjetunion werde man respektieren. »Die Tatsache, dass wir bereit sind, keine NATO-Truppen hinter das Gebiet der Bundesrepublik zu entsenden, gibt der Sowjetunion feste Sicherheitsgarantien«, versicherte der Generalsekretär, was sich später jedoch auch als Lüge herausstellte.[533]

Niemand ahnte damals, dass die NATO 1999 ohne UNO-Mandat Jugoslawien bombardieren würde, um danach 2001 Afghanistan, 2003 Irak und 2011 Libyen und Syrien anzugreifen. Eine solche Entwicklung vom Verteidigungsbündnis zum Angriffsbündnis war kurz nach dem Mauerfall schlicht nicht denkbar, und hätte sie jemand vorausgesagt, hätte man sie oder ihn für verrückt gehalten.

## Der NATO-Gipfel in Bukarest 2008

Praktisch alle Politiker in Russland lehnen die NATO-Osterweiterung ab, diese Position bildet den außenpolitischen Konsens in Russland. »Die Dämonisierung von Wladimir Putin ist keine Politik«, mahnte der frühere US-Außenminister Henry Kissinger richtig. »Der Westen muss verstehen, dass die Ukraine für Russland nie ein beliebiges fremdes Land sein kann«, diese Ängste der Russen müsse man ernst nehmen, die Ukraine dürfe nie der NATO beitreten, so Kissinger. Die Ukraine war lange ein Bestandteil Russlands, zudem hat Russland seine Schwarzmeerflotte und 25.000 Soldaten in Sewastopol und Feodosia auf der Halbinsel Krim stationiert. Die Präsenz der russischen Truppen auf der Krim ist vertraglich garantiert bis 2047 und Moskau hat stets betont, dass man diese Einflusszone nicht aufgeben werde.[534]

Doch die NATO interessierte das nicht. Beim NATO-Gipfel in der rumänischen Hauptstadt Bukarest im April 2008 unterstützte US-Präsident George Bush junior den Plan, die Ukraine und auch Georgien in die NATO aufzunehmen, obschon er wusste, dass dies die Russen verärgern wird. »Man stelle sich die Empörung in Washington vor, wenn China ein mächtiges Militärbündnis schmiedete und versuchte, Kanada und Mexiko dafür zu gewinnen«, kommentierte der amerikanische Politologe John Mearsheimer von der Universität Chicago später treffend. Gemäß Mearsheimer hat der Westen die Russen provoziert und ist daher schuld am Krieg in der Ukraine.[535] Auch die Briten unterstützten beim NATO-Gipfel in Bukarest die Ausdehnung der NATO auf die Ukraine und Georgien. Doch Frankreich und Deutschland stellten sich dem entgegen und es kam zu einem Konflikt innerhalb der NATO. Trotzdem hieß es in der abschließenden »Erklärung von Bukarest« vom 3. April 2008, dass die NATO die »euro-atlantischen Aspirationen« der Ukraine und Georgiens »begrüßt«. Die Allianz »hat heute beschlossen, dass diese zwei Länder NATO-Mitgliedsstaaten werden sollen.«[536]

Die NATO sei »vornehmlich ein strategisches Instrument der Amerikaner geworden, nach 1991 mehr als je zuvor«, kritisierte der frühere Bundeskanzler Helmut Schmidt im Oktober 2008 in einem Zeitungsartikel. »Die Vereinigten Staaten beanspruchen mit Hilfe der NATO eine Führungsrolle in Europa.« Die amtierende deutsche Bundeskanzlerin Angela Merkel ordnete sich diesem Führungsanspruch völlig unter und stellte sich hinter US-Präsident George Bush und seinen Plan, die Ukraine und Georgien in die NATO aufzunehmen. »Wir haben gesagt, dass Georgien und die Ukraine Mitglieder der NATO werden, wenn sie das wünschen«, so Merkel am 17. August 2008 in Sotschi in Russland. »Diese Aussage bleibt unverändert.«[537]

Die Russen waren alarmiert und die Amerikaner wussten das. William Burns, der amerikanische Botschafter in Russland, hatte in einem von Wikileaks veröffentlichten internen Memorandum an die NATO-Mitgliedsstaaten davor gewarnt, dass die angestrebte NATO-Mitgliedschaft von Georgien und der Ukraine bei den Russen »einen rohen Nerv berühre«. Auch in der Ukraine sei die Bevölkerung bezüglich der NATO-Frage gespalten, die ethnischen Russen in der Ukraine seien dagegen, und Russland befürchte »dass dies zu einer großen Spaltung, Gewalt oder sogar Bürgerkrieg führen könnte«, so die deutliche Warnung von Botschafter Burns am 1. Februar 2008, noch vor dem NATO-Gipfel in Bukarest. »In diesem Fall müsste Russland entscheiden, ob man eingreift oder nicht. Russland möchte diese Entscheidung nicht treffen müssen.«[538]

Vier Monate nach dem NATO-Gipfel, am 8. August 2008, griff Georgien mit amerikanischer Unterstützung das abtrünnige Südossetien an. Georgiens Präsident Michail Saakaschwili hatte zuvor den Eintritt seines Landes in die NATO zur nationalen Priorität erhoben und hoffte mit amerikanischer Unterstützung, Südossetien wieder in seinen Besitz bringen zu können. Die georgische Armee wurde von US-Offizieren ausgebildet. Georgien verfügte nicht über ein Mandat des UNO-Sicherheitsrates, der Angriffskrieg war daher illegal. Russland intervenierte und gewann den Krieg. Heidi Tagliavini, Kaukasus-Spezialistin des Schweizer Außenministeriums und frühere UNO-Sonderbeauftragte für Georgien, untersuchte, wie der Konflikt ausgebrochen war. Tagliavini kam zu dem Schluss, dass Georgien den Krieg angefangen hatte.[539]

Der kurze Georgienkrieg war ein Vorspiel zum weitaus gefährlicheren Konflikt um die Ukraine. Amerikanische Geostrategen erklärten inzwischen offen, man müsse Deutschland und Russland in einen Krieg verwickeln, um Europa zu schwächen und die Dominanz des US-Imperiums abzusichern. »Das Hauptinteresse der USA, für das wir immer wieder Krieg geführt haben – im Ersten und Zweiten Weltkrieg und auch im Kalten Krieg –, waren die Beziehungen zwischen Russland und Deutschland«, erklärte der amerikanische Geostratege George Friedmann vom Beratungsdienst Stratfor in einem Vortrag in Chicago 2015. »Weil vereint sind sie die einzige Macht, die uns bedrohen kann. Unser Hauptinteresse besteht darin, sicherzustellen, dass dieser Fall nicht eintritt.« Am besten wäre es, wenn beide Länder sich gegenseitig schwächten, schlug Friedmann vor. »Ich empfehle eine Technik, die von Präsident Ronald Reagan eingesetzt wurde gegen Iran und Irak: Er unterstützte beide Kriegsparteien! Dann haben sie gegeneinander und nicht gegen uns gekämpft. Das war zynisch und amoralisch«, räumte Friedman ein, »aber es funktionierte.«[540]

Dank seiner überlegenen Luftwaffe kann das US-Imperium den Luftraum in vielen Zonen der Welt kontrollieren, mit seinen Schiffen kontrolliert Washington die Weltmeere. »Die USA kontrollieren alle Weltmeere. Keine Macht hat das jemals getan. Daher können wir in anderen Ländern einmarschieren, aber sie können nicht bei uns einmarschieren. Das ist eine sehr schöne Sache«, frohlockte Friedmann. Bei den Bodentruppen sei man aber in Europa und Asien völlig unterlegen, weil »in dem Moment, in dem wir einen Stiefel auf europäischen Boden setzen, sind wir aufgrund der demographischen Unterschiede zahlenmäßig total unterlegen«, gab Friedmann zu bedenken. Man müsse daher die Rivalitäten unter den Einheimischen schüren und Waffen in die Ukraine liefern. »Russland glaubt, die USA wolle die russische Föderation zerschlagen. Aber ich denke, wir wollen sie nicht töten, sondern nur verletzen.«[541]

Im Deutschen Bundestag führten die Kriegspläne der USA zu Protesten, weil einigen Abgeordneten klar wurde, dass damit nicht nur Russland, sondern auch Deutschland geschwächt werden soll. »Die spezifischen US-Interessen in Europa, die hat vor kurzem der Chef von Stratfor in eindrucksvoller Offenheit erläutert«, kritisierte die gut informierte Sahra Wagenknecht von der Partei Die Linke, während Kanzlerin Angela Merkel in der ersten Reihe saß und sich die Kritik anhörte. »Hauptinteresse der USA sei es, ein Bündnis zwischen Deutschland und Russland zu verhindern. Weil sie vereint die einzige Macht sind, welche die USA bedrohen könnten.«[542]

## Der Putsch in der Ukraine am 20. Februar 2014

Nachdem der ukrainische Präsident Wiktor Janukowytsch sich im November 2013 geweigert hatte, ein Assoziierungsabkommen mit der EU zu unterzeichnen, kam es auf dem bekannten Maidan-Platz in der Hauptstadt von Kiew zu großen Demonstrationen. Am 15. Dezember 2013 besuchte der amerikanische Senator John McCain das Protestlager auf dem Maidan und ermunterte die Demonstranten, die ukrainische Regierung zu stürzen.[543]

Ende Februar eskalierte die Situation auf dem Maidan. Am 20. Februar 2014 kam es zu einem Massaker, als Scharfschützen aus verschiedenen Häusern auf Polizisten und Demonstranten schossen, es gab mehr als 40 Tote. Chaos brach aus. Sofort wurde die amtierende Regierung von Präsident Wiktor Janukowytsch und seine Polizeieinheit Berkut für das Massaker verantwortlich gemacht. »Die Welt darf nicht zuschauen, wie ein Diktator sein Volk abschlachtet«, kommentierte der Boxer Vitali Klitschko, der die Regierung stürzen wollte, im deutschen Boulevardblatt *Bild*. Der Regime Change war erfolgreich: Janukowytsch wurde gestürzt und floh nach Russland.[544]

Doch wer steckte wirklich hinter dem Putsch? »Wer geschossen hat, kann man nicht sagen, ich weiß es auch nicht«, erklärte Ina Kirsch, die am 20. Februar in Kiew gewesen war und zuvor als Direktorin des European Centre for a Modern Ukraine amtierte. »Aber es muss jemand gewesen sein, der ein klares Interesse an einer Eskalation hatte. Also nicht Janukowytsch, der sich ja nicht selbst stürzen wollte.« Viele der Demonstranten waren bezahlt, so Kirsch. »Es gibt Leute wie den US-Milliardär George Soros, die Revolutionen finanzieren. Soros hat auch den Maidan unterstützt, hat dort Leute bezahlt – die haben in zwei Wochen auf dem Maidan mehr verdient als während vier Arbeitswochen in der Westukraine«, so Kirsch. Auch auf der Gegenveranstaltung, dem Anti-Maidan, seien Leute bezahlt worden. »Es gab Preise für jede Leistung. Ich kenne Leute, die haben morgens auf dem Anti-Maidan bei der Gegendemo abkassiert, sind dann rüber auf den Maidan und haben dort nochmals kassiert. Das ist in der Ukraine ja nichts Ungewöhnliches.«[545]

Auch das deutsche Fernsehen ARD untersuchte den Putsch und schickte ein Team von Journalisten in die Ukraine. »Wir glauben, dass viele der Toten vom 20. Februar von oben gezielt getötet wurden, oder um es anders zu sagen: von professionellen Scharfschützen«, so der deutsche Journalist Stephan Stuchlik vom Politikmagazin *Monitor*. »Das ist natürlich im Gegensatz zur Theorie der Staatsanwaltschaft: Der Großteil der Berkut-Truppe befand sich nach allgemeiner Meinung unten auf der Straße.« *Monitor* erklärte in einer spannenden Sendung, dass die durch den Putsch an die Macht gekommene Regierung ihre Staatsanwaltschaft auf die Berkut-Truppe lenkte und diese für das Massaker verantwortlich machte. »Die Staatsanwaltschaft sagt: Wir wissen, wer schuldig war, es waren die Janukowytsch-Leute, wir kennen die Berkut-Soldaten«, so Stuchlik. Doch diese These passt nicht zu den Fakten. »So einfach kann es nicht gewesen sein«, erklärt Stuchlik. »Zum einen wurde den Demonstranten an diesem Tag augenscheinlich in den Rücken geschossen, das ist deswegen wichtig, weil sich im Rücken der Demonstranten mit dem Hotel Ukraina am 20. Februar eigentlich eines ihrer Hauptquartiere befand. Dann ist im Funkverkehr der Janukowytsch-Scharfschützen zu hören, wie die sich wundern, dass da Leute umgebracht werden – und zwar von professionellen Schützen, die sie nicht kennen.« Die Berkut, eine Spezialeinheit der ukrainischen Polizei, wurde als Sündenbock präsentiert.[546]

Nach dem Putsch kamen in der Ukraine mit Premierminister Arsenij Jazenjuk und Präsident Petro Poroschenko zwei Freunde der USA an die Macht, die das Land in die NATO führen wollen. Derzeit gebe es zwar »keine Mehrheit für einen NATO-Beitritt« in der Ukraine, räumte der neue Präsident Poroschenko im Mai 2014 ein, versprach aber, sich für die NATO-Mitgliedschaft der Ukraine zu engagieren. »Generell brauchen wir ein neues Sicherheitsbündnis mit den USA und Europa, um die Ukraine auch militärisch zu schützen«, so Poroschenko. »Ich werde als Präsident für dieses Bündnis kämpfen und sofort die Gespräche aufnehmen.«[547]

## Fuck the EU: Der illegale Putsch der USA in Kiew

Während der gestürzte Präsident Janukowytsch in Russland Asyl erhielt, reiste der durch den Putsch an die Macht gekommene neue Präsident Petro Poroschenko nach Washington und hielt im September 2014 vor dem US-Kongress eine flammende Rede, in der er erklärte: »Ich danke der USA für ihre Solidarität«.[548] Inzwischen muss auf der Basis der verfügbaren historischen Dokumente davon ausgegangen werden, dass die USA den Putsch in der Ukraine im Februar 2014 unterstützten. »Es war ein vom Westen gesponserter Putsch, es gibt kaum Zweifel daran«, erklärte der frühere CIA-Offizier Ray McGovern. Die USA hätten die Regierung in der Ukraine gestürzt und Victoria Nuland habe im US-Außenministerium die Fäden gezogen, zusammen mit dem US-Botschafter in der Ukraine, Geoffrey Pyatt.[549]

Auch eine detaillierte Untersuchung des Putsches durch den Politologen Ivan Katchanovski von der School of Political Studies der Universität Ottawa bestätigt, dass sich in der Ukraine im Februar 2014 ein Putsch ereignete. Die Berkut waren nur die Sündenböcke, denen man das Verbrechen im Rahmen einer Operation unter falscher Flagge in die Schuhe schob, um den amtierenden Präsidenten zu diskreditieren. »Das Maidan-Massaker vom 20. Februar 2014 war eine erfolgreiche False Flag Operation, durchgeführt durch die Anführer der Maidan-Protestbewegung und verdeckte Scharfschützen, um in der Ukraine die Macht zu ergreifen«, so der Politologe Katchanovski. »Die neue Regierung, welche durch das Massaker an die Macht kam, verfälschte die Untersuchung.«[550]

Eine sehr ähnliche Analyse vertrat auch der estnische Außenminister Urmas Paet, der in einem abgehörten Telefongespräch schon am 26. Februar 2014, also nur sechs Tage nach dem Massaker, der Hohen Beauftragten der EU für Außenpolitik, Catherin Ashton, erklärte, die toten Demonstranten vom 20. Februar seien nicht etwa vom Regime ermordet worden, sondern von ihren eigenen Mitstreitern, die heute die Regierung stellen. Paet erklärte, die Verletzungen der toten Demonstranten sowie die einiger Polizisten, die an jenen Tagen ebenfalls erschossen worden waren, trügen »dieselbe Handschrift«. Es sei »dieselbe Art von Geschossen« verwendet worden. Paet fügte hinzu, es gebe deshalb eine immer stärker werdende »Auffassung, dass hinter den Heckenschützen nicht Janukowytsch stand, sondern jemand aus der neuen Koalition«, also der Gruppe um Poroschenko, die durch den Putsch an die Macht kam. Ashton zeigte sich von den Aussagen des estnischen Außenministers bestürzt und antwortete: »Ich denke, wir wollen eine Untersuchung. Ich meine, ich weiß nicht. Meine Güte.«[551]

In den meisten Zeitungen in Europa und Amerika wie auch auf den bekannten Fernsehsendern war kaum etwas über diese geheime Seite der internationalen Politik zu lesen oder zu hören. Daher hatte die Mehrheit der Bevölkerung nie den Eindruck, dass die USA in der Ukraine gerade eine Regierung gestürzt hatten. Doch Paul Craig Roberts, der als stellvertretender Finanzminister in der Administration Reagan gedient hatte, bestätigte genau dies. »Die Neokonservativen glauben, dass die Geschichte die USA ausgewählt hat, Hegemonie über die ganze Welt herzustellen«, so Roberts. »Obama ernannte die neokonservative Victoria Nuland zur stellvertretenden Staatssekretärin. Nulands Büro arbeitet mit der CIA zusammen sowie mit von Washington finanzierten Nichtregierungsorganisationen und organisierte den US-Staatsstreich in der Ukraine.«[552]

Victoria Nuland hat im amerikanischen Außenministerium den Putsch organisiert, die neue Regierung um Premierminister Jazenjuk zusammengestellt und die Europäer mit dem Zitat »Fuck the EU« beleidigt, wie aus einem abgehörten Telefongespräch hervorgeht. Kurz vor dem Putsch vom 20. Februar hatte Nuland mit US-Botschafter Geoffrey Pyatt in Kiew telefoniert. Pyatt war für den Kontakt zu den Putschisten verantwortlich. »Ich glaube nicht, dass Klitsch Teil der neuen Regierung sein sollte … Ich glaube das ist nicht nötig, ich glaube das ist keine gute Idee«, sagte Nuland am Telefon zu Pyatt mit Bezug auf den bekannten Boxer Vitali Klitschko, der die Proteste auf dem Maidan angeführt hatte. »Ich glaube Jazenjuk ist der richtige Mann, er hat die wirtschaftliche Erfahrung, er hat auch die politische Erfahrung.« Die UNO und Generalsekretär Ban Ki-moon könne man für die Öffentlichkeitsarbeit einspannen, schlug Nuland vor. Ban Ki-moon »könnte helfen, die ganze Sache wasserdicht zu machen. Und weißt du: Fuck the EU«.[553]

Wenige Wochen vor dem Putsch war US-Außenminister John Kerry am 2. Februar 2014 an der Münchner Sicherheitskonferenz medienwirksam mit den ukrainischen Oppositionspolitikern Petro Poroschenko, Vitali Klitschko und Arsenij Jazenjuk aufgetreten, hatte sie gelobt und ihnen vor den Blitzlichtern der Fotografen die Hand geschüttelt. Nach dem Putsch wurden Jazenjuk Premierminister und Poroschenko Präsident, genau wie Nuland und ihr Vorgesetzter Außenminister John Kerry es wünschten. Vitali Klitschko, der frühere Boxweltmeister im Schwergewicht, musste sich mit dem Posten des Bürgermeisters von Kiew zufriedengeben.

Einige Ukrainer wussten, dass die Amerikaner ihre Regierung stürzen wollten. Im ukrainischen Parlament hatte der Abgeordnete Oleg Tsarov die amerikanischen Putschvorbereitungen in einer Rede, die durch viele Zwischenrufe unterbrochen wurde, schon am 20. November 2013 aufgedeckt. »In meiner Rolle als Vertreter des ukrainischen Volkes erhielt ich von Aktivisten der Organisation Volya klare Beweise, dass auf unserem Territorium, mit Unterstützung und direkter Beteiligung der amerikanischen Botschaft in Kiew, ein ›TechCamp‹-Projekt durchgeführt wird, im Rahmen dessen ein Bürgerkrieg in der Ukraine vorbereitet wird.« Im Rahmen des Projektes werde die Revolution geschürt, um die amtierende Regierung zu stürzen. »Das Projekt wurde durch den amerikanischen Botschafter in der Ukraine, Geoffrey Pyatt, überwacht und läuft unter seiner Verantwortung«, enthüllte der Parlamentarier Tsarov. »Amerikanische Instruktoren haben erklärt, wie das Internet und die digitalen sozialen Netzwerke genutzt werden können, um die öffentliche Meinung zu manipulieren… und gewalttätige Unruhen zu provozieren.« Diese Techniken habe man schon erfolgreich in Libyen, Ägypten und Tunesien eingesetzt. Gemäß der UNO-Charta sei es aber »unzulässig, in die inneren Angelegenheiten eines Staates einzugreifen«, protestierte Tsarov richtig. »Das müssen wir untersuchen!« Doch seine Forderung fand keine Mehrheit.[554]

Das abgehörte Gespräch zwischen Victoria Nuland und Botschafter Pyatt ist der historische Beweis dafür, dass die USA die Regierung in der Ukraine stürzen. Als das abgehörte Telefonat mit der irritierenden Aussage »Fuck the EU«, also »Scheiß auf die EU«, publik wurde, war dies Nuland natürlich peinlich. »Natürlich hat Frau Nuland mit ihren europäischen Partnern gesprochen und sich für die Bemerkungen entschuldigt«, teilte Jennifer Psaki, die Sprecherin des US-Außenministeriums in Washington am 7. Februar 2014 mit.[555] Bundeskanzlerin Angela Merkel war nicht amüsiert und ließ über eine Sprecherin ausrichten, sie halte diese Äußerung von Nuland für »absolut unakzeptabel«. Ein Sprecher des Auswärtigen Amtes in Berlin ergänzte: »Hieran sieht man einmal mehr, abhören ist halt blöd.«[556]

Dass sich Nuland schon seit Monaten mit dem Regime Change in der Ukraine befasst hatte, ist aus ihren öffentlichen Stellungsnahmen klar zu entnehmen. »Seit der Unabhängigkeit 1991 hat das amerikanische Volk den Übergang der Ukraine zur Demokratie und Marktwirtschaft mit fünf Milliarden US-Dollar unterstützt, im Haushaltsjahr 2013 überstiegen unsere Hilfen 100 Millionen US-Dollar«, so Nuland in einem Vortrag am 14. November 2013 vor dem einflussreichen Atlantic Council in Washington. Das US-Imperium trachtete danach, seinen Einfluss auf die Ukraine auszuweiten. Man versuche einen Wirtschaftsraum aufzubauen, »der von Lissabon bis Donezk reicht und der angeregt wird durch marktorientierte Reformen«, schwärmte Nuland. »In dieser Absicht verhandeln die EU und die Vereinigten Staaten die Transatlantische Freihandelszone TTIP, die Wachstum, Investitionen und Arbeitsplätze auf beiden Seiten des Atlantiks verspricht.«[557]

Natürlich ist es gemäß der UNO-Charta illegal und ein Bruch des Völkerrechts, eine Regierung in einem fremden Land zu stürzen. Das wissen auch die Amerikaner. »Wir haben alle die Aufnahmen von Mitarbeitern des Außenministeriums gehört, wie sie sich zusammen mit dem US-Botschafter in der Ukraine zum Sturz der Regierung verschworen haben«, kritisierte der ehemalige amerikanische Kongressabgeordnete Ron Paul. »Wir haben gehört, wie die stellvertretende US-Außenministerin Victoria Nuland damit geprahlt hat, dass die USA 5 Milliarden Dollar für den Regimewechsel in der Ukraine ausgegeben haben. Warum ist das o. k.?«[558]

Auch der deutsche Staatsrechtsprofessor Karl Albrecht Schachtschneider hat den Putsch in der Ukraine zu Recht als völkerrechtswidrig kritisiert. »Der Westen hat den Umsturz in der Ukraine gefördert, wenn nicht betrieben«, so Schachtschneider. »Das waren schwere Verletzungen der inneren und äußeren Souveränität der Ukraine. Dass der ›Maidan‹ nicht wesentlich aus eigenem Antrieb und eigener Kraft von Bürgern der Ukraine kam, ist offensichtlich«, erkannte Schachtschneider zwei Monate nach dem Putsch. Der Westen habe »das bewährte Verfahren des Umsturzes, der vermeintlich irgendwie gefärbten Revolution, genutzt«. Im Kern gehe es um die Ausdehnung der NATO. »Es gibt wenig Zweifel, dass der Westen ›subversiv‹, wie das Völkerrecht es nennt, interveniert hat, um eine genehme Regierung zu haben, welche bereit ist, die Ukraine in die EU und irgendwann auch in die NATO zu führen«, so der deutsche Rechtsgelehrte.[559]

Die Russsen waren über den Putsch sehr verärgert. »Ich glaube, dass diese Krise willentlich geschaffen wurde«, kritisierte Putin gegenüber der italienischen Zeitung *Corriere della Sera.* Die Berichterstattung in den westlichen Medien »über diesen Prozess war absolut inakzeptabel«, so der russische Präsident. Die NATO-Länder hätten den Putsch verhindern können, zeigte sich Putin überzeugt. »Wenn Amerika und Europa zu jenen, die diese verfassungswidrigen Handlungen begangen haben, gesagt hätten: ›Wenn ihr auf eine solche Weise an die Macht kommt, werden wir euch unter keinen Umständen unterstützen. Ihr müsst Wahlen abhalten und sie gewinnen‹, dann hätte sich die Lage völlig anders entwickelt.« Doch das taten die NATO-Länder nicht. Danach sei Russland gezwungen gewesen zu reagieren. »Ich würde es gerne noch einmal betonen: Das war nicht unsere Entscheidung, wir haben es nicht gesucht, wir wurden schlicht gezwungen, auf das, was geschehen ist, zu reagieren.«[560]

## Die Rückeroberung der Krim im März 2014

Die Russen beobachteten die Ereignisse in Kiew sehr genau. Über den ukrainischen Geheimdienst ließen sie die wichtigsten Akteure überwachen. Die Schüsse am 20. Februar 2014 »kamen vom Philharmonie-Gebäude auf dem Maidan-Platz. Dieses Gebäude … war im Verantwortungsbereich des Maidan-Komandanten Andrei Parubij«, erklärte Alexander Jakemenko, der unter dem gestürzten Präsidenten Janukowytsch den ukrainischen Geheimdienst geleitet hatte. »Ich war bereit, eine Sondereinheit auf den Maidan zu schicken, um die Scharfschützen zu bekämpfen, aber Parubij ließ dies nicht zu«, behauptet der Geheimdienstchef. Parubij habe für den

Oligarchen Poroschenko gearbeitet, der nach dem Putsch die Macht ergriff. Poroschenko und Parubij hätten den Putsch koordiniert und »im Grunde genommen in der US-Botschaft gewohnt, weil es keinen einzigen Tag gab, an dem sie die US-Botschaft in Kiew nicht besucht hatten.«[561]

Präsident Vladimir Putin hatte nicht die Absicht, die Ukraine kampflos aufzugeben. Gemäß eigenen Angaben hat Putin unmittelbar nach dem Sturz von Janukowytsch in den frühen Morgenstunden des 23. Februar 2014 den Auftrag gegeben, mit der »Rückholung« der Krim zu beginnen. Bis zu diesem »Staatsstreich … haben wir nie daran gedacht, die Krim von der Ukraine zu teilen«, erklärte Putin im russischen Fernsehen. Doch als nach dem Putsch klar wurde, dass in Kiew eine proamerikanische und russlandfeindliche Regierung an die Macht gelangt war, habe man den Stützpunkt der Schwarzmeerflotte und die strategischen Interessen von Russland verteidigen müssen.[562]

Russische Soldaten in grünen Uniformen ohne Abzeichen besetzten am 27. Februar 2014 alle strategischen Punkte in Simferopol, der größten Stadt auf der Halbinsel Krim. Am 28. Februar 2014 bat das ukrainische Parlament angesichts der unmarkierten Soldaten auf der Krim den UNO-Sicherheitsrat um Hilfe, um die »Aggression der Russischen Föderation« zu stoppen. Da die russischen Soldaten nicht über ein Mandat des UNO-Sicherheitsrates verfügten, war die militärische Intervention auf der Krim illegal. Dieser illegalen russischen Intervention war jedoch ein illegaler amerikanischer Putsch in Kiew vorausgegangen, für den auch kein Mandat des UNO-Sicherheitsrates vorlag. Der Putsch in Kiew und die darauf folgende Besetzung der Krim zeigen, dass der Bruch des Völkerrechts durch ständige Mitglieder des UNO-Sicherheitsrates äußerst gefährlich ist.

»›Man marschiert nicht in fremde Staatsgebiete ein‹, erklärt Friedensnobelpreisträger Obama mit Blick auf die Krim und den Donbass«, kommentierte der Theologe Eugen Drewermann während einer Friedensdemonstration in Berlin im Dezember 2014. »Aber wer marschierte denn ein in Vietnam, in den Irak, wie nebenbei in Somalia, in Grenada und in Panama, in Afghanistan, ein zweites Mal dann in den Irak? Und wer belog dabei die Welt vom Tonkin-Zwischenfall beginnend über die Babys in kuwaitischen Krankenhäusern über den serbischen Hufeisenplan bis hin zu den Massenvernichtungswaffen Saddam Husseins?« Das US-Imperium, so Drewermann, habe jegliche moralische Autorität verloren und sei daher nicht qualifiziert, andere Länder zu kritisieren.[563]

Der UNO-Sicherheitsrat traf sich in New York am 1. März 2014, um die Lage in der Ukraine zu besprechen. »Russische Truppen sind illegal auf das Territorium der

Ukraine auf der Halbinsel Krim vorgedrungen«, klagte Botschafter Yuriy Sergeyev, der Vertreter der neuen ukrainischen Regierung, wodurch Russland die UNO-Charta »brutal verletzt habe.« Der russische Botschafter Vitaly Churkin erwiderte, dass Russland der Meinung sei, »dass der Sturz von Präsident Janukowytsch illegal war«. Janukowytsch sei der demokratisch und legal gewählte Präsident der Ukraine gewesen. Durch die Entwicklung der Ereignisse in der Ukraine in den letzten Tagen sei man nun »in eine Krise geraten, die es eigentlich nicht geben sollte. Es gab überhaupt keinen objektiven Grund für den Ausbruch dieser Krise«, so Churkin, der dem Westen vorwarf, die Demonstrationen in den Straßen von Kiew unterstützt zu haben. »Warum haben einige unserer Kollegen aus dem Westen bewaffnete Kämpfer auf die Straße gebracht« und eine Konfrontation angestachelt, fragte der russische Botschafter. »Warum gab es so grobe Eingriffe in die inneren Angelegenheiten eines souveränen Landes?«[564]

Die USA sahen es natürlich anders. Die amerikanische UNO-Botschafterin Samantha Power forderte alle UNO-Mitgliedsländer auf, »die neue Regierung der Ukraine zu unterstützen und alle unnötige Gewalt zu vermeiden«. Verlogen betonte Frau Power, dass keine ausländische Macht in der Ukraine intervenieren dürfe, obschon die USA mit dem Putsch genau das eben getan hatten. Power hielt dies geheim und kritisierte stattdessen die russische Intervention: »Wir sind sehr beunruhigt über Berichte, die wir heute Morgen erhalten haben über eine Intervention des russischen Militärs auf der Krim«, so Power. »Es gibt keine legale Basis für diese Intervention. Russland verletzt die Souveränität und territoriale Integrität und Unabhängigkeit der Ukraine«, protestierte Power. »Es ist unser großes Anliegen, diese Konfrontation zu beenden und eine Lösung zu finden, welche es der Bevölkerung der Ukraine erlaubt, ihr eigenes Schicksal, ihre eigene Regierung und ihre eigene Zukunft zu bestimmen.«[565]

Der britische UNO-Botschafter Sir Mark Lyall Grant schloss sich den USA an und erklärte, die russische Militäraktion sei »eine große Bedrohung für die Souveränität, Unabhängigkeit und territoriale Integrität der Ukraine. Wir verurteilen jede Aggression gegen die Ukraine«, beteuerte Grant, und »unterstützen die neue Regierung der Ukraine.« Der Botschafter von Frankreich Gerard Araud erklärte vorsichtig, dass es »eine gefährliche Entwicklung wäre«, wenn Russland Truppen in die Ukraine senden würde, mahnte aber gleichzeitig auch die ukrainische Regierung, die »begründeten russischen Interessen zu berücksichtigen.«[566]

Präsident Putin erkannte schnell, dass die UNO in New York blockiert war. Am 1. März holte er beim russischen Parlament die Genehmigung ein, mit Streitkräften in der Ukraine zu intervenieren, um bedrohte russische Landsleute sowie die Soldaten der Schwarzmeerflotte zu schützen. Am 4. März erklärt Putin im Fernsehen, der Regime Change in Kiew sei ein verfassungswidriger Staatsstreich gewesen. Am selben Tag bestritt Putin, dass die militärischen Kräfte auf der Krim ohne Hoheitszeichen russische Soldaten seien, es handle sich um »örtliche Selbstverteidigungskräfte«. Erst am 16. April 2014 räumte Putin in einer Fernsehfragestunde ein, dass es sich bei den freundlichen »grünen Männchen« um russische Truppen gehandelt hatte.[567]

Auf der Halbinsel Krim und im Osten der Ukraine sprechen die meisten Menschen Russisch und fühlen sich Russland verbunden. Schon am 16. März 2014 stimmten daher 97 Prozent der Bevölkerung der Krim für den Austritt aus der Ukraine und den Anschluss an Russland. Darauf folgte unmittelbar der Antrag auf Beitritt zur Russischen Föderation, den Moskau schon am 18. März annahm. Alles ging sehr schnell. Seither gehört die Halbinsel Krim nicht mehr zur Ukraine, sondern zu Russland.

»Unsere Kollegen in Westeuropa und Nordamerika sagen nun, wir verstoßen gegen das Völkerrecht«, verteidigte sich Putin nach der Angliederung der Krim in einer Rede im Kreml. »Nun, zumindest erinnern sie sich daran, dass es das Völkerrecht überhaupt gibt – besser spät als nie«, was zu Gelächter im Saal führte. Russische Streitkräfte seien nicht in die Krim einmarschiert, »denn sie waren schon dort – einem internationalen Abkommen entsprechend. Ja, wir haben unsere Präsenz dort verstärkt, die vereinbarte Truppenstärke aber nicht überschritten, weil das nicht notwendig war«, räumte Putin ein. Die Charta der Vereinten Nationen betone das Selbstbestimmungsrecht der Nationen, erklärte Putin. »Als die Ukraine ihre Unabhängigkeit von der UdSSR erklärte, argumentierte sie genau so, fast Wort für Wort. Die Ukraine hat dieses Recht ausgeübt, doch den Bewohnern der Krim wird es verwehrt. Warum?« Beim bekannten Präzedenzfall Kosovo habe der Westen zudem erklärt, dass die einseitige Abspaltung von Kosovo von Serbien legitim sei und keiner Zustimmung der Zentralregierung bedürfe. Es sei nicht einzusehen, warum nun für die Krim andere Maßstäbe gelten sollten. Russland werde seinen Marinestützpunkt Sewastopol nicht der NATO überlassen, weil dies »eine ganz reale Bedrohung für den gesamten Süden Russlands« wäre.[568]

Ähnlich wie Gaddafi vor ihm kritisierte Putin das US-Imperium in seiner Rede scharf. »Die Vereinigten Staaten von Amerika lassen sich nicht vom Völkerrecht leiten, sondern von ihrer militärischen Macht. Sie agieren, wie es ihnen gefällt«, so Putin. Um ihren »Aggressionen einen Anschein von Legitimität zu geben, erzwingen sie die erforderlichen Resolutionen internationaler Organisationen, und wenn das aus irgendeinem Grund nicht funktioniert, setzen sie sich über den Sicherheitsrat und die gesamte UNO hinweg«, wie zum Beispiel beim Angriff auf Jugoslawien 1999. »War dieses Vorgehen durch ein Mandat des UNO-Sicherheitsrates gedeckt? Nein. Und dann überfielen sie Afghanistan, den Irak, ganz offen missachtete man die Libyen-Resolution des UNO-Sicherheitsrats, als man statt eine sogenannte Flugverbotszone einzurichten auch dort mit Bombenangriffen begann.« Diese wiederholte Missachtung des Völkerrechts habe den internationalen Beziehungen sehr geschadet.[569]

## Die Sezession der Krim und das russische Veto im Sicherheitsrat

Im UNO-Sicherheitsrat brachten die USA am 15. März 2014 eine Resolution ein, welche »die Souveränität, Unabhängigkeit, Einheit und territoriale Integrität der Ukraine in ihren international anerkannten Grenzen« bekräftigte und eine Abspaltung der Krim von der Ukraine verhindern sollte. Doch Russland legte sein Veto ein. Die 13 übrigen Länder im Sicherheitsrat stimmten für die Resolution. »Nur Russland ist bereit, das Völkerrecht zu verletzen, die Uno-Charta zu missachten und seine bilateralen Verträge zu zerreißen«, kritisierte der britische UNO-Botschafter Mark Lyall Grant. Der russische UNO-Botschafter Witali Tschurkin erwiderte, die Bewohner der Krim hätten ein Recht auf Selbstbestimmung, nachdem es »im Februar in Kiew einen verfassungswidrigen bewaffneten Putsch durch radikale Nationalisten« gegeben habe. Der chinesische Botschafter Liu Jieyi zeigte Verständnis für diese Einschätzung, es habe »Einflussnahme durch ausländische Akteure« in der Ukraine gegeben, dies habe »gewaltsame Zusammenstöße in den Straßen und eine Krise im Land ausgelöst.« China enthielt sich der Stimme.[570]

In Deutschland ist darüber diskutiert worden, ob die Angliederung der Krim an Russland als »Sezession« oder als »Annexion« zu bezeichnen sei. In den USA und in Europa haben »alle sofort den Begriff Annexion gebraucht«, so die Journalistin Gabriele Krone-Schmalz, »dabei ist der völkerrechtlich falsch. Fakt ist, dass das Völkerrecht mindestens zwei widerstreitende Prinzipien in sich vereint. Die Unverletzlichkeit der Grenzen und das Selbstbestimmungsrecht der Völker. Beide sind gleich wichtig. Jetzt muss man von Fall zu Fall schauen, was schlägt was. Und es kann nicht sein, dass wir das Selbstbestimmungsrecht für bestimmte Gegenden der Welt akzeptieren, für andere Gegenden nicht«, so Krone-Schmalz in Anspielung auf Kosovo. Das Wort »Annexion« habe dazu gedient, Russland in den NATO-Ländern zu diffamieren, dies sei unehrlich.[571]

Als Annexion versteht man den gewaltsamen Gebietserwerb eines Staates auf Kosten eines anderen. In der Umgangssprache würde man von »Eroberung« sprechen. Die Annexion ist völkerrechtlich klar verboten. Als Sezession hingegen bezeichnet man die Loslösung einzelner Landesteile aus einem bestehenden Staat mit dem Ziel, einen neuen souveränen Staat zu bilden oder sich einem anderen Staat anzuschließen. Dies geschah zum Beispiel mit der von den NATO-Ländern unterstützten Abtrennung vom Kosovo von Serbien. Im Völkerrecht ist es umstritten, ob das Selbstbestimmungsrecht der Völker auch das Recht von Minderheiten einschließt, mittels der Sezession aus einem Staatsverband auszutreten. Ein Teil der Rechtsgelehrten hält dies für zulässig und legal.

Der deutsche Staatsrechtsprofessor Karl Albrecht Schachtschneider ist der Ansicht, bei der Angliederung der Krim an Russland handle es sich klar um eine Sezession, nicht um eine Annexion. Nach dem Putsch und der »gewaltsamen Übernahme der Macht« durch aufständische Kräfte in Kiew habe die Krim das Recht gehabt, ein Referendum durchzuführen und sich Russland anzuschließen. Mit »milden Mitteln« habe Moskau »einen Eingriff der USA in seinen angestammten Machtbereich abgewehrt«, vergleichbar mit der Seeblockade, mit der Präsident Kennedy die Stationierung von russischen Atomwaffen während der Kubakrise 1962 abwehrte. »Niemand im Westen hat diese Blockade als völkerrechtswidrig kritisiert«, erinnert Schachtschneider.[572]

Auch der Rechtsgelehrte Reinhard Merkel, Professor für Strafrecht an der Universität Hamburg, sieht in der Angliederung der Krim an Russland eine Sezession. »Hat Russland die Krim annektiert? Nein. Waren das Referendum auf der Krim und deren Abspaltung von der Ukraine völkerrechtswidrig? Nein«, erklärte Merkel. War die Abstimmung auf der Krim also rechtens? »Nein; sie verstießen gegen die ukrainische Verfassung«, erläutert Merkel, »aber das ist keine Frage des Völkerrechts.« Der Westen spreche empört von Annexion. »Aber das ist Propaganda«, erklärte Merkel. »Was auf der Krim stattgefunden hat, war etwas anderes: eine Sezession, die Erklärung der staatlichen Unabhängigkeit, bestätigt von einem Referendum, das die Abspaltung von der Ukraine billigte. Ihm folgte der Antrag auf Beitritt zur Russischen Föderation, den Moskau annahm.«[573]

Auf der Basis der verfügbaren Daten bin ich der Ansicht, dass die Abspaltung der Krim als Sezession bezeichnet werden muss und dass der Begriff Annexion falsch ist und nur dazu dient, die Spannungen mit Russland zu schüren. Doch die stark unter dem Einfluss der USA stehende Bundeskanzlerin Angela Merkel sprach in Moskau am 10. Mai 2015 im Beisein von Putin erneut von »der Annexion der Krim«, die sie als »verbrecherisch« bezeichnete. Putin war verärgert und der Kreml reagierte sofort. »Frau Merkel ist in ihren Äußerungen ein Fehler im Bereich der Terminologie unterlaufen, sie verwendete das Wort Annexion und nicht Wiedervereinigung«, erklärte Kremlsprecher Dmitri Peskow, dies sei eine »fehlerhafte Definition«.[574]

Weder die USA noch Russland haben sich im Ukrainekrieg an das Völkerrecht gehalten. Zuerst brach die USA das Völkerrecht mit dem Putsch am 20. Februar 2014. Als Reaktion darauf brach auch Russland das Völkerrecht mit der Besetzung der Krim am 23. Februar 2014. Die Besetzung bestand darin, dass die schon vor Ort vorhandenen russischen Truppen verstärkt und an strategischen Orten positioniert wurden. Die russische »militärische Präsenz auf der Krim außerhalb seiner Pachtgebiete dort war völkerrechtswidrig«, glaubt auch Reinhard Merkel.[575] Die Besetzung der Krim durch Russland »war ein Bruch geltenden Völkerrechts … die völkerrechtliche Souveränität und die territoriale Integrität der Ukraine wurden missachtet«, betont auch Dieter Deiseroth, Richter am Bundesverwaltungsgericht. Der Westen kritisiere dies nun scharf, obschon er selber »in zahlreichen Fällen immer wieder gegen geltendes Völkerrecht verstoßen hat und verstößt (Kosovo, Irak, Afghanistan, Libyen, Drohnenkrieg, Guantanamo etc.)«, so Deiseroth in seiner ausgewogenen Analyse auf *Telepolis*.[576]

Im deutschen Fernsehen und in den Zeitungen gab es keine ausgewogene Berichterstattung über den Krieg in der Ukraine. Die ganze Kriegsschuld wurde vollständig Putin und Russland in die Schuhe geschoben, was falsch war und nicht den historischen Fakten entsprach. Die Titel von ausgewählten Fernsehsendungen und Zeitungen zeigen diese Einseitigkeit: »Putin weiter auf dem Vormarsch – Ist die Krim erst der Anfang? (12. März 2014); »Chaos in der Ukraine – Treibt Russland das Land in den Bürgerkrieg?« (16. April 2014); »Kriegsgefahr in Europa – ist Putin noch zu stoppen?« (16. November 2014); »Wladimir Putin – Der gefährlichste Mann Europas?« (8. September 2014); »Putins Machthunger – Wie weit wird Moskau gehen?« (20. November 2014); »Ukraine-Konflikt – Russland gegen den Westen« (5. Februar 2015).[577] Überall wurde in den NATO-Medien das Feindbild »böser Russe« verbreitet. »Putin hat dafür gesorgt, dass Krieg in unserem Teil der Welt wieder denkbar geworden ist«, erklärte der Journalist Rolf-Dieter Krause im *Ersten Deutschen Fernsehen*. »Er ist kein Partner mehr, er ist Gegner.«[578]

## Der Bürgerkrieg in der Ukraine beginnt am 15. April 2014

Nach dem Putsch in Kiew und der Sezession der Krim stürzte die Ukraine in einen Bürgerkrieg. Der neue Premierminister Arsenij Jazenjuk versuchte mit der Armee, dem Geheimdienst und der Polizei das ganze Land unter seine Kontrolle zu bringen. Doch nicht alle Soldaten, Polizisten und Geheimdienstmitarbeiter folgten den

Weisungen der neuen Regierung. Im an Russland angrenzenden russischsprachigen Osten der Ukraine erklärten die Bezirke Donezk und Luhansk, dass sie die Putschregierung in Kiew nicht anerkennen würden. Die Separatisten besetzten Polizeistationen und Verwaltungsgebäude und argumentierten, die neue Regierung habe keine Legitimität, da sie auf illegalem Wege an die Macht gelangt sei. Premierminister Jazenjuk wies dies vehement zurück und erklärte, alle Separatisten seien Terroristen.

Am 15. April 2014 begann die ukrainische Armee ihren »Antiterror-Sondereinsatz« und griff die Stadt Slawjansk im Bezirk Donezk mit Panzern und Schützenpanzern an. Damit begann der ukrainische Bürgerkrieg. Einige Politiker in Kiew hatten vor dem Einsatz der Armee gegen die eigenen Bürger gewarnt. Als sich dem vorrückenden Militär an verschiedenen Orten Zivilisten entgegenstellten, verweigerten viele Soldaten den Dienst, da sie nicht auf das eigene Volk schießen wollten.

Der russische Präsident Wladimir Putin rief noch am gleichen Tag, am 15. April 2014, UNO-Generalsekretär Ban Ki-moon an und kritisierte den Einsatz der ukrainischen Regierungstruppen gegen das eigene Volk scharf. Die Vereinten Nationen müssten das »verfassungswidrige Vorgehen« der Machthaber in Kiew verurteilen. Auch der russische Außenminister Sergej Lawrow kritisierte die »Verletzung ukrainischer Rechtsnormen und des Völkerrechts«.[579] Doch weil die ukrainische Armee keine Landesgrenzen überschritten hatte, passierte nichts. Für innerstaatliche Konflikte und Bürgerkriege wie den Kampf von Ukrainern gegen Ukrainer ist die UNO nicht geeignet, weil sie die Souveränität von Nationalstaaten nicht verletzen darf. Die UNO hat zwar, wie oben dargelegt, 2011 in den libyschen Bürgerkrieg eingegriffen und dort das Vorgehen von Gaddafi gegen das eigene Volk scharf kritisiert. Doch in der Ukraine lagen die Karten anders, denn diesmal unterstützten die USA unter Präsident Obama das Vorgehen von Premierminister Jazenjuk gegen das eigene Volk, während Putin dies kritisierte. Somit war klar, dass der UNO-Sicherheitsrat nicht einig war und keine Resolution verabschieden konnte, die den Einsatz von militärischen Mitteln in der Ukraine autorisiert hätte.

Kurz vor Ausbruch der Kampfhandlungen war CIA-Direktor John Brennan nach Kiew geflogen, vermutlich um die Putschregierung in ihrer »Anti-Terror«-Operation zu beraten. »Die ukrainische Regierung hat die Verantwortung, Recht und Ordnung herzustellen«, argumentierte Jay Carney, der Sprecher von Präsident Barack Obama im Weißen Haus. Kiew solle im Bürgerkrieg vorsichtig, »Schritt für Schritt und verantwortlich« vorgehen.[580] Der Besuch des CIA-Direktors sorgte in Russland für Irritation. »Er war hier unter einem anderen Namen. Nach seinen Treffen mit

Sicherheitschefs wurde die Operation in Slawjansk beschlossen«, behauptete ein anonymer ukrainischer Beamter gegenüber der russischen Nachrichtenagentur Ria Nowosti. Moskaus Außenminister Sergej Lawrow forderte von Washington umgehend Aufklärung über den Zweck der Reise und fragte, ob der Angriff des ukrainischen Militärs auf die Separatisten in Slawjansk vom CIA angeordnet worden war. Doch das CIA verweigerte jeden Kommentar. Die Sprecherin des US-Außenministeriums Jennifer Psaki bestätigte nur, dass Brennan tatsächlich in Kiew gewesen war. »Normalerweise kommentieren wir die Reisen des CIA-Direktors nicht, aber angesichts der außergewöhnlichen Umstände und der falschen Anschuldigungen der Russen können wir bestätigen, dass der Direktor im Rahmen seiner Europareise in Kiew war.« Brennan habe Kiew keinesfalls zu einem militärischen Angriff auf die Separatisten in der Ostukraine aufgefordert. »Diese Behauptungen sind komplett falsch«, behauptete Psaki.[581]

In Deutschland verstanden immer mehr Menschen, dass sowohl das US-Imperium als auch Russland verdeckt versuchten, Einfluss zu nehmen auf die politische Entwicklung in der Ukraine. Einige begannen auch russische Medien in deutscher Sprache zu nutzen. Um das ansteigende Misstrauen gegenüber Washington einzugrenzen, riet US-Präsident Barack Obama den Deutschen, kein russisches Fernsehen wie *Russia Today* mehr zu schauen. »Es gab Unterstellungen, dass Amerikaner irgendwie in der Ukraine Unruhe stiften würden«, erklärte Obama bei einer gemeinsamen Pressekonferenz mit Bundeskanzlerin Merkel anlässlich ihres Besuchs in Washington im Mai 2014. »Ich muss sagen, dass es uns nur darum geht, dass die Ukraine ihre eigenen Entscheidungen treffen kann.« Das stimmte natürlich nicht, weil die Mitarbeiter von Obama drei Monate zuvor einen Putsch in der Ukraine durchgeführt hatten. »Das Letzte, was wir wollen, sind Unordnung und Chaos im Zentrum Europas«, versicherte Obama heuchlerisch. »Der deutschen Öffentlichkeit, die vielleicht russisches Fernsehen schaut, möchte ich raten, auf die Fakten konzentriert zu bleiben – auf das, was tatsächlich im Land passiert ist.«[582]

Gleichzeitig eskalierte in der Ukraine die Gewalt weiter. In der Hafenstadt Odessa am Schwarzen Meer griffen rechtsradikale Anhänger der neuen Regierung am 2. Mai 2014 prorussische Ukrainer an und verbrannten mehr als 40 Menschen im Gewerkschaftshaus. Als der französische Filmemacher Paul Moreira die Rolle von Rechtsextremen und Ultranationalisten im ukrainischen Bürgerkrieg und das Massaker von Odessa in seinem Film »Masken der Revolution« dokumentierte, bat die neue Regierung in Kiew das französische Fernsehen, den Film nicht zu zeigen, ein Wunsch, den die Franzosen mit Verweis auf die Pressefreiheit ignorierten.[583]

## Der Abschuss von MH17 und die Sanktionen gegen Russland

Während das US-Imperium seine Rolle beim Putsch vom Februar verdeckt hielt, wurde das Feindbild Russland in den europäischen Medien auf allen Kanälen verbreitet. Die USA drängten die EU, Sanktionen gegenüber Russland zu verhängen. Nach der Sezession der Krim verhängte die EU im April 2014 erste Sanktionen wie Einreiseverbote und Kontoeinfrierungen gegenüber ausgewählten Personen aus der Ukraine und Russland. Doch dies waren nur Nadelstiche. Daher drängten die USA die 28 Mitgliedsstaaten der EU, die Sanktionsmaßnahmen zu verschärfen. Innerhalb der EU gab es dazu aber keine Einigkeit. Dies änderte sich erst am 17. Juli 2014, als inmitten der Bürgerkriegswirren das Passagierflugzeug MH17 der Malaysia Airlines von Amsterdam nach Kuala Lumpur über der Ostukraine abgeschossen wurde und alle 298 Insassen ums Leben kamen.

Der tragische Vorfall gehört zusammen mit dem Terroranschlag von Lockerbie und dem von den USA abgeschossenen Passagierflugzeug Iran Air 655 zu den schwersten Katastrophen der Luftfahrt. Welche der beiden Kriegsparteien in der Ukraine das Flugzeug abgeschossen hat, ist ungeklärt und heftig umstritten. Die neue ukrainische Regierung und die USA erklärten, dass prorussische Separatisten die Maschine mit einer Boden-Luft-Rakete abgeschossen hätten. Russland machte einen Kampfjet der ukrainischen Luftwaffe oder eine von der ukrainischen Armee abgeschossene Boden-Luft-Rakete für die Katastrophe verantwortlich. Eine niederländische Untersuchung kam zu dem Schluss, dass vermutlich eine Boden-Luft-Rakete vom Typ Buk das Flugzeug zerstörte hatte, ohne jedoch zu klären, welche Kriegspartei die Rakete abgefeuert hatte.[584]

In New York befasste sich auch der UNO-Sicherheitsrat mit dem Abschuss von MH17 und verabschiedete am 21. Juli 2014 einstimmig die Resolution 2166, in welcher er den Abschuss des Flugzeuges verurteilte und eine vollständige, gründliche und unabhängige internationale Untersuchung forderte.[585] Am 29. Juli 2014 wurde das Thema vom Sicherheitsrat nochmals aufgegriffen, zu Beginn der Sitzung gedachten alle Anwesenden mit einer Schweigeminute den Opfern. Danach forderten die Niederlande und Malaysia die Gründung eines internationalen UNO-Tribunals, um zu klären, wer für den Abschuss verantwortlich ist. »Russland will und unterstützt eine internationale Untersuchung, ein internationales Strafgericht ist dazu aber nicht notwendig«, erklärte der russische UNO-Botschafter Witali Tschurkin und legte das Veto seines Landes gegen die Resolution ein. »Russland versucht mit seinem Veto zu verhindern, dass den 298 Opfern Gerechtigkeit widerfährt«, protestierte daraufhin die amerikanische UNO-Botschafterin Samantha Power. Die Resolution erhielt elf Ja-Stimmen. China, Angola und Venezuela enthielten sich.[586]

Russland, das mit seinem Veto die Resolution zu Fall gebracht hatte, zeigte mit seinem Verhalten im UNO-Sicherheitsrat, dass es seit dem Kosovokrieg 1999, dem Irakkrieg 2003, dem Libyenkrieg 2011 und dem Krieg in Syrien den USA und dem Westen nicht mehr traut. Russland fürchtete, dass ein MH17-Tribunal für antirussische Propaganda benutzt werde. Botschafter Tschurkin erklärte, er zweifle an der Unabhängigkeit einer Untersuchung, denn diese sei angesichts des »aggressiven Propagandahintergrunds in den Medien« nicht mehr gewährleistet, so der russische Botschafter.

Die USA und die EU machten ohne Beweise Russland für den Abschuss von MH17 verantwortlich und verhängten am 29. Juli 2014 Wirtschaftssanktionen, die sich direkt gegen Russland richteten. Die russische Währung Rubel erlitt danach einen dramatischen Zerfall. »Ich möchte betonen, dass diese Sanktionen illegal sind, denn sie sind durch den UNO-Sicherheitsrat nicht legitimiert«, kritisierte der russische Abgeordnete Wladimir Gutenew. »Diese Maßnahmen verstoßen sowohl gegen die Regeln der Welthandelsorganisation WTO als auch gegen das internationale Recht.« Dass auch die Schweiz einen Teil der EU-Sanktionen übernahm und damit ihre Neutralität im Ukrainekonflikt verletzte, entging den Russen nicht. »Wir sind etwas enttäuscht«, so der russische Politiker.[587]

Der Bürgerkrieg in der Ukraine eskalierte derweil immer mehr, weil auf beiden Seiten schwere Waffen zum Einsatz kamen. Die Regierung schickte Kampfhubschrauber ins Gefecht in die Ostukraine und die Separatisten schossen die Kampfhubschrauber mit Luftabwehrraketen ab. Panzer der ukrainischen Armee rollten gegen die Separatisten, worauf diese Panzerabwehrraketen einsetzten. Separatisten und Regierungstruppen lieferten sich erbitterte Gefechte um den Flughafen von Donezk, der hierbei völlig zerstört wurde. Die Gewaltspirale drehte sich immer schneller.

Die USA und Russland lieferten sich einen verdeckten Kampf um politischen Einfluss im Land. Die UNO konnte in diesem Kontext nicht aktiv werden, da offiziell gar kein internationaler Konflikt vorlag, weil die Hauptakteure mit ständigem Sitz im Sicherheitsrat ihre Operationen im Verborgenen durchführten. Russland hat nach dem amerikanischen Putsch in Kiew jene Teile der Ukraine in ihrem Widerstand militärisch unterstützt, die mehrheitlich Russisch sprechen, um die Integration der Ukraine in die NATO zu verunmöglichen. Wann die ersten russischen Soldaten in der Ukraine eintrafen, ist unklar. Sicher ist, dass russische Soldaten auf der Seite der Separatisten am Bürgerkrieg teilnahmen. »Sie haben nur Berufssoldaten hierhergeschickt«, erklärte der russische Soldat Dorschi Batomunkujew gegenüber der russischen Zeitung *Nowaja Gaseta*. »Ich habe mich freiwillig gemeldet«, so der junge Soldat, der einen Dreijahresvertrag als Berufssoldat mit der russischen Armee unterzeichnete und am 8. Februar 2015 mit seiner Einheit mit 31 Panzern und 300 Mann über die Grenze von Russland in die Ukraine rollte. »Jedem war klar, dass wir über die Grenze fuhren«, so Batomunkujew. Er kämpfte als Panzersoldat im Osten der Ukraine und wurde am 19. Februar 2015 verletzt. Die Journalisten der Zeitung *Nowaja Gaseta* trafen ihn im Spital in Donezk. »Wir haben die Zahlen und alle anderen Markierungen auf unseren Panzern übermalt. Wir haben unsere Uniform-Abzeichen abgenommen«, so Batomunkujew.[588]

Weil die amerikanischen Soldaten, welche die Ausbildung der ukrainischen Armee unterstützten, das amerikanische Fernsehen schauten und die russischen Soldaten das russische Fernsehen sahen, hatten beide völlig verschiedene Feindbilder. Und beide waren davon überzeugt, für eine gerechte Sache zu kämpfen. »Wir haben die Nachrichten im Fernsehen gesehen«, erinnert sich Batomunkujew an die Zeit vor seinem Einsatz in der Ukraine. »Und dann kamen in Odessa Leute bei einem Brand um. Uns war ganz schlecht. Wir dachten: Das kann man doch nicht machen, das ist unmenschlich, das ist Unrecht.« Daher sei er in den Krieg gezogen. »Ich habe für eine gerechte Sache gekämpft.« Während seines Einsatzes in der Ukraine habe er zusammen mit anderen russischen Soldaten Radio Sputnik auf dem Handy gehört. »Es gab eine Diskussionssendung zur Frage, ob es in der Ukraine Soldaten gebe. Die Gäste sagten alle: ›Nein, nein.‹ Und hier waren wir. Na ja, wer würde das schon offen zugeben. Unserer Regierung ist klar, dass wir helfen müssen, aber offiziell Truppen entsenden, das würde Europa und die NATO reizen. Aber natürlich ist klar, dass die NATO auch mitmischt, sie liefert Waffen.«[589]

Der Krieg in der Ukraine ist nach offizieller Lesart ein Bürgerkrieg von Ukrainern gegen Ukrainer. Weil im Hintergrund die USA und Russland am Konflikt beteiligt sind, muss der Krieg aus historischer Sicht aber als internationaler Konflikt eingestuft werden, vergleichbar mit der Kubakrise. Der Krieg in der Ukraine dauert an, während ich diese Zeilen schreibe. Wie dieser gefährliche Konflikt ausgehen wird, war unklar, als dieses Buch 2016 in den Druck ging. Der UNO-Hochkommissar für Menschenrechte Said Raad al-Hussein bilanzierte, dass der Krieg in zwei Jahren bisher rund 10.000 Todesopfer gefordert hat. Im Friedensabkommen von Minsk war der Abzug schwerer Waffen aus der Konfliktzone vereinbart worden, was sinnvoll war und wodurch die Kämpfe zwischen der ukrainischen Armee und den Separatisten abnahmen und die Bevölkerung wieder Hoffnung schöpfte.[590]

# 16. Der illegale Krieg gegen Jemen 2015

Im März 2015 griff Saudi-Arabien, unterstützt durch die NATO-Länder USA, Frankreich und Großbritannien, das Nachbarland Jemen an. Jemen ist etwa anderthalbmal so groß wie Deutschland und zählt rund 25 Millionen Einwohner. Nordjemen ist 1947 der UNO beigetreten und vereinigte sich 1990 mit Südjemen zur Republik Jemen. Das arme Land wurde im noch jungen 21. Jahrhundert wiederholt von ausländischen Mächten bombardiert. Es grenzt im Norden an Saudi-Arabien, im Osten an Oman, im Süden an das Arabische Meer und im Westen an das Rote Meer.

Die südwestliche Küste von Jemen, die nur 27 Kilometer breite Meerenge Bab al-Mandab, welche die Arabische Halbinsel von Afrika trennt, ist strategisch sehr wichtig. Denn hier fahren Erdöltanker durch und bringen pro Tag fast vier Millionen Fass Rohöl vom Persischen Golf durch den Suezkanal ins Mittelmeer und nach Europa. Auch die Chinesen haben die strategisch wichtige Lage des Bab al-Mandab erkannt und an dessen Ufer im kleinen afrikanischen Land Djibouti im Jahre 2016 ihren ersten Militärstützpunkt im Ausland errichtet. Auch Deutschland, Frankreich und die USA verfügen in Djibouti über ständige Militärstützpunkte, von wo aus sie über den Bab al-Mandab und die Erdöltanker blicken.

## Drohnenangriffe der USA auf Jemen 2009

Am 17. Dezember 2009 ordnete der amerikanische Admiral William McRaven, Kommandant des Joint Special Operations Command (JSOC), einen Angriff auf das kleine jemenitische Dorf al-Majalah an. Von seinem Kommandozentrum im Pentagon aus verfolgten McRaven und sein Stab die Satellitenbilder vom Angriff. »Gestalten in der Größe von Ameisen bewegten sich auf dem Bildschirm umher, bis sie in einer Stichflamme verglühten«, berichtet der amerikanische Journalist Jeremy Scahill, der den Angriff untersucht hat. »Übertragungen wie diese wurden vom JSCO als ›Kill-TV‹ bezeichnet.«[591]

Der Angriff des US-Imperiums auf Jemen fand im Geheimen und ohne Mandat des UNO-Sicherheitsrates statt und war daher illegal. Das amerikanische Kommando für Spezialeinsätze JSOC operiert in einer Schattenwelt und führt »schmutzige Kriege«, wie der Journalist Scahill sie treffend nennt. Die Soldaten im JSOC sind alle davon überzeugt, dass man Gewalt mit Gewalt ausrotten kann und dass Terroristen getötet werden müssen. Nach den Terroranschlägen vom 11. September 2001 nahmen die Aktivitäten des JSOC stark zu. Für die UNO haben die Offiziere im JSOC nur Verachtung übrig, sie halten die UNO-Charta für wertlos und die UNO-Generalversammlung und auch den Sicherheitsrat für eine peinliche Plaudergruppe, in der viel geredet, aber nichts getan wird.

»Ich bin fest von gezielten Tötungen überzeugt, wenn es sich dabei um Leute handelt, die für weitere Ermittlungen nicht mehr von Bedeutung sind«, erklärte der amerikanische Antiterrorspezialist Malcolm Nance seine Haltung. »Und wenn sie zu stark sind, als dass man sie auf dem Schlachtfeld erledigen könnte, muss man ihnen eben eine Hellfire reinjagen.« Hellfire sind lasergesteuerte Luft-Boden-Raketen, hergestellt vom mächtigen US-Rüstungskonzern Lockheed Martin, die von einer Predator-Drohne oder einem Apache-Kampfhelikopter aus abgefeuert werden. »Mit den chirurgischen Schlägen waren wir sehr erfolgreich«, ist Nance von den vielen Drohnenangriffen überzeugt, welche die USA seit 2001 auf verschiedene Länder ausgeführt hatten. »Wir gingen einfach rein – um ehrlich zu sein, ganz ähnlich wie die Israelis – und jagten mit einer Drohne oder einer Hellfire den Wagen in die Luft, in dem der gesuchte Mann saß. Wir flogen hin, schnappten uns die Leiche, bestätigten den Tod ... und zogen wieder ab. So sollten wir es machen.«[592]

Vom Drohnenkrieg begeisterte Amerikaner glauben, dass man mit Hellfire-Raketen alle Terroristen töten muss, um die Sicherheit der USA zu erhöhen. Die UNO-Charta und das darin verankerte Gewaltverbot haben sie völlig vergessen. Ich bin der Meinung, dass Nance und seine Kollegen sich irren und ihr Konzept nicht zu Ende gedacht haben. Was wird geschehen, wenn auch die Russen, Chinesen und Europäer ein Kommando für Spezialeinheiten wie das JSOC aufbauen und überall auf der Erde Drohnen einsetzen und mit Hellfire-Raketen diejenigen erschießen, die sie als Feinde einstufen? Oder wenn Terrormilizen Drohnen einsetzen? Das wäre das Ende der UNO. Wenn das zwischenstaatliche Gewaltverbot von niemandem mehr beachtet wird, werden Anarchie und Chaos ausbrechen. Drohnenangriffe sind nie präzise. Immer werden auch Unschuldige getötet, was die Gewaltspirale weiter anheizt.

Der Philosoph Friedrich Nietzsche hat richtig betont, dass jedes Sehen, jede Erkenntnis, jeder Affekt nur eine bestimmte beschränkte Perspektive auf die jeweilige Sache freilegt, und dass es daher wichtig ist, die Perspektiven zu wechseln. »Es gibt nur ein perspektivisches Sehen, nur ein perspektivisches Erkennen; und je mehr

Affekte wir über eine Sache zu Worte kommen lassen, je mehr Augen, verschiedene Augen wir uns für dieselbe Sache einzusetzen wissen, um so vollständiger wird unser Begriff dieser Sache, unsere Objektivität sein«, so Nietzsche tiefsinnig. Diese Einsicht ist meiner Meinung nach für die Friedensforschung zentral, man muss sich in die andere Gruppe hineinversetzen und immer um neue, um andere Perspektiven ringen, und sich dabei stets bewusst sein, dass auch die neuen Perspektiven nur ein Bündel von Gedanken sind und keineswegs die Totalität abbilden können.[593]

Auch beim Drohnenkrieg muss man immer wieder die Perspektive wechseln. Denn für die Menschen im Jemen sah die Situation ganz anders aus als im Pentagon, wo der Angriffsbefehl erteilt worden war. Als die amerikanischen Raketen am 17. Dezember in al-Majalah einschlugen, erhielt Scheich Saleh bin Fareed, der Anführer des mächtigen jemenitischen Stammes der Aulaq, einen Telefonanruf. Männer seines Stammes berichteten ihm über eine Katastrophe. Ein Raketenhagel sei in den frühen Morgenstunden auf die ärmlichen Häuser des kleinen Dorfes niedergegangen, viele Menschen, darunter Frauen und Kinder, seien getötet worden. Bin Fareed schaltete sofort den Fernseher ein. Ein Sprecher von *Al Jazeera* las eine Presseerklärung der jemenitischen Regierung vor, in der es hieß, jemenitische Flugzeuge hätten einen Angriff auf ein Trainingslager von al-Qaida geflogen und den Terroristen eine schwere Niederlage zugefügt. Bin Fareed wusste aus erster Hand, dass diese Medienmitteilung falsch war, und entschied sich in Begleitung seiner Männer mit Geländewagen nach al-Majalah zu fahren, um sich vor Ort ein Bild zu machen.

Was bin Fareed in al-Majalah sah, erschütterte ihn sehr. »Wir trauten unseren Augen nicht. Jemand mit einer Herzschwäche wäre zusammengebrochen. Ziegen und Schafe überall und dazwischen die Köpfe der Getöteten. Ihre Leichen und die von Kindern. Manche waren nicht direkt von den Raketen getroffen worden, sondern im Feuer verbrannt«, erzählte er dem amerikanischen Journalisten Jeremy Scahill. Im ganzen Dorf lagen Leichenteile verstreut. »Man konnte nicht sagen, ob das Fleisch von Tieren oder von Menschen stammte.« Viele der Opfer waren Frauen und Kinder. »Lauter Kinder, alte Frauen, Schafe, Ziegen und Kühe.« Es war kein Ausbildungslager von Terroristen. »Nur ein sehr armer Stamm, einer der ärmsten« im ganzen Süden von Jemen, so bin Fareed.[594]

Der Stammesführer saß auch im Parlament von Jemen, als Abgeordneter wollte bin Fareed wissen, was für ein geheimer Krieg im Jemen lief. »Die meisten Toten waren Frauen, Kinder und Alte«, erzählte ein Überlebender mit Namen Muqbal. »Wenn sie unschuldige Kinder töten und sie al-Qaida nennen, dann sind wir alle al-Qaida«, so der Überlebende. »Wenn Kinder Terroristen sind, dann sind wir alle

Terroristen.« Der Stammesführer und seine Männer untersuchten das Schlachtfeld und fanden unter den Trümmern Raketenteile von Marschflugkörpern mit der Aufschrift »Made in the United States«. Danach war er überzeugt, dass es sich um einen amerikanischen Angriff gehandelt hatte. Damit lag er richtig.[595]

Drohnen hatten in den Tagen vor und während des Angriffs Aufklärungsbilder ins Pentagon gesendet. In den frühen Morgenstunden vom 17. Dezember 2009 hatte ein amerikanisches U-Boot vor der jemenitischen Küste seine Tomahawk-Marschflugköper in Richtung al-Majalah abgefeuert. Tomahawks, hergestellt von der amerikanischen Rüstungsfirma Raytheon für den Preis von bis zu einer Million Dollar pro Stück, sind raketengetriebene Lenkwaffen mit einer Reichweite von mehr als 2000 Kilometer. Tomahawks werden von den Briten und Amerikanern als Erstschlagswaffen eingesetzt und können mit nuklearen Sprengköpfen oder mit konventionellem Sprengstoff bestückt werden. Beim Angriff auf al-Majalah wurden die Tomahawks mit mehreren Streubomben bestückt, bei deren Explosion rund 200 scharfe Stahlsplitter mehr als 130 Meter weit durch die Luft jagen. »Im Grunde sind es fliegende Landminen, die einen menschlichen Körper völlig zerfetzen können«, so Jeremy Scahill, einer der wenigen Journalisten, der über das Verbrechen recherchierte. Zudem waren die Bomben mit Brandmunition versehen, die das Zielgebiet in ein Flammeninferno verwandelten, in dem Frauen, Schafe und Kinder verbrannten.[596]

## Friedensnobelpreis für Barack Obama 2009

Als der Angriff auf al-Majalah öffentlich bekannt wurde, übernahm der jemenitische Präsident Ali Abdullah Salih die Verantwortung und erklärte, sein Militär habe in einer Antiterroroperation 34 Terroristen getötet. Dies war eine Lüge, in Wirklichkeit waren Frauen und Kinder von einem amerikanischen Tomahawk-Marschflugköper ermordet worden. Salih war 1978 im Jemen an die Macht gelangt und kannte die Intrigen und Machtkämpfe in seinem Land daher sehr gut, weil er oft daran beteiligt gewesen war. Der amerikanische Präsident Obama rief Salih nach dem Angriff an, um ihm zu »gratulieren« und »sich bei ihm für seine Kooperation zu bedanken und weitere amerikanische Unterstützung zuzusagen.«[597]

Am 10. Dezember 2009, nur eine Woche vor dem Angriff, hatte Obama in Oslo den Friedensnobelpreis erhalten. In seiner Rede hatte er das US-Imperium verteidigt und behauptet, Amerikas Kriege seien »gerechte Kriege«. Es war meiner Meinung nach ein großer Fehler, Präsident Obama den Friedensnobelpreis zu verleihen, er hat ihn angesichts des Drohnenkrieges, des illegalen Angriffs auf Libyen und anderer

Verbrechen nicht verdient. Unter Obama wurden mehr Menschen durch Drohnen getötet als unter Bush, beide regierten acht Jahre lang. Zudem hat Obama den Überwachungsstaat massiv ausgebaut. Die Auffassung, die Regierung Obama habe die Politik der Ära Bush umgekehrt, »ist weitgehend falsch«, erklärt Jack Goldsmith, der als stellvertretender Attorney General in der Administration Bush diente. »Die neue Regierung hat den Großteil des Bush-Programms übernommen, einiges davon sogar ausgeweitet und nur ganz wenig davon eingeschränkt. Obama hat im Grunde nur die Verpackung, die Argumentationsweise, die Symbolik und Rhetorik verändert.« Während also der Angriff auf den Irak 2003 unter Bush offensichtlich war, liefen der Angriff auf Syrien 2011 oder der Putsch in der Ukraine 2014 und die Bombardierung von Jemen 2009 unter Obama im Geheimen ab.[598]

Mit der Lancierung des sogenannten »Krieges gegen den Terrorismus« im Jahre 2001 hat das US-Imperium die Kriegsführung intensiviert und versucht derzeit die UNO-Charta zu beerdigen. »Jetzt ist die ganze Welt das Kampfgebiet«, hatte US-Verteidigungsminister Donald Rumsfeld Ende 2004 in einem geheimen Memorandum erklärt und die Macht des Kommandos für Spezialeinsätze JSOC ausgeweitet.[599] Rumsfeld scherte sich keinen Deut um die UNO-Charta, aber andere Amerikaner sehen dies völlig anders. »Der Drohnen-Krieg ist die mörderischste Terror-Kampagne der Gegenwart«, kritisierte der amerikanische Linguistikprofessor Noam Chomsky. Damit liegt Chomsky meiner Meinung nach völlig richtig. Ich habe den herausragenden jüdischen Wissenschaftler Noam Chomsky am MIT in Boston getroffen und schätze seine Arbeit sehr. Der Drohnenkrieg begann im Oktober 2001, kurz nach den Terroranschlägen vom 11. September 2001. Seither wurden rund 6000 Menschen durch Drohnen getötet, davon etwa 3000 in Afghanistan. Aus der Sicht der Muslime im Jemen, Afghanistan und Pakistan sind die Drohnenangriffe amerikanischer Terrorismus. Aus der Sicht des US-Imperiums dienen sie der Terrorbekämpfung. Damit ist der Hinweis von Nietzsche bestätigt, dass alles Sehen perspektivisches Sehen ist.[600]

Einige US-Amerikaner, die die Drohnen in den USA steuerten, haben heute Gewissensbisse und bereuen ihre Taten. Fast sechs Jahre lang arbeitete Brandon Bryant für das US-Militär als Drohnen-Pilot. Dann kündigte er und erhielt zum Abschied ein Zertifikat: 6000 Flugstunden, 1626 im Kampf getötete Feinde. »Bei der Zahl wurde mir schlecht im Bauch«, erklärte Bryant. Seither engagiert sich der junge Amerikaner in der Friedensbewegung als Whistleblower gegen den Drohnenkrieg und hielt auch in Deutschland öffentliche Vorträge, in denen er betonte, dass auch Deutschland im Drohnenkrieg eine wichtige Rolle spielt.[601] »Drohnenangriffe sind nach menschen- und völkerrechtlichen Standards hochproblematisch«, warnt Albert Fuchs, in »vielen Fällen dürfte es sich bei diesen Angriffen um Kriegsverbrechen handeln.« Die Hauptverantwortung für diese Kriegsverbrechen trägt das US-Imperium. Aber auch Deutschland ist indirekt am Drohnenkrieg beteiligt: Der amerikanische Luftwaffenstützpunkt Ramstein und das dort stationierte »Air and Space Operations Center« (AOC) dient als Relaisstation und verbindet die Pilotenstation in den USA mit dem Drohnen-Zielgebiet zum Beispiel in Pakistan.[602]

Der Angriff auf al-Majalah war kein isoliertes einmaliges Ereignis, sondern Teil einer jahrelangen Schlacht gegen al-Qaida. Jemen wurde in den vergangenen Jahren immer wieder von den USA bombardiert, das Pentagon begründete jeden Angriff mit dem Wort »Terrorbekämpfung«. Weil in den Medien kaum darüber berichtet wurde, führte dies weder in den USA noch in Europa zu großer Aufregung. Das Bureau of Investigative Journalism schätzt, dass zwischen 2002 und 2014 im Jemen rund 530 Menschen durch mehr als 80 US-Drohnenangriffe getötet wurden. Die genauen Opferzahlen bleiben insgesamt undurchsichtig.[603]

Durch den amerikanischen Drohnenkrieg wurde die Ausbreitung von radikalen militanten muslimischen Gruppen wie al-Qaida im Jemen nicht verhindert, im Gegenteil. Die Gewaltspirale drehte sich immer schneller. Die verschiedenen Stämme und die Regierung bekämpften sich. Präsident Salih, der den amerikanischen Drohnenterror unterstützte, musste im Januar 2012 nach 34 Regierungsjahren die Macht an seinen Stellvertreter Mansur Hadi übergeben. Doch auch Hadi gelang es nicht, die verschiedenen Interessen auszugleichen und das Land zu befrieden. Das Land versank in einen Bürgerkrieg zwischen schiitischen Huthi-Rebellen und sunnitischen al-Qaida-Kämpfern. Die Huthi-Rebellen eroberten die Hauptstadt Saana und lösten das Parlament auf. Präsident Hadi musste im Januar 2015 zurücktreten und floh ins Exil nach Saudi-Arabien, nachdem die Rebellen ein Kopfgeld auf ihn ausgesetzt hatten.

## Saudi-Arabien bombardiert Jemen im März 2015

Am 25. März 2015 griffen der neue König von Saudi-Arabien Salman und sein Sohn, der 35-jährige Verteidigungsminister Mohammad bin Salman, im Rahmen der Operation Decisive Storm (»Sturm der Entschlossenheit«) das Nachbarland Jemen an. Weil der Angriff von den drei NATO-Ländern USA, Frankreich und Großbritannien logistisch und politisch unterstützt wurde und ohne sie nicht hätte stattfinden können, muss der Angriff auf Jemen als ein von der NATO unterstützter Angriffskrieg klassifiziert werden. Saudi-Arabien verfügte nicht über ein Mandat des UNO-Sicherheitsrates, der Angriff war daher illegal, genau wie der Angriff von Iraks Diktator Saddam Hussein auf Kuwait 1990. An der Militärintervention nahmen auch die Streitkräfte Ägyptens, Bahrains, Katars, Kuwaits, Jordaniens, Marokkos, Sudans und der Vereinigten Arabischen Emirate teil.

»Die USA haben ihre Beteiligung an der außergewöhnlichen internationalen Militärallianz bestätigt«, berichtete der britische *Guardian* ein Tag nach Beginn des Krieges und erwähnte beiläufig, dass kein UNO-Mandat für den Krieg vorliege.[604] Der Iran kritisierte den Angriff von Saudi-Arabien auf Jemen scharf. Teherans Außenminister Mohammad Javad Zarif forderte einen sofortigen Waffenstillstand. »Militäraktionen von außerhalb gegen Jemens territoriale Integrität und sein Volk werden nur noch mehr Blutvergießen und Tote nach sich ziehen«, erklärte er dem Sender al-Alam. Auch die EU-Außenbeauftragte Federica Mogherini warnte vor »schwerwiegenden regionalen Konsequenzen«.[605]

Mit dem Angriff auf sein Nachbarland versuchte Saudi-Arabien den faktisch entmachteten jemenitischen Präsidenten Hadi und sunnitische Stammesmilizen zu unterstützen und die vom Iran unterstützten schiitischen Huthi-Rebellen und Teile der jemenitischen Armee zu schwächen. Saudi-Arabien errichtete eine umfassende Seeblockade, was im stark von Importen abhängigen Jemen umgehend zu Nahrungsmittelknappheit und Treibstoffmangel führte. Auch mit Treibstoff betriebene Wasserpumpen fielen aus, Not und Krankheiten breiteten sich aus. Die von Saudi-Arabien angeführte Militärkoalition bombardierte im Jemen auch zivile Objekte wie Krankenhäuser, Schulen, Universitäten, Lufthäfen, Moscheen, Fahrzeuge für den Nahrungsmitteltransport, Fabriken, Tankstellen, Telefonnetze und Elektrizitätswerke. Dadurch verstieß Saudi-Arabien klar gegen das Humanitäre Völkerrecht, welches Angriffe auf Zivilisten und zivile Infrastruktur verbietet. Amnesty International warf Saudi-Arabien und der »von den USA und Großbritannien bewaffneten« Militärallianz in einem Bericht vor, unter Verletzung des Humanitären Völkerrechts im Jemen Schulen zu bombardieren.[606] Auch das Rote Kreuz und UNO-Hilfswerke kritisierten den Angriff von Saudi-Arabien auf Jemen scharf. »Seit die Gewalt im Jemen im März eskalierte, wurden mehr als 3083 Menschen getötet, 14.324 wurden verwundet und mehr als eine Million Menschen mussten ihre Häuser verlassen«, so die Zwischenbilanz der UNO-Hilfswerke nach drei Monaten Krieg im Juli 2015.[607]

Russlands Präsident Wladimir Putin kritisierte den Angriff auf Jemen auf *Russia Today* mit deutlichen Worten. Russland wolle keine Angriffe auf andere Länder ohne UNO-Mandat. »Leider hat die jüngste Geschichte viele Beispiele, wie einseitige

Aktionen ohne UNO-Mandat, welche kurzfristige politische oder opportunistische Interessen verfolgen, zu dramatischen Resultaten geführt haben«, warnte Putin im Februar 2016. »Jeder kennt diese Beispiele, es sind Somalia, Irak, Libyen und Jemen.«[608]

In den westlichen Medien wurde der Krieg im Jemen nur selten erwähnt. Viele in Europa und den USA wussten daher gar nicht, dass eine von Saudi-Arabien angeführte Koalition das Nachbarland Jemen bombardiert hatte. Nur vereinzelt tauchten Artikel zum Thema auf. »Die Golfstaaten bomben das ärmste Land der arabischen Welt in die Vormoderne zurück«, berichtete die *Süddeutsche Zeitung*. Deutschland solle mit einem »sofortigen Stopp aller Waffenlieferungen an die Golfstaaten und ihre Verbündeten« ein Zeichen setzen, forderte die Zeitung. »Die fast vollständige Blockade Jemens zu Land, zu See und in der Luft zusammen mit dem pausenlosen Bombardement haben sich inzwischen zu einer völkerrechtswidrigen Kollektivstrafe gegen die Bevölkerung ausgewachsen«, klagte die Zeitung. »Doch der Aufschrei der Welt bleibt aus. Jemen ist der vergessene Krieg.«[609]

Weil die Massenmedien den Krieg im Jemen fast völlig ausblendeten, mussten all jene, die sich für diesen illegalen Krieg interessierten, im Internet selbst recherchieren, um etwas darüber zu erfahren. »Die meisten Medien informieren kaum über den grausamen Luft- und Bodenkrieg der Saudis im Jemen«, kritisierte der Schweizer Journalist Urs P. Gasche auf *Infosperber*. »Wo Kriege herrschen, läuft die Propaganda-Maschinerie auf Hochtouren. Leider lassen sich die meisten Medien viel zu unkritisch einspannen. Das gilt für das Verbreiten ungesicherter Informationen und für das Schüren von Emotionen, um die Öffentlichkeit auf eine Seite zu ziehen.« Das Schweizer Fernsehen berichte immer wieder kritisch über Putin und die Luftangriffe der Russen auf Syrien. König Salam und seine Luftangriffe auf Jemen seien hingegen kein Thema. »Den Krieg, den Saudi-Arabien im Jemen in der Luft und am Boden führt, behandeln fast alle unsere Medien unter ›ferner liefen‹. Die US-Kriegs-PR schont das mit den USA eng verbündete Saudi-Arabien«, erkannte Gasche richtig.[610]

Auch Peter Maurer, der Schweizer Präsident des Internationalen Roten Kreuzes, den ich wiederholt getroffen habe und sehr schätze, reiste nach Jemen und erklärte nach seiner Rückkehr, die Lage im Land sei »katastrophal«, der Konflikt werde aber durch die Medien wenig beachtet. »Im Jemen sieht es nach fünf Monaten Bürgerkrieg schlimmer aus als in Syrien nach fünf Jahren«, warnte Maurer im August 2015.[611] Die Niederlande versuchten daraufhin im UNO-Menschenrechtsrat in Genf einen Resolutionsentwurf einzubringen, der umfassende internationale Untersuchungen zu Menschenrechtsverletzungen und Kriegsverbrechen im Jemen vorsah. Doch unter dem Druck von Saudi-Arabien, den USA und Großbritanniens brachen die Niederlande ein und zogen ihre Forderung wieder zurück.

## Die Rüstungsindustrie verdient am Krieg

Aufgerüttelt durch das Internet wurden einige Bürger in Europa aktiv. Rund 750.000 europäische Bürger protestierten, dass britische, deutsche und französische Rüstungsunternehmen Waffen im Wert von mehreren Milliarden Euro an Saudi-Arabien lieferten, und forderten in einer im Internet verbreiteten Petition, dass ein Waffenembargo gegen Saudi-Arabien ausgesprochen werden müsse. In einer Debatte im Europaparlament im Februar 2016 erklärten Europaparlamentarier, dass seit Beginn der Luftangriffe im März 2015 etwa 6000 Menschen im Jemen ums Leben gekommen seien, viele davon Zivilisten. Das Europaparlament beschloss daraufhin mit großer Mehrheit ein Waffenembargo gegen Saudi-Arabien. Doch weil die Mitgliedsstaaten der EU nicht verpflichtet sind, die Forderungen des Europaparlaments umzusetzen, verkauften sie weiterhin Waffen an das sunnitische Königshaus in Riad.[612]

William Hartung vom Center for International Policy in Washington kritisiert, dass auch amerikanische Rüstungsfirmen wie Boeing, Lockheed Martin und Raytheon vom Krieg gegen Jemen profitieren. US-Rüstungskonzerne hätten unter Präsident Bush und Obama Waffen im Wert von mehreren Milliarden Dollar an Saudi-Arabien verkauft. Diese Waffen würden nun beim Angriff auf Jemen eingesetzt. Der Krieg im Jemen sei »ein leiser Krieg«, weil in Europa und den USA kaum darüber berichtet werde, und »in seiner Essenz ein einziges großes Kriegsverbrechen«, so die klare Kritik von Hartung.[613]

Auch Sunjeev Bery, Mitarbeiter bei Amnesty International USA und dort zuständig für den Nahen Osten, verurteilte den illegalen Angriffskrieg der Saudis auf Jemen bei einer Konferenz in Washington im März 2016. Seit zwölf Monaten würden auch zivile Ziele im Jemen ständig bombardiert, berichtete Bery, darunter Spitäler, Wohngebiete, Flüchtlingslager und sogar ein Warenlager der Hilfsorganisation Oxfam. Durch die »rücksichtslose und flächendeckende Bombardierung von Jemen wird der Einfluss von ISIS und al-Qaida vor Ort vergrößert, das ist eine Tatsache«, warnte Bery. Es sei nicht hinnehmbar, dass die USA gemeinsam mit Saudi-Arabien sich über alle geltenden Rechtsnormen hinwegsetzten. Aus der Sicht von Amnesty International gebe es »keine rechtliche Grundlage« für die amerikanische Unterstützung des Krieges, den Saudi-Arabien gegen Jemen führe. Weil jedoch die amerikanischen

Medien den Krieg im Jemen fast vollständig ignorieren, »wissen viele Menschen gar nicht, dass es diesen Krieg überhaupt gibt.«[614]

Während der Drucklegung dieses Buches im Jahre 2016 dauerte der Krieg im Jemen weiter an. Das von Saudi-Arabien erklärte Kriegsziel, die Rückkehr der ins Exil vertriebenen Regierung von Hadi nach Sanaa, hatte Saudi-Arabien vorerst nicht erreicht. Die Huthi, die Riad als iranische Marionetten sieht, kontrollierten die Hauptstadt Sanaa noch immer. Zeid al-Hussein, der Menschenrechtskommissar der Vereinten Nationen, verurteilte die Angriffe der von Saudi-Arabien angeführten Koalition scharf, weil immer wieder Kinder und andere Zivilisten getötet wurden, was Saudi-Arabien aber in keiner Weise kümmerte. Der Terrorismus, definiert als Einsatz von Gewalt unterhalb der Schwelle des Krieges zum Erreichen von politischen Zielen, nahm im Jemen infolge des Bombenhagels nicht ab, sondern zu. »Im Chaos breiten sich zunehmend die al-Qaida und der IS aus«, warnte die *Neue Zürcher Zeitung*. Wie Libyen droht Jemen zu einem »failed state« zu werden, einem Staat, in dem keine Zentralregierung mehr existiert, was der ideale Nährboden für Terrormilizen ist.[615]

Wer den Angriff des saudischen Königs Salman auf Jemen vom März 2015 mit dem Angriff des irakischen Diktators Saddam Hussein auf Kuwait vom August 1990 vergleicht, erkennt sofort, wie stark unsere Emotionen, unser Denken und unsere Entrüstung durch die Medien gelenkt werden. Beim illegalen Krieg gegen Kuwait gab es einen Aufschrei in den USA und Europa, weil die NATO-Medien das wollten. Beim illegalen Krieg gegen Jemen herrschte Funkstille, weil mächtige NATO-Länder die Saudis unterstützten und keine negative Presse wünschten.

# 17. Der andauernde illegale Krieg gegen Syrien

Syrien ist der UNO 1945 als Gründungsmitglied beigetreten. Doch die Weltfriedensorganisation konnte Syrien nicht schützen, als im Land 2011 ein brutaler Krieg ausbrach. Die Golfstaaten Saudi-Arabien und Katar versuchen derzeit in Zusammenarbeit mit den NATO-Ländern USA, Großbritannien, Frankreich, Türkei und Deutschland, Präsident Baschar al-Assad zu stürzen. Als dieses Buch im Jahre 2016 publiziert wurde, dauerte der Syrienkrieg weiter an. Für viele Beobachter, mit denen ich gesprochen habe, ist der Syrienkrieg wegen den vielen beteiligten Akteuren völlig unübersichtlich. »Syrien ist ein Chaos, da blicke ich nicht durch«, ist die Standardantwort, die ich oft erhalten habe. Natürlich kann auch ich hier keine abschließende oder gar umfassende Analyse des Syrienkrieges vorlegen, weil dieser Krieg auch für uns Historiker sehr vielschichtig ist und zudem viele Quellen noch gar nicht zugänglich sind. Sicher ist derzeit nur, dass der Syrienkrieg ein schrecklicher Krieg ist. Staffan de Mistura, der Sondergesandte der UNO für Syrien, schätzte im April 2016 die Zahl der Toten in Syrien auf weit über 400.000 Menschen. Was um Himmels willen war geschehen? Wie konnte das zuvor stabile Land in Anarchie und Chaos abgleiten?[616]

## Ist Assad ein neuer Hitler?

In den NATO-Medien in Europa und Nordamerika wird Syriens Präsident Baschar al-Assad als »neuer Hitler« oder als »Schlächter von Damaskus« dargestellt. Dies ist Kriegspropaganda, um einen Regime Change in Syrien moralisch zu rechtfertigen. Auch Noriega in Panama, Milosevic in Serbien, Hussein im Irak, bin Laden in Afghanistan und Gaddafi in Libyen wurden jeweils als »neuer Hitler« diffamiert, um die illegalen NATO-Kriege dem einfachen Volk zu verkaufen. Oft funktioniert der Trick. Die Menschen vergessen dann, dass die UNO-Charta Regime Changes strikt verbietet, und dass die historische Realität oft weit komplexer ist, als die NATO-Propaganda behauptet.

Syrien zählt rund 22 Millionen Einwohner. Mehr als 70 Prozent sind muslimische Sunniten, etwa 17 Millionen Menschen. Auch die Minderheit der Kurden zählt zu den Sunniten. Daneben gibt es rund zwei Millionen Christen in Syrien sowie rund drei Millionen muslimische Alawiten, die allgemein dem schiitischen Islam zugerechnet werden. Die Alawiten kamen unter Hafis al-Assad 1970 an die Macht und kontrollieren seither die Regierung, das Militär und den Militärgeheimdienst. Hafis al-Assad war bis zu seinem Tod im Jahre 2000 Präsident, seither regiert sein Sohn Baschar al-Assad.

Syrien ist wie Saudi-Arabien, Katar, Weißrussland oder China keine Demokratie mit verschiedenen Parteien, die in freien Wahlen an die Macht kommen. Die NATO-Propaganda gibt immer wieder vor, dass alle Länder, die keine Demokratien sind, aus diesem Grund bombardiert werden dürfen. Dies ist völliger Unsinn und würde die ganze Welt in Flammen aufgehen lassen. Die UNO-Charta verbietet Angriffskriege klar, jedes Land darf seine Regierungsform gemäß dem Prinzip der Souveränität selber bestimmen. Die NATO kann Regierungen stürzen, aber NATO-Bomben können keine Demokratien erschaffen, wie die tragischen Beispiele Afghanistan, Irak und Libyen in aller Deutlichkeit zeigen. In funktionierenden Demokratien braucht es verschiedene Parteien, freie Wahlen, Akzeptanz einer politischen Opposition, Schutz der Bürger- und Menschenrechte, Pressefreiheit und vor allem friedliche Konfliktlösung. Der letzte Punkt ist entscheidend, und gerade hier ist die NATO ein denkbar schlechtes Vorbild.

Es gab in Syrien immer wieder Fälle von Folter und Machtmissbrauch. Die regierenden Alawiten haben fundamentalistische Muslime und Dschihadisten von der Macht ferngehalten, ein Aufstand der Muslimbrüder in Hama wurde 1982 brutal niedergeschlagen. Die Assad-Regierung muss daher klar als autoritär eingestuft werden. »Die Regierung duldete weiterhin keinerlei abweichende Meinungen«, kritisierte Amnesty International im Jahresbericht 2010. »Regierungskritiker, Menschenrechtsverteidiger, vermeintliche Regierungsgegner und andere Personen, die abweichende Meinungen äußerten, blieben oft über einen langen Zeitraum hinweg inhaftiert. Einige von ihnen wurden in unfairen Gerichtsverfahren zu Haftstrafen verurteilt«, so Amnesty. »Folter und andere Misshandlungen waren weiterhin an der Tagesordnung und blieben straflos.« Wer auf der Basis dieser Fakten aber Assad als »neuen Hitler« bezeichnet, verharmlost das Dritte Reich.[617]

Vor allem aber können die Länder, die Syrien angriffen, darunter Katar, Saudi-Arabien, die Türkei und die USA, keinerlei moralische Überlegenheit für sich in Anspruch nehmen, wenn es um die Themen Menschenrechte und Demokratie geht. Hier wird der Bock zum Gärtner gemacht. Der amerikanische Geheimdienst CIA hat vor Kriegsausbruch wiederholt politische Gefangene nach Syrien geschickt, um sie durch den syrischen Geheimdienst foltern zu lassen (Extraordinary Rendition Programm). Bekannt wurde der Fall von Maher Arar, ein syrisch-kanadischer Doppelbürger, der 2002 beim Umsteigen auf dem John F. Kennedy Airport in New York von den USA verhaftet, zu Unrecht als Mitglied von al-Qaida beschuldigt und nach Syrien deportiert wurde. Während zehn Monaten wurde Arar vom Syrischen Militärgeheimdienst (SMI) in einer winzigen Zelle festgehalten, die 90 Zentimeter breit, 1,80 Meter lang und 2 Meter hoch war. 2003 wurde Arar freigelassen und kehrte nach Kanada zurück, wo es ihm gelang, seine Unschuld zu beweisen.[618]

Obschon Assad und sein Machtapparat gegen politische Gegner mitunter brutal vorgingen, erkannten die Alawiten auch, dass sie die Vormachtstellung ihres Clans und die Dominanz der Baath-Partei nicht allein auf Gewalt gründen konnten. Daher gingen sie mit der sunnitischen Mehrheit, den Händlern und Gewerbetreibenden aus Damaskus und Aleppo, ein Bündnis ein. »Der Deal lautete: Ihr stellt nicht die Machtfrage, und wir stören euch nicht bei euren Geschäften«, erklärt der deutsche Nahostexperte Michael Lüders. Den religiösen Minderheiten, allen voran den Christen, wurde Glaubensfreiheit garantiert, solange sie nicht die Vorherrschaft der Alawiten in Frage stellten. Die verschiedenen ethnischen Gruppen lebten unter Assad in Frieden nebeneinander. Die Christen konnten ihren Glauben frei ausüben, und die Schiiten und Sunniten respektierten einander und töteten sich nicht gegenseitig. Der Clan der Assads leitete Syrien als säkularen Staat mit einer an den Sozialismus angelehnten Ausprägung.[619]

»Syrien war ein friedvolles Land, und es bestanden keine unterschwelligen Spannungen«, erinnert sich auch der indische Botschafter Shri V. P. Haran an das Jahr 2009. »Der syrischen Wirtschaft ging es gut, und die durchschnittliche Wachstumsrate lag bei mehr als 5 Prozent«. Es gab weder Krieg noch Terror. »Die öffentliche Ordnung war nie ein Problem«, so der indische Botschafter, der von 2009 bis 2012 in Syrien war. Vor Ausbruch des Krieges habe er in der Innenstadt von Damaskus stets Tee in einem Kaffeehaus getrunken und mit den Menschen geplaudert. »Das waren wundervolle Momente und wundervolle Tage«, so Botschafter Haran. »Meine weiblichen Kollegen erzählten mir, sie könnten Schmuck tragen und um zwei Uhr morgens alleine nach Hause laufen und sich dabei sicher fühlen. In einigen Stadtteilen hatten Restaurants bis um fünf Uhr morgens geöffnet.« Die öffentliche Sicherheit war intakt.[620]

Syriens Präsident Assad ist kein neuer Hitler. Vor Ausbruch des Krieges hatte der gelernte Augenarzt Assad die Unterstützung von etwa 80 Prozent der Einwohner Syriens gehabt und war 2009 in einer Umfrage zur beliebtesten arabischen Person gewählt worden. Assad ist kein Fundamentalist, sondern säkular und liberal orientiert. »Tatsächlich war Präsident Assad bei der Bevölkerung sehr beliebt. Er sei jung, im Westen ausgebildet und weder geld- noch machtgierig, so die Ansicht vieler Syrer«, berichtet Karin Leukefeld, die als freie Journalistin aus dem Nahen und Mittleren Osten für Tages- und Wochenzeitungen schreibt und Syrien aus erster Hand kennt. Doch in den NATO-Medien wollte man ihre differenzierte Analyse nicht hören. »Sie stellen Assad zu positiv dar, ich vermisse Kritik daran, dass er sein Volk abschlachtet, dass er ein Diktator ist, dass er das Land zerstört, höre ich immer wieder von Redakteuren oder bei Veranstaltungen«, erklärt Leukefeld.[621]

Um den Regime Change in den NATO-Ländern zu verkaufen, musste Assad als neuer Hitler diffamiert werden, abweichende Stimmen wie die von Leukefeld wurden unterdrückt. Seit Kriegsausbruch 2011 wurden in westlichen Medien »massive Falschinformationen« über Syrien verbreitet, um Assad zu dämonisieren und den Krieg in den NATO-Ländern zu verkaufen, kritisiert der Journalist Helmut Scheben, der 16 Jahre für das Schweizer Fernsehen SRF gearbeitet hatte. Viele Berichte von CNN, ZDF und *Spiegel* stützten sich einseitig auf die undurchsichtige »Syrische Beobachtungsstelle für Menschenrechte« (Syrian Observatory for Human Rights, SOHR) von Osama Ali Suleiman, der unter dem Pseudonym Rami Abdul Rahman ein »PR-Büro der Assad-Gegner« betrieb und aus einem Reihenhaus in Coventry nördlich von London Geschichten zu Syrien in die Welt verschickte.[622]

## Der geheime Krieg der NATO gegen Syrien

Der Hauptgrund für den Ausbruch des Syrienkriegs besteht darin, dass die NATO-Länder USA, Großbritannien, Frankreich und Türkei einen Regime Change in Damaskus und den Sturz von Assad wollen. Vieles lief im Verborgenen, für das Publikum lange nicht sichtbar, doch jetzt sind historische Daten zugänglich geworden, die beweisen, dass der Syrienkrieg ein geheimer Krieg der NATO ist. »Depeschen des Außenministeriums, die über Wikileaks bekannt wurden, belegen, dass die Regierung Bush die Destabilisierung Syriens betrieb und dass diese Bemühungen bis in die Regierung Obama hineinreichten«, enthüllte der amerikanische Investigativjournalist Seymour Hersh im April 2016. »Bush brachte Syrien in den Jahren seiner Präsidentschaft stets mit den drei Mitgliedern der ›Achse des Bösen‹ in Verbindung – Irak, Iran und Nordkorea.« Im Dezember 2006, mehr als fünf Jahre vor Kriegsausbruch, reichte William Roebuck, der in der US-Botschaft in Damaskus arbeitete, eine Analyse der »Schwachstellen« der Regierung Assad ein und listete Methoden auf, mit denen sich »die Wahrscheinlichkeit« für eine Destabilisierung »erhöhen« ließ. Roebuck empfahl, die religiösen Spannungen anzuheizen. »Eine weitere Depesche aus dem Jahr 2006 belegt, dass die US-Botschaft fünf Millionen Dollar für die Finanzierung von Dissidenten ausgegeben hatte«, so Hersh.[623]

Im Jahre 2008, drei Jahre vor Kriegsausbruch, forderten die USA den Sturz von Assad anlässlich einer Konferenz der Bilderberger. Die Bilderberger sind ein 1954 gegründeter privater Verein einflussreicher Personen aus Politik, Militär und Wirtschaft, vorwiegend aus NATO-Ländern, die sich jährlich treffen, das erste Mal im Hotel Bilderberg in der Nähe von Arnheim in Holland, daher der Name. An den Bilderberg-Konferenzen werden vergangene und zukünftige NATO-Kriege besprochen, da die meisten Teilnehmer treue Unterstützer der NATO-Militärallianz sind und wenig von der UNO-Charta halten. Die Bilderberg-Konferenzen dauern in der Regel drei Tage und finden in erstklassigen Hotels statt. Zutritt erhalten nur Personen, die durch den Vorsitzenden eingeladen werden. Zugespitzt könnte man die Bilderberger als den Think Tank der NATO bezeichnen.

Am Treffen der Bilderberger vom 5. bis zum 8. Juni 2008 in Chantilly, Virginia, in den USA hat US-Außenministerin Condoleeza Rice den Sturz der syrischen Regierung gefordert, berichtet der französische Journalist Thierry Meyssan. Rice sprach im Namen der Bush-Administration. Auch Europäer haben während des Treffens der Bilderberger diesen Plan unterstützt, darunter der deutsche Nahost-Experte Volker Perthes, Direktor der Stiftung für Wissenschaft und Politik in Berlin. Perthes hat später das Projekt The Day After (TDA) geleitet, das den Sturz von Assad und einen »demokratischen Übergang« in Syrien forderte. Die Existenz des TDA-Projekts wurde in Deutschland erst 2012 publik.[624]

Mit welchen Worten US-Außenministerin Rice fünf Jahre vor Ausbruch des Syrienkrieges den Sturz von Assad gefordert hat, ist für Historiker schwer zu prüfen. Denn die Konferenzen der Bilderberger verlaufen im Geheimen, die Medien berichten auf Bitte der NATO nicht darüber. Auch den Teilnehmern ist es untersagt, nach der Konferenz die Aussagen und Identitäten von Konferenzteilnehmern offenzulegen. Nach der Konferenz erhalten die Teilnehmer zwar ein Protokoll, doch diese Protokolle sind im Unterschied zu den Protokollen der UNO erstens für Historiker nicht öffentlich zugänglich und zweitens sind es keine Wortprotokolle, sondern nur Zusammenfassungen der Besprechungen, in denen Aussagen niemals einem bestimmten Teilnehmer, sondern immer nur dessen Herkunftsland zugeordnet werden.

Auch der pensionierte amerikanische General Wesley Clark, der als Supreme Allied Commander Europe (SACEUR) die NATO-Streitkräfte beim illegalen Angriff auf Serbien 1999 kommandierte, bestätigte, dass die Neokonservativen in der Administration Bush nicht nur Hussein im Irak, sondern auch Assad in Syrien stürzen wollten. Dies habe ihm der neokonservative Hardliner Paul Wolfowitz schon 1991 im Pentagon erzählt. »Was wir aus dem Golfkrieg gelernt haben, ist, dass wir unser Militär in dieser Region – dem Nahen Osten – einsetzen können, und die Sowjets stoppen uns nicht«, habe Wolfowitz gesagt. »Wir haben jetzt etwa fünf oder zehn Jahre, um diese alten Sowjetregime – Syrien, Iran und Irak – wegzuräumen, bevor die nächste große Supermacht kommt und uns herausfordert.«[625]

Auch die Briten wollten den Sturz von Assad, wie der ehemalige französische Außenminister Roland Dumas enthüllte. »Ich war in England, zwei Jahre bevor der Krieg in Syrien ausbrach«, erinnert sich Dumas an das Jahr 2009. »Ich traf mich mit Spitzenbeamten der Briten, die mir anvertrauten, sie würden etwas in Syrien vorbereiten«, berichtete Dumas. »Großbritannien bereitete die Invasion von Syrien durch Rebellen vor. Sie fragten mich, obwohl ich nicht mehr Außenminister war, ob ich nicht teilnehmen wollte.«[626]

Auch die Franzosen wollten den Sturz von Assad, waren aber intern zerstritten. Nicolas Galey, der Berater von Präsident Nicolas Sarkozy für den Mittleren Osten, habe im Frühling 2011 an einer geheimen Sitzung im französischen Außenministerium in Paris gesagt: »Bashar al-Assad muss stürzen und er wird stürzen.« Dem widersprach angeblich der französische Botschafter in Damaskus, Eric Chevallier, der erklärte, dass nach seinen in Syrien gesammelten Erkenntnissen »das Assad-Regime nicht stürzen wird und Assad stark ist«. Das aber wollte Galey nicht hören. »Hören Sie auf, solchen Unsinn zu reden. Wir sollten uns nicht an die Fakten halten, sondern wir müssen über unsere Nasenspitzen hinausblicken«, soll Galey zu Chevallier gesagt haben.[627]

## Der Pipelinekrieg der Golfmonarchien Katar und Saudi-Arabien

Um den Regime Change umzusetzen, brauchten die vier NATO-Länder USA, Großbritannien, Frankreich und Türkei Verbündete vor Ort, und diese fanden sie in den zwei sunnitischen Golfmonarchien Katar und Saudi-Arabien. Auch diese wollten Assad stürzen und hatten dafür ihre eigenen Gründe. Hierbei spielten, wie immer im Nahen Osten, die Rohstoffe Erdöl und Erdgas eine zentrale Rolle.

Im Gegensatz zu seinem Nachbarland Irak verfügt Syrien nicht über große Erdöl- und Erdgasreserven. Die Förderung in Syrien lag vor Ausbruch des Krieges bei 400.000 Fass Erdöl pro Tag und 5 Milliarden Kubikmeter Erdgas pro Jahr. Dies sind beachtliche Zahlen, doch im Vergleich zu Saudi-Arabien, Iran und Katar muss die syrische Erdöl- und Erdgasförderung als bescheiden eingestuft werden. Trotzdem bin ich der Meinung, dass der illegale Angriff auf Syrien viel mit Erdöl und Erdgas zu tun hat, denn Syrien ist ein ganz wichtiges Transitland für Erdöl- und Erdgaspipelines, was in den westlichen NATO-Medien kaum erklärt wurde. Wer die Regierung in Damaskus kontrolliert, kann auch den Zufluss von Erdöl und Erdgas nach Europa über die syrischen Pipelines kontrollieren.[628]

Die Suezkrise beweist, wie wichtig Syrien als Pipelineland ist. Wie oben dargelegt, wurde Ägypten 1956 von Frankreich, Großbritannien und Israel in einem illegalen Krieg angegriffen, woraufhin der ägyptische Präsident Gamal Abdel Nasser den Suezkanal blockierte. Als Ausweichroute hätte man damals die große, von der Iraq Petroleum Company (IPC) betriebene Erdölpipeline nutzen können, die Erdöl aus dem irakischen Kirkuk über Syrien bis an den Mittelmeerhafen von Tripoli im Libanon bringt. Mehrere Pumpstationen ermöglichten den Transport des Öls durch die Wüste, der höchste zu überwindende Punkt der Pipeline lag bei 900 Metern über dem Meeresspiegel. Doch Nasser kam dieser Alternative zuvor, und auf seine Anweisung hin sabotierten syrische Ingenieure 1956 die Pumpstationen an dieser Pipeline. Danach war auch der Erdöltransport über Syrien nicht mehr möglich.

Im Jahre 2009, zwei Jahre vor Ausbruch des Krieges, wurde wieder über Pipelines in Syrien verhandelt. Katars Herrscher Scheich Hamad bin Khalifa al-Thani flog in den türkischen Badeort Bodrum und erklärte dort dem türkischen Ministerpräsident und späteren Präsidenten der Türkei Recep Tayyip Erdogan, dass Katar sehr gerne eine Erdgaspipeline von Katar über Saudi-Arabien, Jordanien durch Syrien bis in die Türkei bauen würde. »Wir sind sehr daran interessiert, über eine Erdgaspipeline von Katar bis in die Türkei zu verfügen«, so al-Thani. Der Türke Erdogan war von diesem Vorschlag begeistert und hoffte dadurch die Macht der Türkei auszubauen. Die Europäische Union sei zu stark von russischem Erdgas abhängig. »Eine Erdgaspipeline zwischen Katar und der Türkei würde einen Beitrag dazu leisten, dieses Problem ein für alle Mal zu lösen«, glaubte Erdogan.[629]

Die Türkei und Katar hatten nur ein Problem: Sie brauchten für die geplante Pipeline die Zustimmung von Syrien, doch Assad lehnte ab. »2009 weigerte sich Assad, ein von Katar vorgeschlagenes Abkommen zu unterzeichnen, das den Bau einer Pipeline von Katars North Field, das an das iranische Erdgasfeld South Pars grenzt, über Saudi-Arabien, Jordanien, Syrien bis zur Türkei absegnen sollte, um so die europäischen Märkte unter Umgehung Russlands versorgen zu können«, berichtet der britische Forscher Nafeez Ahmed. »Assad begründete seine Ablehnung damit, die Interessen seines russischen Verbündeten zu schützen, der der wichtigste Versorger Europas mit Erdgas ist.«[630]

Die Entscheidung Assads kam nicht völlig überraschend. Denn Syrien ist seit Jahren ein Verbündeter von Russland, kauft Waffen von Moskau und die Russen haben in Latakia und Tartus Militärstützpunkte. Syrien war daher nicht bereit, Katar dabei zu unterstützen, Europa mit Erdgas zu fluten, sondern entschied sich für die Interessen von Putin und Gazprom. Dies erzürnte nicht nur Katars Herrscher al-Thani und den türkischen Ministerpräsidenten Erdogan, sondern auch den saudischen Prinzen Bandar bin Sultan, der das Pipelineprojekt von Katar unterstützte, um den ewigen Rivalen Iran zu schwächen.

Erneut wurde das Erdöl und das Erdgas nicht zu einem Segen, sondern zu einem Fluch für die Bevölkerung vor Ort. »Ich denke, Saudi-Arabien und die Türkei sind die beiden größten Gefahren für den Weltfrieden«, glaubt der Amerikaner Dick Black, der als Republikaner im Senat von Virginia sitzt. »Es ist Saudi-Arabien, das über seine wahhabitische Doktrin den Terrorismus über den Globus sät. Es ist nicht der Iran oder Syrien oder irgendein anderes Land.« Dies sei gefährlich, warnte Black, weil die Saudis und die Türken Dschihadisten mit Waffen beliefern, um Assad zu stürzen. »Die Türkei unterstützt aktiv die IS-Rebellen und hilft der al-Nusra-Front, die in Verbindung zur al-Qaida steht … Und dies geschieht aus der Türkei heraus, mit der Zustimmung der höchsten Ebenen in der Politik.«[631]

Die syrische Regierung durchschaute das Doppelspiel von Katar, Saudi-Arabien und der Türkei und unterzeichnete ein Jahr nach Ausbruch des Krieges im Juli 2012 einen Pipelinevertrag mit dem Iran. Der Vertrag sagte, dass in Zukunft eine Pipeline durch Syrien verlegt werden sollte, um Erdgas vom iranischen Erdgasfeld South Pars durch Irak und Syrien nach Europa zu bringen. Dieser Entscheid von Assad war für die sunnitischen Länder Saudi-Arabien und Katar eine Ohrfeige. Denn wenn der Sturz von Assad nicht gelingt und die Erdgaspipeline je gebaut wird, kann der schiitische Iran seine Macht am Golf ausbauen und iranisches und nicht katarisches Erdgas wird auf dem europäischen Markt verkauft.

Das in der Öffentlichkeit wenig bekannte Gasfeld, das den Syrienkrieg befeuert und welches sowohl der Iran wie auch Katar ausbeuten, liegt auf einer Fläche von 10.000 Quadratkilometern im Persischen Golf. Es ist das größte Gasfeld, das je auf der Welt entdeckt wurde. Das Feld wird durch die Landesgrenze geteilt, Katar nennt seinen Teil North Field, Iran nennt seinen Teil South Pars. Die beiden Länder liefern sich ein Wettrennen, von welcher Seite her das Feld besser und schneller entleert wird. Katar exportiert seit 1996 Flüssigerdgas (LNG) mit Tankern aus dem North

Field, aber das ist langsam teuer und aufwendig, eine Pipeline würde eine intensivere Ausbeutung erlauben. Die National Iranian Oil Company (NIOC), die für die Produktion von South Pars zuständig ist, glaubt, dass man während 30 Jahren Erdgas aus dem Feld fördern kann, also mindestens bis ins Jahr 2040.[632]

Dabei geht es um Milliarden. Dem OPEC Annual Statistical Bulletin ist zu entnehmen, dass Katar 2013 durch den Export von Erdöl 60 Milliarden Dollar eingenommen hat, Iran auch 60 Milliarden und Saudi-Arabien gar 320 Milliarden Dollar. Der Kampf um Pipelines und Absatzmärkte ist real. Es spielt durchaus eine Rolle, wo die Pipelines liegen und wessen Rohstoff auf welchem Markt verkauft wird. Für diese Interessen wird getötet. In seinem Kern ist der Syrienkrieg ein Wirtschaftskrieg und dreht sich um Erdgaspipelines und den milliardenschweren Exportmarkt Europa.[633]

Der saudische Prinz Bandar bin Sultan war derart erzürnt über den Entscheid von Assad, die Pipeline des Irans zu bevorzugen, dass er im August 2013 nach Moskau flog und Russland dazu zu bringen versuchte, Assad fallen zu lassen. Die Saudis versprachen, dass trotz des geplanten Sturzes von Assad Katar keine Pipeline durch Syrien bauen werde, um sein Erdgas auf dem europäischen Markt anzubieten. Doch Putin glaubte den Versprechungen der Saudis nicht und erklärte, dass Russland an der Freundschaft zu Syrien auch in diesen schwierigen Zeiten festhalten werde.[634]

## Der Ausbruch des Syrienkrieges in Dara im März 2011

Bei Libyen haben wir im obigen Kapitel gesehen, dass der amerikanische Geheimdienst CIA und der britische Geheimdienst MI6 im sogenannten »Arabischen Frühling« die Souveränität von Libyen verletzten, die Aufständischen aufbauten und gezielt Spannungen zwischen den verschiedenen verfeindeten Gruppen im Land schürten. In Syrien ist es ähnlich gelaufen. Hierbei spielte die Stadt Dara im Süden von Syrien nahe der Grenze zu Jordanien eine entscheidende Rolle, denn hier brach der Krieg aus.

Am 11. März 2011 stoppten syrische Sicherheitskräfte in Dara einen Lastwagen, der aus dem Irak kam und eine große Ladung »Waffen und Sprengstoff sowie Nachtsichtgeräte« geladen hatte. Die Nachrichtenagentur der syrischen Regierung, SANA, erklärte, dass die Waffen dazu bestimmt waren, »Aktionen in Syrien auszulösen, die Syriens innere Sicherheit gefährden, und um Aufstand und Chaos zu verbreiten.« Während dieser Lastwagen abgefangen wurde, erreichten andere Lastwagen ihr Ziel, es war für Syrien unmöglich, die Grenzen zum Irak und zu Jordanien systematisch zu kontrollieren.[635]

Im selben Monat begannen die Demonstrationen. »Ermutigt durch den Arabischen Frühling forderten nicht nur Angehörige der vernachlässigten sunnitischen Unterschicht Freiheit, Demokratie und soziale Gerechtigkeit«, so der deutsche Journalist Jürgen Todenhöfer. Diese Forderungen waren legitim, die Mehrheit protestierte friedlich. Problematisch waren aber die Angriffe auf Polizeistationen. Wie schon in Libyen wurden damit wie nach einem Drehbuch die Sicherheitskräfte des Staates provoziert. Der syrische Präsident versuchte den Konflikt zu beruhigen. »Doch es gibt Kräfte, die keine Beruhigung wollten«, so Todenhöfer. Waffen und Geld gelangten ins Land, »Hauptsponsor war wie in Libyen das kleine Katar.«[636]

Der indische Botschafter Shri V. P. Haran, der von 2009 bis 2012 in Syrien war, bestätigt, dass der Ausbruch des Syrienkrieges vom Ausland gesteuert wurde. »Viele der Probleme in Syrien sind ausländischer Herkunft, aus Quellen, die versuchen, sich eines unbequemen Regimes zu entledigen«, so Haran. »Ab Februar, als Bahrain Proteste erlebte, versuchten einige NGOs Proteste in Damaskus zu organisieren«, erinnert sich der indische Botschafter, »doch kaum 20 oder 30 Leute nahmen teil.« Es gab keine Mehrheit, die Assad stürzen wollte. Im März wurden einige Jugendliche in Dara verhaftet, weil sie Graffitis mit dem Aufruf »Das Volk will das Regime stürzen« an die Wände geschrieben hatten. Daraufhin kam es zu Demonstrationen und in den Städten Dara und Latakia wurde es chaotisch, doch Aleppo blieb ruhig. Also wurden »Busladungen voller Leute nach Aleppo« gefahren, diese Leute »verbrannten dann etwas auf den Straßen und gingen wieder. Journalisten berichteten dann davon und sagten, Aleppo habe sich aufgelehnt«, so der indische Botschafter. Die Medien, vor allem der von Katar kontrollierte Fernsehsender *Al Jazeera*, schürten die Spannungen.[637]

Die südsyrische Stadt Dara wurde als erste destabilisiert. Der 15. März wurde auf Facebook und anderen sozialen Medien als »Tag der Wut« getauft und es kam zu den ersten großen Demonstrationen in Dara. Diese Demonstrationen wurden am 18. März fortgesetzt. Nun reagierte die Staatsmacht mit Wasserwerfern und Tränengas und es kam zu den ersten beiden Todesopfern unter den Demonstranten.[638] Am 20. März, dem dritten Tag der Proteste in Dara, wurde für die Freilassung der Jugendlichen demonstriert, welche die Graffitis an die Wände gemalt hatten, die zum Regime Change aufforderten. »Um die Spannungen aufzulösen, bot die Regierung in einer untypischen Geste an, die inhaftierten Schüler freizulassen«, berichtete *Israel National News*, »aber sieben Polizeibeamte wurden umgebracht und das Hauptquartier der Baath-Partei und das Gerichtsgebäude wurden bei neuerlicher Gewalt am Sonntag gebrandschatzt.« Damit wurde die Gewaltspirale absichtlich weiter angeheizt. Eine

Facebook-Seite mit dem Titel »Die syrische Revolution 2011« rief die Bevölkerung zum Aufstand gegen Präsident Assad auf und forderte ein Ende von Korruption und Unterdrückung.[639]

Wenn Regierungsgebäude angezündet und Polizisten ermordet werden, dann sind das keine friedlichen Demonstrationen, sondern der Versuch von Agents Provocateurs, Chaos zu stiften. Bewaffnete Männer hatten die Demonstrationen infiltriert und auf Polizei und Zivilisten geschossen. »Ich habe von Anfang an bewaffnete Demonstranten in diesen Protesten gesehen … sie waren die Ersten, die auf die Polizei geschossen hatten«, berichtete der Zeitzeuge Pater Frans Van der Lugt gegenüber dem australischen Politikwissenschaftler Tim Anderson. »Sehr oft erfolgte die Gewalt der Sicherheitskräfte als Antwort auf die brutale Gewalt der bewaffneten Aufständischen«. Anderson, der ein ausgezeichnetes Buch zum Thema vorgelegt hat, spricht daher zu Recht vom »schmutzigen Krieg gegen Syrien«, weil hier friedliche und berechtigte Demonstrationen missbraucht wurden, um ein Land in den Krieg zu stürzen.[640]

Saudi-Arabien unterstützte die Agents Provocateurs und lieferte Waffen in die al-Omari-Moschee in Dara, die den Islamisten als Waffenlager diente. In der Zeit von März bis August 2011 sickerten immer mehr bewaffnete Kämpfer der Salafisten, der Moslembruderschaft und der al-Qaida über die lange Grenze mit dem Irak in Syrien ein. Diese Dschihadisten wollten das säkulare »ungläubige« Assad-Regime stürzen und einen Gottesstaat errichten. Unter den Dschihadisten waren »Scharfschützen, die merkwürdigerweise sowohl auf Demonstranten als auch auf Sicherheitskräfte schießen«, erkannte Todenhöfer. »Sie heizten die Lage dramatisch an. Dass es diese Provokateure gibt, ist weitgehend unstrittig. Umstritten ist, für wen sie arbeiten.«[641]

Die Dschihadisten ließen die Gewalt mit Absicht eskalieren, weil sie den Sturz von Assad wollten. Als Polizisten und Soldaten des Staates beerdigt wurden, schossen Heckenschützen auf Dächern während der Beerdigung in die Trauernden. »Mehrere Berichte, darunter auch Videoaufnahmen, zeigten Heckenschützen auf Dächern, die während der Beerdigung für die bereits Getöteten in die Menge und auf Polizisten schossen«, fand der Australier Anderson heraus. *Al Jazeera*, der TV Sender von Katar, versuchte die Öffentlichkeit zu verwirren und erklärte, es sei »unklar, wer auf wen geschossen hat«. Gleichzeitig rief in Saudi-Arabien der Islamist Salafi Sheik Adnan Arour zum heiligen Krieg gegen die liberalen alawitischen Muslime auf: »Bei Allah, wir werden die Körper [der Alawiten] durch den Fleischwolf drehen und ihr Fleisch den Hunden vorwerfen.« Offen erklärten die Dschihadisten, dass sie ein Kalifat anstrebten und Syrien ethnisch »reinigen« wollten: »Christen nach Beirut, Alawiten ins Grab«, so ihr Schlachtruf.[642] Die Gewalt eskalierte immer mehr und am 11. Juli 2011 – die innersyrischen Unruhen dauerten gerade vier Monate – erklärte US-Außenministerin Hillary Clinton, der syrische Präsident Assad habe alle Legitimität verloren und sei »nicht lebensnotwendig« für Syrien. Er halte sein Wort nicht und werde trotz der zunehmenden Proteste keine Reformen umsetzen. Damit hatte Clinton offen zum Regime Change aufgerufen.[643]

Wenn man den Kriegsausbruch in Syrien mit dem Kriegsausbruch in Libyen und dem Putsch in der Ukraine vergleicht, fällt auf, dass in allen drei NATO-Kriegen auf verdeckte Kriegsführung gesetzt wurde. Es war nicht ein offener Angriff mit Panzern und Soldaten wie zum Beispiel die Invasion von Kuwait durch Saddam Hussein 1990 oder die Invasion von Panama durch George Bush senior 1989, wo der Angreifer sofort für alle Welt sichtbar war. Sondern es waren Geheimoperationen, welche die Situation eskalieren ließen, während die Drahtzieher im Hintergrund blieben. Für den UNO-Sicherheitsrat und die Bevölkerung in den NATO-Ländern sind solche Konflikte schwer zu durchschauen, da die an der verdeckten Kriegsführung beteiligten Länder jegliche Kontakte zum Kriegsschauplatz leugnen und ihre Spuren verwischen.

## Dschihadisten als Bodentruppen der NATO

Da sie nicht selber ihre uniformierten Soldaten schicken wollten, setzten die NATO-Länder und die Golfmonarchien radikale Dschihadisten aus verschiedenen Ländern als Bodentruppen ein, um Assad zu stürzen. Auf den ersten Blick ist es für Christen in Europa und in den USA nicht glaubhaft, dass NATO-Länder Dschihadisten trainierten und mit Waffen versorgten. Denn alle NATO-Länder – mit Ausnahme von der Türkei und Albanien – sind christliche Länder. Warum sollten gerade die Christen militante muslimische Terroristen unterstützen? Vielen will das bis heute nicht in den Kopf. Doch die historischen Daten zeigen, dass genau dies passiert ist, mit dem Ziel, Assad zu stürzen. Die Sunniten und die Schiiten wurden von der NATO in Syrien gegeneinander aufgehetzt, so CIA-Analytiker Philip Giraldi, »die Christen landen im Fleischwolf.«[644]

Eigentlich ist der Syrienkrieg eine Neuauflage der Zusammenarbeit der USA und des CIA mit den Dschihadisten, wie man sie aus dem Afghanistankrieg aus den 1980er Jahren oder dem Bosnienkrieg der 1990er Jahre kennt. »Die Salafisten, die Muslimbruderschaft und ›al-Qaida im Irak (AQI)‹ (so wurde damals der spätere IS genannt) sind die Hauptkräfte, die den Aufstand in Syrien anführen«, erklärte ein Lagebericht des amerikanischen Militärgeheimdienstes Defence Intelligence Agency im August 2012 korrekt und wies darauf hin, dass diese Kräfte den Aufbau eines Kalifats anstreben. »Der Westen, die Golfstaaten und die Türkei unterstützen die Opposition, während Russland, China und Iran das Regime unterstützen.«[645]

Natürlich kann man in den NATO-Medien in Europa und Nordamerika den Lesern nicht offen und ehrlich erzählen, dass die NATO, um Assad zu stürzen, mit Dschihadisten kooperiert. Das würde die Menschen auf der Straße zu Recht erschüttern, da die NATO ja stets betont, wie wichtig ihr der Kampf gegen militante Islamisten ist. Doch wichtiger noch ist ihr der Regime Change, die Dschihadisten werden nur als Mittel zum Zweck benutzt, getreu der alten Militärtaktik: »Der Feind meines Feindes ist mein Freund«. In den NATO-freundlichen Medien *Spiegel*, *Süddeutsche Zeitung*, *FAZ* und *Neue Zürcher Zeitung* wird aber nicht von Dschihadisten gesprochen, sondern in aller Regel das Wort »Rebellen« verwendet. Das erinnert unbewusst an den Film »Rebel Without a Cause« aus den fünfziger Jahren, in dem James Dean als Rebell um Liebe und Anerkennung ringt. Psychologen wissen, dass das Wort »Rebell« in unserem Kopf viel positiver klingt als »Dschihadist« oder gar »islamistischer Terrorist«, wie die syrische Regierung die Dschihadisten nennt. Völlig unmöglich wäre in der NATO-Presse eine Schlagzeile wie: »NATO und Golfmonarchien kooperieren mit islamistischen Terroristen, um Assad zu stürzen«. So etwas liest man in unseren Mainstreammedien nie.

»Im Weißen Haus behaupten sie heute noch, es gebe gemäßigte Rebellen. Das ist verrückt«, erklärte der US-Journalist Seymour Hersh im Mai 2016. »Wir bewaffnen immer noch Leute, von denen wir irgendwie glauben, dass sie keine Islamisten sind.« Der amerikanische Kampf gegen Assad stärke die Dschihadisten. »Im Sinne einer Antiterrorstrategie ist es einfach unsinnig, was wir tun«, so der unabhängige Analyst Hersh.[646] Auch die amerikanische Abgeordnete Tulsi Gabbard aus Hawaii mahnte auf CNN, dass man mit den falschen Leuten im Boot sitze. »Die USA und die CIA versuchen die Regierung von Assad zu stürzen«, so Gabbard im Oktober 2015. »Die USA und die CIA sollten diesen illegalen und kontraproduktiven Krieg zum Sturz der syrischen Regierung Assads beenden und sich auf den Kampf gegen … die islamisch-extremistischen Gruppen konzentrieren.« Der Sturz von Assad und der Kampf gegen IS stünden im Widerspruch zueinander, erkannte Gabbard klug, man müsse sich auf den Kampf gegen IS fokussieren, ansonsten werde »die Verfolgung religiöser Minderheiten und Christen in Syrien noch schlimmer und unser Feind noch viel stärker.«[647]

Das oben zitierte DIA-Dokument »zeigt, dass die US-Regierung spätestens im August 2012 die wahre extremistische Natur und den wahrscheinlichen Ausgang der syrischen Rebellion kannte«, insbesondere das Aufkommen der Terrormiliz IS, kommentierte Charles Shoebridge, der im britischen Geheimdienst für Terrorabwehr zuständig war. »Aber dies wurde als ein Vorteil der US-Außenpolitik eingestuft. Dies deutet auch auf eine Entscheidung hin, sich Jahre lang zu bemühen, mit gefügigen Medien die westliche Öffentlichkeit wissentlich darin zu täuschen, dass die syrische Rebellion in großer Mehrheit moderat sei«, so Shoebridge. Das war sie aber nie. Der Kampf gegen Assad wurde seit Beginn von den Dschihadisten um al-Qaida, später in IS umgetauft, angeführt.[648]

Terrorismusexperten wie Shoebridge halten die Zusammenarbeit der NATO mit den Dschihadisten für gefährlich, und haben recht. Die Muslimbrüder, die al-Nusra-Front, al-Qaida und der berüchtigte Islamische Staat im Irak und Syrien (ISIS) – manchmal auch Islamischer Staat im Irak und der Levante (ISIL) oder Daesch genannt – sind alles gefährliche militante Dschihadisten. Sie kämpfen gegen Assad und für ein Kalifat. Die USA haben im Rahmen ihrer Kriegspropaganda die Bevölkerung verwirrt, mit welchen Gruppen sie kooperieren und welche Gruppen sie bekämpfen. Auch die sogenannte Freie Syrische Armee (FSA), die im Wesentlichen aus desertierten, sunnitischen Soldaten aus der Syrischen Armee besteht, ist ein Instrument, um Assad zu stürzen. Wenn die al-Qaida, al-Nusra oder ISIS-Banden ein Gebiet erobert hatten, gaben sie den Christen jeweils einige Tage Zeit, um zu fliehen, jene, welche nicht flohen, wurden massakriert. Auch gegenüber Schiiten gab es keine Toleranz. Der IS sprengte in den von ihm eroberten Gebieten die Moscheen der Schiiten und enthauptete »Ungläubige«, die nicht bereit waren, zum sunnitischen Islam zu konvertieren. Es ist verständlich, dass diese fanatischen Dschihadisten mitunter auch »Terrormiliz« genannt werden.

»Der Inhalt des Geheimdokuments verschlägt einem die Sprache«, kommentierte Jürgen Todenhöfer, als das DIA-Dokument 2015 publik wurde. Denn damit war klar, dass die NATO-Länder mit den Dschihadisten kooperieren, um Assad zu stürzen. Man muss die relevante Passage zweimal lesen, bevor man sie glauben kann: »Die Salafisten, die Muslimbruderschaft und ›al-Qaida im Irak (AQI)‹ (so wurde damals der spätere IS genannt) sind die Hauptkräfte, die den Aufstand in Syrien anführen«, sagt das Dokument ganz klar und bestätigt damit, dass »der Westen, die Golfstaaten und die Türkei« mit diesen Gruppen kooperieren, um Assad zu stürzen. »Ein Friedens-Nobelpreisträger als Terror-Pate! Der Westen an der Seite des internationalen Terrorismus! Als wissentlicher Förderer des internationalen Terrorismus!«, kritisierte Todenhöfer. Aber die NATO-Medien ließen das Dokument in den Kriegswirren untergehen. Nur alternative Medien wie *Hintergrund* oder *KenFM* klärten ihre Leser und Zuschauer auf.[649]

Der Direktor des amerikanischen Militärgeheimdienstes DIA, General Michael Flynn, bestätigte gegenüber dem Journalisten Mehdi Hasan die Echtheit des Berichts. »Ja, ich habe dieses DIA-Dokument vom August 2012 gesehen«, so Flynn. Der Journalist Mehdi Hasan wollte daraufhin wissen, warum denn die USA mit radikalen Dschihadisten zusammenarbeiten? »Es war eine absichtliche Entscheidung der Regierung«, erwiderte Flynn. »Sie müssen wirklich den US-Präsidenten fragen, was er da eigentlich macht, weil es sehr verwirrend ist.«[650] Damit hatte General Flynn den Nagel auf den Kopf getroffen. Verwirrend ist, dass die NATO mit al-Qaida zusammenarbeitet. Klar wird diese Kooperation erst, wenn man das Endziel Regime Change erkennt, danach ist der Syrienkrieg nicht mehr verwirrend. Oliver Stone, der bekannte amerikanische Regisseur, Drehbuchautor und Produzent, der sich in seinen Filmen »Platoon«, »John F. Kennedy« und »Nixon« immer wieder kritisch mit der amerikanischen Geschichte auseinandergesetzt hat, kritisierte dieses amerikanische Doppelspiel. »Wir destabilisieren die gesamte Region, erschaffen Chaos«, kommentierte Stone. »Und dann beschuldigen wir ISIS für das Chaos, welches wir erzeugt haben.«[651]

Innerhalb der USA wird heftig über den Syrienkrieg gestritten. General Michael Flynn und andere hochrangige Offiziere in den USA wollen nicht, dass Assad durch Fundamentalisten ersetzt wird. Sie halten es für falsch, dass NATO-Länder radikale islamistische Gruppen wie IS und al-Nusra unterstützen. »Wenn die amerikanische Öffentlichkeit die Geheimdienstinformationen zu Gesicht bekäme, die wir Tag für Tag auf sensibelstem Niveau ans Licht förderten, würde sie ausrasten«, sagte Flynn zu dem Investigativjournalisten Seymour Hersh. »Wir kannten die langfristige Strategie und die Einsatzpläne des IS, und wir diskutierten auch darüber, dass die Türkei bewusst wegsah, als der Islamische Staat in Syrien immer stärker wurde.« Die entsprechenden DIA-Berichte seien aber bei der Administration Obama auf »enormen Widerstand« gestoßen. »Ich hatte das Gefühl, man wollte die Wahrheit nicht hören«, so Flynn, der zurücktreten musste. Oberst Patrick Lang, der zehn Jahre für die DIA gearbeitet hatte, erklärte, dass Flynn »den Zorn des Weißen Hauses auf sich zog, weil er darauf pochte, die Wahrheit über Syrien zu sagen ... Er weigerte sich, den Mund zu halten.«[652] Die historische Forschung ist auf Informanten mit Insiderwissen angewiesen, wenn sie das Dickicht aus Lügen und Gewalt durchdringen will, das den Syrienkrieg prägt.

## Waffen aus dem Libyenkrieg für die Dschihadisten

Wir leben heute im Informationszeitalter. Daten kreisen viel schneller um die Welt als früher, und es wird auch für kriegsführende Länder immer schwieriger, ihre Geheimnisse lange geheim zu halten. »Die NATO ist schon im Geheimen im Syrienkrieg aktiv«, enthüllte der gut informierte frühere CIA-Analytiker Philip Giraldi bereits im Dezember 2011. »Unmarkierte NATO-Kriegsflugzeuge landen auf türkischen Flughäfen nahe der Grenze von Syrien und liefern Waffen aus dem Arsenal des getöteten Muammar Gaddafi aus Libyen.« Die im illegalen Angriffskrieg der NATO auf Libyen erbeuteten Waffen wurden nach Syrien weitergereicht, um die Dschihadisten zu bewaffnen. All dies lief im Geheimen. In den Zeitungen in Berlin, Bern und Wien konnte man nichts darüber lesen, und auch in den Abendnachrichten wurden diese Zusammenhänge nicht erklärt.

Der Syrienkrieg war ein illegaler Angriffskrieg der NATO und der Golfmonarchien. Aber in den NATO-Ländern in Europa und Nordamerika glaubten die meisten Menschen irrig, es handle sich um einen Bürgerkrieg Diktator gegen Volk, ohne jede Beteiligung der NATO. Giraldi deckte die zentrale Rolle der NATO früh auf, wurde aber kaum beachtet. »Französische und britische Spezialeinheiten trainieren die syrischen Rebellen vor Ort«, so Giraldi, »die CIA und amerikanische Spezialeinheiten beliefern die Rebellen mit Aufklärungsdaten, damit sie starken Verbänden der syrischen Armee ausweichen können.«[653]

Im Sommer 2012, als schon 4800 Soldaten von Assad im Kampf gegen die Dschihadisten gefallen waren, berichtete endlich auch der *Spiegel* über die geheime Rolle der NATO, bezeichnete die Dschihadisten aber irreführend als »Widerstandskämpfer« oder »Rebellen« gemäß der von der NATO-Propaganda vorgegebenen Sprachregelung. »Immer wieder gab es Gerüchte, dass ausländische Spezialkräfte wie in Libyen auch in Syrien Widerstandskämpfer ausbilden. Doch bisher hatte es dafür keine Quellen gegeben«, so das deutsche Nachrichtenblatt. Jetzt aber lägen Beweise vor, dass sowohl die Briten wie auch die Amerikaner im Syrienkrieg aktiv seien. Die Amerikaner, so wusste der *Spiegel*, beraten Saudi-Arabien und Katar, »welche Rebellen-Milizen mit Waffenlieferungen unterstützt werden sollen und welche nicht.«[654]

Die USA unterstützen alle Gruppen, die Assad stürzen wollten, beteuerten aber in der Öffentlichkeit, man arbeite nur mit den »moderaten Rebellen«, also mit den »Guten« zusammen. Im August 2012 erklärte US-Präsident Obama öffentlich, dass er die CIA zur verdeckten Unterstützung syrischer Rebellen ermächtigt habe. Im selben Monat zeigte ein drei Minuten dauernder Film die brutale Hinrichtung von gefangenen Anhängern des syrischen Präsidenten Baschar al-Assad auf einem Schulhof in Aleppo durch die Terroristen. Weitere schlimme Videos folgten im Laufe des Krieges. Die Brutalität der Dschihadisten war völlig offensichtlich.[655]

Aber nur wenige Medien kritisierten den »nicht erklärten Krieg des Westens und der Golf-Diktaturen gegen Syrien«, darunter die *Junge Welt*. »Die völkerrechtswidrige Einmischung in die Angelegenheiten eines souveränen Staates, einschließlich des Anzettelns eines bewaffneten Aufstandes sowie der Bewaffnung und Ausbildung von Aufständischen« sei völlig illegal. Es sei nicht akzeptabel, dass dieses Vorgehen von der westlichen »Wertegemeinschaft« als ihr »gutes Recht« dargestellt werde.[656] Auch der Theologe Eugen Drewermann, ein Anführer der deutschen Friedensbewegung, kritisierte die Kooperation mit den Dschihadisten scharf. »Erst züchtet man sich seine Bluthunde, bildet sie aus, trainiert sie, und wenn sie bissig werden oder nicht gehorsam genug kuschen, muss man sie im Antiterrorkrieg notschlachten«, so Drewerman. »Soll das als Weisheit der US-Regierung und als NATO-Strategie weiterhin durchgehen?«[657]

Experten in Deutschland, auch solche, die wussten, dass es im Kern um einen NATO-Angriff mit dem Ziel Regime Change ging, stellten den Syrienkrieg irreführend als einen religiösen Konflikt dar und schufen dadurch Verwirrung. Wolfgang Ischinger, der Leiter der Münchner Sicherheitskonferenz, behauptete im *Deutschlandfunk*, der Konflikt in Syrien sei in erster Linie religiös motiviert, der Aufstand gegen Assad sei ein »schiitisch-sunnitischer Religionskrieg«. Die Unterstützung der NATO für die Dschihadisten blieb unerwähnt.[658] Präsident Assad beurteilte die Lage natürlich anders. »Wer sind diese Terroristen? Wer ist der IS? Wer ist die al-Nusra-Front? Es sind einfach extremistische Produkte des Westens«, so Assad gegenüber *Russia Today*. »Wie al-Qaida in Afghanistan, um die Sowjetunion zu bekämpfen.«[659]

Dass die NATO mit den Dschihadisten kooperiert, kam nur Stück für Stück an die Oberfläche. Im Sommer 2012 berichtete der *Spiegel*, dass ehemalige Mitglieder der britischen Spezialeinheit SAS im Irak an der syrischen Grenze die Dschihadisten ausbilden und sie danach in den Kampf nach Syrien schickten. »Wir beschränken uns im Training auf Taktik, Techniken und das Vorgehen«, so ein ehemaliger SAS-Mann. Wenn wir den Gegnern von Assad »beibringen können, wie sie in Deckung gehen, schießen und vermeiden, von Scharfschützen entdeckt zu werden, wird das hoffentlich helfen.«[660] Der *Spiegel* unterließ es, seine Leser daran zu erinnern, dass es verboten ist, in einem anderen Land Rebellen und militante Banden zu unterstützen, um Chaos zu schüren. Der Internationale Strafgerichtshof in Den Haag zählt das Verbrechen der Aggression zu den schwersten Verbrechen, die es auf der Welt gibt.

Definiert ist Aggression als »die Anwendung von Waffengewalt durch einen Staat, die gegen die Souveränität, die territoriale Unversehrtheit oder die politische Unabhängigkeit eines anderen Staates gerichtet ist«. Die UNO hat auch die verdeckte Kriegsführung in diese Definition miteinbezogen und ächtete als Angriffshandlung »das Entsenden bewaffneter Banden, Gruppen, Freischärler oder Söldner durch einen Staat oder in seinem Namen, wenn diese mit Waffengewalt Handlungen gegen einen anderen Staat ausführen.« Doch genau dies ist in Syrien passiert. Die NATO-Länder USA, Großbritannien, Frankreich und Türkei haben zusammen mit Saudi-Arabien und Katar gegenüber Syrien das Verbrechen der Aggression begangen und Dschihadisten bewaffnet und trainiert.

Die Türkei trainierte die Gegner von Assad im Grenzgebiet zu Syrien, wie die BBC enthüllte. Thwaiba Kanafani kam aus Kanada nach Syrien und schloss sich dort der Freien Syrischen Armee (FSA) an. Es gebe eine militärische Spezialausbildung in geheimen Trainingslagern in der Türkei. Dort würden die Rebellen der FSA vom türkischen Militär gedrillt. »Die Türken helfen uns wirklich sehr«, so Kanafani. »Viele erhalten in diesen Lagern ihre Ausbildung. Das Training ist sehr professionell. Man kann nur während vier Stunden pro Tag schlafen. Man muss auf Berge klettern und wird an den Waffen ausgebildet. Es ist harte Arbeit.«[661]

Auch *Reuters* berichtete ab Sommer 2012 von der Kooperation der Türkei und der Golfmonarchien mit den Dschihadisten, welche aber gemäß den NATO-Vorgaben von *Reuters* als »Rebellen« bezeichnet wurden. »Die Türkei, Saudi-Arabien und Katar versorgen die syrischen Rebellen nach Angaben von Insidern in den Golfstaaten heimlich mit Waffen«, so *Reuters*. In der südtürkischen Stadt Adana beim NATO-Luftwaffenstützpunkt Incirlik hatten die Gegner von Assad einen geheimen Stützpunkt aufgebaut. »Es sind die Türken, die das Sagen in dem Stützpunkt haben«, behauptete »eine mit den Vorgängen vertraute Person« in der katarschen Hauptstadt Doha. Aber auch der amerikanische Geheimdienst CIA sei auf dem Stützpunkt präsent und einflussreich.[662] Im März 2013 bestätigte auch die *New York Times* in einer ausführlichen Recherche, dass Waffen aus Katar und Saudi-Arabien in die Türkei und nach Jordanien geliefert wurden und danach ins Grenzgebiet nach Syrien transportiert wurden. Damit war klar, dass der Syrienkrieg »vom Ausland her befeuert wurde«, wie Nahostkorrespondentin Karin Leukefeld schreibt.[663]

Gewalt erzeugt Gegengewalt. In seinem Kampf gegen die Dschihadisten wurde Assad vom Iran und der schiitischen Hisbolla unterstützt, der Krieg weitete sich aus. Auch die syrischen Kurden kämpfen für ihr Überleben und für ihren eigenen Staat, und kooperieren hierbei mit den Kurden aus der Türkei und dem Irak. Die kurdische

Miliz YPG (»Yekineyen Parastina Gel«, also »Volksverteidigungseinheiten«) bekämpft den IS und eroberte mehrere Regionen entlang der syrisch-türkischen Grenze, was wiederum die Türkei verärgerte, da die Türkei die Entstehung eines neuen Staates »Kurdistan« verhindern will. Türkische Soldaten haben die YPG wiederholt beschossen und die Türkei erklärt die YPG-Rebellen zu »Terroristen«.

Man muss sich einmal vorstellen, dass Syrien 2011 in Mexiko an der Grenze zu den USA geheime Militärlager aufgebaut und dort zusammen mit Mexiko Drogenbanden als Rebellen ausgebildet hätte, welche danach über die Grenzen in die USA eingesickert wären und in Los Angeles und Washington amerikanische Soldaten und Polizisten erschossen und Regierungsgebäude in Brand gesteckt hätten. Natürlich und zu Recht hätten die USA dies als Aggression im UNO-Sicherheitsrat verurteilt und die Kämpfer als Terroristen bezeichnet. Doch genau dies haben die USA zusammen mit den Briten, der Türkei, Frankreich, Saudi-Arabien und Katar in Syrien getan. Es war illegal und falsch und stürzte die ganze Region ins Chaos.

## Die Dschihadisten gründen ein Kalifat im Juni 2014

Die illegalen NATO-Kriege in Afghanistan, Irak, Libyen und Syrien, die Instabilität, Hoffnungslosigkeit und Chaos erzeugten, haben den Islamismus gestärkt. Die Ausrufung eines Kalifats in Teilen von Syrien und Irak im Juni 2014 bedeutete für die Dschihadisten, dass sie »auf einen Schlag erreichten, was bisher in ihrer Ideologie ein Fernziel dargestellt hatte, dessen Erfüllung in weiter Zukunft gelegen schien«, so der Schweizer Nahostexperte Arnold Hottinger. In diesem derzeit einzigen Kalifat der Welt leben rund sechs Millionen Menschen. Weil das Kalifat aus den syrischen und irakischen Erdölfeldern Rohstoffe entnehmen kann und diese über die Türkei auf dem Weltmarkt verkauft und zudem ein Einkommen an Steuer-, Raub- und Erpressungsgeldern aus seiner Bevölkerung herauspresst, finanziert sich der Islamische Staat in Syrien selber. Auch die Kämpfer des Islamischen Staates werden relativ gut bezahlt, »jedenfalls erhalten sie mehr, als sie in ihren Heimatstaaten als Arbeitslose und Gelegenheitsarbeiter erwarten konnten«, kommentiert Hottinger.[664]

Die Kooperation der NATO-Staaten mit dem Islamismus ist gefährlich. Denn der Islamismus ist eine radikale, intolerante und gewalttätige Untergruppe des Islam. Der Islamismus darf nicht mit dem Islam verwechselt werden. Der Islam ist eine an ethischen Prinzipien orientierte friedliche und tolerante Weltreligion mit mehr als einer Milliarde Anhängern in vielen verschiedenen Ländern. Es ist völlig falsch, wenn man Muslime pauschal als gewalttätig oder intolerant einstuft, denn das sind sie nicht. Ebenso falsch wäre es, wenn man Christen, Juden oder Hindus pauschal als gewalttätig und intolerant einstuft, denn auch diese Religionsgruppen sind in ihrem Kern an ethischen Prinzipien und friedlicher Koexistenz orientiert. Natürlich gibt es auch im Christentum gewalttätige Randgruppen wie zum Beispiel den rassistischen Ku-Klux-Klan, aber dieser repräsentiert das Christentum so wenig wie die Terrormiliz IS den Islam.

Die Dschihadisten und die Terrormiliz IS bedienen sich in den heiligen Schriften des Islam wie in einem Warenlager, sie greifen jene Elemente heraus, die ihnen passen, um ihre Gewalt und Machtpolitik zu legitimieren. »Die islamistischen Ideologien in allen Varianten nehmen Versatzstücke aus dem weiten Meer der religiösen Grundschriften des Islam … und stellen sie derart zusammen, dass sie als Stützen ihrer ideologischen Gebilde dienen können«, erklärt der Orientalist Hottinger. Das Kalifat im Nordwesten des Irak und im Osten Syriens wird von Abu Bakr al-Baghdadi als »Kalif Ibrahim – Befehlshaber der Gläubigen« angeführt. Baghdadi ist ein irakischer Dschihadist und verantwortlich für verschiedene Kriegsverbrechen. Er und seine Anhänger definieren den »Islamischen Staat« als einen Staat, der nach der Scharia regiert wird. »Da die Scharia aus einem gewaltigen Korpus von nicht kodifizierten Rechtsvorstellungen besteht, die sich als Gottesrecht definieren, gibt es auch in ihr die gleiche Auswahlmöglichkeit für die islamistischen Ideologen wie im Falle von Koran und Hadith«, so Hottinger. Die Islamisten »können die ihnen passende Aussage herauspicken und alle anderen übergehen.« Die Islamisten sind nicht tolerant und kämpfen gegen alle, die ihren Ideen nicht folgen. Auf Gotteslästerung und Homosexualität steht im Kalifat der IS-Terrormiliz die Todesstrafe, gleich wie in Saudi-Arabien. Alkoholkonsum ist verboten. Diebstahl wird im Kalifat ebenso wie in Saudi-Arabien mit der Amputation der Hand bestraft.[665]

Der Islamismus ist in der islamischen Welt »unter dem Druck der westlichen Übermacht zustande gekommen«, erläutert Hottinger. In vielen muslimischen Ländern hat eine vom Westen unterstützte, privilegierte und oftmals korrupte Oberschicht die Interessen der Unterschicht völlig vernachlässigt. Es ist diese muslimische Unterschicht, die aus Millionen von Menschen in verschiedenen Ländern besteht, in der Islamisten ihre Anhänger rekrutieren, indem sie Halt und Identität anbieten. »Die Ideologen finden ihr Publikum bei Personen und Gruppen, die ihre gegenwärtige Lage als ungerecht und gleichzeitig als hoffnungslos empfinden«, weiß Hottinger, der die muslimischen Länder aus eigener Erfahrung kennt. »Die Ideologie verschafft ihnen Zugehörigkeit und Aussichten, Orientierung, wo es zuvor nur Hoffnungslosigkeit gab.«

Der Islamismus ist eine Ideologie, ein Gedankengebäude. Das Pentagon glaubt, man könne eine Ideologie wie den Islamismus als nützliches Werkzeug für Regierungsstürze einsetzen und danach mit Flugzeugträgern und Drohnen auslöschen. Doch dies ist ein gewaltiger Irrturm und zeigt die Hybris des Imperiums. Denn Kriegshandlungen führen in beinahe allen Fällen dazu, dass die Zahl der Hoffnungs- und Aussichtlosen zunimmt. In den von der NATO bombardierten Ländern Afghanistan, Irak, Libyen und Syrien hat der muslimische Fundamentalismus nicht ab-, sondern zugenommen. »Der lang dauernde Krieg in Afghanistan wurde zum permanenten Ausbildungslager, in dem viele der islamistischen Kämpfer praktische Erfahrung im Umgang mit Waffen und mit Sprengstoffen erwarben«, weiß auch Arnold Hottinger. Aber erst der illegale Angriffskrieg der NATO-Länder USA und Großbritannien 2003 auf den Irak verhalf den Dschihadisten zum Durchbruch. »Der antiamerikanische Widerstand in den sunnitischen Teilen des Iraks brachte die Neuentwicklung eines Zusammenspiels der Geheimdienstoffiziere und anderer entlassener Offiziere der bisherigen irakischen Armee mit islamistischen Ideologen hervor«, berichtet Hottinger richtig. »Sie lernten sich teilweise in dem amerikanischen Gefangenenlager von Camp Buqa kennen und schätzen.« Die geschlagene Armee von Saddam Hussein ist in Form des Islamischen Staates wieder auferstanden. »Die Zusammenarbeit mit den durch die Amerikaner fristlos entlassenen und dadurch verbitterten Armeeoffizieren, Sicherheits- und Geheimdienstfachleuten des gestürzten Diktators brachte den islamistischen Dschihadisten wichtige Techniken bei, wie sie unter Saddam während Jahrzehnten von den Geheimdienstleuten eingeübt worden waren.«

Die Friedensforschung hat stets betont, dass Gewalt immer zu mehr Gewalt führt. Mit dem Angriff auf den Irak 2003 wurde die Glut gelegt, welche 2011 Syrien in Flammen aufgehen ließ. »Der Islamische Staat ist, um es klar und deutlich zu sagen, Made in USA. Er ist genauso Made in USA, wie al-Qaida von den Amerikanern erschaffen wurde«, so der kluge deutsche Nahostexperte Michael Lüders. »Weil man in den USA nicht versteht, dass militärische Intervention … Chaos schafft. Das Ergebnis sind radikale Gruppierungen wie der Islamische Staat.«[666] Auch der deutsche Nahost-Experte Ulrich Tilgner bestätigt: »Ehemalige Offiziere von Saddam Hussein haben die Aufrüstung und die perfide IS-Terrorstrategie entwickelt … Der IS ist die Auferstehung des Iraks von Saddam Hussein.«[667] Ich war mit Ulrich Tilgner, Arnold Hottinger, Erich Gysling und anderen Nahostexperten 2013 in Katar, wir haben auch den Fernsehsender *Al Jazeera* besucht und uns außerhalb des Kriegsschauplatzes ein Bild über den Syrienkrieg gemacht.

## Der Giftgasangriff von Ghuta vom 21. August 2013

Wie gefährlich die Dschihadisten sein können, wurde 2013 deutlich. Am 19. März 2013 kam es in Khan al-Assal nahe Aleppo zu einem Einsatz von Chemiewaffen. Sofort zirkulierte durch die Medien die Behauptung, die syrische Regierung von Präsident Assad sei für den Einsatz verantwortlich gewesen. Doch das stimmte nicht. »Wir haben Zeugenaussagen von Ärzten, Flüchtlingen in benachbarten Ländern und Spitalmitarbeitern, dass chemische Waffen verwendet wurden – nicht von der Regierung, aber von der Opposition«, erklärte die Schweizerin Carla del Ponte, die frühere Chefanklägerin des Internationalen Strafgerichtshofes für Kriegsverbrechen im ehemaligen Jugoslawien.[668] Auch der Schweizer Arzt Franco Cavalli bestätigte: »Der einzige gesicherte Fall von Giftgaseinsatz in Syrien (Aleppo) wurde eindeutig den Dschihadisten zugeschrieben.«[669]

Die Rebellen hatten scheinbar im Rahmen einer False Flag Operation das Kriegsverbrechen der Regierungsarmee in die Schuhe geschoben, um Assad zu diskreditieren. Doch dies schlug fehl. »Für den ersten Chemiewaffeneinsatz in Khan al-Assal nahe Aleppo, bei dem 29 Menschen ums Leben kamen, waren die Dschihadisten unter den Aufständischen verantwortlich«, bestätigte auch der gut informierte Günter Meyer, Leiter des Zentrums für Forschung zur Arabischen Welt (ZEFAW) an der Johannes Gutenberg-Universität Mainz.[670]

Der UNO-Sicherheitsrat nahm sich der Angelegenheit an und entschied, Experten nach Syrien zu schicken, um den Giftgaseinsatz zu untersuchen. Die UN-Chemiewaffen-Inspektoren kamen am 19. August 2013 in Damaskus an, doch noch bevor sie ihre Arbeit aufnehmen konnten, kam es am 21. August 2013 in Ghuta bei Damaskus zu einem zweiten und noch viel größeren Giftgasanschlag, der zwischen 300 und 1500 Todesopfer forderte. Das US-Imperium machte sofort Assad für das Verbrechen verantwortlich. »Wir sind bereit zuzuschlagen, wann immer wir wollen«, erklärte Präsident Obama am Fernsehen. »Welche Botschaft senden wir, wenn ein Diktator Hunderte von Kindern vergasen kann und keine Strafe erhält?«[671] Auch Bundeskanzlerin Angela Merkel erklärte, Assad stecke vermutlich hinter dem Giftgaseinsatz. Darauf riefen die Zeitungen in Deutschland und der Schweiz zum Krieg gegen Syrien auf. Die *Zeit* titelte: »Westen hat kaum Zweifel an Assads Schuld«. Und das Schweizer Boulevardblatt *Blick* fragte: »Marschiert Obama jetzt in Syrien ein?«[672]

Die öffentliche Empörung wurde durch die Medien gegen Assad gelenkt. Dass die NATO mit den Dschihadisten kooperierte, blieb erneut unerwähnt. »Assads Regierung hat über 1000 Menschen mit Gas getötet«, behauptete US-Präsident

Obama am 10. September 2013 mit ernster Miene im Fernsehen. »Wir wissen, dass das Assad-Regime verantwortlich war … Und das ist es, warum ich nach sorgfältigen Beratungen bestimmt habe, dass es im Interesse der Vereinigten Staaten ist, auf den Einsatz chemischer Waffen durch das Assad-Regime mit einem gezielten militärischen Schlag zu antworten.« Generalstabschef Denis McDonough behauptete in der *New York Times*: »Niemand, mit dem ich gesprochen habe, zweifelt an den Geheimdienstangaben, die das Assad-Regime mit den Sarinangriffen in Verbindung bringen.«[673]

Gemäß dem Internationalen Strafgerichtshof in Den Haag ist der Einsatz von Giftgas ganz klar ein Kriegsverbrechen. Er definiert Kriegsverbrechen als »schwere Verstöße« gegen die im internationalen bewaffneten Konflikt anwendbaren Gesetze und Gebräuche, nämlich »vorsätzliche Angriffe auf die Zivilbevölkerung« und »die Verwendung von Gift oder vergifteten Waffen«.[674] Gleichzeitig definiert der Strafgerichtshof aber auch Aggression klar als ein sehr schweres Verbrechen. Präsident Obama versuchte die Bevölkerung zu verwirren, indem er behauptete, eine Bombardierung von Syrien durch die USA, also ein Verbrechen der Aggression, sei gerechtfertigt, weil Assad mit dem Einsatz von Giftgas ein Kriegsverbrechen begangen habe. Diese Argumentation ist nicht schlüssig. Wenn nach einem Verbrechen ein weiteres Verbrechen hinzugefügt wird, hat man am Schluss nicht weniger, sondern mehr Verbrechen.

Die Russen beurteilten die Lage natürlich anders. Der Angriffskrieg, den die USA gegen Syrien beginnen wollten, widerspreche den Prinzipien des Völkerrechts, mahnte Außenminister Sergei Lawrow. Die westlichen Länder hätten keine Beweise für einen Chemiewaffeneinsatz durch die syrische Regierung. Wenn es solche Beweise gebe, müsse man sie dem UNO-Sicherheitsrat in New York vorlegen.[675] Auch UNO-Generalsekretär Ban Ki-moon warnte die USA vor einem Alleingang. Er forderte Washington auf, den Giftgasangriff durch die UNO untersuchen zu lassen.[676] Obama entschied, den Angriff abzublasen, weil Russlands Präsident Putin den syrischen Präsidenten Assad überzeugt hatte, das syrische Chemiewaffenprogramm einzustellen und das C-Waffen-Arsenal unter internationaler Aufsicht zerstören zu lassen, womit es für die USA keinen glaubhaften Angriffsgrund mehr gab.

Am 15. September 2013 präsentierte die UNO einen ersten Bericht zum Giftgasanschlag, mitverfasst von Professor Ake Sellstrom, der bestätigte, dass in Ghuta am 21. August 2013 Chemiewaffen eingesetzt worden waren. »Dieses Resultat beunruhigt uns sehr«, so die Autoren.[677] Der sachlich gehaltene Bericht stellte keine Spekulationen darüber an, wer hinter dem Anschlag stehen könnte. Am 12. Dezember 2013 präsentierte die Kommission einen zweiten und abschließenden Bericht, der bestätigte, dass auch in Khan al-Asal am 19. März 2013 Chemiewaffen eingesetzt worden waren, sagte aber nicht, wer für diese Kriegsverbrechen verantwortlich war.[678]

Der Investigativjournalist Seymour Hersh stellte daraufhin die Gretchenfrage: »Wessen Sarin?«, und zeigte auf, dass Dschihadisten hinter dem Anschlag standen. Schon im Mai 2013 »hatte die CIA die Obama-Administration darüber informiert, dass al-Nusra mit Sarin arbeitet, und auch alarmierende Berichte verfasst, dass eine weitere radikale sunnitische Gruppe im Syrienkrieg, die al-Qaida im Irak (AQI), ebenso wusste, wie man Sarin produziert«, enthüllte Hersh. Das waren brisante Nachrichten. »Denn al-Nusra ist dafür bekannt, dass sie unzählige Selbstmordanschläge gegen Christen und nichtsunnitische Muslime« in Syrien ausgeführt haben. Al-Nusra will in Syrien Assad stürzen und die Scharia einführen. David Shedd vom amerikanischen Geheimdienst Defence Intelligence Agency (DIA) war im Juni 2013 darüber informiert worden, dass »al-Nusra die Fähigkeit hatte, Sarin zu beschaffen und einzusetzen«, der israelische Geheimdienst konnte sogar eine Probe des verwendeten Sarin liefern, fand Hersh heraus.[679]

Doch die Administration von Präsident Obama »ignorierte die Daten zu al-Nusra und deren Fähigkeit, Sarin einzusetzen, und behauptete weiterhin, nur die Assad-Regierung verfüge über Chemiewaffen«, erklärt Hersh. Das war ein übler Trick von Obama, um einen Angriff auf Syrien zu rechtfertigen. Auch die amerikanische UNO-Botschafterin Samantha Power hatte bei diesem gefährlichen Spiel mitgemacht und im September 2013 erklärt: »Es ist sehr wichtig zu verstehen, dass nur das Assad-Regime Sarin besitzt und dass wir keinen Hinweis darauf haben, dass auch die Opposition über Sarin verfügt.«[680]

»Als sich der Angriff ereignete, hätte al-Nusra ebenfalls verdächtigt werden müssen, aber die Obama-Administration wertete geheimdienstliche Informationen selektiv aus, um einen Schlag gegen Assad zu rechtfertigen«, so das Fazit von Hersh. »Diese selektive Auswahl von Geheimdienstinformationen war ganz ähnlich wie der Prozess, der benutzt wurde, um den Irakkrieg zu rechtfertigen.«[681] Die Analyse des mutigen Journalisten Hersh erlaubte einen klaren Blick in die Abgründe des Syrienkrieges. Doch die *Washington Post* und der *New Yorker* lehnten eine Publikation der Story ab, sie war ihnen zu heiß, worauf Hersh seine Resultate im *London Review of Books* publizieren musste.

Mutige türkische Abgeordnete des Nationalparlaments griffen die Resultate von Hersh auf, gingen der Giftgasaffäre nach und fanden heraus, dass Dokumente und Material aus einer staatsanwaltlichen Untersuchung in Adana gegen einen mit Sarin aufgegriffenen Händler bestätigten, dass die Terroristen das Giftgas eingesetzt hatten. »Wir haben Telefonaufzeichnungen, die zeigen: ISIS erhielt das notwendige Material, um tödliches Saringas zu produzieren, aus der Türkei«, enthüllte der türkische Parlamentarier Eren Erdem von der Partei CHP im Oktober 2015. Wenn Erdem recht hat, steckt also die Türkei und damit auch die NATO hinter dem Kriegsverbrechen. »Der Westen ist heuchlerisch, was die ganze Affäre betrifft«, erkannte Erdem. Man wolle diesen chemischen Terroranschlag nicht klären, weil man mit im selben Boot sitze. Präsident Erdogan wollte das nicht hören und ließ den Abgeordneten Erdem wegen Hochverrats anklagen.[682] »Ich erhalte Todesdrohungen«, berichtete Erdem. »Aber ich bin als Patriot gegen diese Sache (mit dem Giftgas), weil das den Ruf meines Landes ruiniert.« Er habe ein Dossier »mit all den Details, wie das Sarin in der Türkei produziert und an die Terroristen geliefert wurde.«[683]

## Enthauptungsvideos und US-Angriff am 23. September 2014

»Was die Obama-Administration in Syrien durch die Unterstützung von sogenannten ›moderaten‹ muslimischen Militanten zu erreichen hoffte, war der Sturz der Regierung von Bashar al-Assad und die Installation einer US-Puppe, um den Bau der kritischen Iran-Irak-Syrien-Pipeline zu verhindern«, analysierte der Australier Mike Whitney im Sommer 2014 präzise. »Der Plan ist aber bisher gescheitert und wird wohl auch in der nahen Zukunft nicht gelingen.« Daher werde vermutlich dereinst die geplante Erdgaspipeline von Iran nach Syrien gebaut, die USA, Saudi-Arabien und Katar würden den Syrienkrieg verlieren, glaubte Whitney.[684]

Doch so schnell gab das Imperium nicht auf. Nachdem der Giftgasangriff nicht als Begründung für einen US-Angriff auf Syrien ausgereicht hatte, präsentierte Washington einen neuen Grund, nämlich die Enthauptung von zwei Amerikanern in Syrien. Am 19. August 2014 wurde ein Video auf Youtube gepostet, das die Enthauptung des amerikanischen Journalisten James Foley zeigte. Wer das Video produziert hatte, blieb zunächst unklar. Foley trug dabei einen orangefarbenen Anzug wie die Guantanamo-Häftlinge. Ein mit einer schwarzen Maske verhüllter Henker, dem die britische Presse wegen seines Londoner Akzents den Spitznamen »Dschihad-John« gab, hielt Foley ein scharfes Messer an die Kehle. Die Tat selbst war im Video nicht zu sehen, nur der enthauptete Leichnam Foleys. CNN übernahm die Geschichte mit der schockierenden Schlagzeile: »Amerikaner durch ISIS enthauptet«. Die Geheimdienste seien dabei zu prüfen, ob das Video echt sei, so CNN.

Am 2. September 2014 erschien ein weiteres Video, das die Enthauptung eines weiteren amerikanischen Journalisten, Steven Sotloff, durch die Terrormiliz ISIS zeigte. Forensiker des US-amerikanischen National Center for Media Forensics der Universität Denver erklärten, die Tötungen von Foley und Sotloff seien nicht authentisch, wohl aber die Bilder der enthaupteten Leichen. »Es ist interessant, dass beide Enthauptungen, die im Video stattfinden, inszeniert sind«, kommentierte Jeff Smith von der Universität Denver.[685] Auch der Investigativjournalist William Engdahl meldete Zweifel an. Rita Katz von der undurchsichtigen Organisation SITE (Search for International Terrorist Entities) habe das Video gepostet. »Jetzt auftauchende Details zeigen, dass beide Videos gefälschte Events sind, offenbar aufgeführt von professionellen Schauspielern, um die Öffentlichkeit zur Unterstützung für die Bombardierung Syriens durch die USA und den Sturz des demokratisch gewählten Präsidenten Bashar al-Assad zu gewinnen«, behauptete Engdahl.[686]

Ob die Videos echt oder falsch sind, kann ich nicht beurteilen. Sicher ist, dass die Geschichte mit dem Giftgas zu Unrecht Assad angehängt wurde, und dass daher auch die Geschichte mit den Enthauptungsvideos genauer untersucht werden müsste. Doch das geschah bisher nicht. Obama nutzte die Enthauptungsvideos, um den laufenden Luftkrieg gegen Irak auch auf Syrien auszuweiten. »Auf barbarische Weise haben sie zwei amerikanische Journalisten enthauptet«, erklärte US-Präsident Obama im Fernsehen am 11. September 2014. Obama erinnerte an die 9/11-Terroranschläge und mahnte: »Der IS stellt eine Gefahr für die Menschen im Irak und Syrien dar… Wenn man ihnen nicht entgegentritt, werden diese Terroristen die gesamte Region und auch die USA bedrohen«, so Obama. »Unser Ziel ist klar, wir werden den IS schwächen und dann zerstören… es wird eine Zeit dauern, bis wir dieses Krebsgeschwür IS ausgerottet haben«, erklärte Obama. Daraufhin forderte Obama ganz offen den Sturz von Assad: »Im Kampf gegen IS können wir uns nicht auf das Assad-Regime verlassen, das sein eigenes Volk terrorisiert. Dieses Regime hat seine Legitimität verloren. Wir müssen die Opposition stärken als Gegengewicht zum IS.« Der US-Präsident schloss mit den Worten: »Als Amerikaner nehmen wir unsere Verantwortung als Führungsnation wahr. Von Europa bis nach Asien, von Afrika bis zum Nahen Osten stehen wir für Freiheit, für Gerechtigkeit, für Würde. Diese Werte haben unsere Nation seit unserer Gründungszeit geleitet… Gott schütze die Vereinigten Staaten von Amerika.«[687]

Obama erklärte, dass er keine amerikanischen Bodentruppen einsetzen werde, sondern mit lokalen Kräften vor Ort kooperieren wolle. Doch wer genau diese Partner vor Ort waren, darüber herrschte große Verwirrung. Die komplizierte, von

Obama präsentierte Strategie sah vor, ISIS zu schwächen und die FSA zu stärken. Das leuchtete auch den amerikanischen Fernsehjournalisten nicht sofort ein, da bekanntlich die FSA und die ISIS zwar zerstritten, aber doch Waffenbrüder waren. »Ich bin etwas verwirrt«, gab Talkmaster Chuck Todd auf dem Fernsehsender NBC zu. »Ich habe geglaubt, die Freie Syrische Armee kämpfe gegen Assad, oft Seite an Seite mit ISIS?« Das konnte seine Gesprächspartnerin, die UNO-Botschafterin Samantha Power, nicht bestreiten, aber sie versicherte: »Die FSA wird in einer viel stärkeren Position sein, um sowohl ISIS zu bekämpfen wie auch Druck auf Assad auszuüben«.[688]

Russland war nicht überzeugt. Außenminister Sergej Lawrow warnte, es gebe Gründe für die Annahme, dass die amerikanischen Militärschläge sich nicht nur gegen die von ISIS kontrollierten Gebiete richten würden, sondern auch gegen die syrischen Regierungstruppen, um Assad zu schwächen, obschon doch diese Truppen die Terrormiliz IS bekämpfen.[689] Auch der iranische Präsident Hassan Ruhani protestierte anlässlich einer Rede in New York, der geplante US-Angriff auf Syrien sei illegal, weil kein Mandat des UNO-Sicherheitsrates vorliege und weil der Militäreinsatz von der syrischen Regierung nicht vorab genehmigt worden sei.[690]

Doch diesmal konnte der US-Angriff auf Syrien nicht mehr abgewendet werden. Am 23. September 2014, 11 Jahre nach dem Angriff auf Irak, begannen die USA mit der Bombardierung von Syrien und begründeten ihren Waffeneinsatz mit Terrorbekämpfung. Weil aber der Angriff nicht durch ein UNO-Mandat legitimiert wurde, muss er als illegaler Krieg bezeichnet werden. Die Schweizer Presse war begeistert. »Endlich: Obama greift zur großen Keule«, titelte das Boulevardblatt *Blick* am Abend. »Diese Nacht mischten sich die USA erstmals offiziell in den Syrien-Krieg ein. 20 der brutalen ISIS-Terroristen wurden von Bomben und Drohnen getötet.«[691]

## Die Geschichte mit den Fassbomben

Während der Luftkrieg in Syrien an Intensität zunahm, kursierte in westlichen Medien der Vorwurf, Assad habe »Fassbomben« auf Zivilisten abgeworfen. Fassbomben sind billige Bomben aus Metallfässern oder anderen größeren Gefäßen, die mit Sprengstoff und Metallteilen gefüllt werden und auch aus nichtmilitärischen Hubschraubern oder Flugzeugen abgeworfen werden können. Während er selber Bomben über Syrien abwerfen ließ, behauptete Obama vor der UNO-Generalversammlung am 28. September 2015, Assad würde »Fassbomben abwerfen, um unschuldige Kinder zu massakrieren«, ohne die Beschuldigung irgendwie zu belegen. Damit versuchte

Obama die moralische Überlegenheit im Propagandakrieg wiederzuerlangen, war damit aber nicht erfolgreich. »Ich kenne noch ein Land, das Fassbomben eingesetzt hat: die Vereinigten Staaten von Amerika. In Vietnam haben wir sieben Jahre lang Fassbomben abgeworfen, gefüllt mit Napalm«, kommentierte der amerikanische Journalist Seymor Hersh zutreffend.[692]

»Die tausendfache Wiederholung der Behauptung«, dass Assad mit Fassbomben absichtlich Kinder töte, »begründet für den Westen die Notwendigkeit des Sturzes Assads«, erklärt der deutsche Friedensforscher Joachim Guilliard. Auf den Luftkrieg zu fokussieren war gewagt, denn Washington hatte in seinen Kriegen wiederholt Bomben mit angereichertem Uran, weißem Phosphor oder Streubomben eingesetzt und hatte insgesamt in den letzten 70 Jahren mehr Bomben auf mehr Länder abgeworfen als sonst irgendein Land. Daher konnte die Geschichte mit den Fassbomben historisch nie überzeugen. Zudem wurden die Fakten mitunter gefälscht und verdreht. Die US-amerikanische Organisation Human Rights Watch (HRW) hatte am 26. Februar 2015 über Twitter ein Foto einer stark zerstörten Stadt mit dem Text »Syrien wirft Fassbomben trotz Bann« verbreitet. Das Foto war allerdings bereits am 13. Februar von der *New York Times* veröffentlicht worden und zeigte die kurdische Stadt Kobani, die, so die Unterschrift, durch »islamistische Kräfte und die Luftangriffe der US-geführten Koalition zerstört« worden war, wie Guilliard aufdeckte. Das war dreist: Die Amerikaner hatten eine Stadt bombardiert und danach das Bild als Beleg für Kriegsverbrechen Assads in Umlauf gebracht. Am 8. Mai 2015 verschickte HRW-Chef Kenneth Roth ein weiteres Bild einer zerstörten Stadt, das zeigen würde, »was Assads Fassbomben Aleppo angetan haben«. Tatsächlich, so fand Guilliard, war es ein Bild von Gaza aus dem Jahr zuvor.[693]

## Der UNO-Sicherheitsrat behandelt das Problem Terrorismus

Auf den ersten Blick verspricht das Wort »Terrorist« Orientierung und Klarheit in einer komplizierten Welt: Terroristen, das sind die bösen Menschen, die Gewalt einsetzen, die andere enthaupten und sich mit einem Sprengstoffgürtel in die Luft sprengen. Ein klares, solides Feindbild. Doch die Realität ist komplexer. Ob ein gewalttätiger junger Mann als Terrorist, Dschihadist, Rebell oder Freiheitskämpfer bezeichnet wird, hängt von der Perspektive ab. Die von der CIA bewaffneten Mudschahedin, die in den 1980er Jahren in Afghanistan kämpften, wurden in den westlichen Medien als »Freiheitskämpfer« oder »Rebellen« beschrieben. Für die Russen waren es »saudische Terroristen«. Ähnlich beim Krieg gegen Serbien: Die von der

NATO unterstützten UCK-Kämpfer wurden in den NATO-Medien als »Freiheitskämpfer« gefeiert, während die Serben sie als »Terroristen« bezeichneten. Auch im Krieg gegen Nicaragua bezeichnete die US-Presse die Contras nie als Terroristen, obschon sie diese Bezeichnung verdient hätten, weil Washington die Contras ja finanzierte und trainierte. Kurzum: Wer ein Terrorist ist und wer nicht, hängt vom politischen Standpunkt ab, denn Gewalt hat viele Gesichter. Heute bedeutet das Wort »Terrorist« nicht viel mehr als »Gegner« oder »Feind«.

Dies wird auch deutlich, wenn man die Debatten im UNO-Sicherheitsrat studiert. Am 24. September 2014, während die ersten amerikanischen Bomben auf Syrien fielen, traf sich der Sicherheitsrat in New York, um das Problem des Terrorismus zu besprechen. Die Stimmung war angespannt. Normalerweise treffen sich in der UNO die Botschafter der verschiedenen Länder. Doch diesmal waren die Staatschefs und Außenminister persönlich angereist. Präsident Obama nahm zusammen mit Außenminister Kerry und Botschafterin Power an der Sitzung teil. Aus Frankreich und Großbritannien waren Präsident François Hollande und Premierminister David Cameron angereist. Russland war durch Außenminister Lawrow vertreten. Das Thema Terrorismus dominierte die ganze Sitzung, ohne dass jedoch der Begriff »Terrorismus« genau definiert worden wäre, sodass jeder Redner eine andere Vorstellung davon haben konnte, wer in Syrien zu den »Terroristen« und wer zur »moderaten Opposition« zu zählen sei. Einstimmig nahmen die 15 vertretenen Länder die Resolution 2178 an, welche alle Länder der Welt dazu verpflichtet, Terrorismus zu bekämpfen.

Präsident Obama sprach als Erster und erklärte, dass al-Qaida, al-Nusra und ISIS »Terrororganisationen sind, welche das Leben der Menschen in Syrien und Irak bedrohen«, daher müsse man diese Gruppen bekämpfen. Dem stimmte der französische Präsident François Hollande zu und zeigte seine Bestürzung über die zwei ermordeten amerikanischen Journalisten. Auch der britische Premierminister Cameron erklärte, die Ermordung der zwei amerikanischen Journalisten sei barbarisch gewesen, »wie im Mittelalter«. Man müsse ISIL, al-Shabaab, Boko Haram und al-Qaida mit militärischen Mitteln bekämpfen. Wenn man aber bedenkt, dass diese drei NATO-Länder die Dschihadisten im Geheimen unterstützten und den Syrienkrieg 2011 zusammen mit den Golfmonarchien auslösten, kann man diese Reden nur als heuchlerisch einstufen.

Nachdem die USA, Nigeria, Frankreich und Großbritannien ihre Kriegserklärung gegen den Terror deponiert hatten, mahnte die argentinische Präsidentin Cristina Kirchner weise zum Nachdenken. »Die Situation wird dauernd immer komplizierter«, beschrieb Kirchner die Gewaltspirale richtig, es gebe »immer mehr Gruppen, die immer brutaler vorgehen«. Die Namen dieser Gruppen würden dauernd wechseln. Noch vor einem Jahr habe man die Gegner von Assad in Syrien als »Freiheitskämpfer« bezeichnet. »Jetzt haben wir herausgefunden, dass viele dieser Freiheitskämpfer in den Reihen von ISIS kämpfen. Wer war es denn, der die Gegner von Assad aufbaute, ihnen Waffen gab und sie als Freiheitskämpfer unterstützte?« Kirchner wusste, dass die USA, Großbritannien, die Türkei, Saudi-Arabien und Katar die Gegner von Assad aufgebaut und trainiert hatten, doch so offen wollte sie das nicht ansprechen, weil all diese Länder in der Gesprächsrunde vertreten waren. Daher sagte sie: »Ich glaube daher, dass wir viele Dinge nochmals genauer anschauen müssen. Das sollten vor allem jene tun, welche viel bessere Informationen zur Verfügung haben als ich als Präsidentin von Argentinien.« Man müsse herausfinden, wer diesen Terrorgruppen das Erdöl abkaufe, wer ihnen die Waffen liefere und wer sie trainiere. Zudem müsse man den Palästinakonflikt lösen, da dieser die Spannungen im Nahen Osten anheize und die Muslime radikalisiere, forderte Kirchner.

Der russische Außenminister Lawrow argumentierte ähnlich. IS, al-Nusra »und andere Terrororganisationen« seien stark geworden, weil sie »Hilfe aus dem Ausland« erhalten hätten, so Lawrow. Man müsse mit der Doppelmoral aufhören, »welche Terroristen in gute und böse Terroristen« aufteile. »Es ist jetzt dringend, dass alle Staaten die Resolutionen des Sicherheitsrates umsetzen, welche fordern, dass den Terroristen jede Unterstützung entzogen wird, dass jede Form von illegalem Erdölhandel gestoppt wird … und dass der Transfer von Waffen aus Libyen unterbunden wird.« Der Angriff auf den Irak, die Bombardierung von Libyen und »die Unterstützung der extremistischen Gegner von Assad in Syrien haben das Problem des Terrorismus massiv vergrößert«, beklagte Lawrow und forderte, dass man auch den Palästinakonflikt lösen müsse, weil dieser es den Terroristen leicht mache, »moralische Unterstützung zu erhalten und stets neue Mitglieder zu rekrutieren.«

Danach sprach der türkische Präsident Recep Erdogan. »Zuerst möchte ich meinem Freund Barack dafür danken, dass er diese wichtige Diskussion auf höchstem Level ermöglicht hat«, begann Erdogan seine Rede. »Obschon das syrische Regime mit Gewalt gegen seine Bevölkerung vorgegangen ist, blieb die internationale Gemeinschaft untätig«, behauptete Erdogan. »Dies hat dazu geführt, dass al-Qaida in Syrien wieder aufgetaucht ist und nun unter dem Namen Islamic State in Iraq and the Levante (ISIL) stärker geworden ist.« Dass die Türkei die Gegner Assads in geheimen Lagern in der Türkei ausgebildet und mit Waffen versorgt hatte, erwähnte Erdogan natürlich nicht. »Die Türkei hat sich immer darum bemüht, das Eindringen von ausländischen Kämpfern in die Region zu verhindern«, beteuerte Erdogan scheinheilig. Die Türkei kenne aus dem Kampf gegen die Kurden das Terrorproblem sehr genau. »Die Türkei hat seit vielen Jahren unter Terrorismus gelitten, Tausende Kinder sind dabei gestorben«, schilderte Erdogan den Kampf gegen die Kurden, die er pauschal als »Terroristen« einstufte. »Wir sind unter jenen, die am besten verstehen, welche Schmerzen Terrorismus verursachen kann.«

Der türkische Präsident Erdogan und der König von Katar al-Thani hatten, wie oben dargelegt, 2009 über den Bau einer Gaspipeline verhandelt, die der syrische Präsident Assad dann jedoch ablehnte. Nun trafen sich die beiden Männer wieder im UNO-Sicherheitsrat in New York. »Katar ist Teil des internationalen Bündnisses, welches Terrorismus bekämpft«, beteuerte al-Thani scheinheilig. »Es gibt Terrorregierungen, die ihre eigenen Bürger töten«, klagte al-Thani und meinte damit die Regierung von Syrien. »Wir können nicht warten, bis noch mehr Menschen getötet werden«, mahnte der Scheich, und rief damit implizit zum Sturz von Assad auf.

Wer die Reden im UNO-Sicherheitsrat studiert, erkennt schnell, dass jedes Land eine etwas andere Perspektive auf das Terrorproblem hat. Der serbische Außenminister Ivica Dacic bekräftigte, dass man den Terrorismus auf jeden Fall bekämpfen müsse. Serbien habe aber seine eigenen Erfahrungen mit Terroristen, so Dacic in Anspielung auf die UCK und den Angriff der NATO 1999, damals seien »Kämpfer aus dem Ausland« in Serbien eingesickert. »Am Ende der 1990er Jahre haben extremistische Kämpfer in der südlichen serbischen Provinz Kosovo zusammen mit Sezessionisten gekämpft«, betonte Dacic. Danach erklärte der Außenminister von Pakistan, Sartaj Aziz, sein Land habe »einen hohen Preis« im Kampf gegen den Terror bezahlt. »Mehr als 50.000 Menschen, darunter Tausende unserer Sicherheitskräfte, sind Opfer des Terrors geworden«, so Aziz. Auch der Außenminister von Algerien, Ramtane Lamamra, erklärte, sein Land habe in den 1990er Jahren viel Erfahrung bei der Bekämpfung von Terrorismus gesammelt, der Kampf gegen den Terror werde noch lange dauern. Auch der schiitische irakische Ministerpräsident Haider al-Abadi nahm an der Sitzung teil. »Autobomben explodieren jeden Tag in den Straßen von Bagdad« und töten Menschen, beklagte al-Abadi. Die sunnitische Terrormiliz ISIS habe Teile des Iraks besetzt und Hunderte Iraker ermordet. Die Terrormiliz verkaufe Erdöl aus dem Irak mit Hilfe von Schmugglern und werde von den Anhängern des früheren sunnitischen Präsidenten Saddam Hussein unterstützt. »Wenn wir den Terrorismus weltweit besiegen wollen, müssen wir ihn zuerst im Irak besiegen«, forderte al-Abadi.

Zum Schluss der Sitzung, als Obama schon wieder gegangen war und durch Außenminister Kerry vertreten wurde, sprach Botschafter Bashar al-Jaafari, der ständige Vertreter Syriens bei der UNO. In Syrien seien Terroristen aktiv, »die den Krieg anderer Länder kämpfen.« Die Unterstützung von Terroristen sei ein Mittel der verdeckten Kriegsführung. Obschon der Präsident der Türkei Erdogan und auch der Scheich von Katar al-Thani im gleichen Raum saßen, nahm al-Jaafari kein Blatt vor den Mund und erklärte, dass die Türkei, Katar und Saudi-Arabien »die Hauptsponsoren der Terroristen sind.« Damit hatte er den Nagel auf den Kopf getroffen, die Spannung im Raum war groß. Die Terroristen hätten in Syrien die Bevölkerung, die Armee, Schulen, Spitäler, Moscheen, Kirchen, historische Monumente, Fabriken und Wohnhäuser angegriffen und dem syrischen Staat großen Schaden zugefügt. »Diese Verbrechen hätten nicht stattfinden können ohne die Unterstützung, welche die Terroristen von gewissen Regierungen erhalten, die Mitglieder sind in dieser internationalen Organisation. Diese Länder schützen die Terroristen in den Medien, trainieren und finanzieren sie.« Auch gegenüber dem Angriff der USA auf Syrien äußerte al-Jaafari deutliche Kritik, ohne jedoch die USA direkt zu nennen: »Wir möchten betonen, dass militärische Angriffe ihr Ziel, die Bekämpfung des Terrors, nicht erreichen werden, wenn sie nicht im Einklang mit dem internationalen Recht und in Absprache mit den betroffenen Ländern durchgeführt werden.« Was der syrische Botschafter damit meinte, war allen klar: Der Angriff der USA auf Syrien sei illegal gewesen, weil Washington dafür kein Mandat des UNO-Sicherheitsrates und auch keine Zustimmung von Präsident Assad gehabt habe.[694]

### Frankreich bombardiert Syrien ab dem 27. September 2015

Syrien war bis zum Ende des Zweiten Weltkrieges eine Kolonie von Frankreich. Paris hat stets danach getrachtet, seinen verlorenen Einfluss in der Region wiederzuerlangen. Die französische Luftwaffe begann ihren Angriff ein Jahr nach dem Angriff der USA am 27. September 2015, ohne Mandat des UNO-Sicherheitsrates. »Die französische Luftwaffe hat erstmals Stellungen der Terrormiliz ›Islamischer Staat‹ in Syrien bombardiert. Ob das völkerrechtlich legitim ist, ist allerdings umstritten«, berichtete die ARD-Tageschau zahm. Die syrische Bevölkerung müsse vor der Gewalt der Islamisten ebenso geschützt werden wie vor »den mörderischen Bombenangriffen von Baschar al-Assad«, begründete Frankreich seinen Krieg.[695]

Natürlich war der Angriff von Frankreich auf Syrien völlig illegal, das hätte die Tageschau in Deutschland durchaus so sagen können. Aber in den NATO-Medien gilt die Sprachregelung, dass man NATO-Kriege nie deutlich kritisieren darf. Es wäre ebenso illegal gewesen, wenn im September 2015 Assad Paris bombardiert hätte. Die

UNO-Charta sagt klipp und klar, dass kein Land ein anderes Land ohne Mandat des Sicherheitsrates bombardieren darf. Das Verhalten von Frankreich war daher besonders schändlich, weil es »vor dem Ausbruch des syrischen Bürgerkrieges durch Operationen von Spezialkräften jene Fakten geschaffen hatte, die den Bürgerkrieg erst haben entflammen lassen«, erinnerte der deutsche CDU-Politiker Willy Wimmer. »Gemeinsam mit den weiteren kriegstreibenden Mächten wie den USA, Großbritannien, Saudi-Arabien und Katar hat man Umstände gefördert, die auf die bekannten Schwachstellen in Syrien gezielt haben.« Der französische Bombenhagel sei illegal und eine Verletzung des Völkerrechts, erkannte Wimmer richtig. Ein Recht der französischen Regierung auf ihr »Vorgehen in Syrien besteht keinesfalls. Die einzige Legitimation hat Frankreich von Anfang an ausgeschlagen: ein Mandat des Sicherheitsrates des UNO«.[696]

## Russland bombardiert Syrien ab dem 30. September 2015

Durch den Angriff der NATO-Länder USA und Frankreich auf Syrien und die Unterstützung der Dschihadisten durch die Türkei, Saudi-Arabien und Katar geriet Syriens Präsident Assad immer mehr unter Druck. Viele erwarteten, dass nun der Regime Change in Damaskus vollzogen und Assad gestürzt werde. Doch Assad dachte nicht daran aufzugeben. Auf Einladung von Präsident Vladimir Putin flog er nach Moskau und bat die Russen um Hilfe. Russland hatte gesehen, wie die USA und Großbritannien 2003 den Irak angegriffen hatten und Saddam Hussein erhängt wurde. Sie hatten gesehen, wie 2011 die Franzosen, Briten und Amerikaner Libyen angegriffen hatten und Muammar Gaddafi erschossen und in der Wüste vergraben wurde. Die UNO hatte in all diesen Fällen überhaupt nichts zum Schutz der betroffenen Länder beigetragen. Dies überzeugte Moskau davon, in Syrien militärisch zu intervenieren, um den Sturz von Assad zu verhindern.

Moskau reagierte schnell. Schon drei Tage nach dem Angriff der Franzosen begann das russische Militär am 30. September 2015 mit der Bombardierung von Syrien. Weil die reguläre Regierung von Syrien die russischen Kampfflieger eingeladen hatte, lag kein Bruch der UNO-Charta vor. Keine Norm verbietet die Intervention eines Staates in einem Bürgerkrieg auf Ersuchen der Regierung des betroffenen Staates. »Unter dieser Voraussetzung ist die Intervention Russlands in Syrien mit dem Völkerrecht konform«, so die Juristin Laura Visser.[697]

Anders als die Amerikaner und Franzosen sprachen sich die Russen genau mit Assad und der syrischen Armee ab. Die russische Luftwaffe griff zusammen mit der syrischen Armee sowohl die Terrormiliz IS als auch die von den USA unterstützten Rebellen an. Gleichzeitig flogen amerikanische Kampfflugzeuge Angriffe auf den IS, während syrische Kurden, unterstützt durch die Amerikaner, als Bodentruppen im Grenzgebiet zwischen der Türkei und Syrien kämpften. Der komplizierte Krieg mit den vielen Akteuren drohte zu einer direkten Konfrontation der USA mit Russland zu werden. »Russische Luftangriffe haben Rebellen getroffen, die von den USA unterstützt werden«, berichtete die *New York Times* alarmiert. »Russische Marschflugkörper haben Gebiete gekreuzt, in denen auch amerikanische Kampfflugzeuge operierten.« Tatsächlich war die Lage gefährlich. Im Krieg können immer ungeplante Dinge geschehen. Im November 2015 schoss die Türkei einen russischen Kampfjet ab. Russland protestierte und erklärte, das Flugzeug habe sich über Syrien befunden, während die Türkei erklärte, die Russen seien illegal in den türkischen Luftraum eingedrungen.[698]

Danach nahmen die Spannungen zwischen der Türkei und Russland zu. Im März 2016 erklärte der russische Außenminister Sergej Lawrow, dass das NATO-Land Türkei sich nicht den Anweisungen der USA füge. »Jetzt fangen die USA an zu fühlen, dass sie ernste Probleme nicht mehr auf sich gestellt lösen können. Sie können schon jene Länder nicht mehr kontrollieren, die ihre langfristigen Verbündeten waren«, so Lawrow. Damit hatte der Russe recht, denn während die USA die Kurden in Syrien unterstützten, bombardierte die Türkei dieselben Kurden in Syrien. Die NATO-Länder zogen also nicht am selben Strick. »Wir haben die USA mehrmals darauf hingewiesen, dass das all unsere Vereinbarungen, unsere Resolutionen verletzt«, kritisierte Lawrow. Aber Washington habe die Türken nicht unter Kontrolle. Ankara wollte den Kurden in Nord-Syrien nicht erlauben, stärker zu werden. »Es gibt auf dem syrischen Gebiet westliche und östliche kurdische Enklaven mit dem IS dazwischen. Und obwohl die Kurden auf beiden Seiten gegen den IS kämpfen, mit unserer Hilfe wie auch der der USA, sagen die Türken, es sei inakzeptabel für sie, dass sich diese beiden Enklaven vereinigen, selbst als Ergebnis eines Sieges über den IS.« Damit wurde deutlich, dass es für Erdogan wichtiger war, eine Vereinigung der Kurden auf syrischem Gebiet zu verhindern, als die Terrormiliz IS zu besiegen.[699]

Nicht nur die NATO-Länder waren im Syrienkrieg zerstritten, auch den sunnitischen Rebellen gelang es nicht, eine vereinte Führung zu schaffen. Der amerikanische Nahostexperte Joshua Landis folgerte daraus, dass der Westen in Syrien »spektakulär gescheitert« sei. Das Auftreten von Assad und Putin sei koordinierter, straffer und daher stärker. Der Syrienkrieg werde noch ein, zwei Jahre dauern, prognostizierte Landis im Februar 2016. »Wenn die Russen mit ihrer Luftwaffe Assad zum Sieg verhelfen, wird es kurzfristig mehr Flüchtlinge geben. Aber auf lange Sicht könnte das den Bürgerkrieg beenden und sowohl den IS wie auch die al-Nusra-Front zerschlagen.«[700]

## Großbritannien bombardiert Syrien ab dem 2. Dezember 2015

Über die Jahre ist der Syrienkrieg immer komplizierter geworden, weil er immer mehr Akteure in die Gewaltspirale mithineingezogen hat. Das NATO-Land Kanada warf im April 2015 die ersten Bomben über Syrien ab, erkannte aber, dass man damit das Völkerrecht verletzt. »Eine Ausrede ist nicht möglich: Die Luftschläge Kanadas in Syrien stehen auf schwachen oder zumindest unbeständigen Rechtsgrundlagen«, kritisierte der Jurist Robert Lesperance.[701] Auch Australien warf am 15. September 2015 Bomben über Syrien ab. Die Türkei begann am 16. September 2015 Syrien zu bombardieren. Syrien und auch die UNO-Charta glitten vollständig ins Chaos ab.

Natürlich wollten die Briten, die wie oben dargelegt mit ehemaligen SAS-Elitesoldaten die Gegner von Assad zu Beginn des Krieges im Geheimen aufgebaut hatten, den Endsieg nicht Assad und den Russen überlassen. Daher griffen sie nach einer langen Phase hinter den Kulissen am 2. Dezember 2015 ganz offen in den Krieg ein und begannen mit Kampfflugzeugen Syrien zu bombardieren. Im Parlament in London hatten zuvor 397 Abgeordnete für den Krieg und 223 dagegen gestimmt. »Das Unterhaus hat die richtige Entscheidung getroffen, um Großbritanniens Sicherheit zu bewahren«, freute sich Premierminister David Cameron und begründete den Angriffskrieg mit dem Argument Terrorbekämpfung.

Noch im August 2013 hatte das britische Parlament die Zustimmung zu einem Krieg verweigert. Der Meinungsumschwung kam erst nach einem großen Terroranschlag. Am 13. November 2015 hatten in Paris Terroristen im Theater Bataclan und anderen Orten 130 Menschen getötet. Die meisten Attentäter kamen aus Frankreich und Belgien. Aber Frankreichs Präsident Hollande und der britische Premier Cameron lenkten die öffentliche Empörung gegen Syrien. In Frankreich wurde der Ausnahmezustand verhängt. Der frühere Präsident Nicolas Sarkozy forderte sogar den »totalen Krieg« gegen Islamisten.[702]

Die Formulierung vom »totalen Krieg« von Sarkozy hat bei Historikern wie mir große Irritationen hervorgerufen, weil schon einmal jemand fragte: »Wollt ihr den totalen Krieg? Wollt ihr ihn, wenn nötig, totaler und radikaler, als wir ihn uns heute überhaupt erst vorstellen können?« Dies war Hitlers Propagandaminister Joseph Goebbels am 18. Februar 1943 im Berliner Sportpalast. Doch die meisten Franzosen erinnerten sich nicht daran. Sie waren bestürzt, voller Angst, verwirrt und wütend. Daher schien ihnen »der totale Krieg gegen den Terrorismus« eine kluge Idee.

Der Sicherheitsrat der Vereinten Nationen verurteilte eine Woche nach den Attentaten von Paris mit der von Frankreich eingebrachten Resolution 2249 am 20. November 2015 die Terroranschläge einstimmig. »Der Islamische Staat des Iraks und der Levante (ISIL) (auch unter dem Namen Daesh bekannt) bildet eine weltweite Bedrohung von bislang nicht gekanntem Ausmaß gegen den Frieden und die nationale Sicherheit«, so der Sicherheitsrat. Frankreichs UNO-Botschafter François Delattre erklärte daraufhin den Journalisten, der Krieg von Frankreich gegen Syrien sei nun durch das kollektive Selbstverteidigungsrecht legitimiert. Doch dies war nicht der Fall, wie Professor Philippe Lagrange von der Universität von Poitiers im Oktober 2015 richtigstellte. »Bis in die Gegenwart hat Frankreich das Völkerrecht stets hinsichtlich der Berechtigung zur Anwendung von Gewalt eingebracht«, so Lagrange. »Um in Syrien zu bombardieren, ist entweder das Einverständnis der gesetzlichen Amtsgewalt des Landes erforderlich oder eine Resolution des Sicherheitsrats der Vereinten Nationen. Wir haben weder das eine noch das andere.«[703]

Die französische Zeitung *Le Monde* behauptete, die Resolution 2249 sei mehrdeutig. »Konkret gibt die Resolution 2249 keine gesetzliche Berechtigung, um in Syrien oder im Irak militärisch einzugreifen, da sie nicht unter das Kapitel VII der Charta der Vereinten Nationen gestellt wurde, welches den Gebrauch von Gewalt regelt«, hält *Le Monde* klar und richtig fest. »Aber der Wortlaut des Textes, der festlegt, dass ›alle notwendigen Maßnahmen‹ zum Kampf gegen den IS erlaubt sind, lässt Raum für die Interpretation in Übereinstimmung mit den französischen Diplomaten«, behauptete die Zeitung.[704] Doch das war nicht der Fall. Die unter Punkt 5 der Aufforderung an die Staaten verwendete Formulierung, »alle notwendigen Maßnahmen zu ergreifen«, lässt keinen Raum für Zweifel, weil unmittelbar darauf die Formulierung »in Übereinstimmung mit dem Völkerrecht, insbesondere mit der Charta der Vereinten Nationen« folgt.[705]

Weil Frankreich ja schon seit dem 27. September 2015 Syrien bombardierte, war die Debatte über die Frage, ob nun die Resolution 2249 vom 20. November 2015 den Bombenhagel legitimierte, etwas akademisch, da die Resolution immer bereits vor dem Angriff vorliegen muss, wenn denn der Angriff eine legale Basis haben soll. Das NATO-Land Frankreich hat also ohne UNO-Mandat Syrien bombardiert. Das ist illegal. Präsident Hollande hat sich des schweren Verbrechens der Aggression schuldig gemacht und müsste wie US-Präsident Obama vor dem Internationalen Strafgerichtshof der UNO in Den Haag erscheinen.

Auch die Briten nutzten den Terroranschlag von Paris für ihren Krieg in Syrien. Premier Cameron stellte sich am 26. November 2015 im House of Commons in London explizit auf den Standpunkt, dass die Resolution 2249 ihm erlaube, Syrien zu bombardieren. Diese Resolution sei einstimmig angenommen worden und bestätige, dass ISIL eine Gefahr für die Welt sei. »Die Resolution ruft alle Staaten dazu auf, und hier zitiere ich wieder, ›alle notwendigen Massnahmen‹ zu ergreifen, um terroristische Handlungen zu unterbinden«, sagte Cameron im Parlament vor der Abstimmung. Man müsse nun mit den rund 70.000 Kämpfern der FSA kooperieren. Und er fügte hinzu: »Wir werden ISIL nicht schlagen können, wenn wir von unserer Absicht abrücken, dass auch Assad gehen muss.«[706]

Der britische Premier Cameron bog die UNO-Resolution also zu einem Regime Change um, obschon das die Resolution nicht hergab. Der französische und britische Angriff auf Syrien waren wie der amerikanische Angriff illegal und ein Verstoß gegen das Völkerrecht. Die drei NATO-Länder hatten erneut das Verbrechen der Aggression begangen. Rund 4000 Menschen hatten in London gegen den Angriff auf Syrien demonstriert. Auf Plakaten und Transparenten stand ihre Botschaft: »Don't bomb Syria« und »Stop the War«. Die NATO sei mit ihrer Bombenpolitik schon 2001 in Afghanistan, 2003 im Irak und 2011 in Libyen gescheitert. Doch die britische Regierung hörte nicht auf die Friedensaktivisten.

Der syrische Botschafter in der UNO, Bashar al-Jaafari, der in den westlichen Medien kaum je zu Wort kam, protestierte am 16. September 2015 im UNO-Sicherheitsrat, dass die ganze Welt von der Bekämpfung des Terrors rede, aber gleichzeitig in Syrien Terroristen dazu eingesetzt würden, um die gewählte Regierung zu stürzen. »Wieso werden nur Terroristen in Syrien und Irak als ›nichtstaatliche bewaffnete Gruppen‹ bezeichnet?«, fragte al-Jaafari. »Ein Terrorist in den USA wird als Terrorist bezeichnet. Wenn ein Terrorist in Frankreich, Spanien, Belgien oder Großbritannien auftaucht, wird er als Terrorist benannt. Warum wird er nicht als Terrorist bezeichnet, wenn er in Syrien operiert? Das ist doch ein cover-up.« Es sei völlig unakzeptabel, dass UNO-Mitgliedsstaaten Terroristen als Geheimarmee gegen Syrien einsetzten. »Stoppen Sie die Einmischung durch die Türkei, Saudi-Arabien, Katar und Jordanien. Stoppen Sie das Militärtraining der ›moderaten oppositionellen Terroristen‹«, forderte al-Jaafari wütend. »Wenn die Taten von ISIS, al-Nusra … und anderer Terrorbanden vertuscht werden, dann impliziert dies, dass es eben Länder gibt, welche diese Banden beschützen.« Dies entspreche in keiner Weise den Prinzipien der UNO-Charta. Er »hoffe inständig«, dass »die syrische Krise unabhängig von der interventionistischen politischen Agenda bestimmter Regierungen, einschließlich bestimmter

Mitglieder hier im Sicherheitsrat«, behandelt werde. »Das Leiden der Syrer steigert und vervielfacht sich. Schluss damit!«[707]

Immer wieder beschäftigte sich der UNO-Sicherheitsrat mit dem Syrienkrieg. Und immer wieder versuchte Botschafter al-Jaafari Licht ins Dunkel zu bringen. »Es gibt Beweise dafür, dass ausländische Einmischung in die inneren Angelegenheiten der Staaten nur zu ihrer Zerstörung führt, humanitäre Krisen und Chaos erzeugen und sie in Fabriken von Extremisten und Terroristen verwandeln«, so die klare und korrekte Analyse des Syrers. »Das ist genau das, was passierte, als sie Irak, Libyen und andere Länder zerstörten. Das ist genau das, was passierte, seit sie uns ISIS, Jabhat al-Nusra, Khorasan und andere schickten.« Die Verwüstung in Syrien sei das Ergebnis externer Einmischung, »deren Ausmaß von jedem erkannt wird, ihre Planer eingeschlossen.«[708]

## Deutschland zieht in den Syrienkrieg am 4. Dezember 2015

Während andere NATO-Länder Syrien schon bombardierten, zögerte Deutschland noch, in den Krieg einzugreifen. Erst nach dem Terroranschlag von Paris kippte die Stimmung. In der Debatte im Bundestag am 4. Dezember 2015 warb der SPD-Abgeordnete Rolf Mützenich für den Krieg und erklärte: »Die Anschläge von Paris werden sich ins europäische Gedächtnis einbrennen«, daher müsse man nun dem Islamischen Staat militärisch entgegentreten. Mützenich zitierte die Resolution 2249 des UNO-Sicherheitsrates und erklärte, die Staatengemeinschaft werde darin aufgefordert, die Bedrohung »mit allen Mitteln zu bekämpfen«, das sei der »Bezug zur Charta der Vereinten Nationen.« Diese Aussage von Mützenich war irreführend. Denn wer die Resoultion 2249 genau durchliest, sieht klar, dass sie Deutschland kein Recht gibt, gegen Syrien Krieg zu führen. Auch die CDU warb für den Krieg im Nahen Osten. Die Europäer müssten »endlich die politische Verantwortung für diese Region, auch im Namen und Interesse unserer eigenen nationalen Sicherheit, annehmen«, forderte der Abgeordnete Norbert Röttgen unter dem Applaus von CDU und SPD.[709]

Andere Abgeordnete lehnten den Krieg ab. »Vor genau drei Wochen sind in Paris 130 Menschen einem barbarischen Terrorakt zum Opfer gefallen. Die Täter waren nahezu ausschließlich französische und belgische Staatsbürger, aufgewachsen in den verwilderten Vorstädten von Brüssel und Paris«, erklärte Sahra Wagenknecht von der Partei Die Linke. »Und jetzt stellen Sie sich hin und sagen, dass wir den IS dadurch schwächen und bekämpfen, dass wir ebenso unschuldige Menschen, Frauen und

Kinder in Rakka und anderen syrischen Städten bombardieren und dadurch töten. Was ist denn das für ein Wahnsinn?« Sie werde gegen den Einsatz der Bundeswehr in Syrien stimmen, erklärte Wagenknecht, denn »Krieg macht alles nur noch schlimmer… Auch Bombenkrieg ist Terror.« Bei der Abstimmung zum Afghanistankrieg 2001 hätten viele im Bundestag noch geglaubt, man könne Terror mit Krieg bekämpfen, doch die Taliban hätten jetzt in der Bevölkerung mehr Rückhalt als je zuvor. »Dieser ganze Krieg war ein einziger großer Fehlschlag.« In Libyen und Syrien wiederhole sich die Geschichte. »Das Pentagon hat doch vor kurzem selbst zugegeben, dass diverse islamistische Terrorgruppen und anfänglich sogar der IS von den USA unterstützt wurden, um Assad zu schwächen«, so die gut informierte Abgeordnete. »Das ist doch die traurige Wahrheit: Es war der Westen, und es waren vor allem die Vereinigten Staaten, die das Monster geschaffen haben, das uns alle heute in Angst und Schrecken versetzt. Das ist die Wahrheit, die wollen Sie nicht hören. Aber es ist das Produkt unserer Kriege, der westlichen Kriege in dieser Welt… Es ging doch bei all diesen Kriegen nie um etwas anderes als um Gas, um Öl und um Einflusssphären.« Der Krieg gegen Syrien habe kein Mandat der Vereinten Nationen, er sei völkerrechtswidrig und widerspreche dem Grundgesetz. Man müsse die deutschen Waffenlieferungen an Saudi-Arabien und die Türkei einstellen, das werde den IS schwächen, so Wagenknecht.[710]

Die Abgeordneten der CDU/CSU und die Mehrheit der Abgeordneten der SPD stimmten für den Bundeswehreinsatz in Syrien gegen den »Islamischen Staat« IS, während Die Linke und die Mehrheit der Grünen dagegen votierten. Dies ergab am 4. Dezember 2015 folgendes Abstimmungsresultat: 445 Abgeordnete votierten für den Syrienkrieg, 145 dagegen und sieben enthielten sich. Das deutsche Volk wurde wie schon beim Krieg gegen Serbien 1999 und beim Krieg gegen Afghanistan 2001 nicht gefragt. Aus historischer Perspektive ist überraschend, wie Deutschland nach einer langen Phase ohne Kriege sich in relativ kurzer Zeit wieder zu einem Land verwandelt hatte, das aktiv in fremden Ländern militärisch eingreift.

Willy Wimmer, ehemaliger Staatssekretär im Verteidigungsministerium, langjähriger CDU-Politiker und ehemaliger Vize-Präsident der OSZE, kritisierte die Politik von CDU-Bundeskanzlerin Angela Merkel scharf. Die Entsendung der Bundeswehr in den Krieg nach Syrien sei völlig falsch. Im Gespräch mit dem Berliner Journalisten Ken Jebsen mahnte Wimmer: »Es interessiert die Bundesregierung weder, was in der eigenen Verfassung im Zusammenhang mit dem Verbot des Angriffskrieges steht, noch interessiert die Bundesregierung die Charta der Vereinten Nationen und das Gewaltmonopol. Man muss heute davon ausgehen, dass der Einsatz der Bundeswehr in Syrien nur das Ziel hat, die Charta der Vereinten Nationen in Grund und Boden zu stampfen und den Rest davon zu beseitigen.« Wimmer erklärte, er sei sehr besorgt und vor allem »erstaunt, dass das Volk so still ist.«[711]

Der Syrienkrieg, das sehe ich genauso wie Willy Wimmer, beschädigt die UNO-Charta ganz erheblich. Mit dem Argument der Terrorbekämpfung ziehen derart viele Staaten in den Krieg, dass es schwierig ist, den Überblick zu behalten. »Was die Bundeskanzlerin macht, nachdem die Vereinigten Staaten mit den völkerrechtswidrigen Kriegen gegen Afghanistan, Irak, Libyen und Syrien angefangen haben, ist doch, die Vereinten Nationen, die als Ergebnis des Zweiten Weltkrieges und des Elends in Europa geschaffen wurden, in Schutt und Asche zu legen«, kritisierte Wimmer. »Von den Vereinten Nationen bleibt dann nichts mehr übrig!«[712]

Willy Wimmer, der von 1976 bis 2009 ununterbrochen Mitglied des Deutschen Bundestages war, kennt die internationale Politik aus erster Hand. Er zählt zu jenen mutigen Deutschen, die sich in der Friedensbewegung engagieren und sich auch kritisch zur NATO äußern. »Die Vereinten Nationen sind zum Wurmfortsatz der NATO degradiert worden«, kritisierte Wimmer. »Wenn wir das Völkerrecht nicht mehr haben, werden wir nach dem Gesetz des Dschungels, nach dem amerikanischen Gesetz, behandelt, und wir werden in den großen Krieg gehen … Daran arbeiten die Vereinigten Staaten … Das ist eine entsetzliche Entwicklung.«[713] Wimmer erinnerte an den illegalen Angriff von Hitler auf Polen und mahnte, mit der Beteiligung am Syrienkrieg schließe Deutschland »an der Seite Frankreichs an die Politik von 1939 an«.[714]

Bundesverteidigungsministerin Ursula von der Leyen von der CDU sah die Lage natürlich völlig anders. Die Anschläge von Paris hätten gezeigt, dass auch Deutschland im Fadenkreuz der Terrormiliz IS stehe. Die Verteidigungsministerin berief sich auf Resolution 2249 des UN-Sicherheitsrats vom 20. November. Diese fordere die Staaten auf, alle notwendigen Maßnahmen zu ergreifen, um den IS zu stoppen. Daher werde sich Deutschland mit bis zu 1200 Soldaten am Kampf gegen den IS beteiligen. Die Soldaten würden in Tornados die Aufklärung der NATO-Partner unterstützen. Zudem würden sie Tankflugzeuge zur Luft-zu-Luft-Betankung von NATO-Kampfflugzeugen fliegen. Zudem werde eine deutsche Fregatte in den Trägerverband des französischen Flugzeugträger Charles de Gaulle integriert. Es sei richtig und wichtig, die NATO-Partner zu unterstützen, so von der Leyen.[715]

Auf der Website der Bundesregierung wird als Rechtsgrundlage für die deutsche Beteiligung am Syrienkrieg das Recht auf kollektive Selbstverteidigung und Artikel 51 der UN-Charta genannt. Der Sicherheitsrat der Vereinten Nationen habe »alle

Nationen dazu aufgerufen, die notwendigen Maßnahmen zur Bekämpfung des sogenannten IS in Syrien zu ergreifen (Resolution 2249 vom 20. November 2015).« Die Webseite führt die Bürger in die Irre. Es entsteht der Eindruck, der Syrienkrieg sei ein legaler Krieg, weil durch die UNO abgesegnet. Doch genau das ist nicht der Fall.

Willy Wimmer erkannte schnell, dass die Resolution 2249 des UNO-Sicherheitsrates einen Kriegseinsatz von Deutschland gegen Syrien nicht rechtfertigt. »Es gibt ja den Begriff des Winkeladvokaten, der offensichtlich eine stringente juristische Argumentation benutzt, um Dinge zu legitimieren, die man unter diesem Himmel nicht legitimieren kann«, so Wimmer im Gespräch mit Ken Jebsen. »Und das, was die Bundesregierung da gemacht hat und was der Bundestag mit großer Mehrheit abgesegnet hat, hat genau diese Qualität... Das kann man machen, wenn es eine Entscheidung des UNO-Sicherheitsrates gibt, die zur Gewaltanwendung und zum militärischen Einsatz legitimiert. Aber alles, was die Vereinten Nationen im Zusammenhang mit dem IS oder mit der Situation in Syrien und mit den Anschlägen in Paris zu Papier gebracht haben, gibt nichts, gar nichts her für diesen Militäreinsatz. Die Bundesregierung geht hin sehenden Auges und belügt die deutsche Öffentlichkeit... Wir können doch alle lesen und wissen doch, was in diesen Resolutionen drinsteht. Da steht nichts drin, was die Anwendung der militärischen Gewalt durch die Bundesrepublik Deutschland legitimiert!«[716]

Die Resolution 2249 vom 20. November 2015 »verurteilt die schrecklichen Terroranschläge«, die eine Woche zuvor am 13. November in Paris stattgefunden hatten, sowie weitere Terroranschläge, die sich in Tunesien, der Türkei, Russland und im Libanon ereignet hatten. Die Resolution erklärte, »dass jene, die Terroranschläge ausführen oder dafür verantwortlich sind... zur Rechenschaft gezogen werden müssen.« Der Sicherheitsrat betonte, dass ISIL, al-Nusra und al-Qaida eine globale und noch nie da gewesene Bedrohung des internationalen Friedens und der Sicherheit darstellen«, weshalb der Sicherheitsrat »entschlossen sei, diese noch nie da gewesene Gefahr mit allen Mitteln zu bekämpfen.« Daher – und jetzt kommt der entscheidende Satz, auf den sich Bundesverteidigungsministerin von der Leyen später berief – »... ruft der Sicherheitsrat alle UNO-Mitgliedsstaaten, die dazu in der Lage sind, dazu auf, alle notwendigen Maßnahmen zu ergreifen, in Übereinstimmung mit dem internationalen Recht, vor allem mit der Charta der Vereinten Nationen..., um die Schutzzonen auszulöschen, die ISIL in wesentlichen Teilen von Irak und Syrien errichtet hat.«[717]

Diese Resolution rief also dazu auf, den IS und andere Terrormilizen zu bekämpfen. Das war richtig, denn der militante Islamismus muss bekämpft werden. Aber die Resolution sagte ganz deutlich, dass dieser Kampf in Übereinstimmung mit dem internationalen Recht und der UNO-Charta erfolgen muss. Diese Forderung ist zentral. Wenn man den IS bekämpft und besiegt, aber dabei die UNO-Charta zerstört, hat die Welt einen schlechten Tausch gemacht. Die UNO-Charta und das darin enthaltene Gewaltverbot sind der Wegweiser, der zeigt, wie man wieder aus der Gewaltspirale herausfinden kann, wenn man denn will. Keineswegs gab Resolution 2249 allen Ländern der Welt das Recht, Syrien zu bombardieren. Im Gegenteil, die Resolution erinnerte alle Länder daran, dass sie die UNO-Charta achten sollten.

Auch das deutsche Grundgesetz (Artikel 26) betont, dass Deutschland nicht an der Bombardierung von anderen Länder mitwirken darf. »Handlungen, die geeignet sind und in der Absicht vorgenommen werden, das friedliche Zusammenleben der Völker zu stören, insbesondere die Führung eines Angriffskrieges vorzubereiten, sind verfassungswidrig. Sie sind unter Strafe zu stellen.« Gemäß dem Strafgesetzbuch kann die Beteiligung an einem Angriffskrieg mit lebenslanger Freiheitsstrafe oder mit Freiheitsstrafe nicht unter zehn Jahren bestraft werden.

Deutschland führte den ersten Einsatz im Syrienkrieg am 15. Dezember 2015 durch. Ein deutsches Tankflugzeug startete von der türkischen Luftwaffenbasis Incirlik, drang in den syrischen Luftraum ein und betankte dort NATO-Kampfjets im Flug. Dies war illegal, denn Deutschland hat kein Mandat des UNO-Sicherheitsrates, das es der deutschen Luftwaffe erlaubt, in den Luftraum von Syrien einzudringen. 200 deutsche Soldaten wurden in Incirlik stationiert. Ab dem 8. Januar 2016 überflogen deutsche Tornado-Kampfflugzeuge täglich Irak und Syrien. Als die Bundesregierung im Frühling 2016 erklärte, sie wolle für 65 Millionen Euro die türkische Militärbasis Incirlik ausbauen, protestierte die Partei Die Linke. »Es darf im Mittleren Osten zu keinem weiteren Endloseinsatz der Bundeswehr kommen«, warnte Christine Buchholz, die verteidigungspolitische Sprecherin der Linksfraktion im Bundestag. Offenbar wolle die Bundesregierung Deutschland Schritt für Schritt zu einer militärischen Macht in der ölreichen Krisenregion machen. Dies sei kein Krieg gegen Terror, sondern ein Kampf um geostrategische und wirtschaftliche Interessen.[718]

Auch Oskar Lafontaine, der Mann von Sahra Wagenknecht, der lange für die SPD und danach für Die Linke politisiert hatte, hielt mit seiner Kritik am von den USA ausgelösten Krieg in Syrien nicht zurück. »Die USA bombardieren seit Jahren im Vorderen Orient, aber die Flüchtlingsströme sollen die Europäer bewältigen«, klagte Lafontaine. »Und Merkel erweist sich wieder einmal als treue Vasallin des großen Bruders. Dabei wäre es in erster Linie die Pflicht der USA, die Menschen aufzunehmen, die vor ihren Ölkriegen fliehen.«[719]

Auch für Willy Wimmer war die Verbindung zwischen den illegalen Kriegen und den Flüchtlingsströmen offensichtlich. »Die Bundeskanzlerin hat ja wirklich die Unverfrorenheit besessen zu sagen, man wird mit der Migrationsbewegung fertig, wenn man die Ursachen dieser Migration bekämpft«, so Wimmer. »Dann kann ich doch nur sagen, der Rest des deutschen Volkes weiß doch, dass wir die Migrationsentwicklung haben, weil die Amerikaner zwischen Afghanistan und Mali im Verbund auch mit den Franzosen und den Briten alles in Schutt und Asche legen. Wenn ich die Ursachen dieser Migration bekämpfen will, dann muss ich mich weigern, an diesen Kriegen beteiligt zu sein, und denen das Handwerk legen, die diese Kriege führen. Von deutschem Boden aus, siehe Ramstein, werden Drohnen-Morde in der ganzen Welt betrieben, und wir machen das mit und wundern uns dann, dass die Leute sagen, die da vor Ort betroffen sind, bevor ihr mein Leben nehmt, nachdem ihr mir schon meine Lebensgrundlage genommen habt, wandere ich zu euch aus. Das ist doch die Wirklichkeit, mit der wir es zu tun haben. Die Bundeskanzlerin scheint das deutsche Volk doch für blöd zu halten, sonst würde sie so etwas doch nicht sagen.«[720]

Die Kanzlerin Angela Merkel sah es natürlich völlig anders und forderte in Absprache mit den USA einen Regime Change in Syrien. Der Syrienkrieg war nach zehn Jahren Kanzlerschaft Merkels erster »eigener« Krieg. Denn am Krieg in Libyen 2011 hatte Deutschland nicht mitgemacht. Und den Krieg in Afghanistan hatte Merkel von ihrem Vorgänger Gerhard Schröder übernommen. Man muss davon ausgehen, dass Merkel nicht ganz freiwillig Syrien angegriffen hat, der Druck der USA und anderer NATO-Staaten war groß. Erst nach den Terroranschlägen von Paris übernahm die Kanzlerin vollständig die transatlantische Position und auch die damit verbundene Sprachregelung. Merkel verdrehte die Tatsachen und machte Assad für die Flüchtlingskrise verantwortlich und forderte seinen Sturz. »Vergessen wir nicht, dass die Mehrzahl der Flüchtlinge, die zu uns gekommen sind, vor Assad geflohen ist«, behauptete Merkel kühn. »Er wirft nach wie vor Fassbomben auf sein eigenes Volk – eine Zukunft an der Spitze des Staates kann es für ihn nicht geben.«[721]

Indem auch Merkel den Regime Change in Syrien forderte, stellte sie sich hinter die Kriegstreiber USA, Großbritannien, Türkei, Saudi-Arabien und Katar. Das ist illegal. Kein Land darf die Regierung eines anderen Landes stürzen. »Wir sagen ja in unserer eigenen Verfassung, dass wir uns an die Regeln der Charta der Vereinten Nationen halten müssen«, erinnerte Willy Wimmer, nachdem Deutschland in den Syrienkrieg gezogen war. »Auch im Soldatengesetz steht ausdrücklich drin, und es ist dem einzelnen Soldaten auferlegt, diese Prüfung für sich vorzunehmen, dass er nur etwas machen darf in Übereinstimmung mit den geltenden Regeln des Völkerrechts. Wenn er das nicht tut – und das gilt auch für eine Bundeskanzlerin oder einen Bundeskanzler –, macht man sich in hohem Maße strafbar. Das wird, wenn es zur Anklage käme, mit bis zu zehn Jahren Haft bestraft.« Wimmer hat völlig recht. Der Angriff auf Syrien läuft ohne Mandat der UNO. Es ist ein illegaler Krieg. Alle daran Beteiligten machen sich strafbar.[722]

Zum Glück gibt es in Deutschland einige Rechtsgelehrte, die nicht sofort vor dem US-Imperium und der NATO einknicken, sondern auch nach einem Kriegsausbruch das Völkerrecht verteidigen. »Für den Einsatz der Bundeswehr in Syrien gibt es weder eine Grundlage im Völkerrecht noch eine im geltenden Verfassungsrecht«, protestierte Manuel Brunner, Rechtsassessor für öffentliches Recht und Völkerrecht an der Leibniz Universität Hannover. »Damit ist das Ganze verfassungswidrig.« Weil die Oppositionsparteien im Bundestag aber zu schwach seien und die Antragsquoren vor dem Bundesverfassungsgericht nicht erfüllten, werde es kein verfassungsrechtliches Verfahren geben.[723] »Das, was die Franzosen, die Briten, die Amerikaner, die Saudis und die Katarer in Syrien machen, ist Aggressionsverhalten und daher von der Charta der Vereinten Nationen verboten und unter Strafe gestellt«, kritisierte auch Willy Wimmer. »Das heißt, wir sind auf der Seite der Aggressoren.«[724]

Mit dem illegalen Angriff auf Serbien 1999, dem illegalen Angriff auf Afghanistan 2001 und dem illegalen Angriff auf Syrien 2015 hat Deutschland unter dem Druck der USA und anderer NATO-Partner wieder das Kriegsbeil ausgegraben. Das ist nicht nur bedauerlich, sondern gefährlich, denn illegale Kriege gehören zu den schwersten Verbrechen, die es gibt. Die deutsche Friedensbewegung steht daher heute vor ihrer grössten Herausforderung seit 1945: Sie muss trotz Terrorangst zeigen, ob sie Deutschland wieder auf den Pfad des Friedens und des Völkerrechts zurückführen kann.

# 18. Fazit

Die historischen Fakten der letzten 70 Jahre zeigen deutlich, dass NATO-Länder wiederholt andere Länder angegriffen und das in der UNO-Charta verankerte Gewaltverbot verletzt haben. Die NATO ist keine Kraft für Sicherheit und Stabilität, sondern eine Gefahr für den Weltfrieden.

Die NATO-Länder Großbritannien und USA griffen 1953 ohne UNO-Mandat den Iran an und stürzten die Regierung. Das NATO-Land USA griff 1954 ohne UNO-Mandat Guatemala an und stürzte die Regierung. Die NATO-Länder Frankreich und Großbritannien griffen zusammen mit Israel 1956 ohne UNO-Mandat Ägypten an. Das NATO-Land USA griff 1961 ohne UNO-Mandat Kuba an. Das NATO-Land USA griff 1964 ohne UNO-Mandat Vietnam an. Das NATO-Land USA griff 1981 ohne UNO-Mandat Nicaragua an. Das NATO-Land USA griff 1986 ohne UNO-Mandat Libyen an. Die NATO-Länder USA, Deutschland, Großbritannien und Frankreich griffen 1999 ohne UNO-Mandat Serbien an. Die NATO-Länder USA, Großbritannien, Frankreich und Deutschland griffen 2001 ohne UNO-Mandat Afghanistan an. Die NATO-Länder USA und Großbritannien griffen 2003 ohne UNO-Mandat den Irak an. Die NATO-Länder USA, Großbritannien und Frankreich griffen 2011 ohne UNO-Mandat Libyen an. Derzeit führen die NATO-Länder USA, Frankreich, Großbritannien, Türkei und Deutschland in Kooperation mit den Golfmonarchien Katar und Saudi-Arabien ohne UNO-Mandat Krieg gegen Syrien.

Die NATO hat wiederholt Länder ins Chaos gestürzt, Menschen getötet und Flüchtlingsströme ausgelöst. Immer mehr Bürgerinnen und Bürger in Deutschland, der Schweiz und Österreich setzen sich daher kritisch mit der Geschichte der NATO auseinander. Sie erkennen, dass NATO-Länder immer wieder Angriffskriege geführt haben und diese mit Lügen, Kriegspropaganda und NATO-freundlichen Medien der eigenen Bevölkerung verkauften. Dadurch wurde viel Vertrauen verspielt. Die Schweiz und Österreich sollten zur strikten Neutralität zurückkehren, keine Truppen ins Ausland schicken und die sogenannte »Partnership for Peace« der NATO verlassen, weil es sich angesichts der NATO-Angriffskriege hierbei um eine »Partnership for War« handelt. Deutschland sollte aus der NATO austreten und in Erinnerung der eigenen Geschichte keine Truppen ins Ausland schicken und sich als neutrales Land für das Völkerrecht und friedliche Konfliktlösung einsetzen.

Auch der laufende sogenannte »Krieg gegen den Terror« ist durchsetzt mit Lügen. Dieser von den USA und den NATO-Ländern 2001 ausgerufene Krieg bietet keinen glaubwürdigen Ausstieg aus der Gewaltspirale an und löst das reale Problem des Terrors nicht, weil er im Kern gar nicht auf den Terror abzielt, sondern ein Kampf um Erdöl, Erdgas, Geld und Macht ist. Der sogenannte »Krieg gegen den Terror« ist ein Kampf um Rohstoffe und globale Vorherrschaft, also alter Wein in neuen Schläuchen. Die Bilanz nach 15 Jahren ist verheerend: Mehrere Staaten, darunter Afghanistan, Irak, Libyen und Syrien, sind völlig destabilisiert, Misstrauen und Angst breiten sich aus, es gibt nicht weniger, sondern mehr Terroranschläge, während die Bürgerrechte abgebaut und der Überwachungsstaat ausgebaut werden. Der sogenannte »Krieg gegen den Terror« stärkt den Militärisch-Industriellen Komplex und schwächt die Menschenrechte und die UNO-Charta; er muss beendet werden, weil er gescheitert ist.

Wer dieses Buch durchgelesen hat, könnte ob der vielen Gewalt und den vielen Lügen verzweifeln. Dabei darf man aber nicht vergessen, dass es Millionen von Menschen gibt, die sich für das Thema Frieden interessieren, Tausende engagieren sich aktiv in der Friedensbewegung. Meiner Ansicht nach gibt es keinen Grund für Verzweiflung, das Thema Frieden wird im ganzen 21. Jahrhundert sehr aktuell bleiben. Wir müssen uns mehr Medienkompetenz aneignen und selber aktiv im Internet recherchieren und Bücher lesen, statt die täglich angebotenen News passiv zu konsumieren. Es gibt unabhängige, kluge und mutige Wissenschaftler und Journalisten, denen man folgen sollte, statt blind der Kriegspropaganda der NATO-Medien zu vertrauen.

Neben der Medienkompetenz ist die Energiewende für mich ein wichtiger Fokus. Weil viele Kriege um Erdöl und Erdgas geführt werden, engagiere ich mich persönlich mit meinem SIPER-Institut für die Vision 100 Prozent erneuerbare Energien. Wir sollten aus Erdöl, Erdgas, Kohle und Atom aussteigen und auf eine dezentrale erneuerbare Energieproduktion aus Sonne, Wasser, Holz, Erdwärme und Wind setzen. Ich produziere Sonnenstrom auf meinem Hausdach, fahre ein Elektroauto und produziere die Wärme für mein Haus mit einer Erdsondenwärmepumpe. In meinen Vorträgen und Büchern ermuntere ich alle, die dazu in der Lage sind, sich von Erdöl- und Erdgasheizungen zu trennen und auf Elektromobilität zu setzen. Wir brauchen nicht noch mehr Kriege um Erdöl und Erdgas. Gerade den jungen Menschen, also den Leserinnen und Lesern, die zwischen 15 und 25 Jahre alt sind, möchte ich raten, positiv in die Zukunft zu blicken und friedlich und tolerant an der Entwicklung dieser Welt mitzuwirken. Diese Erde ist ein wunderbarer Planet, das Leben ist mit all seinen Hochs und Tiefs lebenswert, und tief im Herzen mögen die Menschen einander.

Einige könnten auf der Basis der in diesem Buch vorgelegten historischen Befunde die ersatzlose Abschaffung der UNO-Friedensorganisation fordern, weil sie ja in vielen Fällen tatsächlich nicht funktioniert hat. Doch das wäre nicht klug. Für mich als Historiker ist die Tatsache auffallend, dass wir Menschen uns schon seit mehr als 3000 Jahren gegenseitig in Kriegen umgebracht haben. Krieg ist eine Konstante der Menschheitsgeschichte, eine alte Gewohnheit. Erst seit 1945 ist Krieg in der internationalen Politik verboten. Es kann nicht genug betont werden, dass das in der UNO-Charta verankerte Gewaltverbot erst siebzig Jahre alt und daher zumindest aus historischer Perspektive sehr jung ist. Es ist ganz normal, dass es nach 3000 Jahren Krieg einige Zeit für die Umstellung braucht, und dass noch nicht alles so gelingt, wie es die Charta fordert.

Andere hegen großes Misstrauen gegenüber der UNO-Friedensorganisation. Einige Beobachter fürchten, die UNO werde in der fernen Zukunft alle Nationalstaaten abschaffen und eine diktatorische Weltregierung gründen. Aber das halte ich für unwahrscheinlich. Natürlich gibt es auch in der UNO Machtmissbrauch und Korruption, und es ist wichtig und klug, auch gegenüber der UNO achtsam und kritisch zu bleiben. Dass die UNO aber dereinst die Nationalstaaten abschaffen wird, ist nicht zu erwarten, weil die Nationalstaaten sich zu Recht dagegen wehren würden und weil ein Kerngedanke der UNO-Charta darin besteht, die nationale Souveränität zu bewahren und zu achten.

Die UNO-Charta und die Allgemeine Erklärung der Menschenrechte gehören zu den wertvollsten historischen Dokumenten, sie sollten uns allen als Orientierung im 21. Jahrhundert dienen. Ich kann jedem nur raten, diese beiden Dokumente durchzulesen und darüber nachzudenken. Schon als Student habe ich damals bei der UNO die Deklaration der Menschenrechte bestellt und als Poster in meinem Zimmer aufgehängt. »Alle Menschen sind frei und gleich an Würde und Rechten geboren. Sie sind mit Vernunft und Gewissen begabt und sollen einander im Geiste der Brüderlichkeit begegnen«, betont die Deklaration der Menschenrechte, die von der UNO-Generalversammlung am 10. Dezember 1948 einstimmig angenommen wurde. »Jeder hat das Recht auf Leben, Freiheit und Sicherheit der Person« (Artikel 3) und »Jeder hat das Recht auf Gedanken-, Gewissens- und Religionsfreiheit; dieses Recht schließt die Freiheit ein, seine Religion oder seine Weltanschauung zu wechseln« (Artikel 18).

Natürlich ist es wahr, dass die UNO-Charta und die Menschenrechte täglich verletzt werden. In einigen Fällen, wie oben dargelegt, wurden diese zwei Dokumente sogar gegeneinander ausgespielt, indem man mit Verweis auf die Menschenrechte zum Beispiel in Libyen 2011 hinterhältig einen Krieg begonnen hat und damit die UNO-Charta verletzte. Diese Probleme werden auch in Zukunft bestehen und dürfen nicht ignoriert werden. Aber es muss gleichzeitig auch darauf hingewiesen werden, dass in ganz vielen Ländern die Menschenrechte und auch die UNO-Charta eingehalten wurden, was immer zu einem Aufblühen der entsprechenden Gesellschaft geführt hat. Zudem wurden die Ziele der UNO immer wieder bestärkt. So auch am 25. September 2015, als bei einem UNO-Gipfeltreffen der Staats- und Regierungschefs die 17 Sustainable Development Goals (SDG) verabschiedet wurden. Darin verpflichten sich die UNO-Mitgliedsstaaten, Armut, Hunger und die Diskriminierung von Frauen zu reduzieren und die erneuerbaren Energien zu fördern. Vor allem aber verpflichteten sich die Staaten erneut, alle Formen der Gewalt zu verhindern, weil Frieden und Stabilität Grundvoraussetzungen sind, damit eine nachhaltige Entwicklung überhaupt möglich ist.

»Die Schweiz hat ein vitales Interesse daran, dass sich in den internationalen Beziehungen das Recht gegenüber der Gewalt durchsetzt und nicht umgekehrt«, hat die frühere Schweizer Bundesrätin Micheline Calmy-Rey einst gesagt.[725] Damit lag sie völlig richtig, denn kleine Länder wie die Schweiz wollen nicht, dass die Welt in Krieg und Chaos abgleitet. Wir müssen uns am Recht orientieren und Sorge für es tragen. Seit 170 Jahren herrscht in der Schweiz Frieden. Kein anderes Land der Welt, und auch keines der Nachbarländer der Schweiz, kann auf eine derart lange Friedenszeit zurückblicken. Im Sonderbundskrieg, der letzten militärischen Auseinandersetzung auf Schweizer Boden, töteten sich im Jahre 1847 Schweizer gegenseitig. Der Bürgerkrieg dauerte 27 Tage und forderte 86 Tote. Heute ist die Schweiz neutral, sie ist nicht Mitglied der NATO und nimmt auch nicht an internationalen Kriegen teil.

Wenn ich als Schweizer Historiker im Jahre 2016 auf das US-Imperium und die NATO blicke, habe ich natürlich Grund zur Sorge. Unsere Welt steht tatsächlich an einem kritischen und gefährlichen Wendepunkt. Die zerstörerische Politik militärischer Interventionen und illegaler Regimewechsel, ausgeführt und gefördert vom US-Imperium, den NATO-Staaten und den NATO-Medien, treibt die Gewaltspirale an. Dies ist für unsere Kinder und Enkel keine kluge Entwicklung. Die NATO hat sich von einer defensiven zu einer aggressiven Kriegsallianz gewandelt. Die Zeit ist gekommen, um sowohl die NATO als auch das US-Imperium in ihre Schranken zu weisen.

Eine neue Anti-Bewegung, wie der heute in Europa verbreitete Anti-Amerikanismus, kann diese Problematik nicht lösen. Nicht nur, weil die Europäer in ihrer Geschichte selber auch zum Instrument der verdeckten Kriegsführung gegriffen haben, gleich wie die Russen und die Chinesen. Sondern vor allem, weil dringend der global verbindende Impuls »Wir, die Völker der Vereinten Nationen« wiederbelebt werden muss, da er den wertvollen Gedanken der Menschheitsfamilie ausdrückt, für den jede Anti-Bewegung und jeder Nationalismus Gift ist. Dieser Gedanke der Einheit steht daher zu Recht als erster Satz am Anfang der UNO-Charta, und inspiriert seither die Menschen in allen Ländern, über die nationalen Grenzen hinaus zusammenzuarbeiten, unabhängig von Geschlecht, Hautfarbe, Religion, Ausbildungsstand, Vermögen und Alter – und unabhängig auch vom Grad der Integrität oder eben Verlogenheit und Brutalität ihrer eigenen aktuellen Regierung. Die Grundsätze von Souveränität und Selbstbestimmung müssen wieder respektiert werden. Angriffskriege und Regime Changes sind abzulehnen. Das Einhalten des Völkerrechts und die Orientierung an der UNO-Charta sind dringlicher denn je. Wir brauchen mehr Kooperation, nicht mehr Spaltung. Gerade die Zusammenarbeit der europäischen Friedensbewegung mit der Friedensbewegung in den USA ist sehr wichtig, da nur sie das US-Imperium friedlich von innen heraus reformieren kann.

Massenmedien übernehmen häufig ungeprüft an sie weitergegebene Informationen staatlicher Stellen. Die vielen Lügen, welche in den Massenmedien in den letzten 70 Jahren verbreitet wurden, vom Tonkin-Zwischenfall in Vietnam 1964 bis zu den ABC-Waffen und dem Angriff auf Irak 2003, haben es Politikern leicht gemacht, die Bevölkerung zu täuschen und Kriege vom Zaun zu brechen. Doch mit der Verbreitung des Internets und auch mit der Hilfe von kritischen Büchern haben im Kontext der Informationsrevolution, in der wir uns gerade befinden, immer mehr Menschen das Doppelspiel erkannt und lehnen heute Kriegspropaganda entschieden ab – und einige haben sich deshalb sogar von ihrem Fernsehgerät getrennt. Die Informationsrevolution kann uns dabei unterstützen, uns global über Landesgrenzen hinweg zu vernetzen und unser Bewusstsein zu erweitern. Ich hoffe, dass wir uns immer mehr Medienkompetenz aneignen werden, um Kriegslügen zu durchschauen.

Das 20. Jahrhundert war gemessen an der Anzahl Kriegstoten das gewalttätigste Jahrhundert der Menschheitsgeschichte, und auch das 21. Jahrhundert hat leider nicht friedlich begonnen. Es gilt daher individuell und kollektiv Lehren aus früheren Erfahrungen zu ziehen, das Bewusstsein zu verändern und die zerstörerische Gewaltspirale aus Lügen und Morden zu verlassen, da ein solches Verhalten viel Leid erzeugt und weder zum persönlichen noch zum kollektiven Glück beiträgt.

Seit Jahrhunderten haben sich weltweit führende Persönlichkeiten aus verschiedenen Kulturen und Ländern für den Frieden engagiert und intensiv darüber nachgedacht, wie man Krieg und Terror überwinden und aus der Gewaltspirale ausbrechen kann. Sophie Scholl aus Deutschland, Martin Luther King aus den USA, der Dalai Lama aus Tibet, Eckhart Tolle aus Kanada, Johan Galtung aus Norwegen, Dag Hammarskjöld aus Schweden, Mahatma Gandhi aus Indien, Deepak Chopra aus den USA und viele mehr haben ihre Erkenntnisse mit der Öffentlichkeit geteilt. Es mangelt also nicht an klugem Rat, sondern nur an dessen Umsetzung. Die Einsicht, dass wir eine nachhaltigere, gerechtere Welt mit mehr erneuerbaren Energien, ehrlichen Medien und weniger Gewalt brauchen, reicht nicht, es braucht auch die Taten, welche eine solche Vision umsetzen. Daher sagte Gandhi treffend: »Sei du selber der Wandel, den du in der Welt sehen willst.«[726]

# Chronologie: Ausgewählte illegale Kriege seit 1945

1945 In den USA wird am 26. Juni von 50 Staaten die Weltfriedensorganisation UNO gegründet. Das Gewaltverbot wird in der UNO-Charta verankert und betont: »Alle Mitglieder legen ihre internationalen Streitigkeiten durch friedliche Mittel bei«.

1947 In den USA werden der einflussreiche National Security Council (NSC) und der Auslandsgeheimdienst Central Intelligence Agency (CIA) gegründet. Beide sind in den folgenden Jahrzehnten intensiv an der Planung und Durchführung von illegalen Kriegen beteiligt, um die Vorherrschaft des US-Imperiums abzusichern und auszubauen.

1949 In den USA wird am 4. April in Washington von zwölf Staaten die North Atlantic Treaty Organisation (NATO) gegründet. Die NATO ist die größte und am stärksten bewaffnete Militärallianz, die es auf der Welt je gegeben hat. Nach dem Ende des Kalten Krieges wandelt sie sich von einem Verteidigungs- zu einem Angriffsbündnis mit 28 Mitgliedstaaten.

1953 Im Iran wird am 19. August der demokratisch gewählte Premierminister Mohammad Mossadegh in einem illegalen Krieg vom britischen Geheimdienst MI6 und dem amerikanischen Geheimdienst CIA gestürzt, um das iranische Erdöl unter britische und amerikanische Kontrolle zu bringen. Der UNO-Sicherheitsrat schützt Iran nicht.

1954 In Guatemala wird am 27. Juni der demokratisch gewählte Präsident Jacobo Arbenz in einem illegalen Krieg vom amerikanischen Geheimdienst CIA gestürzt. Die Landreform von Arbenz wird rückgängig gemacht. Der UNO-Sicherheitsrat schützt Guatemala nicht.

1956 Ab dem 29. Oktober greifen Israel, Frankreich und Großbritannien den ägyptischen Präsidenten Gamal Abdel Nasser an, um ihn zu stürzen und den Suezkanal zu kontrollieren. Der Regime Change scheitert. Der UNO-Sicherheitsrat wird durch das Veto der europäischen NATO-Staaten blockiert.

1961 In Kuba versuchen die USA mit der illegalen Invasion in der Schweinebucht am 15. April Präsident Fidel Castro zu stürzen. Der UNO-Sicherheitsrat wird durch Lügen blockiert und schützt Kuba nicht, doch der Regime Change scheitert. Ein Jahr später stationiert die Sowjetunion Atomraketen auf Kuba. Daraufhin errichten die USA eine Seeblockade. Die Welt steht am Abgrund eines Atomkrieges.

1964 In den USA erklärt Präsident Lyndon Johnson am 4. August, die USA seien im Golf von Tonkin von Nordvietnam angegriffen worden, was sich später als eine Lüge herausstellt. Die USA bombardieren Vietnam ohne UNO-Mandat in einem illegalen Angriffskrieg. Der Krieg tötet drei Millionen Vietnamesen und 58.000 amerikanische Soldaten. Der UNO-Sicherheitsrat schützt Vietnam nicht.

1986 In den Niederlanden verurteilt der Internationale Gerichtshof der UNO in Den Haag am 27. Juni den geheimen illegalen amerikanischen Contra-Krieg gegen Nicaragua, doch das US-Imperium ignoriert das Urteil.

1986 Libyen wird am 14. April von den USA in einem illegalen Angriffskrieg ohne UNO-Mandat bombardiert. Der Angriff wird vom UNO-Sicherheitsrat verurteilt. Die Resolution ist aber nicht gültig, weil die NATO-Länder Frankreich, Großbritannien und die USA mit ständigem Sitz im Sicherheitsrat ihr Veto einlegen. Der UNO-Sicherheitsrat schützt Libyen nicht.

1989 Der amerikanische Präsident George Bush senior greift am 20. Dezember in einem illegalen Angriffskrieg Panama an und stürzt Machthaber Manuel Noriega. Der UNO-Sicherheitsrat verurteilt den Angriff, doch die drei NATO-Länder Frankreich, Großbritannien und die USA legten ihr Veto ein, die Resolution ist damit nicht gültig. Der UNO-Sicherheitsrat schützt Panama nicht.

1990 Iraks Diktator Saddam Hussein greift am 2. August in einem illegalen Angriffskrieg ohne UNO-Mandat das Nachbarland Kuwait an. Der UNO-Sicherheitsrat verurteilt den Angriff umgehend einstimmig. Eine internationale Streitkraft unter Führung der USA vertreibt die Iraker aus Kuwait und verhängt über Irak ein Wirtschaftsembargo. Der UNO-Sicherheitsrat hat Kuwait erfolgreich geschützt.

1991 Kroatien und Slowenien erklären sich am 25. Juni für unabhängig. Jugoslawien zerfällt und wird von der NATO bombardiert. Während des Bosnienkriegs wird die UNO-Schutzzone Srebrenica überrannt, die UNO wird als machtlos wahrgenommen. Der Krieg endet mit dem Abkommen von Dayton am 21. November 1995.

1998 In Italien wird in Rom am 17. Juli von 150 Staaten der Internationale Strafgerichtshof (IStGH) geschaffen, der die schweren Verbrechen Aggression, Kriegsverbrechen, Völkermord und Verbrechen gegen die Menschlichkeit untersucht und die Täter bestraft.

1999 Serbien wird am 24. März von der NATO bombardiert, die Provinz Kosovo wird von Serbien abgespalten. Am illegalen Angriff ohne UNO-Mandat unter Führung der USA beteiligen sich verschiedene NATO-Staaten, darunter auch Deutschland, das damit erstmals seit dem Ende des Zweiten Weltkrieges wieder an einem Angriffskrieg teilnimmt. Der UNO-Sicherheitsrat schützt Serbien nicht. Die NATO wandelt sich vom lokalen Verteidigungs- zum globalen Angriffsbündnis.

2001 Obschon die undurchsichtigen Terroranschläge vom 11. September und der Einsturz von WTC7 nicht geklärt sind, ruft das US-Imperium den sogenannten »Krieg gegen den Terror« aus und greift am 7. Oktober ohne UNO-Mandat Afghanistan an. Am illegalen Angriffskrieg beteiligen sich später auch andere NATO-Staaten, darunter Großbritannien, Frankreich und Deutschland. Der UNO-Sicherheitsrat schützt Afghanistan nicht.

2003 Irak wird am 19. März ohne Mandat des UNO-Sicherheitsrates in einem illegalen Krieg von den beiden NATO-Staaten USA und Großbritannien angegriffen. US-Präsident George Bush junior und der britische Premier Tony Blair begründen den Krieg mit dem Kampf gegen ABC-Waffen, was sich später als Lüge herausstellt. Der irakische Diktator Saddam Hussein wird erhängt. Ein

Teil der irakischen Armee schließt sich später der sunnitischen Terrormiliz Islamischer Staat (IS) an und errichtet in Teilen von Syrien und Irak ein Kalifat. Der UNO-Sicherheitsrat schützt Irak nicht.

2011 Libyen wird am 19. März durch die NATO, angeführt durch die USA, Frankreich und Großbritannien, bombardiert. Der libysche Präsident Muammar Gaddafi wird im Laufe des Krieges getötet. Die NATO beruft sich auf die Resolution 1973 des UNO-Sicherheitsrates, doch diese erlaubt nur die Errichtung einer Flugverbotszone und keinen Regime Change, daher ist der Angriffskrieg illegal.

2011 In Syrien versuchen die Golfmonarchien Katar und Saudi-Arabien in Zusammenarbeit mit den NATO-Staaten USA, Großbritannien und Frankreich den syrischen Präsidenten Baschar al-Assad zu stürzen. Der illegale Angriffskrieg beginnt mit dem Schüren von Unruhen am 11. März in der Stadt Dara. Die Angreifer unterstützen die Dschihadisten und bombardieren später Syrien unter dem Vorwand der Terrorbekämpfung. Die hinterhältige verdeckte Kriegsführung stürzt Syrien ins Chaos. Der UNO-Sicherheitsrat schützt Syrien nicht.

2014 In der Ukraine wird am 20. Februar von den USA mit dem Mittel der verdeckten Kriegsführung Präsident Wiktor Janukowytsch in einem illegalen Putsch gestürzt. Russland besetzt danach ohne UNO-Mandat und daher illegal mit Soldaten die Halbinsel Krim. Am 16. März stimmt die Mehrheit der Bevölkerung der Krim für den Austritt aus der Ukraine und den Anschluss an Russland, der umgehend vollzogen wird. Im Osten der Ukraine bricht ein Bürgerkrieg aus. Der UNO-Sicherheitsrat schützt die Ukraine nicht.

2015 Jemen wird am 25. März von Saudi-Arabien ohne UNO-Mandat angegriffen, unterstützt durch die NATO-Länder USA, Frankreich und Großbritannien. Der UNO-Sicherheitsrat schützt Jemen nicht.

2015 In Deutschland stimmt der Bundestag am 4. Dezember der Beteiligung am Syrienkrieg zu und begründet dies mit dem Argument »Terrorbekämpfung«. Bundeskanzlerin Angela Merkel fordert den Sturz von Assad. Die USA, Großbritannien und Frankreich bombardieren Syrien ohne Mandat des UNO-Sicherheitsrates in einem weiteren illegalen Angriffskrieg der NATO.

# Literatur: Empfohlene Bücher zur weiteren Vertiefung


Anderson, Tim: Der schmutzige Krieg gegen Syrien. Washington, Regime Change und Widerstand (Liepsen Verlag 2016)

Bamford, James: NSA. Die Anatomie des mächtigsten Geheimdienstes der Welt (Bertelsmann 2001)

Becker, Johannes: Der Libyen-Krieg. Das Öl und die »Verantwortung zu schützen« (LIT Verlag 2012)

Beham, Mira: Kriegstrommeln: Medien, Krieg und Politik (Deutscher Taschenbuch Verlag 1996)

Blum, William: Killing Hope. US-Military and CIA Interventions since World War II (Common Courage Press 1995)

Bröckers, Mathias und Schreyer, Paul: Wir sind die Guten: Ansichten eines Putinverstehers oder wie uns die Medien manipulieren (Books on Demand 2016)

Brzezinski, Zbigniew: Die einzige Weltmacht. Amerikas Strategie der Vorherrschaft (Fischer 2001)

Chomsky, Noam: What Uncle Sam really wants (Pendo 1993)

Effenberger, Wolfgang und Wimmer, Willy: Wiederkehr der Hasardeure: Schattenstrategen, Kriegstreiber, stille Profiteure 1914 und heute(Zeitgeist 2014)

Elsässer, Jürgen: Wie der Dschihad nach Europa kam (Niederösterreichisches Pressehaus 2005)

Griffin, David Ray: The New Pearl Harbor (Olive Branch Press 2004)

Gritsch, Kurt: Krieg um Kosovo: Geschichte, Hintergründe, Folgen (Innsbruck University Press 2016)

Hinckle, Warren und Turner, William: The Fish is Red. The Story of the Secret War Against Castro (Harper & Row 1981)

Khan, Mansur: Die geheime Geschichte der amerikanischen Kriege. Verschwörung und Krieg in der US-Außenpolitik (Grabert 1998)

Lüders, Michael: Wer den Wind sät. Was westliche Politik im Orient anrichtet (C. H. Beck 2015)

O'Brien, Conor Cruise: The United Nations. Sacred Drama (Hutschinson 1968)

Paterson, Thomas: Contesting Castro. The United States and the Triumph of the Cuban Revolution (1994)

Ratner, Michael: Who Killed Che? How the CIA Got Away with Murder (OR Books 2011)

Russell, Bertrand: Unarmed Victory (George Allen & Unwin 1963)

Scahill, Jeremy: Schmutzige Kriege: Amerikas geheime Kommandoaktionen (dtv 2015)

Simons, Geoff: The United Nations. A Chronology of Conflict (St. Martin's Press1994)

Talbot, David: The Devil's Chessboard: Allen Dulles, the CIA and the Rise of America's Secret Government (Harper Collins 2016)

Wolf, Klaus Dieter: Die UNO: Geschichte, Aufgaben, Perspektiven (C. H. Beck 2011)

Zumach, Andreas: Globales Chaos – machtlose UNO (Rotpunktverlag 2015)

# Anmerkungen

1 Gründungsaufruf Friedensbund der Kriegsteilnehmer, *Berliner Volkszeitung*, 19. Oktober 1919. Zitiert in: Kurt Tucholsky: Gesamtausgabe. Texte und Briefe. Band 3 (Rowohlt 1999).
2 Sönke Zankel: Mit Flugblättern gegen Hitler (Böhlau Verlag 2008), S. 95.
3 Stephan Mögle-Stadel: Dag Hammarskjöld. Vision einer Menschheitsethik (Verlag Urachhaus 1999), S. 67.
4 Daniele Ganser: Die Schweiz zwischen Igelmythos und Uno. *Neue Zürcher Zeitung*, 19. Februar 2002.
5 Globales Chaos – machtlose UNO. *Infosperber*, 4. Juli 2015.
6 Sithu U Thant: Portfolio for Peace. Excerpts from the writing and speeches of U Thant, Secretary General of the United Nations, on major world issues 1961–1970 (United Nations 1970), S. 1.
7 UN-Sicherheitsrat. Zweiklassengesellschaft alten Rechts. *Frankfurter Allgemeine Zeitung*, 13. Oktober 2010.
8 Rede von Muammar Gaddafi, Präsident von Libyen, vor der UNO-Generalversammlung am 1. Oktober 2009.
9 Stephen Schlesinger: Act Of Creation: The Founding of the United Nations: A Story of Superpowers, Secret Agents, Wartime Allies and Enemies, and Their Quest for a Peaceful World (Westview Press 2003), S. 7.
10 Klaus Dieter Wolf: Die UNO: Geschichte, Aufgaben, Perspektiven (C. H. Beck 2011), S. 31.
11 Conor Cruise O'Brien: The United Nations. Sacred Drama (Hutschinson 1968), S. 11.
12 Nixon-Zitat aus: *The Independent on Sunday*, 21. Juni 1998. Rezension des Buches von Monica Crowley: Nixon im Winter (Tauris 1998).
13 Daniele Ganser: NATO-Geheimarmeen in Europa. Inszenierter Terror und verdeckte Kriegsführung (Orell Füssli 2008).
14 Curia Vista. Geschäftsdatenbank Schweizer Parlament. Motion Luzi Stamm: Austritt aus dem NATO-Programm Partnership for Peace vom 18. September 2014 sowie Antwort des Bundesrates vom 19. November 2014.
15 Reden von Eugen Drewermann und Dieter Deiseroth am 26. April 2013 beim Bremer Kongress »Quo vadis NATO? – Herausforderungen für Demokratie und Recht«.
16 Vgl. Paul Kennedy: Aufstieg und Fall der großen Mächte. Ökonomischer Wandel und militärischer Konflikt von 1500 bis 2000 (Fischer 1987).
17 SIPRI Fact Sheet: Trends in World Military Expenditure 2015.
18 Globales Hochrüsten. Bericht des Friedensforschungs-Instituts SIPRI. *Neue Zürcher Zeitung*, 5. April 2016.
19 Chalmers Johnson: Nemesis: The Last Days of the American Republic (Macmillan 2007), S. 138.
20 Vortrag vor dem Chicago Council on Global Affairs am 4. Februar 2015. Youtube: George Friedman, »Europe: Destined for Conflict?«.
21 Youtube: Psychologieprofessor Dr. Rainer Mausfeld: »Warum schweigen die Lämmer?« – Techniken des Meinungs- und Empörungsmanagements. Vortrag an der Christian Albrechts Universität Kiel am 22. Juni 2015.
22 Study: US is an oligarchy, not a democracy. BBC News, 17. April 2014. Siehe auch die Studie: Martin Gilens und Benjamin Page:

Testing Theories of American Politics. Publiziert in: *Perspectives on Politics*, Volume 12, Issue 3, September 2014, S. 564–581.

23 Eric Zuesse: The Contradictions of the American Electorate. *Counterpunch*, 15. April 2014.

24 J. D. Heyes: What is direct democracy? Learn how We the People can bypass Congress and restore liberty. *Natural News*, 14. Februar 2012.

25 Jimmy Carter on whether he could be president today: »Absolutely not«. Sendung »Super Soul Sunday: Everybody has a soul story« von Oprah Winfrey auf dem Oprah Winfrey Network (OWN), 22. September 2015.

26 John Prados: Keepers of the Keys: A history of the National Security Council from Truman to Bush (William Morow 1991), S. 567.

27 Mathias Bröckers und Paul Schreyer: Wir sind die Guten: Ansichten eines Putinverstehers oder wie uns die Medien manipulieren (Books on Demand 2016), S. 99.

28 The Casualties of the War in Vietnam. Rede von Martin Luther King vom 25. Februar 1967 in Los Angeles. Online abrufbar unter: www.thekingcenter.org

29 Definition der Aggression, UNO-Generalversammlung, 14. Dezember 1974.

30 Römisches Statut des Internationalen Strafgerichtshofes. Artikel 5: Der Gerichtsbarkeit des Gerichtshofs unterliegende Verbrechen. 17. Juli 1998.

31 Amendments to the Rome Statute of the International Criminal Court on the crime of aggression. 11. Juni 2010.

32 Definition der Aggression, UNO-Generalversammlung, 14. Dezember 1974.

33 Definition der Aggression, UNO-Generalversammlung, 14. Dezember 1974.

34 Definition der Aggression, UNO-Generalversammlung, 14. Dezember 1974.

35 Definition der Londoner Charta vom 8. August 1945.

36 Jürgen Todenhöfer: Warum tötest Du, Zaid? (Bertelsmann 2008), S. 175.

37 David Swanson: US-Ankläger im Nürnberger Prozess sagt: Meine Regierung ist heute bereit, etwas zu tun, wofür wir Deutsche gehängt haben. *Luftpost. Friedenspolitische Mitteilungen aus der US-Militärregion Kaiserslautern Ramstein*, 16. März 2011.

38 David Swanson. *Friedenspolitische Mitteilungen*, 16. März 2011.

39 US missing out on building a new world order. *The Toronto Star*, 22. Juli 1998.

40 *The Independent*, 22. Juli 1998.

41 Thomas Lippman: America Avoids The Stand. Why the U.S. Objects To A World Criminal Court. *The Washington Post*, 26. Juli 1998.

42 Gwynne Dyer: World court second blow for US. *The Toronto Star*, 24. Juli 1998.

43 *The Independent on Sunday*, 19. Juli 1998.

44 Gwynne Dyer: World court second blow for US. *The Toronto Star*, 24. Juli 1998.

45 Thomas Lippman: America Avoids The Stand. Why the U.S. Objects To A World Criminal Court. *The Washington Post*, 26. Juli 1998.

46 *The Toronto Star*, 19. Juli 1998.

47 Quelle: Youtube: RT Deutsch-Interview: Willy Wimmer zur Münchner Sicherheitskonferenz. 15. Februar 2016.

48 Jürgen Todenhöfer: Warum tötest Du, Zaid?, S. 175.

49 Nikki Keddie: Roots of Revolution. An Interpretive History of Modern Iran (Yale University Press 1981), S. 133.

50 British Petroleum Company: Fifty years in pictures: a story of the development of the British Petroleum Group 1909–1959 (British Petroleum Company 1959), S. 91.

51 Rede in Philadelphia, zitiert in: Profits not motive, says Mossadegh. *Associated Press*, 22. Oktober 1951.

52 UNO-Sicherheitsrat, 15. Oktober 1951.

53 UNO-Sicherheitsrat, 15. Oktober 1951.

54 UNO-Sicherheitsrat, 15. Oktober 1951.

55 Morris Berman: Dark Ages America: The Final Phase of Empire (Norton and Company 2011), S. 163.

56 James Risen: Secrets of History: The CIA in Iran – A Special Report. How a Plot Con-

vulsed Iran in ’53 (and in ’79). *New York Times*, 16. April 2000.

57 Kermit Roosevelt: Countercoup: The Struggle for the Control of Iran (McGraw-Hill 1979).

58 Darioush Bayandor: Iran and the CIA. The Fall of Mosaddeq revisited (Palgrave Macmillan 2010), S. 92.

59 Darioush Bayandor: Iran and the CIA. The Fall of Mosaddeq revisited, S. 92.

60 Gérard de Villiers: Der Schah. Der unaufhaltsame Aufstieg des Mohammed Reza Pahlewi (Heyne 1976), S. 276.

61 James Risen: The CIA in Iran. *New York Times*, 16. April 2000.

62 Tim Weiner: CIA: Die ganze Geschichte (Fischer 2008), S. 136.

63 James Risen: The CIA in Iran. *New York Times*, 16. April 2000.

64 Homa Katouzian: Musaddiq’s Memoirs. The End of the British Empire in Iran (National Movement of Iran 1988), S. 465.

65 Michael Lüders: Wer den Wind sät. Was westliche Politik im Orient anrichtet (C. H. Beck 2015), S. 20.

66 Robert Scheer: Iran Agenda. The Real Story of US Policy and the Middle East Crisis (Routledge 2016).

67 James Risen: The CIA in Iran. *New York Times*, 16. April 2000.

68 Declassified document, CIA acknowledges role in ‘53 Iran coup. CNN, 20. August 2013.

69 In gegenseitigem Misstrauen eng verbunden. *Tages-Anzeiger*, 3. Februar 2005. Sowie: Amerikas Ursünde im Mittleren Osten. *Tages-Anzeiger*, 16. Juni 2004.

70 Mohssen Massarrat: Preis der Freiheit. Warum mehr Demokratie in den Ländern des Nahen Ostens das Öl teurer macht. *Die Zeit*, 31. März 2005.

71 William Blum: Killing Hope. US Military and CIA Interventions since World War II (Common Courage Press 1995), S. 74.

72 Warren Hinckle und William Turner: The Fish is Red. The Story of the Secret War Against Castro (Harper & Row 1981), S. 41.

73 Cole Blasier: The Hovering Giant. US Responses to Revolutionary Change in Latin America 1910–1985 (University of Pittsburgh 1985), S. 168.

74 Charta der Organisation der Amerikanischen Staaten, Artikel 15, 1951 in Bogota ratifiziert.

75 William Blum: Killing Hope (Common Courage Press 1995), S. 79.

76 David Atlee Philipps: The Night Watch: Twenty-five Years of Peculiar Service (Atheneum 1977), S. 34.

77 UNO-Sicherheitsrat, 20. Juni 1954.

78 William Blum: Killing Hope, S. 79.

79 William Blum: Killing Hope, S. 80.

80 Evan Luard: A History of the United Nations. The Years of Western Domination 1945–1955 (Macmillan 1982), S. 300.

81 David Deutschmann: Che Guevara Reader. Writings on Politics and Revolution (Ocean Press 2003), S. 231.

82 Peter Kornbluh: The Death of Che Guevara: Declassified. National Security Archive Electronic Briefing Book No. 5: US Army, Memorandum of Understanding Concerning the Activation, Organization and Training of the 2d Battalion – Bolivian Army, April 28. 1967.

83 Peter Kornbluh: The Death of Che Guevara: Declassified. National Security Archive Electronic Briefing Book No. 5: The White House. Washington. Wednesday October 11, 1967. Memorandum for the President. Subject: Death of ›Che‹ Guevara.

84 Michael Ratner und Michael Steven Smith: Who Killed Che? How the CIA Got Away with Murder (OR Books 2011), S. 67.

85 Hermann Ploppa: Präsident Eisenhower warnte vor Militär-Industriellem Komplex. *USAControl*, 15. Januar 2016.

86 Daniel Yergin: Der Preis. Die Jagd nach Öl, Geld und Macht (Fischer 1991), S. 605 und 608.

87 Daniel Yergin: Der Preis, S. 609.

88 UNO-Sicherheitsrat, 30. Oktober 1956.

89 UNO-Sicherheitsrat, 30. Oktober 1956.

90 UNO-Sicherheitsrat, 30. Oktober 1956.

91 UNO-Sicherheitsrat, 30. Oktober 1956.

92 UNO-Sicherheitsrat, 30. Oktober 1956.
93 UNO-Sicherheitsrat, 30. Oktober 1956.
94 UNO-Sicherheitsrat, 30. Oktober 1956.
95 UNO-Sicherheitsrat, 30. Oktober 1956.
96 Arnold Hottinger: Ägypten ist frei! Erinnerungen an Stimmungen in Kairo während der Suezkrise vor fünfzig Jahren. *Neue Züricher Zeitung*, 28. Oktober 2006.
97 Gamal Nasser: The Philosophy of the Revolution (Economica Books 1959), S. 67.
98 Schweizerischer Bankverein: Erdöl – ein Unsicherheitsfaktor in der schweizerischen Energieversorgung (Schweizerischer Bankverein 1957), S. 14.
99 Daniel Yergin: Der Preis, S. 615.
100 Indar Jit Rikhye: The Sinai blunder. Withdrawal of the United Nations Emergency Force leading to the Six-Day War of June 1967 (Frank Cass 1980), S. 2.
101 Helmut Volger: Geschichte der Vereinten Nationen (Oldenburg Verlag 2008), S. 107.
102 Karl Hotz: Wer aus dem Osten kam, war willkommen. *Schaffhauser Nachrichten*, 31. Juli 2010.
103 Rede von Muammar Gaddafi vor der UNO-Generalversammlung, 1. Oktober 2009.
104 Geoff Simons: Cuba. From Conquistador to Castro (Macmillan 1996), S. 287.
105 Thomas Paterson: Contesting Castro. The United States and the Triumph of the Cuban Revolution (Oxford University Press 1994), S. 256.
106 Geoff Simons: Cuba. From Conquistador to Castro, S. 288.
107 Tad Szulc: Fidel: A Critical Portrait (William Morrow 1986), S. 480.
108 Tad Szulc: Fidel: A Critical Portrait, S. 493.
109 Lester Sobel: Facts on File: Cuba, the U.S. & Russia 1960–1963. A journalistic narrative of events in Cuba and of Cuban relations with the U.S. and the Soviet Union (Facts on File Inc. 1964), S. 10.
110 Lester Sobel: Facts on File, S. 10–11.
111 William Blum: Killing Hope, S. 186.
112 Lester Sobel: Facts on File, S. 6.
113 Geoff Simons: Cuba. From Conquistador to Castro, S. 279.
114 United Nations Security Council Official Records. Zusatzdokument. S/4378
115 UNO-Sicherheitsrat, 18. Juli 1960.
116 UNO-Sicherheitsrat, 18. Juli 1960.
117 UNO-Sicherheitsrat, 18. Juli 1960.
118 UNO-Sicherheitsrat, 18. Juli 1960.
119 UNO-Sicherheitsrat, 18. Juli 1960.
120 UNO-Sicherheitsrat, 5. Januar 1961.
121 UNO-Sicherheitsrat, 18. Juli 1960.
122 UNO-Sicherheitsrat, 19. Juli 1960.
123 United States Senate: Alleged Assassination Plots Involving Foreign Leaders. An Interim Report of the Select Committee to study Governmental Operations with respect to Intelligence Activities (US Government Printing Office 1975), S. 2 und 285.
124 Warren Hinckle und William Turner: The Fish is Red, S. 23 und 36.
125 United States Senate: Alleged Assassination Plots Involving Foreign Leaders, S. 71–90.
126 David Talbot: The Devil's Chessboard: Allen Dulles, the CIA and the Rise of America's Secret Government (Harper Collins 2016). Sowie: Every president has been manipulated by national security officials. David Talbot exposes America's deep state. *Salon*, 15. Oktober 2015.
127 United States Senate: Alleged Assassination Plots Involving Foreign Leaders, S. 255–258.
128 Warren Hinckle und William Turner: The Fish is Red, S. 18.
129 UNO-Generalversammlung, 10. Oktober 1961.
130 Tad Szulc: Fidel: A Critical Portrait, S. 526.
131 UNO-Generalversammlung, 26. September 1960.
132 Arthur Schlesinger: A Thousand Days. John F. Kennedy in the White House (Fawcett Publications 1965), S. 209.
133 Arthur Schlesinger: A Thousand Days, S. 215.
134 UNO-Generalversammlung, 1. November 1960.
135 UNO-Generalversammlung, 1. November 1960.
136 UNO-Generalversammlung, 1. November 1960.
137 Lester Sobel: Facts on File, S. 23.

138 Richard Walton: Cold War and Counterrevolution. The Foreign Policy of John F. Kennedy (Viking Press 1972), S. 38.
139 Warren Hinckle und William Turner: The Fish is Red, S. 40.
140 Richard Walton: Cold War and Counterrevolution, S. 38.
141 Roa an den Präsidenten des Sicherheitsrates, 31. Dezember 1960. United Nations Security Council Official Records. Zusatzdokument S/4605.
142 UNO-Sicherheitsrat, 5. Januar 1961.
143 UNO-Sicherheitsrat, 4. Januar 1961.
144 UNO-Sicherheitsrat, 4. Januar 1961.
145 UNO-Sicherheitsrat, 4. Januar 1961.
146 Arthur Schlesinger: A Thousand Days, S. 219.
147 Howard Hunt: American Spy: My Secret History in the CIA. Watergate and Beyond (John Wiley & Sons 2007), S. 150.
148 Tad Szulc: Fidel: A Critical Portrait, S .543.
149 Arthur Schlesinger: A Thousand Days, S. 236.
150 Warren Hinckle und William Turner: The Fish is Red, S. 82.
151 Arthur Schlesinger: A Thousand Days, S. 227.
152 Warren Hinckle und William Turner: The Fish is Red, S. 84 und 85.
153 Warren Hinckle und William Turner: The Fish is Red, S. 85.
154 Arthur Schlesinger: A Thousand Days, S. 257.
155 Warren Hinckle und William Turner: The Fish is Red, S. 94.
156 Arthur Schlesinger: A Thousand Days, S. 271.
157 Richard Walton: Cold War and Counterrevolution, S. 49.
158 Richard Walton: Cold War and Counterrevolution, S. 257.
159 Laurence Chang und Peter Kornbluh: The Cuban Missile Crisis, 1962. A National Security Archive Documents Reader (The New Press 1992), S. 349.
160 Tad Szulc: Fidel: A Critical Portrait, S. 562.
161 Erster Artikel der Charta der Vereinten Nationen.
162 United Nations General Assembly Official Records. Fifteenth Session. First Committee. 1149th meeting 15. April 1961.
163 Warren Hinckle und William Turner: The Fish is Red, S. 85.
164 UNO-Generalversammlung. First Committee, 15. April 1961.
165 UNO-Generalversammlung. First Committee, 17. April 1961.
166 UNO-Generalversammlung. First Committee, 17. April 1961.
167 Arthur Schlesinger: A Thousand Days, S. 253.
168 UNO-Generalversammlung. First Committee, 17. und 20. April 1961.
169 UNO-Generalversammlung. First Committee, 17. April 1961.
170 UNO-Generalversammlung. First Committee, 19. April 1961.
171 UNO-Generalversammlung. First Committee, 20. April 1961.
172 UNO-Generalversammlung. First Committee, 20. April 1961.
173 UNO-Generalversammlung. First Committee, 18. April 1961.
174 UNO-Generalversammlung. First Committee, 20. April 1961.
175 UNO-Generalversammlung. First Committee, 18. April 1961.
176 UNO-Generalversammlung. First Committee, 18. und 20. April 1961.
177 UNO-Generalversammlung. First Committee, 19. April 1961.
178 UNO-Generalversammlung. First Committee, 20. April 1961.
179 UNO-Generalversammlung. First Committee, 19. April 1961.
180 UNO-Generalversammlung. First Committee, 19. April 1961.
181 UNO-Generalversammlung. First Committee, 20. April 1961.
182 UNO-Generalversammlung. First Committee, 18. April 1961.
183 UNO-Generalversammlung. First Committee, 19. April 1961.
184 UNO-Generalversammlung. First Committee, 19. April 1961.

185 UNO-Generalversammlung. First Committee, 19. April 1961.
186 UNO-Generalversammlung. First Committee, 18. April 1961.
187 UNO-Generalversammlung. First Committee, 20. April 1961.
188 UNO-Generalversammlung. First Committee, 19. April 1961.
189 UNO-Generalversammlung. First Committee, 19. April 1961.
190 UNO-Generalversammlung. First Committee, 20. April 1961.
191 Jeff Broadwater: Adlai Stevenson and American Politics. The Odyssey of a Cold War Liberal (Twayne Publishers 1994), S. 207.
192 Jeff Broadwater: Adlai Stevenson and American Politics, S. 207.
193 Porter McKeever: Adlai Stevenson. His Life and Legacy (William Morrow and Company 1989), S. 490.
194 Warren Hinckle und William Turner: The Fish is Red, S. 96.
195 Arthur Schlesinger: Robert Kennedy and his Times (Andre Deutsch 1978), S. 476.
196 Warren Hinckle und William Turner: The Fish is Red, S. 110.
197 Taylor Branch und George Crile: The Kennedy Vendetta. How the CIA waged a silent war against Cuba. *Harper's Magazin* 1975, S. 51.
198 Taylor Branch und George Crile: The Kennedy Vendetta, S. 52.
199 Lansdale, Review of OPERATION MONGOOSE, Phase I, 25. Juli 1962; In: Laurence Chang und Peter Kornbluh: The Cuban Missile Crisis, 1962, als Dokument 7.
200 Taylor Branch und George Crile: The Kennedy Vendetta, S. 58–62.
201 UNO-Generalversammlung. First Committee, 5. Februar 1962.
202 UNO-Generalversammlung, 20. Februar 1962.
203 Evan Luard: A History of the United Nations. Volume II: The Age of Decolonization, 1955–1965 (Macmillan 1989), S. 389.
204 UNO-Sicherheitsrat, 27. Februar 1962.
205 UNO-Sicherheitsrat, 15. März 1962.
206 Bruce Allyn, James Blight, David Welch: Cuba on the Brink. Castro, the Missile Crisis, and the Soviet Collapse (Pantheon Books 1993), S. 36.
207 Michael Beschloss: Kennedy v. Khrushchev. The Crisis Years 1960 - 1963 (Faber and Faber 1991), S. 564.
208 Thomas Paterson: Kennedy's Quest for Victory: American Foreign Policy 1961–1963 (Oxford University Press 1989), S. 140.
209 James Bamford: NSA. Die Anatomie des mächtigsten Geheimdienstes der Welt (Bertelsmann 2001), S. 89.
210 James Bamford: NSA, S. 90.
211 Mansur Khan: Die geheime Geschichte der amerikanischen Kriege. Verschwörung und Krieg in der US-Außenpolitik (Grabert 1998), S. 96.
212 Joint Chiefs of Staff: Top Secret: Pretexts to Justify US Military Intervention in Cuba. 12. März 1962. Zitiert in James Bamford: NSA, S. 91.
213 ExComm-Sitzung vom 16. Oktober 1962, 18.30 bis 19.55 Uhr. In: Laurence Chang und Peter Kornbluh: The Cuban Missile Crisis, 1962, Dokument 16.
214 David Ray Griffin: The New Pearl Harbor (Olive Branch Press 2004), S. 101.
215 Joint Chiefs of Staff: Top Secret: Pretexts to Justify US Military Intervention in Cuba. 12. März 1962. Zitiert in James Bamford: NSA, S. 92–93.
216 James Bamford: NSA, S. 90 und 98.
217 Bertrand Russell: Unarmed Victory (George Allen & Unwin 1963), S. 71.
218 Strobe Talbott: Khrushchev Remembers (Bantam Books 1970), S. 545–546.
219 Anatoli Gribkov: Operation Anadyr. US and Soviet Generals Recount the Cuban Missile Crisis (Edition Q 1994), S. 8.
220 Sithu U Thant: View from the UN (Doubleday 1978), S. 156.
221 Laurence Chang und Peter Kornbluh: The Cuban Missile Crisis, 1962, Dokument 8.
222 Anatoli Gribkov: Operation Anadyr, S. 63.
223 UNO-Generalversammlung, 8. Oktober 1962.

224 UNO-Generalversammlung, 8. Oktober 1962.
225 UNO-Generalversammlung, 8. Oktober 1962.
226 UNO-Generalversammlung, 8. Oktober 1962.
227 Elie Abel: The Missile Crisis (Lippincott 1966), S. 81.
228 ExComm-Protokoll vom 16. Oktober 1962, 18.30–19.55 Uhr. In: Laurence Chang und Peter Kornbluh: The Cuban Missile Crisis, 1962, Dokument 16.
229 Mark White: The Cuban Missile Crisis (Macmillan 1996), S. 170 und 175.
230 ExComm-Protokoll vom 16. Oktober 1962, 18.30–19.55 Uhr. In Laurence Chang und Peter Kornbluh: The Cuban Missile Crisis, 1962, Dokument 16.
231 Bruce Allyn, James Blight, David Welch: Cuba on the Brink, S. 49.
232 Radio-TV Address of the President to the Nation from the White House, 22. Oktober 1962. In: Laurence Chang und Peter Kornbluh: The Cuban Missile Crisis, 1962, Dokument 28.
233 Rede des Dalai Lama bei der Tagung Fear and Anxiety, ETH Zürich, 4. August 2005.
234 Ramses Nassif: U Thant in New York 1961–1971. A Portrait of the Third UN Secretary-General (Hurst & Company 1988), S. 20.
235 Sithu U Thant: View from the UN, S. 155–156.
236 Dino Brugioni: Eyeball to Eyeball. The Inside Story of the Cuban Missile Crisis (Random House 1990), S. 402.
237 Bertrand Russell: Unarmed Victory, S. 52.
238 UNO-Sicherheitsrat, 23. Oktober 1962.
239 UNO-Sicherheitsrat, 23. Oktober 1962.
240 Porter McKeever: Adlai Stevenson. His Life and Legacy (William Morrow and Company 1989), S. 524.
241 UNO-Sicherheitsrat, 23. Oktober 1962.
242 UNO-Sicherheitsrat, 23. Oktober 1962.
243 Robert Kennedy: Thirteen Days. A Memoir of the Cuban Missile Crisis (Norton & Company 1969), S. 67–72.
244 UNO-Sicherheitsrat, 24. Oktober 1962.
245 UNO-Sicherheitsrat, 24. Oktober 1962.
246 UNO-Sicherheitsrat, 24. Oktober 1962.
247 UNO-Sicherheitsrat, 24. Oktober 1962.
248 UNO-Sicherheitsrat, 24. Oktober 1962.
249 UNO-Sicherheitsrat, 24. Oktober 1962.
250 UNO-Sicherheitsrat, 24. Oktober 1962.
251 UNO-Sicherheitsrat, 25. Oktober 1962.
252 UNO-Sicherheitsrat, 25. Oktober 1962.
253 UNO-Sicherheitsrat, 25. Oktober 1962.
254 Jeff Broadwater: Adlai Stevenson and American Politics (Twayne Publishers 1994), S. 212–213.
255 Rede von U Thant vom 2. Juni 1963, zitiert in: UN Office of Public Information: Portfolio for Peace (United Nations 1970), S. 2.
256 David Larson: The Cuban Crisis of 1962. Selected Documents, Chronology and Bibliography (Lanham 1986), S. 169.
257 David Larson: The Cuban Crisis of 1962, S. 170.
258 David Larson: The Cuban Crisis of 1962, S. 182.
259 Sithu U Thant: View from the UN, S. 168.
260 Strobe Talbott: Khrushchev Remembers, S. 550.
261 CIA: Timing of the Soviet Military Build-up in Cuba. 22. Oktober 1962. In: The Secret Cuban Missile Crisis Documents. Central Intelligence Agency (Brasseys 1994), S. 271.
262 The Secret Cuban Missile Crisis Documents. Central Intelligence Agency, S. 300.
263 Laurence Chang und Peter Kornbluh: The Cuban Missile Crisis, 1962, S. 370.
264 The Secret Cuban Missile Crisis Documents. Central Intelligence Agency, S. 304.
265 Laurence Chang und Peter Kornbluh: The Cuban Missile Crisis, 1962, S. 372.
266 Bruce Allyn, James Blight, David Welch: Cuba on the Brink, S. 218.
267 Tad Szulc: Fidel: A Critical Portrait, S. 584.
268 Laurence Chang und Peter Kornbluh: The Cuban Missile Crisis, 1962, S. 375.
269 Richard Lebow: We all lost the Cold War (Princeton University Press 1994), S. 126.
270 Protokoll der Sitzung des ExComm vom 27. Oktober 1962. In: Laurence Chang und Peter Kornbluh: The Cuban Missile Crisis, 1962, Dokument 49.

271 Laurence Chang und Peter Kornbluh: The Cuban Missile Crisis, 1962, S. 381.
272 U Thant im UNO-Hauptquartier am 28. Mai 1964. Zitiert in: UN Office of Public Information: Portfolio for Peace (United Nations 1970), S. 134.
273 The Independent, 13. November 1996.
274 The Guardian, 23. Oktober 1995.
275 Youtube: Mehdi Hassan. Head to Head – Should the US get out of Latin America? 5. Dezember 2014.
276 Das Ende des Embargos wird kommen. *Zeit Online*, 21. März 2016. Sowie: *Que bola Cuba?* Zeit Online, 21. März 2016.
277 Edward Rice-Maximin: Accommodation and Resistance. The French Left, Indochina and the Cold War 1944–1954 (Greenwood Press 1986), S. 95.
278 Peter Scholl-Latour: Der Tod im Reisfeld (dtv 2000).
279 Pentagon Papers. Top Secret. United States – Vietnam Relations 1945–1967. Office of the Secretary of Defense. Vietnam Task Force.
280 Geoffrey Shaw: The Lost mandate of Heaven: The American Betrayals of Ngo Dinh Diem (Ignatius Press 2015), Conclusion.
281 Office of the Secretary of Defense. Vietnam Task Force. United States – Vietnam Relations 1945–1967. Top Secret. The Overthrow of Ngo Dinh Diem. May-November, 1963. S. VIII.
282 James Douglass: JFK and the Unspeakable. Why He Died and Why It Matters (Simon and Schuster 2010), S. 182.
283 Marshall Rosenberg: Speak Peace in a World of Conflict. What You Say Next Will Change Your World (Puddle Dancer Press 2005), S. 129.
284 Johnson vor der UNO-Generalversammlung, 17. Dezember 1963, zitiert in Field Haviland: The United Nations and the United States. In: International Organization, Volume 19, Summer 1965, S. 643.
285 Lloyd Gardner: Imperial America. American Foreign Policy Since 1898 (Harcourt 1976), S. 477.
286 Rede von Präsident Johnson vom 4. August 1964 spät in der Nacht um 23:36 Uhr. Youtube: Lyndon Johnson – Report on the Gulf of Tonkin Incident.
287 James Bamford: Body of Secrets (Anchor 2002), S. 296.
288 Donald Schmidt: The Folly of War: American Foreign Policy 1898–2005 (Algora Publishing 2005), S. 264.
289 John Prados: Tonkin Gulf Intelligence »Skewed« According to Official History and Intercepts. National Security Archive Washington, 1. Dezember 2005.
290 Peter Lennon: The attack that never was. *The Guardian*, 17. April 1999.
291 Peter Lennon: The attack that never was. *The Guardian*, 17. April 1999.
292 UNO-Sicherheitsrat, 5. August 1964.
293 Martin Kilian: 18 Leitersprossen bis zur Freiheit. *Tages-Anzeiger*, 30. April 2005.
294 Sebastian Moll: Die Lüge im Golf von Tonkin. *Frankfurter Rundschau*, 1. August 2014.
295 Carl Bernstein: The CIA and the Media. How Americas Most Powerful News Media Worked Hand in Glove with the Central Intelligence Agency and Why the Church Committee Covered It Up. *Rolling Stone*, 20. Oktober 1977, S. 60–61.
296 Deborah Davis: Katharine The Great (Sheridan Square Press 1991), S. 131.
297 Glenn Hastedt: Spies, Wiretaps and Secret Operation: An Encyclopedia of American Espionage (ABC CLIO 2011), S. 517.
298 T. D. Allman: Mehr als zwei Millionen Tonnen Bomben warfen die USA während des Vietnamkriegs über Laos ab. *National Geographic*, Februar 2016, S. 130.
299 Earl Tilford: Setup: What the Air Force did in Vietnam and Why (Air University Press, 1991), S. 196.
300 Vietnam Red Cross urges more aid for Agent Orange casualties. *Red Cross*, 14. März 2002.
301 Helmut Volger: Geschichte der Vereinten Nationen (Oldenbourg 2008), S. 133.
302 Stanley Meisler: United Nations: A History (Grove Press 2011), S. 162.
303 William Gibbons: The US Government and the Vietnam War (Princeton 2014), S.101.

304 The Casualties of the War in Vietnam. Rede von Martin Luther King vom 25. Februar 1967 in Los Angeles. Online abrufbar unter: www.thekingcenter.org

305 Michael Conniff: A History of Modern Latin America (Thomson Wadsworth 2005), S. 296.

306 Alan McPherson: The Invaded: How Latin Americans and Their Allies Fought and Ended U.S Occupations (Oxford University Press 2014), S. 196.

307 Hugh Rawson: The Oxford Dictionary of American Quotations (Oxford University Press 2006), S. 268.

308 Nicaragua unter der Peitsche des Somoza-Clans. *Hamburger Abendblatt*, 22. Juni 1979.

309 UNO-Generalversammlung. First Committee, 20. April 1961.

310 *The Times*, 28. Juni 1986.

311 United States Senate. Select Comittee on secret military assistance to Iran and the nicaraguan opposition. November 17, 1987, S. 3.

312 Investigative report commissioned by the Washington office on Latin America by Congressman James Jefferson (R-Vt) and Peter Kostmayer (D-Pa), February 1986.

313 William Blum: Killing Hope. US Military and CIA Interventions since World War II (Common Courage Press 1995), S. 293.

314 UNO-Generalversammlung: Definition der Aggression, 14. Dezember 1974.

315 William Blum: Killing Hope,, S. 293.

316 *Washington Post*, 2. März 1986.

317 Case Concerning Military and Paramilitary Activities in and against Nicaragua. Nicaragua v. United States of America. Entscheidung des Internationalen Gerichtshofes, veröffentlicht am 27. Juni 1986 in Den Haag, S. 21.

318 Nicaragua v. United States of America. Entscheidung des Internationalen Gerichtshofes, 27. Juni 1986, S. 146–150.

319 Nicaragua v. United States of America. Entscheidung des Internationalen Gerichtshofes, 27. Juni 1986 in Den Haag. Siehe auch: *The Times* vom 28. Juni 1986.

320 UNO-Sicherheitsrat, 22. Oktober 1986.

321 UNO-Sicherheitsrat, 22. Oktober 1986.

322 The White House. Remarks by the President to the American Troops in Kosovo. Camp Bondsteel, 24. Juli 2001.

323 Schuldbekenntnis eines CIA-Agenten: Man gab uns Millionen für die Zerstückelung Jugoslawiens! *Info-DIREKT*, 2. Januar 2016.

324 Schuldbekenntnis eines CIA-Agenten: Man gab uns Millionen für die Zerstückelung Jugoslawiens! *Info-DIREKT*, 2. Januar 2016.

325 George Friedman in Chicago in einem Vortrag für den Chicago Council on Global Affairs 4. Februar 2015. Youtube: STRATFOR: US-Hauptziel seit einem Jahrhundert ist es, ein deutsch-russisches Bündnis zu verhindern.

326 Schuldbekenntnis eines CIA-Agenten: Man gab uns Millionen für die Zerstückelung Jugoslawiens! *Info-DIREKT*, 2. Januar 2016

327 Mansur Khan: Die geheime Geschichte der amerikanischen Kriege. Verschwörung und Krieg in der US-Außenpolitik (Grabert 1998), S. 453.

328 Hans Koschnick: »Ethnisch gesäubert?« – Bosnien-Herzegowina, Kroatien und Serbien nach dem Daytoner Abkommen. In: Franz Josef Hutter: Das gemeinsame Haus Europa. Menschenrechte zwischen Atlantik und Ural (Nomos Verlag 1998), S. 171.

329 Zitiert in: Holm Sundhaussen: Jugoslawien und seine Nachfolgestaaten 1943–2011: Eine ungewöhnliche Geschichte des Gewöhnlichen (Böhlau Verlag 2014), S. 295.

330 Annegret Bendiek: Der Konflikt im ehemaligen Jugoslawien und die Europäische Integration (Verlag für Sozialwissenschaftern 2004), S. 58.

331 Jürgen Elsässer: Wie der Dschihad nach Europa kam (Niederösterreichisches Pressehaus 2005), S. 15.

332 UNO-Sicherheitsrat, 19. Februar 1993.

333 Joachim Koops: The Oxford Handbook of United Nations Peacekeeping Operations (Oxford University Press 2015), S. 387.

334 United Nations. International Tribunal for the prosecution of persons responsible for serious violations of International Humanitarian Law committed in the territory of former Yugoslavia since 1991. Urteil des Ge

richts über Radislav Krstic. 2. August 2001. S. 174.

335 Alexander Dorin: Srebrenica: Die Geschichte eines salonfähigen Rassismus (Homilius Verlag 2010).

336 Andreas Zumach: Was geschah wirklich in Srebrenica? In: Thomas Leif: Leidenschaft: Recherche. Skandal-Geschichten und Enthüllungs-Berichte (Springer Verlag 2013), S. 215.

337 Andreas Zumach: Was geschah wirklich in Srebrenica?, S. 216.

338 Mira Beham: Kriegstrommeln: Medien, Krieg und Politik (Deutscher Taschenbuch Verlag 1996), S. 228.

339 Cees Wiebes: Intelligence and the War in Bosnia 1992–95 (LIT Verlag 2003), S. 64.

340 Mansur Khan: Die geheime Geschichte der amerikanischen Kriege, S. 464.

341 UNO-Sicherheitsrat, 10. August 1995.

342 Sarah Flounders: Die bosnische Tragödie – Die unbekannte Rolle der USA. Flaschenpost für unangepasste Gedanken. Sonderheft Jugoslawien (Ahriman 1996), S. 14.

343 Rede von Bill Clinton am 27. November 1995. Zitiert in: Joachim Schild: Die bedrohte Supermacht: Die Außen- und Sicherheitspolitik der USA nach dem Ende des Kalten Krieges (Springer Verlag 2013), S. 69.

344 Bruno Schock: Friedensgutachten 1996. Hessische Stiftung Friedens- und Konfliktforschung (HSFK), S. 114.

345 *The Guardian*, 24. Dezember 1996.

346 *The Guardian*, 2. Januar 1997.

347 Nigel Thomas: The Yugoslav Wars. Volume 2. Bosnia, Kosovo and Macedonia (Osprey 2006), S. 47.

348 Internationaler Strafgerichtshof für das ehemalige Jugoslawien in Den Haag. 3D510. ICTY. Statement of Colonel John Crosland. Witness statement 29. and 30. June 2006. Siehe auch: Andreij Zgonjanin: Der Umgang mit Kriegsverbrechen in den jugoslawischen Kriegen 1991–1999. Lizentiatsarbeit Universität Zürich 2014.

349 ICTY. Statement of Colonel John Crosland. 29. and 30. June 2006.

350 Albert Stahel: Die Ursprünge der Killer-Strategie von Obama. Institut für Strategische Studien. Wädenswil, 13. August 2012.

351 Heinz Loquai, zitiert in: Es begann mit einer Lüge. Wie die NATO im Krieg um Kosovo Tatsachen verfälschte und Fakten erfand. Ein Film von Jo Angerer und Mathias Werth vom WDR. Erstausstrahlung im Ersten Deutschen Fernsehen, 8. Februar 2001.

352 Zitat aus: Es begann mit einer Lüge. Dokumentarfilm. ARD, 8. Februar 2001.

353 Jörg Calliess: »Das erste Opfer eines Krieges ist die Wahrheit« oder die Medien zwischen Kriegsberichterstattung und Friedensberichterstattung (Evangelische Akademie Loccum 1997), S. 9.

354 Neue Zweifel am Massaker von Racak. MONITOR-Sendung vom 08. Februar 2001.

355 Neue Zweifel am Massaker von Racak. MONITOR-Sendung vom 08. Februar 2001.

356 Neue Zweifel am Massaker von Racak. MONITOR-Sendung vom 08. Februar 2001.

357 Zitat aus: Es begann mit einer Lüge. Dokumentarfilm. ARD, 8. Februar 2001.

358 Es begann mit einer Lüge. NachDenkSeiten 26. April 2016. Sowie: Kurt Gritsch: Krieg um Kosovo: Geschichte, Hintergründe, Folgen (Innsbruck University Press 2016).

359 Zitat aus: Es begann mit einer Lüge. Dokumentarfilm. ARD, 8. Februar 2001.

360 Lutz Hachmeister: Das Goebbels-Experiment. Propaganda und Politik (Spiegel Buchverlag 2005), S. 50.

361 Nik Milosevic: Deutsche Kriegsbeteiligung und -verweigerung (Diplomica Verlag 2012), S. 51.

362 Zitiert in: Es begann mit einer Lüge. Dokumentarfilm. ARD, 8. Februar 2001.

363 Deutscher Bundestag. Plenarprotokoll. Bonn 25. März 1999.

364 Deutscher Bundestag. Plenarprotokoll. Bonn 25. März 1999.

365 Serbien: Tausende Krebstote durch NATO-Bombardement 1999. *Salzburger Nachrichten*, 24. März 2016.

366 Youtube: KenFM am Telefon: Willy Wimmer zur Entsendung deutscher Truppen

nach Syrien. Veröffentlicht am 30. November 2015.

367 Helmut Scheben: PR-Aufträge für Hass und Tod. *Neue Rheinische Zeitung*, 15. Oktober 2014.

368 Helmut Scheben: PR-Aufträge für Hass und Tod. *Neue Rheinische Zeitung*, 15. Oktober 2014.

369 Interview von Jaques Merlino mit James Harff im April 1993. Zitiert in: Michael Opperskalski: Serbien muß sterbien. *Geheim*, Nr. 2, 1998.

370 Zitat aus: Es begann mit einer Lüge. Dokumentarfilm. ARD, 8. Februar 2001.

371 Zitat aus: Es begann mit einer Lüge. Dokumentarfilm. ARD, 8. Februar 2001.

372 Rolf Goebel: A Companion to the Works of Walter Benjamin (Camden House, 2009), S. 191.

373 Zitat aus: Es begann mit einer Lüge. Dokumentarfilm. ARD, 8. Februar 2001.

374 Michael Opperskalski: Serbien muß sterbien. *Geheim*, Nr. 2, 1998.

375 Zitat aus: Es begann mit einer Lüge. Dokumentarfilm. ARD, 8. Februar 2001.

376 Zitat aus: Es begann mit einer Lüge. Dokumentarfilm. ARD, 8. Februar 2001.

377 Nie wieder Krieg (ohne uns)! Zur Rolle von Grünen, Linken und Medien im Kosovo-Krieg. *NachDenkSeiten*, 11. Juni 2015.

378 Slobodan Milosevic: The Butcher of the Balkans. *Time Magazin*, 8. Juni 1992.

379 Zitat aus: Es begann mit einer Lüge. Dokumentarfilm. ARD, 8. Februar 2001.

380 Die NATO ist ein Angriffspakt. *NachDenkSeiten*, 4. Dezember 2015.

381 Gerhard Schröder am 9. März 2014 in »Hamburg im Gespräch« mit *Zeit*-Herausgeber Josef Joffe und *Zeit*-Redakteur Jochen Bittner. Phoenix TV.

382 Smedley Butler: War is a Racket. (Feral House 1935), S. 23.

383 Makr Adkin: Afghanistan – The Bear Trap: The Defeat of a Superpower (Casemate 2001).

384 Arnaud de Borchgrave: UPI interview with Hamid Gul. United Press International (UPI), 26. September 2001.

385 Bernd Greiner: 9/11: Der Tag, die Angst, die Folgen (C. H. Beck 2011), S. 56.

386 Robert Baer: Die Saudi-Connection. Wie Amerika seine Seele verkaufte (Goldmann Verlag 2005), S. 182.

387 Robert Gates: From the Shadows (Simon & Schuster 1996), S. 146.

388 Vincent Javert: The CIA's Intervention in Afghanistan. *Le Nouvel Observateur*, 15. Januar 1998.

389 Albert Stahel: Afghanistan, ein Land am Scheideweg (vdf Hochschulverlag, 2002), S. 19.

390 Jim Lobe: Cold War Intellectuals reenlist for war on Iraq, Arabs. *Inter Press Service News Agency*, 17. November 2001.

391 Project for the New American Century: Rebuilding America's Defenses: Strategy, Forces, and Resources for a New Century (September 2000), S. 51.

392 President Bush speaks to the United Nations. White House Press Release, 10. November 2001.

393 Thomas Kean und Lee Hamilton: Without Precedent. The inside Story of the 9/11 Commission (Knopf Doubleday Publishing Group 2006).

394 The 9/11 Commission Report. Final Report of the National Commission on Terrorist Attacks upon the United States (Norton and Company 2004).

395 James Glanz: Burning Diesel Is Cited in Fall Of 3rd Tower. *New York Times*, 2. März 2002.

396 David Ray Griffin: The 9/11 Commission Report. Omissions and Distortions (Olive Branch Press 2005), S. 28.

397 Daniele Ganser: Der erbitterte Streit um den 11. September. *Tages-Anzeiger*, 9. September 2006.

398 The Conspiracy Files: 9/11 – The Third Tower. *BBC News*, 6. Juli 2008.

399 E. Lipton: Report Says Fire, Not Explosion, Felled 7 W.T.C. *New York Times*, 22. August 2008.

400 9/11 Explosive Evidence, Experts Speak Out (Architects and Engineers for 9/11 Truth 2011). Abrufbar unter: www.ae911truth.org

401 Stefan Betschon: Schafft drei, vier, viele Wikipedias! *Neue Zürcher Zeitung*, 23. Februar 2016.
402 Jeremy Scahill: Schmutzige Kriege: Amerikas geheime Kommandoaktionen (dtv 2015), S. 44.
403 Barbara Lee: A Lone Voice of Dissent. *Counterpunch*, 18. September 2001.
404 Barbara Lee: Renegade for Peace and Justice: Congresswoman Barbara Lee Speaks for Me (Rowman and Littlefield Publishers 2008), S. 211.
405 Gerhard Schröder: Regierungserklärung vom 12. September 2001.
406 Arnaud de Borchgrave: UPI interview with Hamid Gul. *United Press International (UPI)*, 26. September 2001.
407 Wolfgang Pomrehn: Bomben auf Afghanistan: Abschied vom Völkerrecht? *Die Junge Welt*, 10. Oktober 2001.
408 Debatte im Deutschen Bundestag vom 16. November 2001. Reden im Original auf documentarchiv.de
409 Udo Kempf: Kanzler und Minister 1998–2005: Biografisches Lexikon der deutschen Bundesregierungen (Springer Verlag 2008), S. 331.
410 Talksendung, moderiert von Anke Plättner, mit dem Titel »Deutschland im Krieg – Raus aus Afghanistan?‹ Phoenix, 1. April 2009.
411 Rede von Muammar Gaddafi vor der UNO-Generalversammlung, 1. Oktober 2009.
412 Gert Winkelmeier, Die Linke, Rede vor dem Deutschen Bundestag, 4. November 2008. Zitiert in: *Zeitfragen*, 17. November 2008.
413 Jeremy Scahill: Schmutzige Kriege, S. 213.
414 Jeremy Scahill: Schmutzige Kriege, S. 213.
415 Jeremy Scahill: Schmutzige Kriege, S. 79 und 214.
416 Emran Feroz: Portrait of an Afghan drone victim. *Al Jazeera*, 9. März 2016.
417 Physicians for Social Responsibility (PSR) und International Physicians for the Prevention of Nuclear War (IPPNW): Body Count. Casualty Figures after 10 Years of the War on Terror. Iraq, Afghanistan, Pakistan. März 2015.
418 Eugen Drewermann. Wir sind hier, Nein zu sagen – Rede zur Demonstration vor dem Bundespräsidialamt in Berlin, 13. Dezember 2014
419 Albert Einstein: Mein Weltbild (Ullstein 2005), S. 65 (Erstauflage 1934).
420 Samir im Interview. Iraqi Odyssey startet für die Schweiz ins Rennen um den Oscar. *TagesWoche*, 1. März 2015.
421 Robert Kennedy: Why the Arabs don't want us in Syria. *Politico*, 23. Februar 2016.
422 Ramsey Clark: The Fire this Time – US War Crimes in the Gulf (Thunder's Mouth Press 1992), S. 6.
423 Mansur Khan: Die geheime Geschichte der amerikanischen Kriege. Verschwörung und Krieg in der US-Außenpolitik (Grabert 1998), S. 345.
424 Jean Smith: George Bush's War (Henry Holt and Company, 1991), S. 43.
425 Johannes Becker: Zerstörter Irak – Zukunft des Irak? (LIT Verlag 2008), S. 59.
426 United Nations Security Council: Twenty-fifth quarterly report on the activities of the United Nations Monitoring, Verification and Inspection Commission in accordance with paragraph 12 of Security Council resolution 1284 (1999). 30. Mai 2006, S. 7.
427 Fariborz Riyahi: Ayatollah Khomeini (Ullstein 1986), S. 128.
428 Peter Huchthausen: America's Splendid Little Wars (Penguin 2004).
429 Encyclopedia Britannica, Macropedia. Knowledge in Depth, Vol. 21, S. 994.
430 John Barry: Sea of Lies. *Newsweek*, 13. Juli 1992.
431 Daniel Yergin: Der Preis. Die Jagd nach Öl, Geld und Macht (Fischer 1991), S. 941.
432 Peter Kornbluh und Malcolm Byrne: The Iran-Contra Scandal (The New Press 1993).
433 Vortrag vor dem Chicago Council on Global Affairs, 4. Februar 2015. Youtube: George Friedman, »Europe: Destined for Conflict?«
434 Larry Everest: Oil, Power and Empire. Iraq and the US global Agenda (Common Courage Press, 2004), S. 125.

435 Ramsey Clark: The Fire this Time – US War Crimes in the Gulf (Thunder's Mouth Press 1992), S. 3.

436 George Bush und Brent Scowcroft: A World Transformed (Vintage Books 1998), S. 307.

437 William Blum: Killing Hope. US Military and CIA Interventions since World War II (Common Courage Press 1995), S. 306 und 307.

438 Johanna Lutteroth: US Operation gegen Diktator Noriega. »Ich habe Bush an den Eiern‹. *Spiegel*, 19. Dezember 2014.

439 Rede von Muammar Gaddafi vor der UNO-Generalversammlung, 1. Oktober 2009.

440 Ramsey Clark: The Fire this Time – US War Crimes in the Gulf, S. 32.

441 Nicholas Cull: Propaganda and Mass Persuasion: A Historical Encyclopedia, 1500 to the Present (ABC-CLIO 2003), S. 158.

442 Edward Morse: A new political economy of oil? *Journal of International Affairs*, Vol. 53, No. 1 (Herbst 1999), S. 16.

443 Philipp Taylor: War and the Media: Propaganda and Persuasion in the Gulf War (Manchester University Press 1992), S. 265.

444 Muhammad Faour: The Arab World After Desert Storm (US Institute of Peace Press 1993), S. 16.

445 Philipp Taylor: War and the Media, S. 318.

446 Henner Fürtig: Kleine Geschichte des Irak (C. H. Beck 2003), S. 132.

447 Madeleine Albright am 12. Mai 1996 in der TV Sendung »60 Minutes« des Senders CBS.

448 Rede von Denis Halliday am 30. Januar 2003, als er von der Gandhi Foundation den Peace Award erhielt. Online auf der Website der Gandhi Foundation unter: 2003 Peace Award: Denis Halliday

449 Mark Curtis: Web Of Deceit: Britain's Real Foreign Policy (Random House 2008), S. 29.

450 Hans von Sponeck und Denis Halliday: The hostage nation. *Guardian*, 29. November 2001.

451 *The Washington Post*, 16. Dezember 1998.

452 *The New York Post*, 17. Dezember 1998.

453 Scott Ritter on the Untold Story of the Intelligence Conspiracy to Undermine the UN and Overthrow Saddam Hussein. *Democracy Now*, 21. Oktober 2005. Vergleiche auch: Scott Ritter: Iraq Confidential: The Untold Story of the Intelligence Conspiracy to Undermine the UN and Overthrow Saddam Hussein (Nation Books 2006).

454 UNO Sicherheitsrat 16. Dezember 1998.

455 Dan Wood: Presidential Saber Rattling: Causes and Consequences (Cambridge University Press 2012), S. 153.

456 Prof. Noam Chomsky interviewed by Michael Hastings, *Newsweek Magazine*, 4. Januar 2006.

457 Zbigniew Brzezinski: The Choice. Global Domination or Global Leadership (Basic Books 2005), S. 63.

458 Jerald Combs: The History of American Foreign Policy (Sharpe 2008), S. 373.

459 Ron Suskind: The Price of Loyalty (Simon & Schuster 2004), S. 96.

460 Zwei Jahre danach. Bush's endloser Krieg gegen den Terror. *Spiegel*, 18. September 2003.

461 Zwei Jahre danach. Bush's endloser Krieg gegen den Terror. *Spiegel*, 18. September 2003.

462 Ehemaliger NATO-Generalsekretär Rasmussen heuert in Kiew als Sonderberater für Poroschenko an. *Russia Today*, 30. Mai 2016.

463 Michael Smith: Blair planned Iraq war from the start. *Times*, 1. Mai 2005.

464 Ehemaliger NATO-Generalsekretär Rasmussen heuert in Kiew als Sonderberater für Poroschenko an. *Russia Today*, 30. Mai 2016.

465 Colin Powell im UNO-Sicherheitsrat, 5. Februar 2003.

466 Anonyme Quelle zitiert in: Thomas Paterson: American Foreign Relations. Volume 2 (Cengage Learning 2014), S. 520.

467 Joschka Fischer: I am not convinced. Der Irak-Krieg und die rot-grünen Jahre (Kiepenheuer und Witsch 2011), S. 205.

468 Bad Information: US Officials Accuse German Intelligence of Pre-Iraq War Failures. *Spiegel Online International*, 20. März 2008.

469 Defector admits to WMD lies that triggered Iraq war. *The Guardian*, 15. Februar 2011.

470 Powell Calls His U.N. Speech a Lasting Blot on His Record. *New York Times*, 9. September 2005.
471 Powell bedauert Irak-Rede. *Spiegel*, 9. September 2005.
472 Der perfekte Kriegstreiber. Der wohl einflussreichste US-Verteidigungsminister ist tot. Robert McNamara war ein Kriegstreiber, bevor er im hohen Alter zur Besinnung kam. *Tages-Anzeiger*, 7. Juli 2009.
473 President Says Saddam Hussein Must Leave Iraq Within 48 Hours. *The White House*, 17. März 2003.
474 Rede von Bundespräsident Pascal Couchepin am 20. März 2003 in Bern vor der Bundesversammlung.
475 Iraq war illegal, says Annan. *BBC News*, 16. September 2004.
476 Karin Reber: Bush will Armut und Terrorismus bekämpfen. *Schaffhauser Nachrichten*, 15. September 2005.
477 Karin Reber: Bush will Armut und Terrorismus bekämpfen. *Schaffhauser Nachrichten*, 15. September 2005.
478 Martin Amis: The real conspiracy behind 9/11. *The Times*, 2. September 2006.
479 Saddam Hussein wollte nichts von der Kaida wissen. *Neue Zürcher Zeitung*, 8. September 2006.
480 Joseph Stiglitz: The Three Trillion Dollar War: The True Cost of the Iraq Conflict. (Norton & Company 2008). Sowie: Irak – Bilanz eines Krieges. *NZZ am Sonntag*, 18. Dezember 2011.
481 IPPNW: Body Count. Opferzahlen nach 10 Jahren. September 2015, S. 16, 17 und 33.
482 BBC: UN-Experten halten Assanges Status für menschenrechtswidrig. *Heise Online*, 4. Februar 2016.
483 Samuel Singer: Lexikon der Sprichwörter des romanisch-germanischen Mittelalters (Walter de Guyter 2001), S. 69.
484 William Blum: Killing Hope. US Military and CIA Interventions since World War II (Common Courage Press 1995), S. 281.
485 Amerikanische Streitkräfte in Libyen erfolgreich. Amerika Dienst. Embassy of the United States of America. Bonn, 16. April 1986.
486 Brian Lee Davis: Qaddafi, Terrorism, and the Origins of the U.S. Attack on Libya (ABC-CLIO 1990), S. 146–153.
487 UNO-Sicherheitsrat, 12. April 1986.
488 Daniele Ganser: NATO-Geheimarmeen in Europa. Inszenierter Terror und verdeckte Kriegsführung (Orell Füssli 2008).
489 Die langen Schatten von Lockerbie. *Neue Zürcher Zeitung*, 26. Juli 2010.
490 Nicht schuldig. Der als Lockerbie-Attentäter verurteilte Abdel Basset Ali al-Megrahi wurde aus Barmherzigkeit aus der Haft entlassen. *St. Galler Tagblatt*, 21. August 2009.
491 Annie Machon: Spies, Lies and Whistleblowers: MI5, MI6 and the Shayler Affair (Book Guild 2005), S. 170.
492 Amnesty International: Report 2010 zur weltweiten Lage der Menschenrechte (Fischer Verlag 2010), S. 288 und 290.
493 Garikai Chengu: Gaddafis Libyen war Afrikas reichste Demokratie. *Einartysken*, 16. Januar 2013.
494 Rede von Muammar Gaddafi vor der UNO-Generalversammlung, 1. Oktober 2009.
495 Joachim Guilliard: Hand in Hand. Bewaffneter Aufstand in Libyen: Proteste gegen Ghaddafi waren von Anfang an von Gewalt begleitet. Intervention von NATO-Staaten hat Zehntausende Tote zur Folge. *Junge Welt*, 18. Februar 2012.
496 Massaker in Libyen. Schüsse in Kopf, Nacken oder Brust. *Frankfurter Rundschau*, 20. Februar 2011.
497 Joachim Guilliard: Inszenierungen. Gezielte Propaganda aus Katar. *Junge Welt*, 18. Februar 2012.
498 Joachim Guilliard: Hand in Hand. *Junge Welt*, 18.02.2012
499 Christof Münger: Für die Schweiz ist das Libyen-Problem erledigt. *Tages-Anzeiger*, 24. Februar 2011.
500 President Obama on Libya. *New York Times*, 29. März 2011.
501 Haager Gericht eröffnet Untersuchung gegen Gaddafi. *Neue Zürcher Zeitung*, 3. März 2011.

502 Johannes Becker: Der Libyen-Krieg. Das Öl und die »Verantwortung zu schützen‹ (LIT Verlag 2012), S. 205.
503 Gaddafi droht, Rebellen unter Beschuss. *Frankfurter Allgemeine Zeitung*, 9. März 2011.
504 Libyan in(ter)vention: False facts fatal for Gaddafi. *Russia Today*, 2. Dezember 2011.
505 Libyan in(ter)vention: False facts fatal for Gaddafi. *Russia Today*, 2. Dezember 2011.
506 Johannes Becker: Der Libyen-Krieg, S. 218.
507 Crack SAS troops hunt Gaddafi weapons inside Libya. *Mirror*, 20. März 2011.
508 Crack SAS troops hunt Gaddafi weapons inside Libya. *Mirror*, 20. März 2011.
509 Martin Chulov: SAS unit captured in Libya. *The Guardian*, 6. März 2011.
510 Terri Judd: British special forces team released after botched mission. *The Independent*, 7. März 2011.
511 Mark Mazzetti: CIA Agents in Libya aid airstrikes and meet rebels. *New York Times*, 30. März 2011.
512 Jenny Wendler: Mehr Verantwortung in der Welt: Deutschlands Rolle bei der Fortentwicklung der europäischen Sicherheits- und Verteidigungspolitik (Diplomica Verlag 2016), S. 59.
513 Markus Horeld: Deutschlands feige Außenpolitik. *Zeit Online*, 18. März 2011. Sowie: Andrea Seibel: Die deutsche Enthaltung ist unverantwortlich. *Die Welt*, 18. März 2011.
514 Der Marburger Friedensforscher Johannes M. Becker im Interview über den Libyen-Krieg und die Folgen. *Oberhessische Presse*, 29. Juni 2012. Vergleiche auch: Johannes Becker: Der Libyen-Krieg. Das Öl und die »Verantwortung zu schützen«.
515 Den Grundsatz von der Würde des Subjekts ernst nehmen. Interview mit Hans Köchler. *Zeit-Fragen*, 4. Juli 2011.
516 Präsident Putin: Konferenz: The New World Order. Sochi, 22. Oktober 2014. Youtube: Putin Reveals Who Really Created ISIS.
517 Reinhard Merkel: Die Militärintervention gegen Gaddafi ist illegitim. *Frankfurter Allgemeine Zeitung*, 22. März 2011.
518 Zahlen aus: Der Marburger Friedensforscher Johannes M. Becker im Interview über den Libyen-Krieg und die Folgen. *Oberhessische Presse*, 29. Juni 2012.
519 Der scheinbar alternativlose Krieg. Friedensforscher analysieren den Libyen-Konflikt. NATO wollte eine neue Doktrin durchsetzen. *Oberhessische Presse*, 29. Juni 2012.
520 Die Aggression der Nato gegen Libyen und die Haltung der Linken. *Neue Rheinische Zeitung*, 1. Juni 2011.
521 Arnold Hottinger: Libyen zerstört sich selbst. *NZZ am Sonntag*, 22. Februar 2015.
522 Der Horror am Mittelmeer. *Neue Zürcher Zeitung*, 18. Mai 2016.
523 Noam Chomsky on Syria Conflict: Cut Off the Flow of Arms & Stop Bombing to Stem the Atrocities. *Democracy Now*, 17. Mai 2016.
524 Hanns Jürgen Küsters: Der Zerfall des Sowjetimperiums und Deutschlands Wiedervereinigung (Böhlau Verlag 2016), S. 256.
525 Marie Katharina Wagner: Das große Rätsel um Genschers angebliches Versprechen. *FAZ*, 19. April 2014.
526 Marie Katharina Wagner: Das große Rätsel um Genschers angebliches Versprechen. *FAZ*, 19. April 2014.
527 »Der Wortbruch ist eine Legende«. Interview mit Filmautor Ignaz Lozo. *Phoenix TV Presseportal*, 14. Juli 2015. Sein Film »Poker um die Deutsche Einheit. Wurde Russland in der NATO-Frage getäuscht?« lief am 14. Juli 2015 auf Phoenix TV.
528 Gabriele Krone-Schmalz: Russland verstehen: Der Kampf um die Ukraine und die Arroganz des Westens (C. H. Beck 2015), S. 99.
529 Uwe Klussmann, Matthias Schepp und Klaus Wiegrefe: Absurde Vorstellung. *Der Spiegel* 48/2009, S. 47. Siehe auch: Hubert Seipel: Putin: Innenansichten der Macht (Hoffmann und Campe 2015).
530 Heinz Brill: Die NATO-Osterweiterung und der Streit um Einflusssphären in Europa. *Österreichische Militärische Zeitschrift*, Nr. 6, 2009, S. 39.
531 »Russen über den Tisch gezogen« – Gorbatschow kritisert Nato. *Die Presse*, 2. April 2009.

532 Zbigniew Brzezinski: Die einzige Weltmacht. Amerikas Strategie der Vorherrschaft (Fischer 2001), S. 91.

533 NATO online Library: The Atlantic Alliance and European Security in the 1990s. Address by Secretary General, Manfred Wörner to the Bremer Tabaks Collegium, 17. May 1990.

534 Henry Kissinger: Vier Vorschläge für eine ausbalancierte Unzufriedenheit. *Internationale Politik und Gesellschaft (IPG)*, 6. März 2014.

535 John Mearsheimer: Warum der Westen an der Ukraine-Krise schuld ist. *Foreign Affairs*, 1. September 2014.

536 Bucharest Summit Delcaration, issued by the Heads of State and Government participating in the meeting of the North Atlantic Council, Bucharest, April 3, 2008. www.nato.int

537 Winfried Schneider-Deters: Die Ukraine: Machtvakuum zwischen Russland und der Europäischen Union (BWV Verlag 2014), S. 109.

538 Confidential. Ambassador William Burns. Nyet means Nyet: Russia's NATO enlargement redlines. 1. February 2008.

539 Untersuchungsbericht zum Georgien-Krieg. Tbilissi hat angefangen – Moskau hat provoziert. *Neue Zürcher Zeitung Online*, 30. September 2009.

540 Youtube: STRATFOR: US-Hauptziel seit einem Jahrhundert ist es, ein deutsch-russisches Bündnis zu verhindern.

541 Youtube: STRATFOR: US-Hauptziel seit einem Jahrhundert ist es, ein deutsch-russisches Bündnis zu verhindern.

542 Deutsche Parlamentarierin Sahra Wagenknecht, Die Linke. Bundestag, 19. März 2015.

543 John McCain tells Ukraine protesters: »We are here to support your just cause‹. *Guardian*, 15. Dezember 2013.

544 Die Klitschko Kolumne. *Bild*, 20. Februar 2014.

545 Offene Fragen zu Ereignissen auf dem Maidan. Interview mit Ina Kirsch. *Wiener Zeitung*, 19. Februar 2015.

546 Stephan Stuchlik zitiert in: Blutbad am Maidan: Wer waren die Todesschützen? *Telepolis*, 12. April 2014. Sowie: Wer waren die Scharfschützen des Maidan? ARD-Sendung *Monitor*, 10. April 2014.

547 Das erste Interview mit Klitschko und Poroschenko. *Bild*, 28. Mai 2014.

548 Ukrainian President Address to Congress. *C-SPAN*, 18. September 2014.

549 Youtube: Ex-CIA-Offizier: Das sind die wahren Schuldigen am Ukraine Krieg. 21. September 2014.

550 Ivan Katchanovski, School of Political Studies, University Ottawa: The Snipers Massacre on the Maidan in Ukraine, 3. September 2015, S. 65.

551 Schüsse in den Rücken. *FAZ*, 6. März 2014. Sowie: Abgehörtes Telefonat sorgt für Aufsehen. *RP Online*, 6. März 2014.

552 Paul Craig Roberts: Am Rande von Krieg und wirtschaftlichem Kollaps. *Antikrieg.com*, 11. Dezember 2014.

553 Video und Text in: Victoria Nulands Ausrutscher. *Spiegel Online*, 7. Februar 2014.

554 Proof of US Sponsored coup in Ukraine. InvestmentWatch (IWB). Spreading the truth. Empowering the people. 28. Januar 2015.

555 Video und Text in: Victoria Nulands Ausrutscher. *Spiegel Online*, 7. Februar 2014.

556 »Fuck the EU« für Merkel »absolut unakzeptabel«. *Die Welt*, 7. Februar 2014.

557 Norman Spreng: Putin-Versteher: Warum immer mehr Deutsche Verständnis für Russland haben (Books on Demand 2015), S. 15.

558 Ron Paul: Reckless Congress ›declares war‹ on Russia. Ron Paul Institute for Peace and Prosperity. 4. Dezember 2014.

559 Karl Albrecht Schachtschneider: Der Kampf um die Krim als Problem des Staats- und Völkerrechts. *Zeit-Fragen*, 22. April 2014.

560 Wladimir Putin: Interview with the Italian newspaper Il Corriere della Sera, 6. Juni 2015.

561 Jakemento: Ukrainischer Geheimdienst-Chef: Putsch in Kiew wurde aus US-Botschaft gesteuert. Russischer Sender *Rossija 1*, 12. März 2014.

562 Russlands Krim Coup. *Neue Zürcher Zeitung*, 18. März 2015.

563 Eugen Drewermann. Wir sind hier, Nein zu sagen – Rede zur Demonstration vor dem Bundespräsidialamt in Berlin, 13. Dezember 2014.
564 UNO-Sicherheitsrat, 1. März 2014.
565 UNO-Sicherheitsrat, 1. März 2014.
566 UNO-Sicherheitsrat, 1. März 2014.
567 Wie die Krim innert 20 Tagen russisch wurde. *Neue Zürcher Zeitung am Sonntag*, 23. März 2014.
568 Putins Rede an die Welt, *Neue Zürcher Zeitung*, 23. März 2014.
569 Putins Rede an die Welt, *Neue Zürcher Zeitung*, 23. März 2014.
570 UNO-Sicherheitsrat, 15. März 2014.
571 Gabriele Krone-Schmalz, Interview mit NDR, 16. April 2014. Transkript auf: Journalistische Berichterstattung über Russland: Ein weiterer großartiger Sieg. *Carta 24*, April 2014.
572 Karl Albrecht Schachtschneider: Der Kampf um die Krim als Problem des Staats- und Völkerrechts. *Zeit-Fragen*, 22. April 2014.
573 Die Krim und das Völkerrecht. Kühle Ironie der Geschichte. *FAZ*, 7. April 2014.
574 Kreml rügt Merkels Wortwahl. Keine Annexion der Krim. *FAZ*, 3. Juni 2015.
575 Die Krim und das Völkerrecht. Kühle Ironie der Geschichte. *FAZ*, 7. April 2014.
576 Dieter Deiseroth zitiert in: »Wer den Einsatz von Atomwaffen anordnet, handelt verbrecherisch«. *Telepolis*, 2. April 2015.
577 Norman Spreng: Putin-Versteher: Warum immer mehr Deutsche Verständnis für Russland haben, S. 358.
578 Tagesschau, ARD, 5. September 2014. Der Kommentar von Rolf Dieter Krause, WDR, zum NATO Gipfel.
579 Kampf gegen Separatisten: Putin fordert von der UNO Verurteilung der Ukraine. *Spiegel Online*, 15. April 2014.
580 Konflikt mit Russland: Obama fürchtet das Krim-Szenario. *Spiegel Online*, 16. April 2014.
581 Brennan in der Ukraine: Was machte der CIA-Chef in Kiew? *Spiegel Online*, 15. April 2014.
582 Mathias Bröckers und Paul Schreyer: Wir sind die Guten. Ansichten eines Putinverstehers oder wie uns die Medien manipulieren (Books on Demand 2016), S. 77.
583 Masken der Revolution. Fernsehkanal Canal+ bricht das Schweigen über ukrainische Rechtsradikale. *Der Freitag*, 6. Februar 2016.
584 Der Kreml zweifelt an MH17-Bericht. *Nordwestschweiz*, 14. Oktober 2015.
585 UNO-Sicherheitsrat, Resolution 2166 vom 21. Juli 2014.
586 UNO-Sicherheitsrat, 29. Juli 2014.
587 »Wir sind etwas enttäuscht«. *Basler Zeitung Kompakt*, 4. November 2014.
588 »Wir werden die Ukrainer erledigen«. *NZZ am Sonntag*, 8. März 2015.
589 »Wir werden die Ukrainer erledigen«. *NZZ am Sonntag*, 8. März 2015.
590 Neuer UN-Bericht zum Ukraine-Konflikt. Zahlreiche Tote trotz Waffenruhe – Tagesschau, ARD, 3. März 2016.
591 Jeremy Scahill: Schmutzige Kriege. Amerikas geheime Kommandoaktionen (dtv 2013), S. 374.
592 Jeremy Scahill: Schmutzige Kriege, S. 364.
593 Friedrich Nietzsche: Jenseits von Gut und Böse. Zur Genealogie der Moral. In: Giorgio Colli: Nietzsches Werke: Kritische Gesamtausgabe, Band 6, Teil 2 (Walter de Gruyter 1968), S. 383.
594 Jeremy Scahill: Schmutzige Kriege, S. 376.
595 Jeremy Scahill: Schmutzige Kriege, S. 376 und 377.
596 Jeremy Scahill: Schmutzige Kriege, S. 379.
597 Obama Hails Yemen's Efforts in Fighting Terror in Phone Call to President Salih. *Yemen News Agency (SABA)*, 17. Dezember 2009.
598 Jeremy Scahill: Schmutzige Kriege, S. 365.
599 Jeremy Scahill: Schmutzige Kriege, S. 218
600 Emran Feroz: Die mörderischste Terror-Kampagne der Gegenwart. *Telepolis*, 6. Juli 2015.
601 Geständnis eines Drohnenpiloten. Es sah aus wie eine kleine menschliche Person. *Die Zeit*, 27. Oktober 2013.
602 Albert Fuchs: D wie Drohnenland? Zur Verwicklung Deutschlands in das globale Droh-

nenkriegssystem. *Wissenschaft & Frieden* 3, 2015, S. 42.
603 Kai Biermann: Drohnen. Chancen und Gefahren einer neuen Technik (Ch. Links Verlag 2015).
604 Dan Roberts: Saudi Arabia launches Yemen air strikes as alliance builds against Houthi rebels. *Guardian*, 26. März 2015.
605 Martin Gehlen: Jemen: Krieg auf der arabischen Halbinsel. *Die Presse*, 26. März 2015.
606 Amnesty International: »Our kids are bombed«: Schools under attack in Yemen. 11. Dezember 2015.
607 Yemen: highest emergency response level declared for six months. United Nations Office for the Coordination of Humanitarian Affairs OCHA, 1. Juli 2015.
608 Putin: Syrian truce is real chance to end bloodshed. *Russia Today*, 22. Februar 2016.
609 Jemen: Der vergessene Krieg. *Süddeutsche Zeitung*, 15. September 2015.
610 Urs P. Gasche: Wo bleiben Schlagzeilen über saudische Angriffe? *Infosperber*, 2. Oktober 2015.
611 IKRK-Präsident Peter Maurer – »katastrophale Lage« in Jemen. *SRF Tagesgespräch*, 19. August 2015.
612 Jemen-Krieg. Europaparlament empfiehlt Waffenembargo gegen Saudi-Arabien. *Euronews*, 25. Februar 2016.
613 Ben Norton: Inside the first-ever summit calling for an end to the »suicidal death pact between the U.S. and Saudi Arabia«. *Salon*, 10. März 2016.
614 Ben Norton: Inside the first-ever summit calling for an end to the »suicidal death pact between the U.S. and Saudi Arabia«. *Salon*, 10. März 2016.
615 Jemen-Konflikt. Schelte der UNO für Saudi Arabien. *Neue Zürcher Zeitung*, 19. März 2016.
616 Neue Schätzung des UN-Sondergesandten: Vermutlich weit über 400.000 Tote durch Krieg in Syrien. *Russia Today Deutsch*, 26. April 2016.
617 Amnesty International: Report 2010 zur weltweiten Lage der Menschenrechte (Fischer Verlag 2010), S. 447.
618 Amrit Singh: Globalizing Torture: CIA Secret Detention and Extraordinary Rendition (Open Society Justice Initiative 2013), S. 32.
619 Michael Lüders: Wer den Wind sät. Was westliche Politik im Orient anrichtet (C. H. Beck 2015) S. 65.
620 Indiens Botschafter bestätigt: Krieg in Syrien wurde von außen angezettelt. *Deutsche Wirtschafts Nachrichten*, 16. Januar 2016.
621 Karin Leukefeld: Bashar al-Assad. Ein Feind wird gemacht. *Informationsstelle Wissenschaft und Frieden*, 4, 2015.
622 Helmut Scheben: Syrien, ein Krieg um Gas und Öl. *Infosperber*, 2. Dezember 2015.
623 Seymour Hersh: Die Akte Assad. *Cicero*, 28. April 2016.
624 Thierry Meyssan: Strippenzieher des Krieges in Syrien. *Zeitfragen*, 2. Februar 2016. Und: Sebastian Range: The Day After. Ein konspirativer Zirkel referiert in Berlin die Zukunft Syriens. *Hintergrund*, 29. August 2012.
625 Rede von Wesley Clark vom 3. Oktober 2007 beim Commonwealth Club in San Francisco. Zitiert in: Glenn Greenwald: Wes Clark and the neocon dream. *Salon News*, November 26, 2011.
626 Christof Lehmann: Dumas, »Top British officials confessed to Syria war plans two years before Arab Spring«, *NSNBC*, 1. Juni 2013.
627 Vgl. dazu das Kapitel »Streit am Quay d'Orsay« in Georges Malbrunot: Les Chemins de Damas – Le dossier noir de la relation franco-syrienne (Robert Laffont 2014).
628 Zahlen aus: BP Statistical Review of World Energy. Juni 2015.
629 Tamsin Carlisle: Qatar seeks gas pipeline to Turkey. *The Nation*, 26. August 2009.
630 Nafeez Ahmed: Syria intervention plan fueled by oil interests, not chemical weapon concern. *Guardian*, 30. August 2013.
631 Dick Black in einem Interview auf RT America, ausgestrahlt am 11. Januar 2016.
632 USA International Business Publications: Iran Mineral, Mining Sector Investment and Business Guide (Business Publications 2015), S. 222.

633 OPEC Annual Statistical Bulletin 2014, S. 17.

634 Nafeez Ahmed: Syria intervention plan fueled by oil interests, not chemical weapon concern. *Guardian*, 30. August 2013. Siehe auch: Moscow rejects Saudi offer to drop Assad for arms deal. AFP 8. August 2013.

635 Tim Anderson: Der schmutzige Krieg gegen Syrien. Washington, Regime Change und Widerstand (Liepsen Verlag 2016), S. 57

636 Jürgen Todenhöfer: Volk gegen Volk. *Süddeutsche Zeitung*, 3. September 2012.

637 Indiens Botschafter bestätigt: Krieg in Syrien wurde von außen angezettelt. Deutsche *Wirtschafts Nachrichten*, 16. Januar 2016.

638 Uwe Jürgen Ness: Zu Syrien und der Mär vom friedlichen Beginn der Proteste. *UJN*, 13. Oktober 2012.

639 Gabe Kahn: Syria: Seven Police Killed, Buildings Torched in Protests. *Israel National News*, 21. März 2011.

640 Tim Anderson: Der schmutzige Krieg gegen Syrien, S. 52.

641 Jürgen Todenhöfer: Volk gegen Volk. *Süddeutsche Zeitung*, 3. September 2012.

642 Tim Anderson: Der schmutzige Krieg gegen Syrien (Liepsen Verlag 2016), S. 58.

643 US Department of State: Remarks of Secretary of State Hillary Rodham Clinton with European Union High Representative for Foreign Affairs and Security Policy Catherine Ashton After Their Meeting. Washington 11. Juli 2011.

644 Philip Girardi: NATO vs Syria. *The American Conservative*, 19. Dezember 2011.

645 Defense Intelligence Agency DIA: Bericht zu Syrien vom August 2012. Zitiert in: Der westliche Wunsch nach einem Islamischen Staat. *Hintergrund*, 2. Juni 2015.

646 Frank Herrmann: Seymour Hersh: »Im Sinn einer Antiterrorstrategie ist unsinnig, was wir tun«. *Der Standard*, 20. Mai 2016.

647 Tulsi Gabbard – a Democrat from Hawaii and member of the Armed Services Committee – speaking with Wolf Blitzer on CNN, 27. Oktober 2015.

648 Der westliche Wunsch nach einem Islamischen Staat. *Hintergrund*, 2. Juni 2015.

649 Der westliche Wunsch nach einem Islamischen Staat. *Hintergrund*, 2. Juni 2015.

650 Mehdi Hasan in der TV-Sendung Head to Head mit Michael Flynn, dem ehemaligen DIA-Direktor. *Al Jazeera*, 4. August 2015.

651 Jake Anderson: »Oliver Stone: Forget ISIS, America Is the Real Threat to the World«, *Antimedia*, 21. September 2015.

652 Seymour Hersh: Die Akte Assad. *Cicero*, 28. April 2016.

653 Philip Girardi: NATO vs Syria. *The American Conservative*, 19. Dezember 2011.

654 Bürgerkrieg in Syrien: Britische Elite-Kämpfer bilden Rebellen aus. *Spiegel Online*, 23. Juli 2012.

655 Rüdiger Göbel: Obama schickt die CIA. *Junge Welt*, 3. August 2012.

656 Werner Pirker: Geheim-Transparenz. Obama billigt CIA-Subversion in Syrien. *Junge Welt*, 3. August 2012.

657 Eugen Drewermann. Wir sind hier, Nein zu sagen – Rede zur Demonstration vor dem Bundespräsidialamt in Berlin, 13. Dezember 2014.

658 Rüdiger Göbel: Obama schickt die CIA. *Junge Welt*, 3. August 2012.

659 »Der Westen beweint mit einem Auge die Flüchtlinge und zielt mit dem anderen das Gewehr«. Interview mit Syriens Präsident Bashar al-Assad mit *Russia Today*, 22. September 2015.

660 Bürgerkrieg in Syrien: Britische Elite-Kämpfer bilden Rebellen aus. *Spiegel Online*, 23. Juli 2012.

661 Syria crisis: Turkey training rebels, says FSA fighter. *BBC News*, 4. August 2012.

662 Geheime Waffenlieferungen an syrische Rebellen. *Reuters*, 27. Juli 2012.

663 Eric Schmitt: Arms Airlift to Syrian Rebels Expands, with Aid from C.I.A. *New York Times*, 24.3.2013. Sowie: Karin Leukefeld: Bashar al-Assad. Ein Feind wird gemacht. *Informationsstelle Wissenschaft und Frieden*, 4, 2015.

664 Arnold Hottinger: Islamismus: Ideologie von weltbedrohendem Ausmaß. *Journal21*, 3. Februar 2016.

665 Arnold Hottinger: Islamismus: Ideologie von weltbedrohendem Ausmaß. *Journal21*, 3. Februar 2016.

666 Youtube: Michael Lüders: Wer den Wind sät: Was westliche Politik im Orient anrichtet. TV SWR, 12. April 2015.

667 Ulrich Tilgner. Schweizer Radio und Fernsehen (SRF), Sendung Arena vom 20. November 2015.

668 Syrische Rebellen sollen Giftgas benutzt haben. *Blick*, 6. Mai 2013.

669 Kriegshetze ohne Beweise, *NZZ am Sonntag*, 1. September 2013.

670 Das Assad-Regime hat absolut kein Interesse, Giftgas einzusetzen. *Tages-Anzeiger*, 21. August 2013.

671 Bereit für den Militärschlag. *Neue Zürcher Zeitung*, 1. September 2013.

672 *Zeit Online* und *Blick*, 26. August 2013.

673 Jens Wernicke: Lügen für den Krieg. *NachDenkSeiten*, 26. April 2016.

674 Römisches Statut des Internationalen Strafgerichtshofes. 17. Juli 1998.

675 Sergei Lawrow: Handlungen westlicher Länder in Syrien widersprechen dem Völkerrecht. *Stimme Russlands*, 26. August 2013.

676 UN-Generalsekretär warnt vor voreiligem Angriff. *Zeit Online*, 28. August 2013.

677 United Nations Mission to Investigate Allegations of the Use of Chemical Weapons in the Syrian Arab Republic. Report on the Alleged Use of Chemical Weapons in the Ghouta Area of Damascus on 21. August 2013, S. 5.

678 United Nations Mission to Investigate Allegations of the Use of Chemical Weapons in the Syrian Arab Republic. Final Report, S. 18.

679 Seymour Hersh: Whose sarin? *London Review of Books*, 19. Dezember 2013.

680 Seymour Hersh: Whose sarin? *London Review of Books*, 19. Dezember 2013.

681 Das Weiße Haus und die manipulierten Daten. *Tages-Anzeiger*, 8. Dezember 2013. Und: Jens Wernicke: Lügen für den Krieg. *NachDenkSeiten*, 26. April 2016.

682 Turkish MP faces treason charges after telling RT ISIS used Turkey for transiting sarin. *Russia Today*, 16. Dezember 2015.

683 Treason! Lawmaker Discovers It's Bad Idea To Accuse Erdogan Of Supplying Sarin Gas To ISIS. *Zero Hedge*, 17. Dezember 2015.

684 Mike Whitney: The latest in the New Cold War. My Money's on Putin. *Counterpunch*, 12. August 2014.

685 Media Forensics Experts Analyzing ISIS Video In Denver. *CBS Denver*, 3. September 2014.

686 William Engdahl: Steckt eine ehemalige Angehörige der IDF hinter den gefälschten Videos über Foley und andere Enthauptungen? *Kopp Online*, 26. September 2014.

687 Youtube: Rede an die Nation: Barack Obama zur Strategie gegen den IS-Terror am 11.09.2014.

688 Youtube: Chuck Todd to Samantha Power: Do the Syrian Rebels know we are training them to fight ISIS? Meet the Press with Chuck Todd. *NBC News*, 21. September 2014.

689 Obama plant Luftangriffe gegen syrische Ziele. Gegner könnten neben den Islamisten auch die Regierungstruppen sein. *Junge Welt*, 11. September 2014.

690 Zuerst Bomben, dann Fragen. *Basler Zeitung*, 23. September 2014.

691 *Blick am Abend*, 23. September 2014.

692 Frank Herrmann: Seymour Hersh: »Im Sinn einer Antiterrorstrategie ist unsinnig, was wir tun«. *Der Standard*, 20. Mai 2016.

693 Joachim Guilliard: Mittel der Kriegsführung. *Junge Welt*, 26. Januar 2016.

694 UNO-Sicherheitsrat, 24. September 2014.

695 Frankreich bombardiert IS-Miliz in Syrien. Tagesschau, 27. September 2015.

696 Willy Wimmer: Hände weg von Syrien! *Kopp Online*, 29. November 2015.

697 Laura Visser: Russia's Intervention in Syria. *European Journal of International Law*, 25. November 2015.

698 Assad Makes Unannounced Trip to Moscow to Discuss Syria With Putin. *New York Times*, 21. Oktober 2015.

699 Sergej Lawrow: USA verlieren die Kontrolle und die »Cowboy-Methoden« werden bald Vergangenheit sein. *Uncutnews.ch*, 19. März 2016.

700 Der Westen ist spektakulär gescheitert. *NZZ am Sonntag*, 14. Februar 2016.

701 Robert Lesperance: Canada's Military Operations against ISIS in Iraq and Syria and the Law of Armed Conflict. *Canadian International Lawyer*, Vol. 10 No. 2, 2015.

702 Hollande im Krieg. *NZZ am Sonntag*, 15. November 2015.

703 Nicolas Boeglin: Resolution 2249 berechtigt nicht zur Bombardierung in Syrien. *Voltaire Netzwerk*, 6. Dezember 2015.

704 Marie Bourreau: L'ONU autorise »toutes les mesures« contre l'Etat islamique. *Le Monde*, 21. November 2015.

705 Nicolas Boeglin: Resolution 2249 berechtigt nicht zur Bombardierung in Syrien. *Voltaire Netzwerk*, 6. Dezember 2015.

706 Prime Minister's Office. Oral statement to Parliament. PM statement responding to FAC report on military operations in Syria. 26. November 2015.

707 UNO-Sicherheitsrat, 16. September 2015.

708 UNO-Sicherheitsrat, 27. Oktober 2015.

709 Deutscher Bundestag. Plenarprotokoll. Berlin 4. Dezember 2015.

710 Deutscher Bundestag. Plenarprotokoll. Berlin 4. Dezember 2015.

711 Youtube: KenFM am Telefon: Willy Wimmer zur Entsendung deutscher Truppen nach Syrien. Veröffentlicht am 30. November 2015.

712 Youtube: KenFM am Telefon: Willy Wimmer zur Entsendung deutscher Truppen nach Syrien. Veröffentlicht am 30. November 2015.

713 Youtube: KenFM am Telefon: Willy Wimmer zur Entsendung deutscher Truppen nach Syrien. Veröffentlicht am 30. November 2015.

714 Willy Wimmer: Hände weg von Syrien! *Kopp Online*, 29. November 2015.

715 Bundesministerium der Verteidigung. Bundestag berät Syrien-Einsatz. 2. Dezember 2012.

716 Youtube: KenFM am Telefon: Willy Wimmer zum JA für den Einsatz der Bundeswehr in Syrien. Veröffentlicht am 5. Dezember 2015.

717 UNO Sicherheitsrat Resolution 2249 vom 20. November 2015

718 Bundespresseportal. Luftkrieg über Syrien: Nein zu einem weiteren Endloseinsatz der Bundeswehr. 26. April 2016.

719 Oskar Lafontaine: Tanzt »dear Angela« nach Obamas Pfeife? *NachDenkSeiten*, 25. Januar 2016.

720 Quelle: Youtube: RT Deutsch-Interview: Willy Wimmer zur Münchner Sicherheitskonferenz. 15. Februar 2016.

721 Angela Merkel verlangt den Sturz von Syriens Präsident Assad. *Deutsche Wirtschafts-nachrichten*, 13. Dezember 2015.

722 Quelle: Youtube: RT Deutsch-Interview: Willy Wimmer zur Münchner Sicherheitskonferenz. 15. Februar 2016.

723 Auslandseinsätze der Bundeswehr: Jurist spricht von »Betrug am Bundestag«. *Schaumburger Nachrichten*, 13. April 2016.

724 Youtube: KenFM am Telefon: Willy Wimmer zum JA für den Einsatz der Bundeswehr in Syrien. 5. Dezember 2015.

725 Warum die Schweiz Interesse hat an einem Frieden in Nahost. *NZZ am Sonntag*, 25. August 2013.

726 Ralph Keyes: The Quote Verifier: Who Said What, Where and When (Macmillan 2007), S. 75.

# Index

**L**



**M**

**Z**